本书是"2023 年度重庆市社会科学规划博士和培育项目"（项目批准号：2023BS080）的阶段性成果

城市社区治理
行动研究

ACTION RESEARCH ON
URBAN COMMUNITY GOVERNANCE

张煜婕　著

社会科学文献出版社
SOCIAL SCIENCES ACADEMIC PRESS (CHINA)

序

在灯火阑珊之时，当夜幕笼罩着城市的每一个角落，我常常思索：是什么维系着都市的脉动？是高楼大厦、繁忙的街道，还是其背后隐藏的无数的生活故事和梦想？张煜婕博士用她的笔，为我们揭开了这一谜题的一角，她以独特的视角和深入的田野观察，逐步展开了一场与城市的对话。

《城市社区治理行动研究》不仅仅是一本学术研究专著，更是关于城市、社区、人与人之间联结的现实记录。张煜婕采用参与式观察和深度访谈法，记录下了社会组织如何参与城市社区治理共同体的建设，如何与社区居民、政府、企业等多方合力，构筑更和谐、更有活力的城市家园。

张煜婕是我的博士生，作为学生的她对研究是充满热情的。记得我在讲授"第三部门概论"这门课时曾就"社会组织参与社区治理问题"鼓励学生走进社区、深入田野，积累第一手资料，她予以认真对待。在这个浮躁的时代，她仍旧选择沉下心来，走进那些被现代都市快节奏掩盖的社区，去聆听、去体会、去思考。我记得 2021 年走访完 S 市社会组织的某一天，初次与她讨论研究方向时，她的眼中闪烁着对城市社区治理的热情和坚定。我当时就知道，她将选择城市社区作为田野开启她的博士学位论文探索之旅。

在张煜婕田野观察的过程中，与她的每一次交流，无论是关于田野日记的撰写还是关于研究的深化，都充满了激情与智慧。她的热忱与努力都在这部作品中得以体现。在她的笔下，社会组织参与城市社区共同体建设不再是静态的数据，而是一个个鲜活的组织、一段段动人的故事。

她将对行动者行动的思考与城市社区治理的创新举措相结合，为我们呈现了一张既现实又理想的城市社区治理行动蓝图。

我作为她的博士生导师，与她并肩走过这段研究之旅，也对我们的社区未来满怀期待。在这个充满变革的时代，如何治理社区，如何构建社区治理共同体，成为每个城市都要面对的核心议题。张煜婕博士的研究，为我们提供了一个观察这个问题的独特窗口。她深入田野，与社区中的人们交流，体验他们的生活，感受他们的情感，从而为我们绘制出一个饱满、真实的社区世界。当我阅读这部作品时，仿佛可以听到每一片砖瓦、每一棵树、每一个笑容都在诉说它们的故事。这是一部能够触动人心的书，它让我们理解了城市的生命力，也让我们感受到社区的温度。愿这部作品，像一首美丽的城市交响曲，响彻每一个角落，激发更多的人关心和爱护社区。

徐家良

上海交通大学特聘教授、校务委员会委员、

校人文社会科学专门委员会委员，中国公益发展研究院院长

目 录

第一章

绪　论

1.1　研究缘起

1.1.1　研究背景

城市社区作为社会治理的微观单元，承担着国家基层政权建设与地方社会发展的双重职责。在这一语境下，社区治理共同体作为一种创新性的城市社区再组织化模式，为适应国家建设的迫切需求和满足社会发展的多元诉求提供了独特而有效的治理方略。党的十九大将"打造共建共治共享的社会治理格局"作为国家治理体系和治理能力现代化建设的重要内容，而党的十九届五中全会更是将其上升为"完善共建共治共享的社会治理制度"的战略目标，这体现了党对社会治理创新的高度重视。

党的二十大对此进行了再次强调，并深刻阐释了要将实现社区内多元主体的共同治理作为核心任务，通过推动社区治理共同体的建设，推进国家治理体系和治理能力现代化进程。《中共中央　国务院关于加强基层治理体系和治理能力现代化建设的意见》作为中共中央和国务院联合印发的重要文件，也对如何创新社区与社会组织、社会工作者、社区志愿者以及社会慈善资源等多元主体间的联动机制提出了明确要求，旨在推动这些主体间的协同合作，最大限度地发挥它们在治理中的作用，进而提升社区治理共同体的整体行动能力。已有研究表明，城市社区治理中多元主体合作行动的快速发展，不仅在理论上提供了新的治理思路，而且在实践层面对社区公共服务的供给创新产生了深远的影响（敬义嘉、崔杨杨，2015），为解决社区公共事务的治理难题提供了新的可能。

为了应对城市社区公共事务的治理难题，各国政府正在积极构建社区治理共同体，通过明确治理主体的行为规范，培养社区主体的治理能力，并建立主体间的合作机制。在实践中，社区治理越来越注重因地制宜，根据社区的特征制定精准化和差异化的治理策略，以期达到创造良好社区秩序的目标。

国内外的一些先进实践，如 Fung（2015）提出的"社区营造"、周俊（2021）提出的"三治融合"和顾昕（2019）提出的"互动式治理"等，都为社区治理共同体的构建提供了宝贵的经验。值得注意的是，由于中国城市社区类型的多样性（何艳玲，2006），尚且缺乏一套能够根据社区类型来指导城市社区治理的系统方案。尽管在微观层面，不同类型的城市社区都涌现出了一些治理创新的案例，但考虑到缺乏对这些案例的理论提炼，很多基于个案的治理创新难以在更广泛的范围内推广，导致城市社区治理创新成果的共享受阻。

在中国，有一些特定类型的城市社区面临治理难度较大、涉及利益相关方较多的问题，如果不能采取系统性的解决方案，治理有效性将难以保障（彭勃，2015）。虽然陈鹏（2018）的研究显示，在缺乏全面的城市社区治理行动方案的背景下，中国城市社区的治理仍然取得了一定的进展，但也存在一些问题和挑战，如魏娜和陈俊杰（2020）所指出的，多元治理主体之间的互动性不强，协同治理的效果较弱。形成分类思维，根据社区的类型特征来构建社区治理共同体，不仅是解决当前城市社区治理难题的关键，还是进一步推进基层治理体系和治理能力现代化的有效路径。

为应对城市社区类型多样化的现象并推进城市社区治理创新，自20世纪80年代起，西方发达国家开始主动促进社会组织参与到社区治理共同体的构建进程中。以美国为例，美国政府采用向社会组织购买服务的策略，以此激励社会组织参与到城市社区的教育、就业、住房、残障服务、养老服务以及公共卫生等多个治理领域，从而促进社区治理创新（Lipsky and Smith，1989）。

在中国，上海市浦东新区社会发展局于1995年将罗山市民会馆的改建工作委托给上海基督教青年会，标志着政府购买社会组织提供的公共服务来推进社区治理共同体建设的初步尝试（杨团，2001）。自那时起，包括北京、江苏、浙江和广东在内的多个地方政府纷纷采取类似做法，购买社会组织的服务来推动社区治理共同体的发展。这些举措不仅表明了政府对社会组织在城市社区治理中作用的重视，还反映了一种治理理念的转变，即从单一的政府主导向多元主体共同参与的治理模式转变。通过这种方式，不仅可以发挥社会组织的专业优势，提升城市社区治理的有效性，还有助于激发社区居民的参与热情，强化社区治理的公众基础。

在西方发达国家，政府购买社会组织服务的核心策略主要是从委托－代理的视角出发，强调以社会组织在提供公共服务方面的绩效指标为考核的主要依据，而相对忽视了社区治理共同体组织过程的重要性（Salamon and Toepler，2015）。这种做法突出了结果导向，强调通过市场机制来优化资源配置，提升服务质量。

与之相对照，中国在推进政府购买社会组织服务过程中，采取了更加注重社区治理共同体组织过程的策略。在这一策略驱动下，社会组织不仅仅被视为社区服务提供者，更被视为社区治理共同体中的重要一员。因此，政府在考核社会组织的过程中，不仅注重其在提供公共服务方面的绩效表现，还同样重视其在社区治理共同体组织过程中的作用（Jing and Chen，2012）。这种做法突出了社会组织在社区治理中的主体地位，强调通过社会组织参与促进社区治理共同体的健康发展。总体而言，这两种不同的策略反映了在不同治理传统中，政府对社会组织角色期待的差异，也体现了不同国家在推进社区治理创新过程中重点关注领域的差异。

面对城市社区类型多样化这一普遍现象，新加坡在构建城市社区治理共同体的过程中，展现出了独特的关注点。它们更为强调社区自治主体在自我教育、自我管理与自我服务方面的能动作用，认为这是提升社区治理水平、实现社区可持续发展的关键（Guo，2007）。与此同时，在推动社会组织参与城市社区治理共同体构建的过程中，这些国家特别重视社会组织在提升社区公共性方面的积极作用。

在此背景下，中国同样面临城市社区类型多样化带来的新的考验。尽管中国在城市社区治理领域已经取得了一系列的进展，但在社区自治主体的发育方面仍显不足，社区自治主体在自我教育、自我管理与自我服务方面的潜力有待进一步挖掘。在国家层面上推动社会组织参与城市社区治理共同体构建的过程中，社会组织究竟扮演了怎样的角色？它们对于推动城市社区治理创新产生了哪些积极影响？这些都是亟待深入探讨的问题，构成了本研究的重要出发点。对这些问题进行系统性分析，不仅有助于深化对城市社区治理共同体构建过程中社会组织作用的认识，还有助于进一步优化中国城市社区治理的策略，促进社区治理水平的整体提升。

1.1.2 研究问题

随着城市社区治理创新不断深入推进，政府购买社会组织服务这一社区治理共同体构建的重要方式在中国的相关研究领域中逐渐占据了重要位置。然而，目前的研究大多采用宏观视角进行分析，而对地方实践的中观与微观层面的探讨较为稀缺。这种研究视角的局限性使对城市社区治理创新的认识仍然存在一定的提升空间。

现有的文献主要集中于探讨国家与社会之间的关系。一部分研究认为，社会组织参与社区治理共同体建设体现了国家与社会之间的互补关系（徐林、吴咨桦，2015）；另一部分研究则认为，这一过程体现了国家与社会之间双向嵌入的关系（纪莺莺，2017）。尽管这些研究提供了宝贵的分析框架，但其仅仅从国家与社会关系的宏观视角出发，仍然不足以全面解释城市社区治理创新背后的复杂规律。

国家与社会关系的宏观视角关注的重点主要在于揭示社会的结构性变迁，但在对社会组织参与社区治理共同体建设过程的描述中，难以深入挖掘组织及个体行为的多样性。这意味着通过国家与社会关系的宏观解析，难以深刻理解城市社区治理创新在日常生活实践中的运作细节，以及组织与个体行为互动的深层次含义和社会价值。

当前关于国家与社会关系的宏观探讨在剖析社会组织参与社区治理共同体建设的理论逻辑与优化路径方面仍有深化的空间。基于宏观视角的研究成果需要进一步拓展，强化对社区治理共同体建设过程中情境因素的细致观察，从而全面展示影响社区治理共同体形成的诸多因素，如制度环境、文化背景、组织形态、个体心理等。考虑到时间维度的局限性，现有研究往往采用回顾性的方式叙述城市社区治理创新的历程，缺乏对社区治理共同体从其创立到逐渐成熟壮大过程中的动态跟踪，可能导致忽略社区治理共同体建设过程中的关键时刻。这些都是未来研究需要深入探讨的重要方向。

即便有部分研究对城市社区治理创新进行了地方实践的中观与微观层面的研究,针对不同类型城市社区治理实践的比较分析及其一般特征的提炼仍然是较为匮乏的,这构成了过往研究的一个空白点。在这方面,已有学者通过参与式观察的方法,对中国社会组织参与社区治理共同体建设的过程进行了初步探索,并借助单一案例研究的方式,揭示了社会组织如何在城市社区中联结多元主体,以及如何激发社区自治潜能(Teets,2013)。考虑到单一案例研究的可推广性受到极大限制,为了更加全面地解释中国城市社区治理创新的复杂性,有必要借助多案例比较的研究策略,进行更为系统的分析。因此,本研究意在弥补现有研究的这一空白,基于中观与微观层面的视角,对中国城市社区治理创新实践进行多案例比较分析,从而更为准确地把握城市社区治理行动的一般规律。这不仅将丰富对城市社区治理创新现象的认识,还将为未来实践提供理论和方法论上的参考。

本研究旨在深入探究社会组织在中国城市社区治理共同体建设中扮演的角色,进而揭示这一城市社区治理创新现象的本质、演变过程、成因及其产生的广泛影响。为此,本研究选取了四种不同类型的城市社区作为研究对象,采用个案分析与跨案例比较分析的方法论框架,通过综合比较分析,归纳总结社会组织参与城市社区治理共同体建设的一般性规律,提炼出中国城市社区治理创新的先进经验,并在此基础上,为未来城市社区治理创新的有效推广提供坚实的实证支持。

本研究探讨的核心问题旨在深入理解在各类城市社区环境下,社区治理共同体是如何形成和发展的。这一核心问题进一步分解为三个关键的子问题,以便更为细致和系统地进行分析。首先,关于城市社区治理的行动逻辑,本研究将探讨社区治理共同体内部的各个参与主体如何通过各自的认知,以及它们之间的互动,共同塑造社区治理的进程。与此同时,本研究还将考察这些行动逻辑是如何在不同类型的社区中不断演化的。其次,本研究将对城市社区治理的行动模式进行深入分析,通过考察社区治理共同体在不同类型城市社区中的具体构建实践,揭示行动模式的类型特征。最后,本研究将探讨城市社区治理行动的关键影响因素,从而为进一步优化城市社区治理提供科学依据和策略建议。

在中国城市社区治理的实践中,众多行动主体共同参与其中,包括党委、政府、企业、社会组织、社区居民以及其他各类社区利益相关者。

在这一治理结构中，各个主体扮演着不同的角色，共同推动社区治理的进程。本研究着重探讨政府与社会组织在社区治理共同体建设中的作用，强调从这二者的视角来观察多元主体之间的互动关系。

为了增强研究的实地感知，笔者亲身参与到城市社区治理的实践中，以社会组织实习生的身份进行了为期一年的参与式观察。这种深度参与不仅有助于更为直观地捕捉社区治理过程中的复杂细节，还为深刻理解政府与社会组织之间的互动关系提供了宝贵的第一手资料。通过这种基于一手数据的田野调查方法，本研究旨在深入揭示社会组织在城市社区治理共同体建设中发挥的作用，以及其与其他社区行动主体之间互动的复杂动态，为深化对城市社区治理创新的认识提供新的理论启示。

1.1.3 研究意义

本研究深入剖析了城市社区治理行动这一议题，不仅在理论维度上对中国当前城市社区治理创新的现象进行了全面的探讨，而且在实际应用层面，为广大从事城市社区治理工作的实践者提供了宝贵的地方经验，从而优化社区治理共同体的构建路径。下文将详细阐述本研究在理论层面和实践层面的重要意义。

1.1.3.1 理论意义

首先，本研究在丰富治理理论在公共管理实践中的应用方面做出了重要贡献。随着中国"共建共治共享"的社会治理格局逐渐成形，如何达成治理共识、形成治理合力成为城市社区治理共同体建设的核心难题之一。以往的研究主要集中在探讨宏观治理理论对城市社区治理共同体构建的导向作用，或试图通过理论抽象推演出城市社区治理共同体各主体间关系的动态变化，但对于城市社区治理行动的系统性总结仍显不足，这也导致现有的治理理论与中国公共管理的实践存在一定的脱节。在社会组织参与社区治理共同体建设的语境下，如何在不同类型的城市社区中把握多元主体的行动逻辑、行动模式与行动影响因素，成为本研究探讨的重点。这不仅对于构建城市社区治理共同体具有关键意义，还有助于将治理理论应用到具体的城市社区集体行动研究中。通过深入分析不同类型的城市社区治理行动面临的困境，探寻其发生的原因和解决的可行路径，本研究旨在推动城市社区治理领域集体行动研究的实践应用向前发展，为城市社区治理行动提供理论指导，并建立起一个全面的理论模型框架。

其次，本研究从理性视角出发，对城市社区治理的行动过程进行解读。尽管以往关于城市社区治理行动的研究确实涉及理性选择的议题，但这些研究中的"理性"往往基于私人利益最大化的逻辑进行定义。而在中国的城市社区治理框架中，核心的价值导向为"人民本位"，即在具体的治理行动中，以社区的公共利益为基础，对各相关主体的利益诉求进行平衡。因此，中国城市社区的治理行动尤其值得关注，因为其旨在引导各利益相关方达到共同的治理目标，其中体现的理性是基于社区公共利益最大化的逻辑。可以说，中国城市社区治理共同体的构建实际上是多元利益主体基于公共理性参与集体行动的过程。对这一过程进行系统性的理论梳理，不仅能揭示公共理性的培育路径，还能深入了解多元主体如何协同合作以维护社区的公共利益。为此，本研究采用访谈法、参与式观察法及文本分析法，针对四种不同类型的城市社区治理行动进行深入探讨，旨在明确公共理性如何规范社区中多元主体的行动目标，深化对城市社区治理行动科学性的理解。

1.1.3.2 实践意义

首先，本研究致力于揭示城市社区治理行动的一般性规律，旨在为其他城市社区治理实践提供可借鉴的参考。观察全国范围内的城市社区治理实践经验可以发现，社会组织的参与对于创新城市社区治理模式和构建稳健的社区治理共同体结构发挥了不可忽视的作用。然而，现有文献中整合性的城市社区治理行动分析框架仍然相对匮乏，这在一定程度上制约了对不同类型城市社区中社区治理共同体构建路径的深入探索。本研究通过对多个案例的比较研究，深入探讨了城市社区治理行动的各个方面，旨在帮助多元治理主体准确找到自己在城市社区治理中的角色定位，明确在城市社区治理创新过程中的关键介入点，并在此基础上增加多元主体合作的可能性，为城市社区治理的实践工作提供科学指导。

其次，本研究旨在回应现实社会中对城市社区治理共同体构建机制的深切关注，并试图为社会组织参与城市社区治理共同体建设的行动路径提供基于经验的依据。在过往的实践中，如何激发城市社区自治主体的积极性始终是城市社区治理共同体构建过程中亟待解决的核心问题。同时，在社会组织积极介入城市社区治理共同体建设的过程中，也存在治理能力不足和治理有效性较低等问题。为了深入探讨上述问题，本研究拟从社会组织参与城市社区治理共同体建设的视角出发，通过实证研究的方法揭示城市社区治理共同体构建的具体行动路径，并从现实的角度反思城市社区治理共同体的生成机制、多重样态以及优化方案等关键问题。通过对这些问题的深入剖析，本研究期望能够为政府和相关实践部门在推动社会组织参与城市社区治理共同体建设方面提供具有可行性的对策建议，从而促进城市社区治理共同体的健康发展。

1.2　文献述评

城市社区治理共同体作为一种现代治理理念，其深厚的理论基础和丰富的实践内涵均植根于城市社区类型的多样性这一广阔的社会背景之中。在全球范围内，这一理念已催生了大量地方层面的治理实践创新，其中，社会组织在城市社区治理共同体建设中的积极参与尤为令人瞩目。

本研究首先对城市社区治理共同体中多元主体的行动逻辑进行了论述，揭示了不同行动主体在城市社区治理共同体中的角色定位。随后，本研究转向探讨多元主体在参与城市社区治理共同体建设过程中所采取的行动模式，分析了其在治理实践中的作用机制。最终，本研究聚焦于城市社区治理行动的关键影响因素，尝试从中观与微观层面对其进行细致的解读。由此，本研究旨在为推进城市社区治理共同体建设提供理论支持和实践指导，以期在日益复杂多变的城市社区治理环境中找到有效的治理优化路径。

1.2.1　城市社区治理的行动逻辑

随着城市化进程的加速，城市社区的居住形态正在经历一场深刻的转型。居民的人口结构逐渐走向多元化，产业在社区内的集聚效应逐渐凸显，导致城市社区的类型呈现更加多样化的趋势。在这种背景下，构建一个有效运作的城市社区治理共同体已经成为促进社区内部深度融合，实现社区可持续发展的重要途径。

在国内外学术领域，学者们通过采纳公共管理、社会学、政治学等多个学科的研究视角，并主要运用定性研究方法，对城市社区治理中多元主体的行动逻辑进行了深入探讨。通过对相关文献的分析发现，目前关于城市社区治理行动逻辑的研究主要集中在探讨如何整合社区内部的秩序，目的是在构建城市社区治理共同体的过程中，促使不同的治理主体能够相互协调，进而调整社区内部的各种要素，增强居民的社区认同感。这种研究取向不仅有助于深化对城市社区治理内部机制的认识，还为实现城市社区治理的有效性提供了理论支持。

1.2.1.1 城市社区秩序的整合逻辑

城市社区治理是在城市社区形态的多样化背景下发展起来的一种治理理念。这一理念的核心目的在于通过塑造城市社区治理共同体的结构，增进社区多元主体间的地域性合作关系，为其协同发展建立一套有序的管理机制，进而营造富有凝聚力的社区生活环境（Valverde，2011）。在城市社区治理实践中，秩序整合发挥着基础性作用，是维持社区内部各类行动一致性的重要保障。通过对社区多元主体之间的动态关系进行有效协调，秩序整合确保了城市社区治理中集体行动的顺畅进行，从而为实现社区的和谐稳定奠定了坚实基础。

城市社区秩序整合在治理行动中扮演着引导性角色，为城市社区治理的各项行动提供了逻辑上的指引。较早的相关研究将城市社区秩序整合置于政府主导的研究框架之中，探讨了政府如何通过转变其职能来加速国家治理体系和治理能力现代化的问题。在此过程中，政府通过购买服务的方式引入社会组织，让其参与到城市社区治理共同体的建设之中，从而实现对社区秩序的功能整合、规范整合和沟通整合。

在此研究框架下，功能整合意指将城市社区的行政管理功能（Rosen and Razin，2009）、经济功能（Bakker et al.，2008）及社会交往功能（Nygren，2016）进行整合，以达到功能互补，满足社区居民的多元需求。规范整合则着眼于整合社区的价值观，达成公共性的价值共识。不论是行政建制的社区还是自然生成的社区，都需要建立一套统一的居民交往规则，达成共同的社区发展价值共识（Bringle and Hatcher，2002；Xu，2008）。而沟通整合则通过政府（Chen et al.，2021）、企业（Kapelus，2002）以及社会组织（Hum，2010）等多元主体在城市社区开展的集体行动，加强居民之间的联系，增进社区的团结。在城市社区秩序整合的实践中，政府与社会组织共同打造社区公共平台，提供给社区居民公共参与的机会，进而强化社区多元主体之间的协作关系，形成协同发展的良好局面。

面对城市社区类型的日益多样化，不同类型的城市社区展现出了差异化的社区秩序。村改居社区是农村向城市社区转型的产物，其秩序整合的主要任务不仅仅局限于协调原村民之间的人际关系和社会生活，更在于有效地解决原村民面临的归属感缺失问题（Tang，2015）。对于城市郊区由政府统一规划的动迁安置社区，其秩序整合的核心在于构建一个坚实的精神文明价值体系，以此促进动迁安置居民的市民化转型（Liu and Xu，2018）。与此同时，在那些邻近历史遗迹的老街巷社区，秩序整合的挑战则在于如何在保护历史遗迹的同时提升本地居民的生活品质，实现社区活力的再现（Bruku，2015）。至于普通的商品房社区，秩序整合通常围绕产权关系，特别是物权关系中的居民矛盾纠纷问题展开（Blakely and Snyder，1997）。这些多样化的社区秩序整合实践反映出，城市社区治理在面对不同类型的社区时，需要采取灵活多变的策略，以促进更和谐的社区发展。

在城市社区多样化的背景下，对于激发居民主动参与城市社区治理行动的个性化探索，成为进行城市社区秩序整合的一项关键实践。在构建城市社区治理共同体的过程中，衍生出了许多相关的学术概念，其中包括共同生产（Ostrom，1996）、合作供给（Brudney and England，1983）以及合作治理（Cheng，2019）等。这些概念的提出，在不同程度上反映了城市社区秩序整合过程的动态性。特别是在合作治理的框架下，城市社区秩序整合被视为一个多元主体共同参与的动态过程。在这个过程中，政府、社会组织、居民以及其他社区利益相关者，共同参与到社区公共服务的规划、设计、实施、管理、交付、监管和评估等环节中来（Bovaird et al.，2019）。这种合作的方式不仅促进了资源的高效利用，还为居民提供了更为贴合需求的服务，提高了社区居民的满意度。

在对城市社区秩序整合的行动逻辑进行准确概括时，虽然存在多样性，但在现有的定义中可以提炼出三个普遍认同的核心观点。首先，城市社区治理的多元主体所展开的集体行动，被视为城市社区秩序整合的关键动力。这些多元主体涵盖了政府、企业、社会组织、居民及其他社区利益相关者等（Li，2008），通过它们的相互协作，形成了推动城市社区秩序整合的综合力量。其次，城市社区秩序整合被认为是一个持续优化的过程。它要求行动主体针对不同类型的城市社区进行策略调整，以满足居民个性化的需求（Pierre，1999）。最后，城市社区秩序整合本身并不是最终目标，而是实现社区公共利益的重要方式。通过对城市社区秩序的有效整合，可以优化社区多元主体间的互动关系，实现公共福祉，并最终促进城市社区治理共同体的发展（Kearns and Forrest，2000）。

1.2.1.2　西方发达国家城市社区秩序的整合逻辑

在西方发达国家，城市社区秩序整合的核心焦点集中在构建社区共享秩序上。城市社区治理实践强调通过多元主体之间的团结机制，促进多中心城市社区治理共同体的形成。在英国，Durose（2009）指出，城市社区治理正在经历一个去中心化的过程。这个过程反映出多元主体，如地方政府、社会组织和社区居民，在城市社区治理中扮演更加活跃和自治的角色。这些主体利用其专业知识，积极参与合作行动，以实现城市社区的有机团结和共同发展。与英国的情况相比，瑞士的城市社区治理呈现不同的特点。Sager（2005）的研究发现，政府在协同城市社区治理的多中心行动中扮演了重要的领导角色。这表明，政府的引导和支持对于提高城市社区中多元主体的治理能力是至关重要的。在美国，社会组织在城市社区治理中的重要性尤为突出。根据 Young（2000）的分析，在城市社区类型多样化的背景下，社会组织通过参与创新行动，有效解决了多元治理需求与分散资源供给之间的潜在矛盾。社会组织在城市社区秩序整合中起到了关键作用，特别是在促进社区参与和资源整合方面。

虽然不同国家的城市社区治理行动表现出各自的特色，但共通之处在于，这些治理行动都围绕着构建共享秩序这一核心目标展开。如 Davies（2002）所强调的，这种共享秩序不仅体现了一种独特的整合模式，还在多元主体的能力上实现了互补，从而促进了城市社区治理有效性的提升。

在西方发达国家中，社会组织被引入参与城市社区治理共同体建设之前，政府在城市社区治理领域内主要充当社区服务的直接提供者。然而，随着社会组织在城市社区治理中扮演的角色越来越重要，政府的角色也发生了转变，由服务的直接提供者转变为城市社区治理行动的指导者（Geddes，2006）。Osborne（1993）形象地描述了这一转变过程，他认为在政府将部分职能转移给社会力量的过程中，政府的角色发生了根本性的变化，从划桨的劳动者转变为掌握方向盘的引导者。这种角色转变体现了政府治理理念的创新，同时也凸显了社会组织在城市社区治理中日益重要的地位。通过这种角色转变，政府不再是单一的服务提供者，而成为协调各方力量、引导社区治理方向的关键角色。这不仅有助于提升城市社区治理的有效性，还为社区居民提供了更为个性化的服务，从而促进了城市社区的健康发展。

　　针对城市社区秩序整合的路径问题，Brown 和 Ryan（2003）基于委托-代理的理论框架提出了自己的见解。他们认为，通过购买服务的方式将社会组织引入城市社区治理，政府在实际操作中实现了对科层逻辑与社会逻辑的有效分离，为城市社区治理行动的组织提供了一条清晰的道路。政府与社会组织在城市社区治理中的互动，可被视为一种基于契约关系的合作模式，双方通过明确的契约关系来确定各自的权利和责任，实现资源的共享。这种合作模式不仅促进了政府行政效能的提升，还实现了城市社区内多重治理力量的整合（Gazley，2008）。在这个过程中，城市社区秩序整合与国家治理秩序的建立形成了紧密的联系。随着城市社区秩序整合水平的提升，其在社会整合中的作用也日益凸显，发挥了促进社会和谐的重要功能（Cohen，2008）。通过这种方式，城市社区成为国家治理体系中不可或缺的一部分，为国家治理现代化贡献了自己的力量。

　　值得深刻关注的是，社会组织作为城市社区秩序整合过程中的核心参与主体，其丰富的社会资本赋予了其在城市社区治理行动中的独特优势。Carnochan 等（2019）的研究表明，社会组织凭借其强大的社会资本，能够更为顺畅地推进城市社区治理行动，有效地调节多元主体之间的合作关系，从而促进城市社区秩序的和谐。特别是那些拥有坚实公众基础的社会组织，其在城市社区治理共同体建设中的参与，不仅有助于弘扬城市社区的公共精神，还能够促进富有活力的行动者网络的形成（Brinkerhoff and Brinkerhoff，2002）。这种行动者网络不仅能够增强城市社区的自治能力，还为社区获取外部资源打开了新的渠道，从而为城市社区秩序整合构建了更加稳固的社会基础。

1.2.1.3　中国城市社区秩序的整合逻辑

　　在对中国城市社区秩序整合逻辑的深入探讨中，人文秩序的构建浮现为核心主线，它不仅体现为一个完整的系统，还深刻地嵌入每个社区行动者的日常生活实践中。这种人文秩序的构建，既包含了社区多元主体之间协作的动态过程（张邦辉等，2019），又涵盖了利益冲突的有效调解机制（刘建军、马梦岑，2022），以及对变化环境的适应能力（王诗宗、宋程成，2013）。人文秩序的构建还涉及文化认同的巩固（王谢平、郝宇青，2021）、社群信任的生发（赵浩华，2021）、惯习的更迭（陈毅、张京唐，2021）以及心理契约的维护（叶继红、杨鹏程，2019），这些因素共同构成了人文秩序的多维度框架，并在城市社区秩序整合过程中发挥了不可或缺的作用。

中国城市社区秩序整合的实践呈现鲜明的地域特色。对上海市（翟桂萍，2008）、北京市（李岩、范永忠，2017）、广东省（赵过渡等，2003）、浙江省（屈群苹，2019）等地城市社区秩序整合的深入研究，都体现了对各地实际情况的细致考量，为全国各地城市社区秩序整合提供了丰富的实践依据。

在中国城市社区秩序整合的研究中，国家与社会关系的动态调整扮演着基础且前提性的角色。深刻理解并有效处理这种关系对于推动城市社区治理共同体的构建和实现城市社区秩序的有效整合至关重要。因此，有必要将研究的焦点转向城市社区的具体情境，并密切关注国家与社会关系在日常生活层面的动态变化。在此背景下，黄宗智（2019）提出的"国家与社会的第三领域"这一创新性概念为理解国家与社会关系提供了新的视角。与此同时，郭伟和（2010）也阐释了国家何以与社会组织合作，采取更具人文关怀的方式来建构治理秩序。这一观点强调了在城市社区秩序整合过程中，国家与社会之间应当寻求深度融合，而非保持相互割裂的状态。

中国城市社区秩序的整合模式与西方发达国家存在差异，没有呈现科层逻辑与社会逻辑的彼此分离，而是展现了一种二者和谐互动、相互融合的局面。在这种模式下，黄宗智还借助周黎安的"行政发包制"理论（周黎安，2014），深入探讨了国家与社会之间复杂的共生关系，强调"国家与社会的第三领域"所体现的正是一种二元合一、相互依存与共进的关系模式（黄宗智，2019）。这种具有深刻中国特色的城市社区秩序整合模式，不仅体现了中国特定社会历史背景下的治理智慧，还提供了一种富有创造性的社区治理新路径。

1.2.1.4 社区治理共同体：秩序导向的整合行动

在综合评析西方发达国家及中国在城市社区秩序整合方面的实践经验时，不论是针对共享秩序还是人文秩序，探讨城市社区中多元主体如何开展集体行动都成为理解社区治理共同体的关键议题。学术界对城市社区多元主体进行集体行动的先决条件、关键环节、具体方式以及所依托的平台等多个维度展开了深入的分析。这些研究表明，社区治理共同体的构建本质上是一种以秩序为导向的整合行动。这种整合行动的特点不仅体现在多元主体之间的相互协调上，还体现在共同体内部资源的高效动员上，从而实现社区内部秩序的稳定性。

城市社区中多元主体的集体行动受到外部条件和内部条件的共同影响。外部条件作为推动多元主体集体行动的重要因素，对行动的顺利进行起到了决定性作用。具体而言，这包括资金供给（陆春萍，2013）、政策支持（王木森、唐鸣，2018）以及坚实的群众基础（刘永泽、向德平，2022），这些要素共同构成了城市社区多元主体集体行动得以实施的基础环境。内部条件则为城市社区多元主体的集体行动提供了持续推进的动力。这些内部条件主要包括：一是行动主体间的合作意愿（张楠迪扬，2017），它决定了各方是否愿意为共同目标付出努力；二是参与主体的治理能力（姜秀敏、李月，2022），它影响了行动效果的实现程度；三是社区治理的内生需求（唐亚林、钱坤，2020），它是推动主体参与集体行动的内在动机。通过深入研究这些外部条件和内部条件，能够更为准确地把握城市社区多元主体集体行动的规律，为进一步优化城市社区治理结构，促进多元主体间的协同提供科学依据。

城市社区中多元主体的集体行动过程可以被划分为若干关键环节，包括需求的发掘（徐珣，2018）、资源的有效匹配（刘伟、翁俊芳，2021）、居民的动员（唐有财、王天夫，2017）以及秩序的制度化（史明萍、魏程琳，2019）。这些环节相互关联，共同构成了城市社区多元主体集体行动的完整过程。具体而言，城市社区多元主体的集体行动主要通过各类社区治理项目来实现。这些项目可以由政府（杨威威、郭圣莉，2020）、企业（柳娟等，2017）、社会组织（田毅鹏、康雯嘉，2021）或社区居民（费孝通，2002）等不同主体发起。每一种主体都有其独特的资源优势，能够在不同程度上促进社区治理有效性的提升。

在西方发达国家的背景下，不论项目是由哪个主体发起，都需要运用代理理论中所强调的规制机制，以确保项目中各方目标的一致性（Van Slyke，2007）。而在中国语境下，则可以通过加强人际关系调适来增强社区治理项目的实施效果（张圣，2022）。这反映了在不同文化背景下，城市社区多元主体集体行动的路径可能存在差异，需要因地制宜，采取灵活多样的治理策略。

在中国的城市社区治理领域，政府通过购买社会组织服务的方式发起治理项目是一种常见的做法。在这一过程中，政府与社会组织之间建立的信任关系，正成为城市社区多元主体集体行动中不可或缺的润滑剂

（敬义嘉、崔杨杨，2015）。这种信任关系的建立基于双方对实现城市社区秩序整合的追求，尤其是在追求社区公共利益最大化方面的共同目标，为城市社区治理共同体的构建提供了更为广阔的空间（徐宇珊，2008）。

值得注意的是，这种基于信任的合作关系在城市社区多元主体集体行动的平台建设中得到了深刻体现。这种平台不仅深度嵌入社区之中，成为联结不同主体的重要纽带（杨宝、肖鹿俊，2021），而且在平台运作中强调社会理性的发挥（徐选国等，2017），并在科层理性的引导下努力构建起各方认同的价值共识（刘安，2014）。这种价值共识的达成，进一步推动了多元主体间的协调，促使城市社区治理呈现更为有序的集体行动局面。

城市社区中多元主体的集体行动在推动社区治理过程中起到了积极作用，但同时也不可避免地伴随着多种风险。这些风险主要表现为多元主体角色定位的不当，如越位、错位和缺位（韩冬、许玉镇，2016），道德风险（李泽才，2004），以及对公共利益（Kauppi and Van Raaij，2015）和公共福祉（Lubatkin et al.，2007）的潜在威胁。这些风险的产生主要源于行动决策的非理性因素。由于信息获取的局限性，多元主体在决策时往往难以全面考虑，导致无法做出最优选择（Hong et al.，2020）。此外，在公共利益的实现过程中不可避免地涉及各方私人利益的博弈（Simon，1991），而公共性的缺失更是增加了城市社区多元主体集体行动风险的可能性（Wachhaus，2014）。

在当前的城市化进程中，城市社区规模的持续扩张和类型的日趋多样化带来了更多的治理挑战。特别是，信息不对称问题的凸显（Bushouse，2011）与不确定性的加剧（Weber，2009）极大地增加了城市社区多元主体集体行动的风险。信息不对称可能导致决策效率降低、资源配置不均和利益冲突加剧，而不确定性则增加了社区治理的复杂性和预测难度。在这样的背景下，如何妥善应对这些风险，确保城市社区多元主体集体行动的有效性，成为城市社区治理研究中一个重要的议题。

1.2.2 城市社区治理的行动模式

本部分聚焦于城市社区治理的行动模式，将其区分为政府主导视角和社会组织参与视角，旨在通过对现有文献的系统分析，揭示城市社区治理行动模式的多维度特征。在政府主导视角下，本部分将探讨政府在城市社区治理中的角色定位、责任分配以及其与社会组织的互动方式。在社会组织参与视角下，本部分将转向分析社会组织在城市社区治理中的作用，包括其参与的动机、行动策略以及与政府和社区居民的协作机制。

1.2.2.1 政府主导视角的社区治理共同体建设

政府主导的社区治理共同体建设，不应被简单地理解为一种自上而下的行政管理模式，而应被视为在政府主导下构筑起来的一种多维度、纵横交错的互动治理体系（Durose，2009）。在党建引领下，政府为社区治理共同体建设提供了有力支持，从而增强了社区的向心力（袁方成、王泽，2017）。随着城市社区治理实践的不断深入，社区治理共同体的建设内容也逐渐扩展，涉及社区居民社会生活的方方面面，包括但不限于社区照护（马秀莲、杨团，2017）、社区安全（汪华，2015）以及社区社会保障（王世强，2022）等多个领域。

通过社区治理共同体的构建，政府能够更有效地整合社区内外的各类资源，从而提升公共服务供给的整体水平（吴晓林，2018）。进一步地，从现有的学术研究来看，城市社区治理行动模式通常反映出政府逐步将部分职能转移给社会组织的趋势（金红磊，2005）。这种职能转移不仅涉及简单的任务分配，还是政府对社会组织赋予权力和责任的过程。特别是在那些与民生密切相关的基层领域，政府和社会组织通过共同强化道德责任感，塑造出一个结构复杂、类型丰富的社区治理共同体。在这一行动模式中，政府和社会组织不仅在资源共享上合作，还在价值观念、治理理念和目标设定上达成共识。这种行动模式的优势在于，它能够更好地响应社区居民的具体需求，提供更为精准的服务，同时促进社区居民的积极参与。

在当前的学术研究领域中，一个广泛共识是，城市社区治理共同体的构建在很大程度上受政府行动的影响（陈锋、宋佳琳，2021）。政府作为社区治理的关键力量，在构建社区治理共同体方面起着决定性作用。然而，面对多样化的城市社区环境，政府虽然努力向社会组织赋权，但这种赋权过程受到行政层级制约，导致社会组织在创新性发挥上存在不足（李侨明、石柏林，2022）。尽管政府努力转移部分职能，但由于社会组织创新性的局限，城市社区治理的有效性提升仍有限。这意味着，在构建城市社区治理共同体的过程中，政府需要创造更有利的条件，以促进社会组织创新性的发挥（方亚琴、申会霞，2019）。

学者们基于社区营造的具体实践案例，提出了一系列创新性的城市社区治理共同体构建策略。例如，朱健刚（2021）提出，在社区层面构建一条由社区基金会、枢纽型社会组织、专业社会服务机构以及社区社会组织共同构成的社区公益价值链。这一价值链旨在于政府和居民之间形成良性互动的社区公益生态系统，以此承接政府转移来的部分职能，从而创新城市社区治理行动模式。同时，也有学者通过对专业社会服务机构的深入个案分析，进一步深化了对社会组织在城市社区治理中作用的理解。林磊（2018）的研究提出了"内生性"这一概念，这一概念强调社会组织对于基层社会需求的捕获能力，以及社会组织在联结政府与社区需求之间发挥的桥梁作用。这些研究不仅提供了关于如何构建城市社区治理共同体的具体策略，而且强调了社区内部不同主体之间合作的必要性。

值得注意的是，在政府主导的城市社区治理共同体建设过程中，社会组织在城市社区治理实践中的角色并非一成不变的。社会组织的角色在很大程度上依赖于政府所提供的授权空间，以及社区居民对于社会组织专业能力的认可程度（吴晓林，2018）。这意味着，要想充分发挥社会组织在城市社区治理中的创新潜力，需要在政府、社区居民以及社会组织之间形成更为紧密的合作关系。若政府在主导城市社区治理共同体建设的过程中，缺乏与社会组织的协同合作，将不利于社区内部力量和外部资源的有效互动和协调（彭少峰，2017）。虽然政府尝试通过购买服务的方式，将部分职能转移给社会组织，但是，仅仅将部分职能转移是不够的，还需要支持和鼓励社会组织发展创新能力，以便它们能够更有效地应对治理挑战，并为社区带来新的解决方案（杨书胜，2015）。

从理论角度来看，社会组织在承接政府转移的部分职能方面具有独特的优势。陈书洁（2016）的研究指出，社会组织通常拥有丰富的社会资本，并遵循专业化的运作逻辑，这使它们具备在城市社区治理中发挥创新性作用的潜力。社会资本的丰富性为社会组织提供了广泛的关系网络和资源获取渠道，而专业化运作则确保了其服务的高效性和质量。然而，李倩（2022）指出，在城市治理体系中，社区作为最基层的单元，承担着大量复杂的治理任务。在实际操作中，社会组织往往被卷入政府转移的部分行政职能中。在这种情况下，社会组织在社区治理项目的实施过程中常常不得不依赖于拼凑资源的方式来完成治理任务。方长春（2021）的研究进一步指出，这种依赖于拼凑资源的方式不仅削弱了社会组织内在的创新潜能，还在一定程度上影响了它们在城市社区治理中发挥积极作用的能力。

1.2.2.2 社会组织参与视角的社区治理共同体建设

在城市社区类型日益多样化的背景下，政府逐渐认识到提高社会组织创新性的重要性，并开始关注如何精准识别社区居民的具体需求。刘志辉（2015）指出，政府日益重视社会组织在城市社区治理中的作用，特别是在识别和满足社区需求方面的能力。随着社会组织的专业性和创新性的提高，它们在城市社区治理的各个层面形成了对政府作用的有效补充（王诗宗、宋程成，2013）。在以社会组织参与为视角的城市社区治理共同体建设框架下，一种分工协作的治理格局逐渐成形。吴月（2015）的研究强调，在这种治理格局中，党委发挥领导作用，政府负责指导相关治理事务，社会组织进行协同工作，公众积极参与。在这一格局中，社会组织的参与并非孤立的，而是在党和政府的坚强领导和支持下进行的。王才章（2016）指出，社会组织参与的使命在于激发社区活力，从而促进城市社区治理的高效进行。

孙发锋（2019）的研究表明，政府与社会组织之间的互动关系正在经历一种深刻的转变。政府的作用不再仅限于单向地向社会组织提供财政资源的支持，而是构建了一种双向互动的机制，其中社会组织能凭借其专业知识向政府反馈关于治理方案的宝贵信息。刘洋（2016）强调，具备专业能力的社会组织能够在政府难以涉足的领域扮演"拾遗补缺"的伙伴角色。许源（2016）指出，社会组织在此过程中还能够秉承其初心，履行对公众的责任并为社会提供服务。向静林（2018）进一步强调，社会组织参与城市社区治理共同体建设的过程也将激发其内在的发展活力，形成一种有效回应社区居民需求的自我激励机制。由此可见，社会组织在城市社区治理中发挥着越来越重要的作用，其与政府之间的互动关系正在向更为紧密的方向发展。这种互动不仅有助于提高城市社区治理的有效性，还有助于促进社会组织的发展。

对于这一现象，有学者进一步提出，为了更好地提升城市社区治理的有效性，并确保社会组织在参与城市社区治理共同体建设中能够发挥其潜力，政府需要采取渐进式赋能的策略，以此来促进社会组织专业能力的提升（黄六招，2021）。在城市社区治理共同体建设的框架内，社会组织逐渐与政府构建了一种复杂的共生关系。然而，这种关系的建立并非无懈可击，共生关系中存在的潜在问题成为城市社区治理有效性不尽如人意的根源（陈伟东，2018）。这种共生状态还可能隐含着一种对社会组织创新能力的潜在削弱，具体表现为部分社会组织过于专注于履行政府转移的部分行政职能，以致偏离了其本应关注的治理目标，从而未能充分发挥其独特的创新价值，限制了其在城市社区治理中创新潜力的发挥（句华，2017）。

在城市社区治理共同体建设的背景下，城市社区治理的创新应当是社会组织参与其中所具有的独特优势（齐久恒、刘国栋，2015）。然而，如果没有建立健康平衡的共生关系，社会组织在参与城市社区治理共同体建设的过程中将难以满足社会多元需求。因此，如何在确保社会组织的创新能力得以发挥的同时，构建一种平衡的共生关系，已成为亟待解决的关键问题。

有学者提出，可以在城市社区治理的动态变迁过程中，建立政府与社会组织之间的合作机制，以形成一种权责对称的共生合作模式。在这一基础上，平衡政府和社会组织之间的权责关系，同时增强社会组织的创新能力，对于推动城市社区治理体制的深化改革具有重要意义（姜晓萍，2014）。另有学者基于对现有城市社区治理实践的深入分析，认为政府与社会组织之间的合作关系最终可能演变为对称性共生的状态（Birchall，2002）。从目前的实际情况来看，通过灵活的合作方式，即政府在合作中主动调整授权范围，社会组织则策略性选择治理策略，可以推动政府和社会组织之间的共生合作关系朝着对称性方向发展。这不仅是双方合作关系演进的一种可能路径，还是制衡社会组织在合作中创新能力减弱的有效手段（郁建兴、沈永东，2017）。

总体而言，在社会组织积极参与城市社区治理共同体建设的过程中，政府与社会组织之间的合作关系并非一成不变的，而是呈现一种调适性共生的状态。这种状态不仅体现了双方在合作中的相互依赖，还反映了在共同推进城市社区治理现代化进程中，双方不断调整合作关系，共同实现城市社区治理有效性最大化的共识。

城市社区治理共同体建设过程中社会组织参与视角揭示了一种基于相互策略性调适的社会组织与政府之间的合作关系。这种关系的形成打破了传统上政府对社会组织单向施加影响的逻辑（康晓光、韩恒，2008），标志着政府与社会组织间合作关系出现了新动向，即在共生中双方展现出双向互动的合作趋势（叶士华、孙涛，2021）。作为合作主体，政府和社会组织自身做出的理性选择同样成为影响合作关系演化的重要因素（王川兰，2018）。在这一过程中，社会组织不再仅仅像许多学者所描述的那样，作为一个被动接受安排的行动者（Ni and Zhan，2017）；相反，社会组织通过创新改造，表现出一种积极主动的行动者身份（Zhang，2015）。

通过以上分析可见，在城市社区治理共同体的建设中，社会组织的参与不再仅仅体现为单向的配合与执行，而是建立在共生关系基础上的双向合作模式。这种合作关系的演化不仅在城市社区治理结构的改进和治理有效性的提升方面具有重要的实际意义，还为研究社会组织与政府之间的协作提供了重要的理论视角。

自 20 世纪 90 年代起，中国社会组织积极参与城市社区治理共同体建设，采用政府购买服务的模式，并通过一系列创新治理方式，包括需求识别、社区动员、多元协商、项目开发、资源挖掘、过程监督以及案例应用等，显著提升了其专业水平（李林子，2022）。这种专业化形象加强了政府对社会组织能力的正面评价，形成了一种基于相互信任的政府与社会组织的合作模式（朱光喜，2019）。更具体而言，富有专业能力的社会组织积极展开创新治理行动（方俊、李子森，2018），协助政府打造了一系列城市社区治理创新品牌（汪大海、柳亦博，2014），与政府建立了良好的互动关系（张文礼，2013），并发挥了社会智库的作用，为政府的政策制定提供智力支持（徐家良、季曦，2022）。面对这样的社会组织，政府也积极提供相应的授权空间，以促进治理创新的实现（崔光胜、耿静，2015）。

社会组织的治理行动与政府的最新动态密切相关（王海侠、孟庆国，2015），而那些善于与政府互动的社会组织将更有可能在城市社区治理共同体建设过程中充分发挥其专业能力（谭爽，2019）。这一切都指向了一个核心观点：在现代城市社区治理共同体建设中，社会组织不仅仅是参与者，更是通过其专业化能力为治理贡献重要力量的关键角色。在政府与社会组织的双向互动中，一个缺乏专业能力的社会组织往往难以发挥其独特作用（张春叶、朱宇馨，2022）。相反，一个在政府相应授权下，拥有雄厚专业能力的社会组织，能够在政社合作框架内寻找到创新发展的空间，并在与政府达成价值共识的基础上，积极推动城市社区治理共同体的建设（许源源、涂文，2019）。

由此可见，城市社区治理共同体的建设和发展方向，在很大程度上依赖于政府和社会组织双方的理性调适。随着双方在实践中不断地调整其合作行动，城市社区治理共同体建设有望实现更为有效的发展。总体而言，专业能力的提升和政府授权的适度放开，将为社会组织在城市社区治理共同体建设中发挥更为积极的作用提供可能，从而推动构建更加和谐的城市社区治理体系。

1.2.3 城市社区治理行动的关键影响因素

随着政府逐渐将购买社会组织服务作为构建城市社区治理共同体的主要模式，学术界积极展开跨学科研究，旨在深入探讨影响城市社区治理行动的多种因素。与宏观层面的研究相比，本研究更专注于中观组织层面和微观个体层面的考察，以更全面地理解城市社区治理行动的关键影响因素，特别是在日常生活中的具体表现。在中观组织层面，学者们的研究焦点主要集中在政府与社会组织的内部治理结构、资源分配机制以及合作关系等关键影响因素上。与此同时，在微观个体层面，学者们更专注于研究组织内个体的需求、期望，以及个体之间的互动过程。通过结合中观组织层面和微观个体层面的研究视角，本部分旨在更全面地理解城市社区治理行动的关键影响因素。

1.2.3.1 中观组织层面的行动影响因素

在城市社区治理的框架下，中观组织层面的行动影响因素主要涉及对政府和社会组织这两大主体行动的深入剖析，旨在从组织与其所处环境的互动关系出发，探讨组织文化、技术及结构等内外在因素是如何塑造组织的策略选择、行动过程以及最终产出的。在城市社区治理共同体建设的背景下，政府和社会组织作为两大重要的组织实体，二者之间的高效互动被认为是促进社区资源动员的关键，进而有望为居民提供更为优质的公共服务（李振邦，1995）。在这一复杂的过程中，社会组织发挥着不可或缺的枢纽作用，促使社区居民展开深入交流，进而有力地推动社区的再组织化（黄晓春、周黎安，2017）。对中观组织层面行动影响因素的理解，不仅有助于揭示政府和社会组织如何在城市社区治理中发挥其独特的作用，而且对于优化现有治理结构、提升公共服务质量以及增强社区自治能力等方面都具有重要的意义。

组织能动性已然成为中观组织层面研究领域内备受瞩目的核心行动影响因素之一。在不同学者的研究中，象征组织能动性的众多概念，如政社互动（邹农俭，2016）、政社伙伴关系（容志、张云翔，2020）、政社共治（韩雪峰，2013）以及政社联动（李文静、时立荣，2016）等，虽然在表达形式上存在差异，但它们在某种程度上互有交融，并且在行动的过程中产生了不同的影响。作为公共管理领域中的关键议题，城市社区治理共同体建设的有效推进离不开对组织能动性这一要素的深刻认识。随着中国特色社会主义进入新时代，中国社会的主要矛盾已转变为人民日益增长的美好生活需要和不平衡不充分的发展之间的矛盾。在这一新的时代背景下，政府和社会组织面临迫切的任务，需要增强自身的组织能动性。通过建立更加顺畅的居民社区参与渠道，政府和社会组织可以更好地满足居民对多样化社区治理的需求，并促进有效组织的集体行动（陈伟东，2018）。这将有助于推动社区治理体系的现代化，更好地适应新时代的社会需求，从而实现全面建设社会主义现代化国家的目标。

城市社区的多样性使传统的政府主导型城市社区治理行动显现出其固有的局限性。因此，有必要重新审视城市社区治理共同体建设中组织能动性的重要性。组织能动性不仅在于政府的主导作用，还需要强调政府与社会组织之间的紧密协作行动。通过充分发挥社会组织的灵活性和创新能力，共同推动城市社区治理共同体建设的深入发展（陈荣卓、李梦兰，2017）。

对于中观组织层面的能动性问题，学术界的探讨源远流长，可以追溯至政府与社会组织在协作行动中的导向问题。当前，学者们普遍认可，在这二者的合作行动中，主要呈现实践导向和价值导向这两种不同的倾向：实践导向关注社区公共服务的服务优化，而价值导向则强调社区秩序构建的价值引领。

具体到实践导向的层面，一些学者提出，在城市社区治理行动中，政府与社会组织应采用新公共管理策略，将政府视为治理的"掌舵者"，而将社会组织视为具体治理事务的"划桨者"，以更好地满足社区居民的多元需求。在这一过程中，政府治理、社会调解和居民自治三者之间形成了良性互动关系，多元主体通过合作共同塑造了城市社区治理共同体，丰富了社区服务的个性化属性（沈亚平、王麓涵，2021）。

在政府与社会组织的互动中，政府发挥了培育引导、沟通协调和能力提升的组织能动性作用，间接地推动了社会组织专业性的增长，提升了其挖掘居民需求的能力（邓集文，2020）。需要特别指出的是，尽管实践导向的社区公共服务优化强调政府方面的持续支持（马志强，2013），但近年来，社会组织也通过发挥其组织能动性，主动吸引市场资源参与城市社区治理共同体的建设，培养了社区居民间的合作习惯，从而孕育了一种公共精神，进一步推动了社区公共服务供给水平的提升。综上所述，在城市社区治理行动中，政府与社会组织的组织能动性相辅相成，共同形成了推动城市社区治理共同体建设的新动力（姜秀敏、李月，2022）。

在探讨社区秩序构建的价值导向层面，城市社区治理行动被视为社区秩序构建的动态过程。在这一过程中，社会组织凭借其专业能力，建立了联结社区居民的公共参与网络，从而构筑了多元化互动的社区秩序格局（王诗宗、宋程成，2013）。面对各类社区形态，治理行动表现出合作节点分散的特点，为各行动主体提供了一定的自主空间。换言之，社会组织可以通过在社区中的枢纽作用，将各类社区自治主体联结起来，共同构建一个开放的社区秩序（Paniagua and Rayamajhee，2022）。

与合作节点分散的观点一致，一些学者还发现，在城市社区治理行动中，即使缺乏一个统一的协调主体，多元的行动主体仍然能够自我规划，并展现出在面对复杂制度安排时的组织能动性（Aligica and Tarko，2013）。以政府和社会组织为例，在应对复杂多样的社区事务时，双方在各自组织能动性的驱动下，相互协调，理性地将公共政策议程融入社区秩序之中（李宁宁、苗国，2011）。

在城市社区治理行动中，多元主体之间形成了一个复杂的适应性结构，以维持各自的组织能动性并充分发挥各自的比较优势，最终塑造出具有明显差异性的社区秩序（杨琳、陈旭清，2022）。对社会组织而言，政府的支持是其组织能动性得以发挥的关键前提。这种支持不仅赋予了社会组织行动的合法性，还使它们能够有效地联结社区自治主体，共同推动更具活力的社区秩序的形成（汪锦军，2016）。然而，需要注意的是，中观组织层面的行动影响因素在不同类型的城市社区中表现出显著的差异，因此如何准确地区分和理解不同城市社区类型的异质环境对组织能动性的影响，成为一个具有学术挑战性的问题。

为了解决这一问题，一些学者将组织视为理性的行动者，并从组织理性的角度深入研究了不同社区类型中组织能动性的变化。其中，一些学者运用了吉登斯的行动理论框架，将政府和社会组织定义为理性的行动主体，并深入研究了它们在互动过程中如何扩展其社会活动领域，以及这种领域扩展如何影响它们的互动关系（闫树涛，2020）。

沿着新制度主义的研究路径，有学者认为，在政府与社会组织的互动过程中，社会组织呈现明显的组织外形化现象（田凯，2004）。这种组织外形化现象实际上是行动主体在生存理性、价值理性及专业理性的驱使下，通过深思熟虑的行动选择来体现的（王川兰，2018）。同时，基于案例研究的实证分析表明，政府与社会组织会在不同的合作阶段，灵活地权变处理治理议题，以推进合作进程并有效应对治理中的各种挑战（郑佳斯，2019）。这一系列的研究不仅丰富了中观组织层面行动影响因素的理论，还为实际中更加精准地识别这些影响因素提供了参考。

将组织视为理性的行动者这一假设构成了后续分析的基础框架，并认为组织能够运用理性思维灵活地规划自身的行动，以实现特定的目标。根据吉登斯的理论，行动者具有在社会规范准则的框架内整合行动的反思性、理性化过程以及动机激发的能力，从而通过有意识的行动在社会结构层面发挥作用（Giddens，1984）。从理性行动者的角度来看，组织在其行动过程中会依据反思性机制不断地修正自身的行为，并在面对不同类型的环境时，以差异化的策略发挥其组织能动性（刘志鹏等，2022）。以政府和社会组织的互动为例，它们在理性选择的基础上展现出一种协同进化的治理叙事模式。这种模式既保持了组织间必要的张力，又通过信任的建立实现了合作关系的动态调整（苏曦凌，2020）。

需要注意的是，由于政府与社会组织之间存在"非等量合作"的关系，它们之间的理性行动也可能导致互动平衡的秩序问题，从而给城市社区治理共同体的构建带来一定的挑战（徐家良、张圣，2020）。这一点凸显了在理性行动框架内，对组织间关系的深入分析的重要性。

1.2.3.2 微观个体层面的行动影响因素

在城市社区治理研究领域，微观个体层面的行动影响因素已成为一个关键的研究维度。这一研究维度将个体置于研究的中心，将组织视为由一系列为共同目标努力的个体构成的集合体。其核心分析焦点在于研究个体的价值观、态度和能力如何塑造并影响他们在城市社区治理行动中的策略选择、实施过程以及最终结果。

随着城市社区治理共同体建设的不断深化，政府工作人员和社会组织工作人员在社区公共事务治理中的参与日益频繁。他们带入社区的独特社会经验成为激发社区活力的重要推动力（王栋，2022）。微观个体层面的行动影响因素研究主要关注组织内个体是否能够在公共领域释放足够的活力，将社会民生问题从治理体系的边缘引入治理核心。而这一活力的释放关键在于组织内个体之间的协作关系（王啸宇、于海利，2020）。

本研究遵循吉登斯关于行动与结构互动的理论框架，对政府工作人员与社会组织工作人员之间的关系构建进行了深入的探讨，揭示了在城市社区治理中微观个体层面行动影响因素的重要性。在城市社区治理共同体的构建过程中，社会组织的积极参与促使政府工作人员和社会组织工作人员之间形成了一种有序的集体行动模式。在这个过程中，社区成为不同组织成员跨越内部群体边界、与外部群体建立联系以及扩展合作领域的重要平台（李文祥、韦兵，2022）。这种集体行动主要围绕人际交往展开，即组织的成员通过相互合作来达成共同设定的绩效目标。通过这一过程，彼此间的互信程度不断加深，形成了基于绩效成果的人际信任关系（韩克庆、王燊成，2017）。

在集体合作行动中，组织成员之间可能形成深厚的情感联结。这种情感联结有助于增强整个群体的凝聚力，同时也增强了集体行动的能力，提高了整个城市社区治理行动的可持续性（周延东，2020）。总体而言，社会组织在城市社区治理中的参与不仅有助于构建更为紧密的治理网络，还促进了社区成员之间信任的建立，为实现更协调的城市社区治理贡献了重要力量。

随着组织成员集体行动规模的逐渐扩张，为了在群体中达成广泛共识，组织的形态也展现出一系列的变革趋势。在审视已有的相关研究成果时，尽管学者们并未直接明确提出政府与社会组织形态变迁的具体概念，但已经有学者通过深入的案例分析，阐释了政府与社会组织如何借助项目化运作的方式，构建人际关系网络，进而在集体行动中发挥作用的现象（张琼文等，2015）。从组织演变的特征来看，政府与社会组织形态的演化主要体现在增强组织结构之间的耦合性，通过这种方式来促进组织成员在集体行动中的人际协作，实现共同目标（许文文，2017）。这种形态的演化不仅有利于增强组织内部的凝聚力，还有利于提升组织与外部环境的适应性，从而在复杂多变的社会环境中更好地发挥其治理作用。

值得关注的一点是，在政府通过购买社会组织服务参与城市社区治理共同体建设的过程中，这种合作模式与购买企业服务存在本质上的差异。由于城市社区治理共同体建设的目标具有复杂性，其效果很难仅通过经济效益进行评价，而且政府与社会组织之间的合作关系也并不完全符合传统的委托－代理关系模型（敬乂嘉、崔杨杨，2015）。

在城市社区治理有效性评价存在模糊性的背景下，政府与社会组织往往会依赖关键群体间的人际信任来增强集体行动的效能（高勇，2014）。尽管这种依赖于信任而非经济激励的合作机制在一定程度上增加了合作的灵活性，但也可能增加政府与社会组织合作的不稳定性，甚至提高合作项目的管理成本（张雅勤，2017）。

然而，政府工作人员与社会组织工作人员仍在努力运用建立在信任基础上的关系来管理城市社区治理行动，试图通过这种方式来适应城市社区治理的复杂性（谈小燕，2013）。这种尝试反映了在城市社区治理共同体建设中人际信任的重要性，以及它在增强合作稳定性方面所发挥的不可替代的作用。为了克服在合作中面临的不稳定性，政府工作人员和社会组织工作人员在城市社区治理实践中达成价值共识显得尤为重要。这不仅是推动社区公共性增长的基础，还是确保城市社区治理行动效果的前提条件（高红，2014）。特别是随着政府工作人员与社会组织工作人员之间信任关系的加深，组织成员之间能够更好地满足对于"他者认可"的需求，进而在人际关系基础上建立起稳固的合作关系（叶托，2019）。

人际信任的增强有助于政府工作人员和社会组织工作人员从传统行政层级制的思维限制中解放出来，采取更为精准的治理策略，有效推动基层民生问题的解决，特别是那些直接关系到群众切身利益的痛点问题（陈伟、黄洪，2017）。值得关注的是，政府工作人员和社会组织工作人员对社区治理问题的优先级设定仍然受到关键成员公共性水平的影响（张江华，2010）。在实际操作中，政府工作人员的公共性水平往往是影响社区治理问题优先级设定的关键因素（唐文玉，2015），这也凸显了提升政府工作人员公共性水平在城市社区治理中的重要性。社会组织工作人员个体公共性水平的提升不仅仅是一种个人层面的改变，更是为了提升整个组织层面的活力，以增加城市社区治理行动的积极贡献。在对社会组织工作人员特性的深入研究中，学者们指出，核心组织成员的公共服务动机将直接影响组织的政策倡导行为，同时也对组织在城市社区治理中充当枢纽平台的能力产生重要影响（李艳芳，2004）。

随着社会组织工作人员逐渐认识到自身在推动城市社区治理过程中的积极作用，这些个体能够为组织的集体行动提出建设性的治理方案，为整个城市社区治理过程贡献独到的智慧（姜杰、周萍婉，2004）。具体而言，社会组织工作人员通过主动关注社区公共利益、承担额外的工作职责，并协助社区中其他治理主体的工作，展现出其在城市社区治理共同体建设中的内在动力，成为推动城市社区治理不可或缺的一部分（吴素雄等，2012）。这种从个体到组织，再到社区治理整体的积极影响，凸显了社会组织工作人员公共性水平提升在城市社区治理中的重要价值。

在城市社区治理行动中，社会组织工作人员展现出与政府工作人员截然不同的个体特质。这些个体特质主要体现在社会组织工作人员更加擅长运用情感作为纽带，以专业化的服务方法作为实施途径，巧妙地将治理任务融入居民的日常生活实践之中，实现公共精神在社区治理行动中的植入（郑永君，2018）。社会组织工作人员的这一情感导向治理行动，具有强大的人际吸纳能力，能够在社区空间中维护稳固的社会网络结构。其在政府工作人员与社区居民之间发挥桥梁作用，有力增强了社区内部的凝聚力（丁惠平，2019）。如闫臻（2018）所指出的，社会组织参与城市社区治理共同体建设的核心价值在于，通过人际关系的联结，将社区中分散的个体力量凝聚起来，实现那些单个个体难以独立达成的治理目标。

在这一过程中，无论是政府工作人员还是社会组织工作人员，他们都是理性的行动主体，其行为选择受到所扮演社会角色的影响，同时也受制于所处制度环境的规则约束（田北海、王连生，2017）。这些制度规则构成了城市社区治理行动的核心规制框架，直接影响并塑造了政府工作人员与社会组织工作人员的行动取向（郑广怀、王梦宇，2020）。只有在制度规则的引导下，政府工作人员与社会组织工作人员才能在互动中形成稳定的人际关系，从而促使集体行动有序开展（叶继红、杨鹏程，2019）。

1.2.4 既有研究不足与可探究空间

在探索"在不同类型的城市社区中，社区治理共同体如何得以形成"这一研究问题时，前文从城市社区治理的行动逻辑、行动模式以及关键影响因素三个维度进行了全面而深入的文献综述。目前的研究普遍认为，社会组织的参与在优化城市社区治理共同体建设方面发挥着重要作用。然而，由于城市社区的多样性，治理行动呈现更为复杂的多维特点，这使推进城市社区治理创新变得更加具有挑战性，成为当前城市社区治理面临的普遍难题。值得注意的是，当前关于城市社区治理行动的研究主要集中在国家与社会关系的宏观视角，探讨国家力量与社会力量之间的动态平衡。然而，这些研究在很大程度上忽略了组织互动的中观层面和组织成员互动的微观层面。在这两个层面上深入剖析城市社区治理行动的过程、背后的逻辑、形成的模式以及关键影响因素，对于为城市社区治理提供行动指南具有重要意义。学者们在分析行动与结构互动的框架下，认为调适是组织互动过程中的一种常态现象。在这个过程中，政府和社会组织作为理性的行动主体，会根据具体情况灵活地调整它们的合作行动策略（郁建兴、沈永东，2017）。这一观点为当前城市社区治理行动的优化提供了新的视角，然而，需要注意的是，这一领域仍存在一些限制，需要进一步深入研究和扩展。

第一，城市社区治理行动的类型化理论构建亟须深化。尽管现有文献广泛关注了社会组织在城市社区治理共同体建设中的参与现象，但类型化理论在这一领域的发展尚属初级阶段。对于不同类型的城市社区，缺乏明确定制的城市社区治理共同体建设策略，导致理论与实践之间脱节。为了满足国家治理体系和治理能力现代化的要求，城市社区治理需要根据地方特点采用因地制宜、分类指导、分层推进和分步实施的原则。这要求对城市社区治理行动进行系统性分析，以揭示共建、共治、共享的城市社区治理共同体建设的内在机制。此外，虽然社会组织参与城市社区治理共同体建设已被广泛认可，但不同类型城市社区中影响这一过程的因素存在显著差异。因此，有必要建立系统的理论框架，以指导不同类型城市社区中的治理行动。

第二，探究不同类型城市社区治理共同体建设过程中，从中观组织层面和微观个体层面对行动和思维模式进行深入刻画，是当前研究的紧迫任务。尽管已有文献就城市社区治理共同体建设过程中国家与社会关系的动态平衡进行了一定的讨论，但对于在这一过程中组织与个体层面的具体行动与思维方式缺乏深入的反思。特别是在社会组织积极参与城市社区治理共同体建设的背景下，政府与社会组织之间在组织理性行动与个体人际关系方面的互动对治理过程产生了深刻的影响。这就要求对这些复杂的行动和关系进行综合性的识别，以揭示其对城市社区治理进程的真正影响。在城市社区治理行动的层面上，政府与社会组织之间的合作构成了社区秩序整合的关键因素。然而，现有研究在系统性地区分不同类型城市社区中差异化合作行动背后的行动逻辑与形成的行动模式方面仍显不足。这种局限性也导致中国城市社区治理的本土实践与治理理论之间未能形成更为紧密的联系，亟待未来研究的深入。

第三，面对城市社区类型的多样性，有必要优化社会组织参与城市社区治理共同体建设的路径。城市社区治理共同体建设被视为一项复杂的系统工程，其推进过程要求深入了解不同治理场景的特点，建立差异化的合作网络，以实际提高民众的获得感，从而提高社区公共产品和服务供应的效率。因此，必须在不同类型的城市社区背景下，明确推动城市社区治理共同体建设的积极因素和潜在挑战，深入分析并提出相应的优化策略。然而，现有文献在这方面的研究仍相对有限，对于在社区类型多样化的情境下，如何优化城市社区治理行动的相关要素和路径问题的系统性讨论仍不足。这一研究空白也凸显出社会组织参与城市社区治理共同体建设仍具有较大的潜在提升空间，并对未来研究提出了更高的期望。

基于上述背景，本研究旨在进行以下探索性的学术研究。首先，本研究的核心着眼于建立一种具备类型化特征的理论框架，旨在为城市社区治理行动奠定本土化的理论基础。其次，本研究的主要目标在于深入探讨不同类型城市社区中，城市社区治理展现出的行动逻辑、行动模式，以及对这些行动产生影响的关键因素，旨在揭示其内在的运作机制。最后，本研究旨在通过系统梳理多样化社区类型下，社会组织参与城市社区治理共同体建设的优化路径，为提升城市社区治理的有效性提供理论支持和实践指导。

为达成这些研究目标，本研究采用质性研究方法。笔者作为独立研究者深度参与了四个不同类型城市社区案例的实地研究。通过参与式观察和深度访谈，笔者详细观察了城市社区治理的行动过程，力求深入挖掘城市社区治理共同体建设中组织和个体行为的实际动态，为优化城市社区治理提供更充实的实证依据。

1.3　资料与方法

1.3.1　资料来源

对于城市社区治理行动的逻辑、模式，以及其关键影响因素的洞悉，不仅要求将其与中国城市社区类型的多样性背景紧密相连，还必须将其与国家推动的行政体制改革、政府职能转变以及社区治理的制度创新等宏观层面的变革相结合。这意味着，在进行田野调查的过程中，笔者不仅需要借助行动者的异质视角进行深入分析，还需要具备研究者自身的反思性质，以确保在整个研究过程中能够与宏观层面的制度变革进行充分的对话。

本研究的核心目标在于深入理解城市社区治理行动的发展演变过程，而非试图对其未来走向进行预测性的阐释。因此，质性研究方法由于其深入的特点，极有可能满足笔者对于城市社区治理行动深层次解读的研究需求。通过运用质性研究方法，笔者有机会与政府工作人员和社会组织工作人员进行深入交流，这不仅有助于捕捉组织和个体层面行动的细微差异，还有助于揭示这些行动背后的深层心理机制。通过对多个案例进行细致入微的叙述，并运用大量细节进行佐证，本研究有望提供更为明晰的答案，以解决与城市社区治理行动相关的日常实践问题，从而进一步深化理论与实际应用之间的联系。

质性研究之所以能够深入探讨复杂的社会现象，在很大程度上依赖于对特定研究场域的精准选择。本研究遵循社会科学领域内广泛认可的多案例研究策略，经过周密考虑，最终确定将 S 市作为本研究的主要研究场域。S 市作为一个独特的社会空间，其内部关键行动者的社会地位、不同个体的行为惯习，以及他们所掌握的各类社会资源，均可能对城市社区治理的有效性产生深刻影响。

基于上述认识，本部分将对 S 市这一特定研究场域进行详细介绍，目的在于揭示其独特的社会结构、文化背景和政治经济环境，以及这些因素如何共同作用于城市社区治理的具体实践。对作为研究场域的 S 市进行系统梳理，旨在为后续案例的深度挖掘提供充分的背景知识，确保研究结论的可靠性。

1.3.1.1 S市的基本情况

S市位于中国发达城市之列，其城市化进程正迅猛发展。在经济社会快速发展的背景下，S市充分抓住了本土科技创新的良机，目前正面临高质量发展的关键时刻。面对城市社区治理领域的多重挑战，政府采取了大规模购买社会组织服务的创新治理举措。此外，S市还制定并实施了一系列社区治理规划和政策，完善了城市社区治理的体制框架，覆盖了整个市域范围。总体而言，S市在城市社区治理领域的探索中，精准把握了城市发展的趋势，积极探索了城市社区治理的创新路径，充分展现了建设和谐社会的坚定承诺。

首先，S市致力于推动基层服务型政府的构建，加快实现镇（街道）基本职能的转变。在此过程中，S市逐步消除了对基层政府经济考核的依赖，强化了镇（街道）在社会服务方面的中心作用。通过鼓励镇（街道）和社区体制的改革，S市创新了社区工作的机制，确保社区工作者的薪酬不低于城镇在岗职工平均工资水平，增强了社区工作的吸引力。与此同时，S市实现了对城市社区工作者队伍的统一管理，在社区层面建立了全科社工的一门式服务机制。此外，S市取消了基层政府及其派出机构与群众性自治组织之间签订的行政责任书，并取消了社区作为责任主体的一系列行政事项，以减轻社区的行政负担。

其次，S市致力于全面推动定制化的政府购买社会组织服务项目，以更精准地满足城市社区治理的需求。在充分综合评估不同城市社区类型的差异之后，S市总结了试点经验并提出了明确的实施方案。这一方案要求镇（街道）作为服务购买方，社区则作为服务的具体落地点，根据各社区的特殊情况，分阶段向具备资质的社会组织购买专门定制的治理服务。同时，通过对社会组织在治理实践中的绩效进行评估，镇（街道）可以决定是否更换服务承接方，逐步构建了常态化的社会组织参与城市社区治理共同体建设的机制，旨在实现全市范围内定制化治理服务的全面覆盖。

值得注意的是，S市在推进政府购买社会组织服务的过程中特别强调了平衡基层政府与社会组织之间的互动关系。通过制定相关政策文件，明确要求镇（街道）和社区积极配合并支持社会组织的服务活动。这一系列策略展现了 S 市在政府购买社会组织服务方面的实践勇气，为提高城市社区治理有效性做出了积极的努力。此后，S 市不断完善政府购买社会组织服务制度，并通过构建以社区为平台、社会组织为载体、社会工作专业人才为支撑的"三社联动"工作机制，强化了党组织在社区服务中的领导地位，推动了社区民主协商的实践。

为了有效赋能社会组织，S 市采取了党建引领的方式，为提升社会组织的治理能力奠定了坚实基础。这一举措包括将社会组织党建工作纳入全市范围的党建工作统筹之中，并成立了专门的社会组织党委，打破了体制机制的壁垒。这种改革举措形成了部门联建的良好局面，有助于协调推进全市社会组织的党建工作。S 市通过充分发挥党组织的领导作用，将党的建设贯穿于社会组织参与城市社区治理共同体建设的全过程中。这一做法引导着社会组织与镇（街道）网格共同协作，构筑起坚固的基层党建堡垒，为城市社区治理的有效实施提供了有力支持。

最后，S 市在拓展社会组织参与城市社区治理领域方面做出了重要努力。为了进一步完善城市社区治理体系，S 市在新建及改（扩）建民生综合体方面投入了大量资源，确保这些设施的面积和数量满足社区的需求。通过引入社会组织参与城市综合服务设施的运行维护，并建立购买社会组织服务机制，S 市为社会组织提供了更为广阔的活动领域。

在后期，S 市的民生综合体引入了社会工作站，由社会组织负责实际运营，从而建立了一种明确划分权责的社会工作站运营模式。在市级层面，S 市建立了专门的社会工作专业人才综合服务平台，旨在协调和推动基层社会工作站的建设。在县（市、区）层面，S 市成立了社会工作服务指导中心，其职责包括协调和指导基层社会工作站的运营。在镇（街道）层面，S 市设立了社会工作站，这些社会工作站充当了区域性社会工作综合服务平台的角色。在社区层面，S 市设立了社会工作室，直接提供专业社区治理服务，并积极与社区居民建立了有效的协作关系。这一多层次体系确保了社会工作的协调与指导角色，使其在城市治理的不同层级中发挥了重要作用。

在城市社区类型多样化的背景下，城市社区治理共同体建设的路径充满了挑战。然而，S 市政府和社会组织在这一领域内进行了一系列创新尝试，形成了针对不同社区类型和治理需求的差异化治理策略。这种独特的治理模式为中国其他城市的社区治理创新实践提供了可借鉴的经验。

因此，S 市作为一个典型的城市社区治理案例，其丰富的实践经验为学术界提供了深入研究城市社区治理的宝贵素材。在这个意义上，S 市不仅是城市社区创新的先进典型，还是理论与实践相结合研究的重要样本，其内在的治理逻辑和操作机制值得进一步深入挖掘，以推动城市社区治理的不断进步。

1.3.1.2 S 市的研究价值

在明确以 S 市为质性研究的研究领域后，考虑到本研究的核心目标是深入探讨城市社区治理行动在日常生活中的实际展现，笔者决定采用多案例研究法。通过精心挑选代表 S 市不同类型社区的实例进行深入调查，本研究旨在揭示城市社区治理行动的多维特征和内在逻辑。需要特别注意的是，案例研究依赖于特定的个案样本，而不是传统意义上的概率样本。因此，运用传统的信度和效度概念来评价其研究质量并不完全适用（吕力，2012）。为了突破这一限制，本研究从多个维度出发，对选择 S 市不同类型社区作为案例研究对象的合理性进行了综合评估。这些评估维度包括：案例的典型性与启发性、研究结果的可推广性、资料的可获得性、逻辑的可靠性、理论的饱和度，以及研究结果的重要性。通过这种综合评估方式，本研究旨在确保所选取的案例能够全面反映 S 市城市社区治理行动的实际情况，为后续的深入分析奠定坚实的基础，从而为推动中国城市社区治理理论与实践的进一步发展做出有益的贡献。

在案例的典型性与启发性维度上，S 市的城市社区治理行动严格遵循了《中共中央关于全面深化改革若干重大问题的决定》中提出的"以网格化管理、社会化服务为方向，健全基层综合服务管理平台"的总体要求，为城市社区治理的框架设计提供了明确的指导原则。在此背景下，S 市聚焦于下沉基层治理的核心任务，积极探索政府购买社会组织服务的工作机制。特别值得一提的是，S 市大力推进政府向专业社工机构购买综合性社区服务的模式，并最终实现了在全市范围内的广泛覆盖。这一系列城市社区治理行动不仅充分体现了社会组织在参与城市社区治理共同体建设中的重要作用，同时还为本研究提供了丰富的研究素材，具有典型性和启发性。

经过多年的发展和实践，S 市在城市社区治理领域积累了丰富多样的创新实践成果。本研究充分利用了历史文献资料和个体记忆等多种数据来源，对城市社区治理中的典型案例进行了深入的分析（Brady and Lippert,

2016）。特别值得关注的是，在 S 市，政府购买社会组织服务以推进城市社区治理的模式已经实现了全覆盖。这些社会关注度较高、影响力较大的典型事件及其背后的治理机制为本研究提供了极具启发性的案例分析材料。通过对这些典型事件的深入挖掘，本研究旨在展现城市社区治理行动在实践中曲折发展的历程，以及在不同治理模式指导下产生的影响。进一步地，本研究还探讨了如何通过改进城市社区治理的策略，降低负面后果发生的可能性，为推动中国城市社区治理创新提供了有益的启示。

值得注意的是，作为中国经济发达城市之一，S 市在城市社区治理方面的总体趋势与许多国际先进城市存在相似之处。因此，深入研究 S 市的城市社区治理行动不仅有助于总结出适用于中国的城市社区治理经验，还为国际先进城市提供了一个共同探讨的机会，以寻求构建和谐有序城市社区的有效途径。这不仅对提升中国城市社区治理水平至关重要，还对促进国际先进社区治理经验的交流具有重要意义。

在研究结果的可推广性维度上，S 市作为中国在城市社区治理创新方面的先行者，其在实践探索上的领先性，使其成为其他城市可借鉴的行动蓝本。S 市所构建的城市社区治理体系以社区为核心平台，以社会工作者为坚强支撑，社会组织发挥载体作用，社区志愿者参与其中发挥辅助作用，同时融入社会慈善资源作为补充，形成了一套完整、多元、互补的治理结构。通过对 S 市的城市社区治理行动的深入研究，可以形成一个系统化的知识体系，从而提升城市社区治理的整体有效性。

在资料的可获得性维度上，S 市在提出城市社区治理的制度设计后，进行了系统性的城市社区治理体制机制重构，明确提出了以"多元主体共治、多层协商共谋、多方联动共推"作为城市社区治理行动的基本路径。S 市随后发布了一系列政策文件和配套措施，为学术研究提供了丰富的档案资料支持。在政府推动社会组织服务采购的过程中，S 市投入资金达数亿元，动员了百余家社会组织和千余名专业社会工作者深入社区提供服务。这不仅促进了居民通过协商自治的方式参与社区公共事务的治理，还积累了大量具有研究价值的城市社区治理项目案例。这些实践案例的丰富性为深入描绘城市社区治理行动提供了有力支持，使相关研究能够依托充实的资料基础更准确地反映城市社区治理的实际情况，为进一步优化城市社区治理提供科学依据。

在逻辑可靠性维度上，由于 S 市在全市范围内实施了政府购买社会组织服务的政策，每个城市社区均形成了具备可比性的治理项目框架。尽管根据社区的具体类型，治理项目需要进行定制化的设计，但它们均囊括了四项固定的治理任务，确保了研究的可比性：第一项任务是人群服务，要求社会组织针对特定人群制订服务方案，为处于困境中的居民提供专业服务，并协助他们链接必要的资源，以缓解他们的生活困难；第二项任务是社区需求挖掘，其目标是提升社区治理举措的科学性，通过调查分析社区需求，科学制订解决方案；第三项任务是营造公共参与氛围，旨在通过各种活动提高居民的参与度，增强他们的自治能力；第四项任务是解决社区治理的难点问题，需要社会组织在党组织的领导和社区居委会的协同下，运用专业方法为社区居民提供个案辅导。

这种结构一致且具备可比性的治理项目为采用多案例对比研究奠定了坚实的基础，有利于运用“穆勒五法”——求同法、求异法、并用法、共变法、剩余法——进行科学严谨的归纳总结。在本研究中，主要采用共变法，将城市社区类型作为控制变量，深入探究政府和社会组织作为行动者如何能动地进行城市社区治理创新，从而确保了研究结论的逻辑可靠性。

在理论饱和度维度上，S市的城市社区治理行动经历了从初创到成熟的全面发展历程。这一演进过程不仅在理论上得以确立，还在实践中逐渐深化，最终塑造了城市社区治理行动中多元主体之间相对稳定的互动模式。在长期实践中，各种潜在的社会因素逐渐触发并随着频繁的社会互动建立了相关关系，这一过程释放出了丰富的理论创新潜力。目前，S市的城市社区治理行动已经达到成熟阶段，各相关关系的变异幅度相对较小。因此，对S市的城市社区治理行动进行深入研究，在理论探索方面展现了高度的理论饱和度。通过深入剖析S市在城市社区治理行动领域呈现的非常规、非传统和挑战常规观念的现象，有助于提出独具创新性的理论构思。

在研究结果的重要性维度上，鉴于城市社区类型的多样化，构建城市社区治理共同体在理论和实践上都具有重要意义。S市在城市社区治理方面，充分考虑了地理位置、经济发展、居住模式、社区规模和治理定位等多个方面，积极推动了精细化的治理措施的实施，根据实际情况确立了切实可行的社区治理标准，从而促进了治理行动的准确实施。作为城市社区治理共同体建设的典范，S市的实践经验对于发展具有本地特色的城市社区治理理论，全面贯彻中共中央关于推进基层治理体系和治理能力现代化建设的战略部署，以及探索多样化、精细化、精准化的城市社区治理路径，具有重要的指导和借鉴意义。

1.3.2　研究方法

1.3.2.1　多案例研究法

为了深入解析核心问题，本研究采纳了多案例研究的方法学策略。在进行案例甄选的过程中，本研究坚守了典型性原则，通过对一系列典型案例的深入剖析，归纳总结出具有普遍性质的理论知识，并据此解答"为什么"和"怎么样"等一系列研究问题（Yin，1994）。本研究关注的核心议题是城市社区治理行动的演变过程，而多案例研究法的运用，不仅为揭示该行动演变过程背后的内在逻辑提供了有力支撑，同时还增强了研究结果的解释力。在执行多案例研究的进程中，本研究选取了三角验证的策略，通过整合访谈法、参与式观察法、文本分析法等多种质性研究手段，从多元化的信息来源出发，对特定现象进行综合性的研究。这种方法论上的选择有助于最大限度地减少在数据收集、汇总以及分析过程中可能出现的主观偏颇，从而提高研究成果的信度与效度，确保研究结果的可靠性。

为了确保城市社区治理行动的客观展示，本研究在设计案例选择方案时采取了如下策略。首先，遵循共变原则，形成一条完整的证据链，将从提出研究问题到推导出研究结论的全过程进行透彻展示。其次，本研究遵循"差别复制"逻辑，选取的社区案例在治理结果上因社区类型差异而呈现多样性。为确保案例的代表性，本研究基于"独一无二性"原则，从 S 市不同类型的城市社区中各选取一个具有典型特征的社区作为研究对象，从而提升研究的归纳效力。同时，本研究引入了一系列控制变量，以减轻地方治理结构差异对研究结果的潜在影响。选取的四个社区案例均位于 S 市的主城区，从而在一定程度上控制了经济发展水平、政治生态、文化习惯等外部因素的干扰，力图排除地方治理结构差异对研究解释框架的扰动。最后，本研究采用了三角验证法，考虑到访谈资料的主观性，通过中间人的引荐，收集了大量未公开的原始文件，对访谈中无法获取的细节信息进行了补充。在面对访谈资料中的观点不一致时，本研究参考了多位受访者提供的信息，以减少研究对象可能存在的回忆偏差，并在适当的情况下，将访谈资料与档案材料、政策文件进行了交叉验证。

S市作为中国在城市社区治理创新领域的先进城市，其城市社区治理实践具有典型性，具体体现在政府通过购买社会组织服务来推进治理行动。在城市社区治理共同体的建设过程中，S市政府投入了巨额的财政资金，其中，政府购买的社会组织服务项目单个金额超过百万元，用来支持单个社会组织独立承担相关治理任务。在进行试点的基础上，S市政府采取了一种创新性的做法，即将城市社区服务整体打包，向社会组织购买以社区照护、社区参与、社区融入和社区发展为核心内容的公共服务，目的在于解决城市社区治理共同体建设过程中遇到的诸多难题，并促进居民公共参与。通过这一系列的探索，S市在城市社区治理领域积累了丰富的经验，形成了一套有效推动社会组织参与城市社区治理共同体建设的成功经验。这套经验的形成，不仅为S市自身在城市社区治理领域的进一步发展奠定了坚实的基础，还为中国其他城市在探索城市社区治理的创新行动方面提供了可借鉴的范例。

在本研究持续追踪的基础上，2020年，笔者对S市的众多城市社区进行了实地考察。遵循信息完整性、案例特征代表性以及参与者多样性的原则，笔者从中精心筛选出四个城市社区，将其作为多案例研究的对象。在研究设计方面，本研究采用了双尾设计策略。具体而言，在所选取的四个案例中，有三个被认定为成功案例，而另外一个则被视作失败案例。此外，对于这三个成功案例，本研究采取了逐项复制的研究逻辑，彰显了它们在城市社区治理共同体建设方面所达到的稳定性。而在四个案例之间，则构建了差别复制的逻辑框架，揭示了城市社区类型是如何影响城市社区治理共同体的形成及其成败结果的。通过这种研究设计，本研究旨在深入挖掘城市社区治理共同体的建设机理，探索影响其成功与否的关键因素，并为城市社区治理提供理论与实践支持。

在最终确定了研究案例之后，笔者在2022年6月至2023年6月，在S市展开了为期一年的田野调查。作为一名独立研究者，笔者深入S市的社区治理现实情境，主动介入社区治理的实际活动。在数据收集阶段，笔者综合运用了访谈法和参与式观察法，与涉及四个社区治理案例的多个利益相关方，包括政府工作人员、社区工作者、社会组织工作人员、社区居民、社区物业公司员工、社区周边的个体经营者、外来务工人员以及社区周边的房地产中介等，建立了密切的人际网络。在日常互动的过程中，笔者不仅与受访者深入进行人际交流，观察其情感反应，还尽可能地体验他们的感受，深刻理解其行为背后的心理机制。笔者还亲身参与了这四个社区的一系列治理活动，收集到大量的一手经验材料。

为了提高研究的信度和效度，笔者还收集了与S市社区治理相关的丰富文本资料，包括政策文件、媒体报道、档案记录、第三方评估报告、学术论文、研究专著、合同文件以及社区公约等，以实现数据源的三角互证，从而提升研究结果的真实性。通过上述研究策略，本研究力求全面、深入地解析S市城市社区治理的实际情况，揭示其背后的理论逻辑。

需要强调的是，在改革开放的历史进程中，S市的市场经济实现了飞速发展，乡镇企业如雨后春笋般涌现，同时，S市也主动采取了对外招商引资的策略，形成了一种典型的外向型经济发展模式。这一过程不仅推动了S市经济的高速增长，还在市场经济扩张的背景下，塑造了特定的社会运行机制。在这一背景下，社会组织积极参与城市社区治理共同体建设成为一种重要的社会运行机制。这种参与发挥着"双向运动"的功能：一方面，它通过完善基层治理体系，有效应对了市场经济快速发展中出现的一系列社会问题；另一方面，它通过弥补民生保障的不足，积极推进社会共同富裕目标的实现。通过这种双向运动的功能，社会组织成为联结市场经济发展和社会治理创新的桥梁，为S市在市场经济发展和社会治理创新之间找到了一个平衡点，也为其他地区提供了可借鉴的经验。这一过程反映了S市在市场经济条件下，如何通过社会运行机制的创新来促进社会治理的现代化，也展示了社会组织在城市社区治理共同体建设中不可或缺的作用。

S市的城市社区治理行动紧密融合了城市化进程。根据第七次全国人口普查的数据，S市城市社区已成为大多数人口的主要居住地，也逐渐成为S市深化基层治理的关键领域。在S市不同类型的城市社区中，政府与社会组织合作构建了差异化的治理行动模式。对这一现象的深入研究不仅有望促进城市社区治理行动的优化，而且在推动治理理论的发展方面具有重要的学术价值。

鉴于S市具有较高的城市化水平，有必要深入分析该市在市场经济迅猛发展背景下形成的社会运行机制。通过将基于本地实践的观察与全球范围内的现象进行广泛比较分析，可以更好地应对市场经济发展中出

现的治理挑战，并为寻找有效的治理策略提供理论支持和实践指导。在 S
市的城市社区治理实践中，社会组织的参与对于构建和巩固城市社区治
理共同体发挥了积极的作用。在党的领导下，社会组织充分利用其在创
新方面的独特优势与政府建立了密切的合作关系，将复杂的治理任务分
解为一系列可行的阶段性目标，为城市社区治理行动的有序推进提供了
重要支持。这种合作模式有助于推动城市社区治理的有效实施。

　　值得特别强调的是，城市社区治理共同体建设在一定程度上受到了
城市陌生人社会属性的挑战。这一属性表现为城市社会的高度异质性、
人与人之间情感联系的淡薄，以及以利益导向为主的工具性人际关系特
征（Wirth，1938）。在对 S 市进行田野调查的过程中，笔者观察到，多数
城市社区中的合作网络呈现陌生人社会的疏离特点。然而，在个别城市
社区中，多元主体之间形成了较为紧密的合作网络。基于此，笔者根据
房屋类型将城市社区划分为村改居社区、老街巷社区、动迁安置社区和
普通商品房社区四个类别，并在其中选取了三个形成紧密合作网络的社
区和一个合作网络较为疏离的社区作为案例。研究旨在通过深入个案分
析和跨案例比较，探究不同类型社区中城市社区治理共同体形成的内在
机理和优化路径。表 1-1 详细列出了本研究选取的四个社区案例。

表 1-1　四个社区案例的综合概览

案例名称	社区类型
Z 区 A 社区	村改居社区
P 区 W 社区	老街巷社区
C 区 F 社区	动迁安置社区
K 区 N 社区	普通商品房社区

资料来源：笔者自制。

1.3.2.2　案例资料收集方法

　　针对研究问题的内在属性，本研究在四个案例社区中进行了资料的
收集工作，这一过程完全是在自然状态下展开的。作为一名独立研究者，
笔者对每个案例社区中的治理活动都进行了深入的沉浸式观察，力求从
与受访者的互动中捕捉到他们行为背后的心理动机，从而实现对其行动
本质的深入洞察。在案例资料的收集过程中，笔者严格遵循了实证分析

的研究逻辑，运用了访谈法、参与式观察法等方法，并辅以文本分析法，以确保从经验层面对治理行动的全面把握。此外，笔者持续地在经验数据与理论框架之间进行对话，旨在构建一个既有深度又有广度的研究视角，以更好地回应研究问题，深化对城市社区治理行动的认识。

在本研究中，首先采用了访谈法作为主要的数据收集方式。在正式进行访谈之前，笔者已经收集了大量的二手数据，包括政策文件、媒体报道、档案记录、第三方评估报告、学术论文、研究专著、合同文件、社区公约等多种类型的资料，这些资料与四个城市社区案例密切相关，并为笔者提供了丰富的背景知识。虽然这些二手数据为笔者呈现了四个社区案例中的行动历程，但它们并不能充分揭示在这些过程中组织和个体的行动逻辑、行动模式以及关键影响因素。出于这个原因，笔者对与四个案例社区相关的各类利益相关者进行了深度访谈，包括政府工作人员、社区工作者、社会组织工作人员、社区居民、社区物业公司员工、社区周边的个体经营者、外来务工人员以及社区周边的房地产中介。在选择访谈对象时，笔者遵循了空间性原则，即尽可能全面地覆盖四个社区的地理范围，并与不同背景的人群进行深入对话。这一方法旨在从多个角度深入探讨这四个案例社区的历史和现状，以更全面地描述城市社区中的动态治理行动。

继访谈法之后，本研究进一步采用了参与式观察法，以深入理解受访者的行为和心理机制。笔者将自身融入受访者的生活环境中，选择居住在不同的社区，并与受访者积极建立深入的交往关系，旨在从第一人称的视角出发，理解他们的言行背后的动机。在日常互动过程中，笔者坚持记录田野笔记，将观察到的信息整理成田野日记，并进行备忘录和文本编码处理，以便后续研究分析。通过参与式观察，笔者深入了解了受访者的文化背景，理解他们的想法，体会他们的感受，并尝试从他们的角度思考问题和采取行动，建立起对他们的同理心。这种持续而深入的人际互动不仅使笔者能够理解受访者的内心世界，还有助于建立紧密的人际关系网络，进一步深化对城市社区治理行动这一研究主题的理解。更重要的是，通过参与式观察，笔者能够捕捉到城市社区治理行动中那些不容易察觉的细节，为本研究提供宝贵的第一手资料。

最后，本研究采用了文本分析法作为补充性的研究方法。由于四个案例社区治理行动的历史时间跨度较大，很多亲历经验已不容易追溯，因此，笔者在深入研究这些案例时依赖于历史文献的记录。为了达到这一研究目的，笔者通过中间人的引荐，并通过多方努力，收集了大量与四个案例社区治理项目相关的历史资料，包括政策文件、媒体报道、档案记录、第三方评估报告、学术论文、研究专著、合同文件以及社区公约等。同时，笔者也进行了口述历史的采集工作，以进一步丰富研究材料。采用文本分析法，笔者从修辞学和叙事学的视角对这些文本资料进行了精细的分析，研究文本是否运用了隐喻和其他修辞手法，提取和分析了个体叙事的线索和情节安排，旨在对文本资料进行全面的解析，深入挖掘其中蕴含的深层含义。通过这一方法，本研究得以从语言结构中挖掘更为丰富的信息，为研究主题提供更深刻的诠释。

1.4 本书结构与技术路线

1.4.1 本书结构

本研究立足于中观组织层面和微观个体层面，深入剖析了 S 市四个不同类型城市社区的治理行动历程，并在此基础上，探究了城市社区治理的行动逻辑、行动模式及其关键影响因素。通过对不同类型城市社区治理行动的细致比较，本研究旨在深化对社会组织参与城市社区治理共同体建设的理解，从而总结出中国在城市社区治理创新方面的理论成果和实践经验，为未来城市社区治理行动提供理论指导和实践参照。本书分为九章，系统地展示了研究的整体结构，确保了研究的逻辑性。每章都围绕核心主题展开，相互之间有内在的联系，共同构成了本研究的完整框架。各章内容安排如下所示。

第一章作为本研究的绪论部分，对整体研究进行了系统的概述，对研究背景、研究问题、研究意义、文献述评、资料与方法、篇章布局与技术路线进行了详细阐述。本章首先回溯了中国城市社区治理行动的发展脉络，揭示了在城市社区类型多样化背景下，政府为构建和谐的城市社区治理共同体而主动购买社会组织服务的历史进程和实践逻辑。随后，本章深入探讨了城市社区治理行动面临的复杂挑战，并在此基础上提出了本研究所要解决的核心问题。本研究着重关注在不同类型城市社区中，治理共同体是如何构建的，尤其强调了政府与社会组织在合作过程中所展现出的行动逻辑、行动模式与关键影响因素。接着，本章通过回顾现有文献，指出了先前研究在政府与社会组织合作整合城市社区秩序方面的主要贡献和存在的不足，为本研究的创新点提供了理论空间。最后，本章阐明了研究的整体路径，为后续章节的深入探讨奠定了坚实的基础。

第二章阐述了概念、理论与分析框架，对本研究的核心概念、理论基础进行了严密定义，从而构建了一个用于分析经验材料的框架。本章开篇即对分类治理、共同缔造、政府购买服务项目等关键概念进行了深入解读，确保了概念的清晰性，为后续的研究奠定了坚实的概念基础。随后，基于对城市社区治理行动理论的广泛回顾，本章引入了网络管理理论、行动理论和管家理论，特别关注政府与社会组织这两大主体在互动中的理性行动，并依此构建了一个旨在解释城市社区治理行动的综合分析框架。这一框架不仅结合了不同理论的优势，还针对本研究的特定问题进行了适度的调整。在本章的最后部分，笔者对政府与社会组织的行动动机进行了深入的解析，从而为后续章节对城市社区治理的行动逻辑、行动模式以及关键影响因素的分析进行了铺垫。这一部分的讨论不仅有助于理解行动者的思维模式，还为揭示其行动策略提供了关键线索。

第三章作为本研究的背景，回顾了 S 市的城市社区治理行动，通过对其历史变迁与发展现状的细致阐述，为接下来的案例分析提供必要的细节信息。S 市的城市社区治理行动经历了从社区自治与社会组织进入到社区治理和政策配套，再到治理创新与反思性实践的演变过程，在这一过程中，治理行动由最初的零散状态逐渐走向系统化，行动主体从政府与社会组织的二元互动演变为多元主体的联动，治理模式也从政府的网格化管理与社会组织参与治理的分离状态转变为二者的融合，最终逐渐形成了一个制度化的灵活治理体系。在 S 市的城市社区治理行动中，政府与社会组织之间建立了紧密的合作关系，双方共同推动社区治理进程，激发居民参与治理的热情。随着治理行动阶段性目标的实现，政府与社会组织之间的合作关系得以进一步深化，双方共同探索数字技术在社区治理中的应用，旨在提高城市社区治理行动的智能化水平，提升治理有效性。本章的深入分析能够全面展示 S 市的城市社区治理行动的发展脉络，为后续章节的深入研究打下坚实的基础。

第四章专注于 Z 区 A 社区这一村改居社区的案例分析，深入剖析了其城市社区治理行动模式。A 社区作为一个典型的村改居社区，其在城市社区治理行动中所表现出的问题具有代表性。在本章中，笔者详细描写了 A 社区在治理行动中的具体情况。尽管通过政府购买服务，社会组织已经参与到 A 社区治理共同体的建设中，但是 A 社区并没有形成一个较为稳定的治理共同体结构。这主要是因为政府与社会组织之间的合作行动大多仅限于处理 A 社区的边缘治理议题，对于推进解决核心治理议题的准备并不充分。作为一个村改居社区，A 社区在人际网络方面仍保留有农村熟人社会的特点，这使外源型社会组织难以融入社区的人际网络中，从而在推动解决核心治理议题时，面临较大的行动阻力。这种阻力主要来源于社区居民对其私人利益的保护，使治理行动难以顺利推进。通过对 A 社区治理行动的深入分析，本章为村改居社区治理提供了一个初步的研究起点，旨在帮助类似社区在总结 A 社区失败经验的基础上，探索出遭遇较少行动阻力的治理方案，从而逐步推动社区公共性的增长。这对于优化村改居社区的治理结构，提升社区治理有效性具有重要价值。

第五章致力于对 P 区 W 社区这一老街巷社区的案例分析，深入阐释了其城市社区治理行动模式。W 社区作为一个典型的老街巷社区，其在治理过程中所展现出的挑战具有典型性。在本章中，笔者对 W 社区的治理行动进行了系统的描述。从治理行动的成果来看，W 社区已经基本形成了一个相对稳定的治理共同体。然而，受到社区居民老龄化程度较高、活跃的社区社会组织稀缺等因素的制约，W 社区治理共同体的主要推动力来自外源型社会组织，而非本土培育的内生型社会组织。政府与外源型社会组织合作，通过一系列社区有机更新项目，将社区营造活动作为激发社区居民公共精神的重要载体。这些举措在一定程度上激活了社区居民的公共精神，改善了社区的治理氛围。尽管如此，W 社区的治理行动主要集中在改善社区硬件环境等表层问题上，而对于深层次的社区治理问题，如居家养老、精神障碍康复等议题，涉及较少。这种局限性主要源于深层次社区治理问题的解决不仅依赖于项目制运作的城市社区治理行动，还需要社会保障制度的配合。因此，虽然 W 社区在城市社区治理方面取得了一定的成效，但仍需进一步拓展治理行动的深度，以实现更为全面的社区治理。通过对 W 社区的深入探讨，本章为老街巷社区治理提供了一个较为完整的治理样本，为同类型社区未来的城市社区治理实践提供了宝贵的经验，有助于提升这些社区在基层治理方面的有效性。

第六章专注于对 C 区 F 社区这一动迁安置社区的案例分析，对其城市社区治理行动模式进行了详尽的探讨。F社区作为一个动迁安置社区，在经过一系列的治理行动后，已经逐步形成了一个相对成熟的治理共同体。由于社区社会组织的日益活跃，居民参与公共事务的范围不断扩大。在这一过程中，F社区的公益慈善和志愿服务活动取得了较大进展，不仅引进了多元化的慈善资源投入社区基础设施建设中，还成功组建了活跃的志愿者队伍。尽管F社区在城市社区治理方面取得了一系列成果，但其治理活动在实践创新方面仍有待提升。面对诸如物业设施维护和房屋产权争议等传统的社区治理难题时，F社区仍然倾向于采取政府介入的行政管理手段，而较少运用社区协商民主的公共参与手段。这在一定程度上反映出社区居民尚未完全形成协商民主的思维模式，仍然习惯于依赖政府行政力量来快速解决社区争议。F社区的治理行动为动迁安置社区治理提供了一个具有参考价值的案例，有助于这些社区在F社区的基础上，迅速构建自身的城市社区治理行动路径。

第七章深入分析了K区N社区在城市社区治理方面所形成的行动模式，力图提供一个翔实的普通商品房社区案例分析。在城市社区治理的实践中，N社区已经逐渐演化成一个具备创新特征的治理共同体。在这一过程中，政府的积极作为对社区治理的发展起到了关键作用。政府工作人员与社会组织工作人员之间建立了信任关系，为治理行动的创新提供了必要的容错空间，从而推动了城市社区治理共同体的发展。然而，在N社区的治理过程中，也存在一系列的挑战。最为突出的挑战集中在涉及物业矛盾的公共议题上，解决这类问题往往涉及社区居委会、业委会和物业公司三方之间的博弈。这种"三驾马车"模式下各方关系的平衡，是确保城市社区治理共同体形成的基础。通过对N社区治理行动的深入分析，本章为普通商品房社区治理提供了一个引领性的样本。这对于其他同类社区来说，不仅是一个宝贵的参考，还为它们在实践中继续完善自身治理行动，形成有效的治理模式提供了指引。

第八章展开了对四个城市社区的跨案例对比分析，深刻剖析了它们在治理实践中显现出来的行动逻辑、行动模式以及关键影响因素，旨在为城市社区治理提供理论和实践上的参考。在行动逻辑方面，笔者认为在四个不同类型的城市社区中，治理共同体均被构建为一种多元组织的协同网络。在党建引领下，政府扮演着主导者的角色，社会组织扮演着参与者的角色，共同整合城市社区秩序，合作推动治理进程。在行动模式方面，笔者基于各社区的实际治理情况，识别出了四种不同的行动模式：村改居社区形成了自我构建式行动模式；老街巷社区形成了记忆叙事式行动模式；动迁安置社区形成了社群互助式行动模式；普通商品房社区形成了赋能授权式行动模式。在关键影响因素方面，笔者强调政府的合作意愿与社会组织的专业能力是影响城市社区治理行动的两个核心因素。这二者的相互作用对于城市社区治理共同体的发展起着决定性作用。总体而言，通过对四个城市社区的深入分析，本章揭示了城市社区治理的内在规律，为城市社区治理提供了宝贵的参考。

第九章发挥了将本研究中获得的成果进行综合归纳、深刻反思和未来展望的功能。在本章中，笔者首先对通过个案研究和跨案例分析得到的研究发现进行了全面的总结，在此基础上，笔者进一步明确了本研究的贡献，强调了研究对于城市社区治理理论和实践的重要启示。为了提升研究的实际应用价值，笔者在本章中提出了一系列切实可行的政策建议，旨在提升城市社区治理的有效性。同时，笔者也对研究过程中遇到的局限性进行了深刻反思，并在此基础上对未来的研究方向进行了展望，为后续研究提供了宝贵的参考。在进行深入讨论的过程中，笔者基于 S 市的实践观察，对现有的治理理论进行了发展，提出了一套适用于中国情境的、分析城市社区治理行动的本土化理论框架。这一理论框架不仅丰富了现有的治理理论，还为解释中国城市社区治理的复杂性提供了新的分析工具。总体而言，第九章以系统的研究总结、深刻的理论反思和前瞻性的研究展望，为本研究画上了休止符，也为未来的城市社区治理研究和实践提供了重要指导。

1.4.2　技术路线

首先，本研究通过运用系统性的文献综述方法，结合历史分析和比较研究等多种学术研究手段，对城市社区治理行动的相关学术文献进行了全面的梳理，确保了对研究领域的准确把握。其次，本研究立足于对理论基础的深入洞察，构建了一个结构清晰的分析框架。该框架为后续的行动研究提供了明确的指引，确保了研究的针对性。再次，本研究选取了四个典型的城市社区案例，通过翔实的案例分析，全面呈现了城市社区治理行动的多维特征。在此基础上，通过跨案例分析，对城市社区治理的行动逻辑、行动模式以及关键影响因素进行了综合提炼，为理解城市社区治理提供了实证支撑。最后，本研究在前文深入分析的基础上，得出了一系列研究结论，并对这些结论进行了深入的解读。通过对研究发现的反思，本研究不仅丰富了城市社区治理领域的理论体系，还为城市社区治理行动的优化提供了实践指引。遵循以上分析思路，笔者绘制了研究内容与技术路线图（见图1-1），以直观地展示本研究的整体结构，形成一个清晰的研究导览，这有助于加深对本研究关键内容的理解。

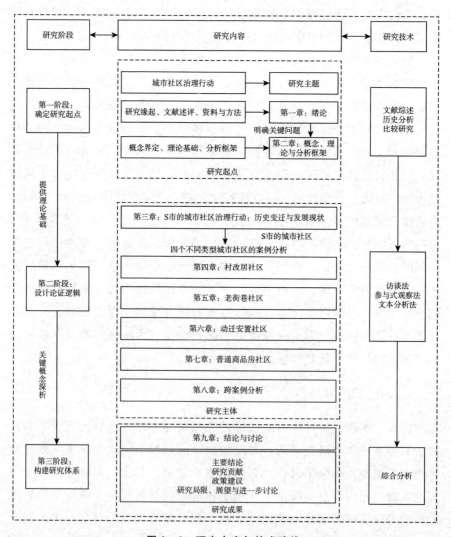

图1-1　研究内容与技术路线

资料来源：笔者自制。

第二章

概念、理论与分析框架

2.1 概念界定

2.1.1 分类治理

分类治理是一种基于对不同对象特征的深入分析，进而实施差异化治理策略的行动方法。在学术领域，分类治理强调对被治理对象的多维度特性进行精准理解，包括但不限于文化、经济、社会结构等因素，并据此制定相应的措施。分类治理的核心在于充分考虑被治理对象间的差异，以提高治理的有效性。在城市社区治理的背景下，分类治理指向对不同社区特征的深入分析，如人口结构、经济水平、地理位置、文化背景等，并基于这些特征制定符合各个社区实际需要的治理策略。这种方法不仅提高了治理的适应性，而且有助于实现社区治理的精细化，进而促进社区居民福祉的提升。

分类治理的理念在城市治理体系的各个维度中得到了广泛的运用。在城市社区治理的领域内，可以观察到不同类型的社区展示出的治理结构存在显著的差异。每一种类型的社区都拥有其独特的治理议程，并且相同的治理模式在不同类型的社区中会导致截然不同的效果（Blanco，2013）。这一发现意味着，社区的空间属性可以作为分类的标准，依此标准实施差异化的治理策略，从而提升治理行动的有效性（Blanco，2013）。

社区不仅仅是一个物理空间的集合，更是一个丰富的社会关系网络。

正如王琴（2012）所强调的，社区在社会关系的构建中发挥着核心作用。从这个角度出发，分类治理在社区治理中的应用显得尤为重要。分类治理的核心在于根据社区的具体特征来制定治理策略，这不仅包括社区的物理特征，如地理位置、房屋类型等，更重要的是还要考虑社区的社会关系特征，如居民的社会经济背景、文化传统、生活方式等。通过这种差异化的治理方法，可以更有效地应对社区面临的具体问题，同时促进社区内部社会关系的和谐。在多样化的社区物理空间中，居民的心态、认知和情感展现出差异性，这对分类治理提出了挑战。正如高进和石婧玮（2022）所指出的，即便是定制化的治理模式，在不同社区居民群体中的效果也可能大相径庭。

鉴于社区类型的多样化，卢爱国和曾凡丽（2009）提出了一种基于社区服务类型的分类治理建议。他们认为，将社区服务类型作为分类标准，能够更有效地实现差异化的社区治理策略。然而，正如吴晓林（2018）所述，社区作为一个多元主体协作、多重要素交织以及多种问题并存的复杂社会空间，展现了其内在的复杂性特征。在这样的背景下，基于社区服务类型的差异化治理模式，对界定治理主体间的权责关系提出了更高的要求。在实施分类治理时，不仅要考虑社区服务的类型，还要充分理解并处理治理主体之间的权力和责任分配，确保社区利益的平衡（陈伟东，2018）。

当前，中国社区层面上的多元主体互动正处于一个探索阶段，如张振和杨建科（2017）所述，这一阶段的特点是权责边界的模糊性，对基于社区服务类型的差异设计治理模式提出了挑战。基层社会治理在横向边界和纵向深度上的无缝对接存在困难：横向上，不同社区的资源需求存在差异；纵向上，考虑到社区多元主体的不同需求，治理决策难以贯彻到每个社区主体（刘建军、马梦岑，2022）。因此，对于社区治理而言，解决权责边界的模糊性问题并在差异化行动中进行灵活的策略调整，成为实现有效社区治理的关键。

本研究专注于行政意义上划分的社区，采用房屋类型作为主要的分类标准。基于此标准，本研究将社区细分为四种主要类型：村改居社区、老街巷社区、动迁安置社区，以及普通商品房社区。具体而言，村改居社区指的是某些村落通过异地拆迁或原地整合的方式转变而来的城市社区。村改居社区的房屋类型包括政府统一规划建设的动迁安置建筑、普通商品房建筑以及一些尚未拆迁的农村住宅。老街巷社区指的是位于城市中心、靠近历史文化遗产的老旧社区。老街巷社区的房屋类型主要是政府直管的公共住宅，包括历史文化遗产建筑和单位分配的住宅。动迁安置社区指的是由于城市扩张或旧城区改造而进行的土地征用或住房拆迁所形成的社区。动迁安置社区的房屋类型主要是政府统一规划建设的高层或多层建筑。普通商品房社区指的是通过市场化机制由房地产开发企业投资、设计、建设，并最终销售给公众的社区。普通商品房社区的房屋类型主要是由专业物业公司负责日常维护的高层或多层住宅建筑。

2.1.2 共同缔造

共同缔造指的是不同参与者之间的协作过程，共同创造价值、产品、服务或解决方案。在共同缔造的过程中，参与者共享他们的知识、技能、经验和资源，通过合作来达成共同的目标。在城市社区治理中，共同缔造通常涉及政府、企业、社会组织、居民等多方面参与者的协作。实践案例包括社区营造、志愿服务、环境保护等。例如，居民可以参与到社区公共空间的设计过程中，提出他们对于空间使用的想法和需求，与政府和社会组织一道共同制订解决方案。

共同缔造的重要性在于它不仅有助于激发社区活力（Ackerman，2004），还有助于进一步加强社区团结（Cheng，2019），具有推动基层治理现代化的潜力（韩冬雪、李浩，2017）。共同缔造的理念，在现代社会治理理论中扮演着关键角色，它强调将多元参与者融入治理的全过程。此理念突出了在治理行动中，政府与社会组织之间的协同效应（李春根、罗家为，2020）。在专注于共同缔造的研究框架下，可以观察到一种新兴的治理模式：政府作为主导者，确立治理方向和提供资源支持，同时社会组织则发挥其专业优势，参与到治理决策和执行过程中，从而能够更有效地响应社会需求，增强政策的适应性。

进一步地，共同缔造不仅降低了社区治理的成本，而且在缓和社会矛盾方面发挥了积极作用。此外，它还鼓励更多社区居民有序地参与治理进程，充分发挥居民在社区治理中的主体性，这反映了一种从单向的政府主导模式向多元参与模式的转变，旨在通过包容性的治理方法来提升社区的整体福祉（许宝君、陈伟东，2017）。具体而言，政府主要扮演指导者和协调者的角色，负责制定政策框架，并确保不同参与者之间的有效协调。通过这种角色，政府引导社会组织和其他利益相关者，共同参与到治理共同缔造中扮演主要参与者的角色。它们不仅响应政府的政策导向，而且主动参与到公共服务的提供、社区活动的组织和居民意见的收集中。通过这种方式，社会组织有助于弥补政府在信息沟通和服务提供方面的不足，从而使共同缔造的治理模式更加贴近民众（魏娜、陈俊杰，2020；朱媛媛，2019）。

本研究致力于深化对共同缔造模式的理解，并聚焦于中国城市的社区治理。在政府层面，本研究主要关注镇人民政府和街道办事处，这二者在城市社区治理行动中扮演着核心角色（胡晓燕、曹海军，2018）。值得注意的是，根据1954年实施的《中华人民共和国城市居民委员会组织条例》，城市社区居委会作为基层群众自治的组织形式，在共同缔造中与基层政府形成了紧密合作关系（张雪霖、王德福，2016）。在社会层面，本研究重点关注社会组织。社会组织以其志愿性的特点，在吸引社区居民参与到共同缔造的过程中发挥着重要作用（王杨，2018）。社会工作机构在共同缔造中的作用尤为关键，因为它们能够为个体提供专业的服务和支持，从而在促进社区公共参与方面发挥重要作用（Frahm and Martin，2009；杨慧、杨烨煜，2017）。因此，本研究通过对社会工作机构的行动研究，旨在揭示它们在中国基层治理现代化进程中的作用。

本研究采纳的共同缔造理念，集中于基层政府行政管理与社会工作机构在推动社区自治方面的有效对接。此理念的核心在于促进基层政府和社会工作机构在社区治理中采取创造性行动。在城市社区治理的实践中，共同缔造的关键挑战在于妥善处理基层政府与社会工作机构间的权责关系，包括共同推动社区居民参与公共事务，激发他们的共同体意识，并致力于创新城市社区治理的体制机制。共同缔造理念不仅倡导基层政府和社会工作机构之间的协调合作，还强调在互动过程中双方各自角色的清晰界定，确保双方能够在各自的能力范围内最大限度地激发社区居民的自我管理意识。

2.1.3　政府购买服务项目

政府购买服务是指政府通过市场化的方式，向社会组织或企业购买公共服务的行为。政府购买服务通常是为了更有效地提供公共服务，同时提高公共资源的使用效率。在政府购买服务的框架下，政府不再直接提供某些公共服务，而是通过合同或协议的形式，委托社会组织或企业来提供这些服务。在城市社区治理中，政府购买服务项目涉及多个领域，包括社会福利、教育培训、医疗卫生、环境管理、文化娱乐及社区安全等。通过这些服务项目，政府不再是直接的服务提供者，而成为服务的购买者和监管者。

政府购买服务项目在城市社区治理中的应用，不仅代表了治理模式的创新，还是响应社区居民多样化服务需求的重要举措。中国政府购买服务项目主要集中于购买社会组织的服务。学者们普遍提出，政府在购买社会组织服务项目时，应该采取措施，以促进社会组织更广泛地参与社区治理并创造创新空间（陈鹏，2018；王德福，2019）。杨爱平和余雁鸿（2012）的观点强调，在探索政府购买服务项目的优化路径时，不应仅仅局限于调整社区居委会的角色，因为这可能会忽视城市社区治理整体结构的重要性。各治理主体通常具有特定领域的专业知识和经验。例如，社区居委会更了解社区居民的实际需求，而社会组织在特定服务领域拥有专业技能，政府则可以提供资金和政策支持。如果只侧重某一行动主体，容易忽视其他主体的专业优势，导致治理行动的片面性。不同行动主体之间存在互补性，政府可以发挥协调者的角色，促进各行动主体之间的沟通，以实现治理行动的整体协调（王星，2012）。

在当前学术界对政府购买服务项目的研究中，学者们逐渐将关注点从行动主体转向项目流程，从而更深入地探讨政府与社会组织的合作模式。陈伟东（2018）的研究显示，在政府购买服务项目中，政府和社会组织需要在项目的需求发现、方案设计、绩效测评以及策略优化等一系列流程中进行密切的协同工作，才能形成广泛的公众参与，以确保治理成果能够惠及社区居民。社会工作机构因其专业性强的特点，成为政府在购买服务项目中寻求合作的理想组织类型。卫小将（2018）的研究着重指出，社会工作机构在心理健康、社会服务、教育等领域积累了丰富的专业知识和经验，能够有效地满足社区居民多元化的需求。政府购买服务项目的成功实施不仅依赖于社会工作机构的专业能力，还取决于政府与社会工作机构之间的紧密协作。

闫臻（2018）的研究发现，政府购买服务项目的实施使政府能够更专注于其核心职能，提高了行政效能。此外，政府购买服务项目也激发了社区居民的自治意识。社区居民意识到他们可以积极参与社区事务，并对社区的发展产生积极影响，有助于形成更有活力的社区治理共同体。同时，唐鸣和李梦兰（2019）的研究进一步强调了政府购买服务项目在处理社区面临的争议性治理议题时的重要性。争议性治理议题常常涉及不同利益群体之间的权益冲突，因此，寻找有效的解决方案通常需要综合考虑各方的观点。传统的政府独立决策可能无法充分反映社区多元性，容易引发不满和争议。而政府购买服务项目的方式，将社会组织引入决策过程中，可以更全面地考虑各方的需求。社会组织作为联结社区居民与政府的桥梁，有助于促进社区居民与政府之间的对话，确保各方的权益得到充分考虑。此外，社会组织通常具备专业知识和经验，能够帮助政府更好地理解社区居民的需求，并提供有效的政策建议。

本研究所关注的政府购买服务项目是一种资金支持机制，旨在鼓励社会组织积极参与城市社区的发展，将其视为社区进步的关键力量。政府购买服务项目特别强调社会组织的桥梁作用，将其视为链接多元社会资源的关键纽带，有助于塑造公平正义的现代社区公共服务系统。具体而言，本研究中的政府购买服务项目涵盖四个核心领域：社区人群服务、社区规划服务、社区社会组织培育服务和社区协商民主服务。这些领域的设计充分考虑了不同类型城市社区的特殊属性，以满足不同类型城市社区治理的个性化需求。这种差异化的设计有助于确保政府购买服务项目能够更好地适应不同城市社区的具体情况，从而提高治理的有效性。

2.2　理论基础

选择适当的理论基础对于解读研究问题至关重要。本研究聚焦于探讨城市社区治理中的行动历程，以及这一历程背后所体现出的行动逻辑、行动模式及其关键影响因素。为了深入剖析并回答这一研究问题，本研究选取了网络管理理论、行动理论和管家理论这三种理论作为理论基础，它们之间存在内在的逻辑关联，并能够共同作用于城市社区治理行动历程的深入解释。

网络管理理论强调各个治理主体之间的相互协作，有助于理解政府与社会组织之间的合作关系以及它们在城市社区治理中扮演的角色。行动理论则深入探讨了行动主体的思维逻辑，有助于揭示政府和社会组织在城市社区治理行动中的决策和行动模式。管家理论关注社会组织在治理过程中的角色，为理解社会组织的合作动机提供了视角，有助于分析它们如何参与城市社区治理。这三种理论的综合运用，使本研究能够全面捕捉城市社区治理行动的复杂性，并从行动主体的角度，揭示其行动现象、过程、成因以及所产生的影响。本研究理论基础的选择不仅来源于笔者对田野实践的深入观察，而且体现了对于通过理论指导来揭示治理行动内在规律的追求，旨在构建一个能够合理解释城市社区治理行动并指导实践的分析框架。

2.2.1 网络管理理论

网络管理理论由 Kenis 和 Provan（2006）提出，其核心在于认识到在多元主体的集体行动中，网络扮演着关键的载体角色。他们特别强调，为了推动网络的持续进化，政府扮演着不可或缺的网络管理角色（Provan and Kenis，2008）。具体而言，Kenis 和 Provan 将网络定义为由三个或更多组织构成的行动结构，这些组织被政府授权，基于某一特定的公共目的，共同采取行动以解决复杂问题。这一定义不仅体现了网络管理理论对于组织间协作的重视，还强调了政府在推动多元主体集体行动中的核心作用。因此，这一理论为理解有效的多元主体协作提供了重要的理论基础。

在现代网络管理的实践中，政府可灵活采取多样化的管理形式。一种常见的方式是，政府与其授权的组织共同构建多个管理中心，形成一种相对扁平化的管理结构，旨在促进信息的快速流通，提高决策的响应速度。另一种方式是，政府作为网络的中心管理者，与被授权的组织形成单向的联系。在这种模式下，政府通过一项更加严格的层级制度来行使管理职能，确保指令的一致性。此外，还存在第三种选择，即政府引入合作组织，将网络管理的部分责任委派给这些组织，同时自身则更多地专注于与这些合作组织间的关系管理。这一做法能够确保网络治理的整体协调性，更好地适应不同情境下的管理需求。

本研究采用网络管理理论作为理论基础，目的在于深入探究不同类型社区中治理网络的运行机制。网络管理理论提供了一个独特视角，有助于揭示社区内多元主体间的互动关系及其对社区治理有效性的影响。通过运用网络分析方法，本研究力图捕捉不同类型社区治理网络中的关系动态，以及这些关系动态如何塑造社区治理行动。社区治理网络的结构依赖于内部各主体间的互动，而网络管理理论为理解这一过程提供了重要的理论支撑。

政府在社区治理网络中扮演着关键角色，通过引入合作组织，并与社区内其他主体共同参与治理活动，拓宽了其在社区治理中的行动空间，同时也为社会组织提供了参与社区治理的机会。社会组织作为政府的合作伙伴，被纳入城市社区治理网络，依托其在资源整合、服务提供以及社区动员等方面的优势，成为城市社区治理中不可或缺的一员。社会组织的参与使其能够在联结政府与社区居民间起到桥梁作用，促进社区内各主体间的合作，进而提高城市社区治理的有效性。政府作为网络的核心管理者，负责制定网络发展的策略，而社会组织则利用其在社区中的社会资本优势，积极参与到网络的日常管理中。

根据 Koppenjan 等（2004）的定义，网络构成了相互依赖的参与者之间的一种较为稳定的社会互动模式。这种定义强调了网络中行动者的互依性及其对整个网络功能的影响，从而为分析复杂的社会结构提供了一个重要的视角。在这一视角下，网络管理理论不单单关注政府如何有效地管理这些网络，还关注社会组织在网络中的作用，以及这些互动如何影响整个社区治理网络的运作。Agranoff 和 McGuire（2001）指出，网络管理理论提供了分析社区治理行动的理论工具。通过应用网络管理理论，政府可以有效地组织和管理多样化的社区治理参与者，以优化决策过程、提高资源配置的效率，以及增强政策实施的效果。

网络管理理论的发展经历了两个主要阶段。在 20 世纪 70 年代至 80 年代，网络管理理论主要集中在政策网络管理的研究，探讨如何通过有效管理政策制定过程中的各个参与者来实现政策目标。这一阶段的研究强调政府优化资源分配、决策过程和政策执行，从而协调多个利益相关者，以增强政策实施的效果。从 20 世纪 80 年代至今，网络管理理论的研究重点转向了行动者网络管理。这一阶段的研究关注政府如何通过促进协作来激发多元主体的积极参与，并共同推动治理行动的展开。

2.2.1.1 政策网络管理理论

随着政府购买社会组织服务项目数量的不断增加，政府与社会组织之间的关系日益密切，共同成为推动政策网络演变的重要力量。这种紧密的合作关系表现在政府在推出新的公共政策时，会主动寻求与拥有共同政策兴趣的社会组织进行合作，共同参与公共政策的实施过程，并对其执行进展产生影响（Pfeffer and Salancik，2003）。在这个过程中，政府与社会组织的关系发生了变化，二者不再是简单的委托人和受托人的契约关系，而成为共同推动政策目标实现的合作伙伴。

对于从事政策网络管理研究的学者来说，政策的实施是多个行动者共同参与的结果。政策网络管理理论强调的是如何通过协调这些多元主体之间的互动，推动共同的政策议程。在政策网络中，不同的主体围绕治理议题进行合作，相互影响着政策的实施进程。考虑到政策资源的有限性，不同的主体在争取资源分配时会展开博弈（Giddens，1984）。在这个过程中，政府的角色并非仅仅是一个管理者，而更多的是作为多元主体之间利益关系的调解者，通过协调不同主体之间的互动，促进资源的合理分配，推动公共政策的有效实施。

政策网络管理理论基于一种互动性的政策实施观点，认为政策结果并非单一行动者的行为结果，而是网络中众多行动者之间策略博弈的产物。这一理论强调，为了实现特定的政策目标，政府必须在网络中扮演关键的协调者角色，努力整合网络中多元主体的行动策略。网络中的多元主体往往拥有不同的利益诉求，这些分歧如果得不到妥善处理，将可能成为阻碍政策目标达成的重要因素。因此，政府需要通过有效的沟通，推动网络中的各个主体就政策目标达成一致，达成共识。这一过程往往涉及复杂的利益博弈，需要政府具备高度的政策智慧。

政策网络管理理论的核心观点之一就是政策实施是一个多元主体协作的过程，政府的作用不仅仅是制定政策，更重要的是要在多元主体之间搭建沟通的桥梁，引导它们的行动，以促进共同目标的实现。这要求政府在制定政策过程中既要有强烈的目标导向，又要具备开放包容的心态，愿意倾听网络中其他主体的需求，通过对话解决分歧，以达成最终的政策共识。政策网络管理行动涉及复杂的利益协调，其成功的实施在很大程度上依赖于政府作为关键协调者的有效介入。政府通过平衡网络中多元主体的利益关系，推动它们共同承担责任，并促进它们之间的协作，从而实现共同的政策目标。

在政策网络中，多元主体由于处在不同的社会位置，其影响力存在明显的差异。这种差异不仅表现在资源分配方面，还表现在主体之间的互动效率上。社会位置较高的主体往往能够更有效地参与网络中的互动，而社会位置较低的主体则可能面临较大的参与障碍（Scharpf，1997）。在这种层级化的互动环境中，维护多元主体之间的信任关系显得尤为重要。缺乏信任将导致合作成本的上升，甚至可能导致合作关系的破裂（Ostrom，1996）。因此，建立一个有效的治理结构，以维系多元主体之间的信任关系，成为政策网络管理的重要任务。文化作为一种软性的治理结构，在这个过程中发挥着重要作用。它通过塑造共享的价值观，降低交易成本，畅通沟通渠道，促进主体间的理解。通过共享的文化背景，多元主体能够更加顺畅地进行协作，达成共识，共同推进政策目标的实现。

在不断变化的政策网络环境中，政府作为一个关键的行动者，由于具备更为全面的治理信息，因此能够在网络中扮演多种管理角色，发挥不同维度的影响力。Klijn 和 Koppenjan（2000）对政府在政策网络中的管理角色进行了深入的研究，提出了四种具体的管理角色，以及相应的管理特点和挑战。

首先，政府可以担任网络的外部管理者，通过制定相关政策法规，对政策网络的宏观发展进行引导和调控。政府主要集中精力于政策制定和宏观管理，通过颁布政策法规、提供指导方针，引导政策网络朝着政府所设定的方向发展。这一管理角色使政府能够全面把握网络发展的方向，以确保其与社会发展的需要相一致。然而，这也可能导致政府对网络内部运作的了解不足，从而在实际操作中出现失序的情况。

其次，政府可以选择充当网络内部的指导者，直接参与公共政策的执行过程，引导网络内的多元主体共同推进政策目标的实现。政府通过提供方向性的指导、协调资源分配和监督进展，促使各个主体协同工作，共同朝着政策目标迈进。这一角色突出了政府在网络中的引领作用，但也可能面临行政层级制带来的沟通不畅问题。

再次，政府可以担任网络运行过程的管理者，关注政策执行的全过程，通过对关键环节的干预来确保政策目标的有效实现。政府通过监测和评估政策执行进展，确保各个主体按照规定履行职责，遵守法律法规。此外，政府还可以协调不同利益相关者之间的合作，以解决可能出现的问题和挑战。这一角色反映了政府对公共服务质量的高度重视，但同时也可能导致管理成本增加。

最后，政府还可以选择成为网络发展的引导者，通过引入第三方组织，将部分管理职能下放，借助外部资源来协同推进网络管理。政府通过与第三方组织合作，提高政策网络的灵活性，允许外部资源引入，以更高效地推进政策目标的实现。这一角色有助于提升政策网络的灵活性，但也可能引发责任划分的模糊。

综上所述，政府在政策网络中拥有多样化的管理角色，每种角色都伴随着独特的优势和挑战。政府需根据具体情境，灵活选择其在网络中的管理角色，以实现政策目标的有效推进。这种灵活性不仅有助于应对不断变化的政策环境，还有助于最大限度地发挥政府的治理潜力，推动公共政策的成功实施。

2.2.1.2 协作网络管理理论

在现代城市社区治理的复杂背景下，政府作为关键的行动者，其治理行动日益依赖于与多元主体的协作，共同为城市社区的居民提供所需的公共服务。这一转变要求政府摒弃传统的行政层级制的治理逻辑，转而在协作网络管理的实践中，寻求与多元主体建立基于信任的合作关系，以此来促进网络中各方主体的协同行动。Goldsmith 和 Eggers（2005）在研究中指出，政府在协作网络管理过程中，其角色发生了根本性的变化。政府不再单方面制定政策，并期待其他主体的被动响应，而是积极参与到与多元主体的协商过程中，通过建立信任关系，促进网络中的协同。

信任在这一过程中扮演着举足轻重的角色。Jones 等（1997）的研究表明，信任的建立能够有效降低网络中各主体的不确定性，减少可能出现的短期机会主义行为，从而优化协作网络的运转。这是因为在信任的基础上，多元主体更愿意分享信息，参与长期合作，而不是追求短期收益。协作网络管理的本质在于合作节点分散。在这种管理模式下，决策权不局限于单一的中央节点，而是分布在网络中的多个节点之间。这意味着多元主体在网络中需要共享资源和信息，以实现共同的治理目标。这种分散的合作结构使决策过程更加灵活，能够更好地适应不同主体的需求。同时，它也需要建立稳固的信任关系，以确保各个节点之间的合作顺利进行，从而实现有效的协作网络管理。

Agranoff 和 McGuire（2001）在他们的研究中对协作网络管理行动进行了深入的探讨。基于协作网络管理过程中的阶段差异，他们将这些行动划分为四个不同的类别：选择性激活、框架建设、组织动员和资源整合。这种分类提供了一个动态视角，以更好地理解政府在协作网络管理中的角色演化。

选择性激活阶段要求政府在协作网络中扮演识别者的角色，对协作网络中的资源进行识别。政府在选择性激活阶段的关键任务之一是确定并识别那些在协作网络中能够提供有价值资源和专业知识的合作伙伴。通过积极吸引这些合作伙伴，政府能够在协作网络中建立起一个更为多元化的参与群体，从而为政策的制定和执行提供更多的支持。

框架建设阶段要求政府在协作网络中扮演促进者的角色，帮助多元主体共同建立起协作网络的工作模式，明确共同的行动目标。在这个过程中，政府应促进多元主体之间的沟通，帮助它们建立起合作框架，包括制定清晰的合作规则和流程，明确各方的责任和义务，以及建立有效的问题解决机制。

组织动员和资源整合阶段强调政府在协作网络中扮演支持者的角色，协助多元主体充分发挥其潜力，共同推动政策目标的实现。政府可以通过提供资源支持、协调合作、解决潜在问题和冲突等方式来支持多元主体的合作。信任在这一阶段变得尤为重要，因为多元主体需要相互依赖，以共同实现政策目标。政府应积极促进信任的建立，通过透明度、公平性、责任共担等措施来维护信任关系，以降低合作中的风险，鼓励多元主体更加积极地参与协作网络管理。

在协作网络管理的学术文献中，存在一个广泛认同的观点，即有效的协作网络管理需要政府构建一种富有弹性的治理结构。这种治理结构应当为多元主体提供一个清晰的行动框架，使它们能够在此基础上确定共同协作的总体方向，并协调分配协作过程中所需的各种资源。协作网络中的多元主体往往具有不同的需求，这就要求政府在设计治理结构时，充分考虑这些差异，并为这些主体提供充分的协商机会，确保它们能够在平等的基础上参与到协作过程中。同时，治理结构还需要具备一定的灵活性，以适应协作网络发展过程中可能出现的变化。

2.2.1.3 网络管理的操作性分析框架

Sørensen（2006）在其研究中构建了一个关于网络管理的操作性分析框架，提供了一种深入理解网络管理实践的方法论工具。在这个框架下，网络管理被视作一种在社会系统中强化组织协调能力的治理形式，它主要依赖于参与者的高度自我管理能力。换言之，网络管理并不是通过直接的干预来实现目标，而是通过激励参与者自我管理，从而实现共同的目标。

Sørensen 提出的观点认为，网络管理在本质上是政府的一种间接治理方式。政府并不是直接介入社会事务的具体操作，而是通过制定政策和法规以及通过影响各种自治进程来推进其治理议程。政府在此过程中的核心任务是通过协调和沟通，构建跨界主体间的治理共识。网络管理的成功在很大程度上取决于政府在维护公共利益的同时，如何平衡多元主体的需求。政府需要在这些复杂的利益构成中寻找平衡点，创造一个既公平又开放的协作环境，同时确保这一环境能够促进各方的互利共赢。这种平衡的实现，不仅依赖于政策的制定，还依赖于政府能力在多元利益主体中进行有效的调节。

Sørensen 和 Torfing（2009，2017）将网络管理划分为四种基本模式，即自我构建式不介入、故事叙述式不介入、支持与促进式介入以及参与式介入，从而为应用网络管理理论提供了操作性分析框架。

在自我构建式不介入模式中，政府的角色主要是设定网络的总体目标，而将治理策略的具体制定权完全交由网络中的多元主体自行决策。政府通过精心设计的制度架构，间接地引导多元主体的行动方向，从而实现治理目标。这种模式强调多元主体的创造性，政府的职责在于创造一个有利于多元主体发挥作用的环境。在故事叙述式不介入模式中，政府并不直接管理网络的具体运作，而是通过构建叙事，塑造多元主体对治理目标的认同感，影响其行为选择，进而在网络中达成共识。在支持与促进式介入模式中，政府的角色更加主动，直接指导多元主体的行动。政府在这一模式中致力于为多元主体提供支持，促进其自主治理活动的开展。这意味着政府不仅鼓励多元主体参与治理，还提供资源、指导和协调，以确保多元主体能够有效地履行其职责。在参与式介入模式中，政府不仅直接介入网络的具体运作，还积极寻求对治理结果产生实质性的影响。在这种模式下，政府与多元主体之间的关系更加紧密，它们共同努力为实现网络发展的目标做出贡献。这意味着政府积极参与决策和行动的过程，以确保解决网络管理中的复杂问题。

总体而言，随着治理议题的日益复杂，政府介入的程度也不断加深。通过这种介入，政府旨在提高治理行动的有效性，以更好地应对治理挑战。作为一种新型治理方式，网络管理在强化政府角色的同时，也为多元主体提供了更大的自治空间，鼓励其积极参与公共事务的治理。

Sørensen（2006）强调，网络管理模式的应用也伴随着一系列潜在的风险。特别是在复杂的治理网络中，如何平衡政府介入的程度，确保不会过度干预，同时又能发挥其应有的作用，成为网络管理实践中需要认真考虑的问题。程度过高或过低的政府介入都可能破坏网络中多元主体之间的联系，从而影响网络管理的整体运作。

综上所述，四种网络管理模式从不同的角度展示了政府在推动社区治理行动中的多重角色，凸显了政府在网络管理中的核心地位（Torfing and Sørensen，2014）。政府通过赋权、构建叙事、提供资源或直接参与行动，积极推动社区治理的进展，致力于实现更加有效的公共治理，以更好地应对不断复杂化的治理挑战，同时也鼓励多元主体积极参与，共同建设更具包容性和响应性的治理体系。

2.2.1.4　城市社区网络管理实践

在城市社区网络管理实践中，政府的角色已经发生了根本性的转变。政府不再仅仅被视为推动治理进程的推动者，而是被认为是在复杂的多元主体关系中发挥协调作用的关键主体（Rethemeyer，2005）。政府不再独自应对所有问题，而是与其他主体协同工作，共同制定政策、管理资源和推动发展。这种协调作用有助于确保社会资源的有效分配，减少重复工作，提高治理效率，并更好地满足社区的需求。

资源分配是城市社区网络管理实践中的一个关键议题，政府在其中扮演着重要的角色。许多网络管理学者，如 Kickert、Koppenjan 和 Klijin（1997），强调了资源分配的关键性。他们认为，资源的有效分配是实现社区治理目标的基础，政府在这一过程中发挥着至关重要的作用。政府通过政策制定、预算分配和项目批准等手段来引导资源的流向，以满足社区治理的需要。这种行政权力赋予了政府在资源分配中的主导地位，使政府能够在社区治理中发挥关键决策者的作用，以确保资源的公平分配和社区治理目标的达成。

Sørensen（2006）提出的四种网络管理工具有助于深入理解城市社区网络管理各个方面的实践。这些工具包括政策与资源框架、制度设计、网络促进和网络参与。政策与资源框架强调了政府在定义网络管理范围和政策方向方面的治理实践；制度设计则反映了政府通过规则和制度来引导治理进程，创造激励结构的治理实践；网络促进是指政府促进资源优化配置的治理实践；网络参与则是指政府与多元主体之间协同合作的治理实践。

值得注意的是，制度设计在城市社区网络管理实践中扮演着关键角色。制度设计的目标之一是通过规则和制度设立行动的底线，以确保各方行动不会背离共同认可的价值观（Sørensen and Torfing，2021）。通过制度设计，政府和多元主体可以共同建立一套规范和准则，明确在网络管理中可接受的行动。这些规范和准则可以涵盖伦理、法律、道德和社会价值观等方面，确保各方在治理活动中遵守共同认可的标准。制度设计还可以设定相应的制裁措施，以惩罚那些违反规则的行动，从而维护治理的稳定性和公平性。政府在引导治理进程和创建激励结构时，会谨慎考虑自己的介入程度，以维护多元主体的主观能动性（Sørensen and Torfing，2018）。这种权衡是为了确保治理网络有效运作，以促进协同合作的成功。

在城市社区多样化的背景下，不同类型的社区因其所处的政治、经济和文化结构差异，形成了独特的治理网络。这也意味着，即使是相同的网络管理模式，在不同类型的社区中也可能产生不同的治理效果（Blanco，2013）。因此，探讨城市社区网络管理实践时必须全面考虑社区特定的政治、经济和文化背景，以更准确地选择和应用适合的网络管理工具。

2.2.2　行动理论

如前所述，政府在网络管理中扮演着关键的角色，有能力通过影响网络中多元主体的行动进程来推动网络的演化。网络管理理论吸纳了新古典主义经济学的一些关键思想，强调多元主体在追求特定目标的过程中会有意识地选择最优的互动策略。与网络管理理论相辅相成的是行动理论，该理论的创立者 Giddens（1984）提出了一个关键的观点，即行动者具有能动性，并且能够在日常互动中有意识地塑造社会结构。这一理论视角突出了行动者的三个核心特征：反思性、理性化和动机。行动者通过不断地反思自己的处境，结合自身的动机，做出理性化的行动选择。

本研究以行动理论为理论基础，旨在探讨网络中多元主体的理性行动及其背后的思维过程，特别关注政府的主导行动以及社会组织的参与行动。网络管理理论侧重研究政府在网络中的管理行动，突出政府在引导各主体行动中的关键作用。与此相辅相成，行动理论则强调不同行动者之间的有目的互动，从而发展出创新的治理举措（Ostrom，1996）。在这个理论视角下，网络被视为一个动态演化的过程，行动者通过理性的互动来推动治理网络的演进（Scharpf，1997）。

接下来，本研究将从政府的理性行动、社会组织的理性行动、社区治理中政府与社会组织的理性互动，以及合作意愿、专业能力与协同动因四个层面深入讨论行动理论在网络管理中的应用。政府在网络管理中扮演主导角色，社会组织则作为参与者，积极配合政府的行动，响应社区的需求。在社区治理网络中，政府与社会组织通过理性合作推动社区治理的进程。行动者的合作意愿、专业能力和协同动因是网络演化的关键因素。

2.2.2.1 政府的理性行动

行动理论强调行动者的理性思维，将其意识、动机和理性决策作为核心研究对象。这与网络管理理论中对政府在网络构建中的理性选择的关注是高度一致的。在网络管理的背景下，政府在理性判断的指导下，并不直接介入治理活动的具体执行，而是扮演引导者的角色，通过构建网络来激发网络参与者进行特定形式的治理行动（Abrams，1988）。

根据 Foucault（1982）的观点，政府的理性行动被视为一种治理实践，其目标在于通过采用各种技术手段来塑造多元行动者的选择，从而实现对社会的微观治理。在这一过程中，政府通过构建特定的行动领域，引导行动者自我管理，以实现政府的预期目标。"政府性"这一概念被用于描述政府作为行动激发者的角色，强调政府如何通过一系列治理技术，包括组织形式的设计和政策规范的制定等手段，来塑造社会实践（Rose et al.，2006）。政府性不仅表现为政府直接行使行政权力的能力，还体现在政府如何巧妙地运用治理技术，引导行动者按照特定方式行动，以实现对社会的有效管理。

政府的理性化现象具体表现为，政府通过细致入微地调整方法、程序、设备、技巧和技术等多个维度来实现对个人、组织以及整个网络的有效管理（Lodge and Wegrich，2016）。这种管理行动不仅反映了政府对治理行动的深刻理解，还展现了政府在行动者网络中发挥作用的能力。政府在实施理性化管理的过程中，并非孤立地行动，而是认识到要实现有效的治理，需要与多元主体展开深度合作，形成一种协同的治理结构（Salamon and Toepler，2015）。这种协同治理不仅涉及政府与单一行动者之间的合作，还是一种多元主体间共同协作的治理模式。政府在这种协同治理结构中发挥着协调的作用，以确保各个行动者的利益得到妥善平衡，从而实现共同的治理目标。

　　这种基于理性化管理的治理模式，有效地提升了政府在复杂社会环境中的治理有效性，为解决复杂的社会问题提供了新的思路。然而，这一过程可能会伴随信息不对称的问题，导致合作关系中出现道德风险，进而对治理的有效性产生不利影响（Triantafillou，2004）。信息不对称意味着各个参与方在合作中拥有不同程度的信息获取能力，这可能导致某些多元主体在合作中谋取个人私利，而不顾及整体共同利益。这种行为会破坏合作氛围，甚至导致治理行动失败。因此，政府作为理性的行动者，需要采取灵活的方法来降低信息不对称带来的道德风险，以确保治理网络的有效运作。

　　政府在城市社区网络管理中采用了多种方法，以确保治理行动的有效实施。首先，政府通过工具方法，运用一系列旨在促进网络整合的治理工具，如完善的组织系统、灵活的行动机制和有效的传播媒介。这些工具有助于确保网络中的各个主体能够共同朝着治理目标努力，实现网络运行的协调（Provan and Kenis，2008）。其次，政府采用互动策略，与多元主体进行互动，并通过建立良好的沟通渠道和运用高效的交往技巧来形成稳固的信任关系。这种基于互信的合作关系为治理行动提供了良好的社会基础，有助于减轻信息不对称带来的不利影响。最后，政府利用制度方法，通过完善相关的制度规范，明确各个行动主体的行动范围，并引导治理网络沿着预期的方向发展（Bang，2004）。

　　根据行动理论的观点，行动主体能够依托自身的主观能动性，在合作中创造出富有创新性的治理方案（Rhodes，2017）。这种主观能动性赋予了行动主体在解决复杂问题时更大的灵活性。然而，在政府网络管理的实践中，制度方法的运用往往表现出一定的滞后性，这是因为制度的完善需要经过较为漫长的过程（Bevir，2011）。为了克服制度方法运用中的滞后性，并减轻其对治理创新的制约作用，政府在网络管理活动中会不断对工具方法和互动策略进行优化，以提高治理有效性。这表现为，在实践中，政府网络管理的工具方法和互动策略的运用呈现较大的差异性，而制度方法的运用则表现出较强的一致性。

　　从行动理论的视角出发，将观察的焦点从制度构建转移到政府行动的意义上时，可以更加深入地理解网络中多元主体间微妙的互动机制。通过对政府在网络管理中理性行动的深刻揭示，能够更为详细地呈现多元主体间的互动逻辑，以及政府是如何利用自身的理性来构建一个稳定的治理网络的（Rutland and Aylett，2008）。

2.2.2.2 社会组织的理性行动

Weber（2009）在其社会行动理论中，提出了对社会行动进行分类的独特视角，他将理性社会行动划分为工具理性行动和价值理性行动两大类别。工具理性行动是以实现特定目标为导向，强调采取最有效的手段来达成预定的目标，这种行动类型突出了达成目标的效用。在这种行动逻辑下，行动者会对不同行动方案进行仔细权衡，选择能够以最小代价实现目标的最优方案。与之相对的是价值理性行动，这种行动类型强调遵循内心深处的价值观，其行动并不以预期后果为导向，而是以行动本身的价值为导向。在这种行动逻辑下，行动者可能会不计后果地坚持自己的价值观，即使这可能导致对自己不利的后果。

将这一理论框架应用于社会组织的行动分析时，可以发现社会组织作为理性的行动主体，其行动同样遵循着工具理性和价值理性的考量。在追求组织效能最大化的过程中，社会组织可能更倾向于采取工具理性的行动策略，通过科学合理的资源配置，力求以最有效的方式实现组织目标。同时，社会组织作为承载着特定社会价值的实体，其行动同样受到价值理性的引导，强调对社会责任的履行。在实践中，社会组织需要在工具理性和价值理性之间寻找平衡点，通过合理权衡，实现组织目标的最大化，同时弘扬其核心价值观。

随着城市化进程的加快，社会组织逐渐成为城市社区治理共同体的重要组成部分，与政府之间的关系也越发紧密，并在城市社区治理中发挥着关键作用。通过对社会组织行动动因的深入探究，可以从工具理性和价值理性的双重维度来理解其参与治理行动的多重动机。

从工具理性的视角来看，社会组织参与治理行动的主要动机在于满足其财务需求。通过参与政府的购买服务项目，社会组织不仅能够为自身赢得必要的资金支持，还能够扩大其在社区治理领域的影响力（Gazley，2008）。这使社会组织能够在政策制定过程中发挥更加积极的作用，参与议程设置，并在此过程中提高其组织的社会认可度（DiMaggio and Powell，1983）。然而，过度依赖工具理性的导向可能会限制社会组织本身的志愿性，从而影响其在塑造社区公共精神方面的作用。

在价值理性层面，社会组织与政府共同肩负着提供公共服务的责任，受到公共服务动机的驱动（Pandey et al.，2017），在其治理行动中体现出强烈的公共利益导向。社会组织基于其对公共价值的坚持，积极参与城市社区治理，致力于增进社区福祉。这种价值理性的驱动使社会组织在治理行动中展现出独特的责任感。

需要注意的是，社会组织在追求工具理性目标的过程中可能出现利益导向的倾向（Pfeffer and Salancik，2003），这会导致其价值理性的扭曲，影响其在社区治理中发挥正面作用的能力。因此，如何平衡工具理性与价值理性，确保社会组织在追求资源支持的同时，不失去其社会责任，成为社会组织参与城市社区治理过程中需要认真考量的重要课题。

在社会组织通过政府购买服务项目参与城市社区治理行动的过程中，其行为受到了多重理性的交织影响，既包括追求效率的工具理性，也包括秉持特定价值观的价值理性。然而，在这个复杂的过程中，同构机制作为一种强大的组织场域影响力量，对社会组织产生了深刻的影响（DiMaggio and Powell，1983）。同构机制的核心在于组织为了获取必要的认可，往往会模仿那些在特定领域内被认为是成功的组织行为模式。对于社会组织而言，这通常意味着在一定程度上模仿政府的科层制运作形式。这种模仿可能表现为采取类似的组织结构、管理流程或者服务模式。然而，过度的同构倾向会导致一系列负面后果。例如，社会组织的创新能力会被削弱。由于过分模仿政府的运作方式，社会组织可能会变得僵化，失去其独有的优势。

有学者进一步指出，社会组织参与政府购买服务项目的行为，本质上是出于对组织自身发展的考虑（Woolford and Curran，2013）。通过参与这些项目，社会组织不仅能够获得稳定的财务支持，还能够获得更多的社会认可。这有助于社会组织保持其在社区治理领域的竞争优势，实现其组织宗旨。然而，这一过程中也存在风险。社会组织过度依赖政府购买服务可能导致其失去创新性，过于依赖外部资源，陷入按部就班的模式，难以灵活地满足社区的新兴需求或提供创新性的解决方案。因此，如何在参与政府购买服务的同时，保持社会组织的创新性，避免过度同构，成为社会组织在参与城市社区治理过程中需要认真考虑的关键问题。

2.2.2.3　社区治理中政府与社会组织的理性互动

社区治理中政府与社会组织的理性互动，涉及双方在追求共同目标的过程中如何合理权衡工具理性和价值理性的考量，以及如何避免过度同构，保持社会组织的创新性。这种互动要求政府和社会组织能够在合作中充分理解彼此的行动逻辑，以实现治理行动的共同目标。

反思性在政府与社会组织的理性互动中发挥了重要作用。反思性在理性行动者那里，既是一种自我提高和自我调整的工具，又是一种策略性手段，用于影响行动环境和增强整个网络的能力。在特定的社会场域中，理性行动者通过自我反思，能够更深刻地赋予它们的行动以特定的意义。政府与社会组织可以将自己的行动与社会的价值观、政策理念以及社区需求相联系，从而更好地融入制度安排中。这不仅有助于它们更好地推动各种政策理念的实施，还提升了整个网络在实现共同目标方面的能力。

根据 Weber（2009）的定义，组织的理性化体现在组织活动的规则化、角色的明确化和关系的确定化上。反思性作为这一理性化过程中不可或缺的一部分，体现了组织对自身行为的自我觉察。这种自我觉察不仅帮助组织更加清晰地认识到自身的行动目标，还使组织能够在与外部环境的互动中更加灵活。通过对自身行动的反思，理性行动者能够识别出行动过程中可能存在的问题，从而及时调整行动策略，优化资源配置，提高行动效率。这种自我调整的过程不仅有助于提升组织内部的协调性，还有助于增强组织对外部环境变化的适应能力。

在社区治理的复杂网络中，反思性发挥着至关重要的作用，它引导着政府与社会组织不断地对自身的行动进行适时调整，推动着整个治理网络向着更加协同的方向演进（Reay and Hinings，2009）。在这一过程中，政府和社会组织之间的理性互动逐渐成为推动社区治理行动的重要机制。随着治理行动中绩效目标的阶段性实现，政府与社会组织之间建立起来的信任关系得到加强，从而为双方持续合作奠定了坚实的基础。

社会组织在社区治理中的理性行动不仅体现在其通过有效的服务提供赢得政府的信任，还体现在其通过提升社区居民的满意度来扩大自身在社区中的影响力。这种理性行动的背后，是社会组织对社区责任的担当（Wachhaus，2014）。与此同时，政府的理性行动在塑造治理网络的过程中同样发挥着不可忽视的作用。政府通过制定政策，间接地影响社会组织的行动选择，对社会组织潜在的偏离公共利益的行为起到一定的规制作用（Scharpf，1997）。这种规制不仅有助于维护治理活动的公平性，还为社会组织在社区治理中的参与提供了规则。

在社区类型多样化的背景下，政府与社会组织的理性行动在反思性引导下不断地调整。在这一过程中，政府与社会组织倾向于在反思性的作用下展开灵活的合作。具体而言，政府与社会组织更倾向于采取非正式的合作机制，通过"一事一议"的协商形式推进双方的合作（Chaskin, 2001）。这种协商式的合作有助于双方更好地适应不同社区的特点，更有效地满足社区的需求。政府与社会组织在这一过程中的理性互动能够激发多元主体的创新精神，从而提升治理有效性（Minassians, 2015）。这种理性互动不仅可以促使政府和社会组织更好地合作，还可以鼓励各方寻求创新的解决方案，以解决复杂的社区问题。

政府与社会组织的理性互动通过共同制定治理议程，不仅有助于塑造网络发展的轨迹，而且促进了政策制定中的多方利益协调。然而，这种协同形成的治理议程并不总能完全满足网络中所有利益相关方的需求，有时甚至可能面临其他利益主体的反对或阻力（Favoreu et al., 2016）。在这种复杂的治理环境中，政府与社会组织之间的反思性显得尤为重要。这种反思性机制不仅需要对治理过程及其成效进行持续的观察，而且需要在必要时对治理策略进行优化。通过这种灵活而审慎的方法，可以确保在推进治理议程的同时，也能灵敏地融合多元化的观点。

为了更有效地应对社区治理过程中所面临的挑战，政府与社会组织正在积极地发挥反思性的作用，并妥善地运用公共参与技术。根据 Human 和 Provan（2000）的研究，此策略的核心宗旨在于增强治理网络中多元主体的参与感，进而促进各方智慧的汇聚。这样的方法使所有利益相关方能够更加积极地参与到社区发展的讨论中，共同探讨影响社区发展的重要议题。

基于反思性的治理模式在构建包容性治理议程方面展现了较大优势，同时，它也在加强各参与方在治理过程中的协作方面发挥了重要作用。这种模式增强了治理网络整体政策执行的效果，通过持续的自我反思和调整，政府与社会组织能够更加有效地优化治理网络的运作机制。这种动态的适应性提高了治理行动对社区发展挑战的响应能力，确保了社区治理在面对不断变化的环境时能够保持灵活性。通过这种持续的自我完善和进化，治理网络能够更好地满足社区的需求，促进其持续地发展。

2.2.2.4　合作意愿、专业能力与协同动因

社区治理作为一种多元参与的公共事务管理模式，要求政府与社会

组织共同参与到社区秩序的构建中。在这个过程中，协同治理的动因发挥着关键作用，它决定了双方能否形成有效的合作关系，并共同推进社区治理目标的实现。根据行动理论的框架，政府与社会组织的协同动因主要来源于两方面：政府的合作意愿和社会组织的专业能力。政府的合作意愿体现了其对社会组织参与社区治理价值的认可，以及其愿意在必要时提供支持的程度。社会组织的专业能力则体现了其在特定社区治理领域内的技术水平，决定了其在协同治理过程中能够发挥的作用。为提升社区治理有效性，政府需进一步提高对社会组织参与社区治理价值的认识，并在合作过程中发挥引导作用。社会组织则需不断提升自身的专业能力，以更好地参与到社区治理中，发挥其独特优势。

根据 Stinchcombe（1985）的理论，政府在社区治理中展现的合作意愿主要通过构建网络结构、制定行动规则，以及设计行动程序来实现。这些措施反映了政府对社区治理行动的重视，并为社会组织的参与奠定了坚实的制度基础。通过建立清晰的网络结构，政府能够确保所有参与者——包括社会组织——在一个有序且协调的环境中进行合作。根据 Leardini、Moggi 和 Rossi（2019）的研究，社会组织在社区治理中的专业能力主要体现在其采取的创新性治理措施上。这些创新性治理措施通常涉及对传统治理方法的改革和优化，使之更加符合当代社区的特定需求和挑战。社会组织通过利用其对社区动态的深入理解和对居民需求的敏锐洞察，能够设计和实施更为有效的治理策略。

在这样的背景下，高度合作的政府能够为社会组织发挥其专业能力提供一个有利的环境。这样的政府不仅会为社会组织提供更多的自主创新空间，而且在社会组织面临治理难题时，还会提供必要的资源支持，甚至直接参与到治理行动中，共同寻求解决方案（Song and Yin，2019）。除此之外，高度合作的政府还会在治理方案的设计阶段，为社会组织提供专业意见，从而帮助社会组织更好地发挥其专业能力，提升治理有效性（Zhu et al.，2021）。然而，值得注意的是，政府的合作意愿并不是一成不变的，它在很大程度上取决于社会组织专业能力的高低。在社区治理的实践中，如果社会组织缺乏足够的专业能力，政府可能会重新评估与之合作的价值，从而降低其合作意愿。因此，提升社会组织的专业能力，不仅对社会组织自身的发展提升至关重要，而且是赢得政府支持的关键因素。

随着合作时长的增加，政府与社会组织之间的协同动因在持续的互动中展现出动态调整的特性。Lecy 和 Van Slyke（2013）在其研究中指出，在社区治理实践中，随着合作历史的积累，政府与社会组织之间逐渐建立起稳固的信任关系。这种信任不仅是协同工作的基石，还为双方创造了一个基于互惠原则的合作平台。在这个平台上，政府和社会组织能够在相互理解的基础上，共同解决社区治理中的各种问题。

这一现象揭示了政府与社会组织在共同治理任务中的互动模式。成功的合作经验，如 Dietz 等（2003）所指出的，为政府与社会组织提供了信心保障，提高了政府对未来合作的积极期望。这种成功经验的累积，不仅强化了政府对社会组织专业能力的认可，而且提升了对于共同合作的价值预期。

协同动因的持续演化与政府的合作意愿和社会组织的专业能力的变化紧密相连。随着政府与社会组织合作关系的日益深化，双方的信任关系逐渐加强，形成了一个互补的治理网络。在这样的网络中，政府与社会组织不仅共享资源，更重要的是，它们共同参与公共价值的创造。这种共创公共价值的过程为双方打开了更广阔的合作空间，使社区治理不再局限于单一领域，而是扩展到更具综合性的领域。此外，这种互补的治理网络还促进了资源的有效配置，提高了社区治理的有效性。随着社区治理领域的不断扩展，政府与社会组织之间的合作成为实现社区可持续发展的关键。

2.2.3 管家理论

在社会组织积极参与城市社区治理共同体建设的过程中，其展现出的理性行动对于推动共同体建设具有深远的影响。管家理论提供了独特的视角，用以深入解释社会组织在城市社区治理中理性行动背后的思维模式。管家理论认为，社会组织可以被视为政府的管家，在进行治理行动时不仅仅是追求自身利益最大化，更重要的是将社区福祉放在首位。社会组织通过展现高度的责任感，旨在促进城市社区治理共同体的建设。

管家理论还提供了理论支持，用以解释政府与社会组织之间形成稳固合作关系的现象。在城市社区治理的实践中，政府与社会组织之间的合作通常基于追求共同目标，而管家理论所强调的责任感则成为这种合作关系形成的关键因素之一。通过将自身视为管家，社会组织不仅赢得了政府的信任，还建立了一种基于互惠共赢的合作模式。这种合作关系有助于更好地实现共同目标，从而提高城市社区治理的有效性。

管家理论由 Davis、Schoorman 和 Donaldson（1997）三位学者共同提出，并构建了一个以利他主义动机为核心的组织行为模型。该理论背后的根本假设是，受委托进行管理的个体，即管家，并不总是追求自身利益的最大化，相反，他们往往表现出强烈的利他主义倾向，将委托人的利益视为自己行动的主导动因。在管家理论的框架下，管家被视为与委托人目标高度一致的行动者，他们重视集体利益，强调责任感，并且在行动过程中始终保持对委托人利益的忠诚。

Davis、Schoorman 和 Donaldson（1997）指出，管家理论强调了管家的行为与代理理论中的代理人行为之间的差异。在代理理论中，代理人通常以个人利益最大化为目标；而在管家理论中，管家更注重集体利益，与委托人的目标高度一致。管家理论强调信任在合作关系中的重要性，因为管家与委托人的目标高度一致，能更好地反映委托人的利益。这种行为方式有助于建立信任关系，并促使双方在合作中实现共赢。管家将合作成功视为最大的激励，而不是单纯追求个人利益最大化。

管家理论提供了一种独特的理论视角，有助于解读城市社区治理领域中社会组织的行动逻辑。该理论突破了传统的基于利己主义的行动理解模式，强调即便在目标与委托人并不完全一致的情境下，社会组织作为管家仍有可能本着对集体利益的责任感，遵守与委托人达成的约定，为实现集体利益而努力工作。在这一理论框架下，专业能力被视为管家行为的关键基础。社会组织的专业能力越强，它作为管家维护委托人利益的能力也越强，越能够高效地推动共同体的利益实现。在实践中，具备强专业能力的社会组织不仅能够在维护委托人利益方面发挥更大的作用，还能通过有效的治理行动，积累良好的口碑，进一步巩固其在治理网络中的地位。

从管家理论的视角出发，本研究深入探讨社会组织在城市社区治理共同体建设中的理性行动，并将其与政府购买服务项目中存在的信息不对称问题相联系。通过管家理论的分析视角，可以更深入地理解政府与社会组织在合作过程中如何解决信息不对称的难题，共同维护社区的公共利益。

2.2.3.1 社区治理中的委托－代理

在社区治理中，代理理论一直被广泛应用于解释政府与社会组织之间的合作行动，尤其是在预防社会组织可能出现的机会主义行为方面展现了其独特的分析优势（Sappington，1991）。代理理论的核心观点是政府作为委托人，通过购买服务的方式将特定的治理任务委托给社会组织（代理人），双方在合作初始阶段就治理活动的预期绩效标准达成一致。然而，由于社会组织通常掌握着比政府更详尽的一线治理信息，这种信息不对称为社会组织提供了采取机会主义行为的空间，增加了政府在合作中可能面临的风险。

传统上，代理理论通常建议政府通过完善对社会组织的约束机制来减少信息不对称，从而降低合作风险（Sappington，1991）。虽然这种解决策略在一定程度上能够有效地防范社会组织的机会主义行为，提高合作的可靠性，但也可能导致监管成本增加，甚至可能抑制社会组织的积极性。代理理论认为政府与社会组织之间的信任问题源于信息不对称（Frey and Jegen，2001）。因此，如何设计有效的合作机制以实现合作的共赢，成为解决这一问题的关键。代理理论通过对这些问题的深刻洞察，为政府与社会组织之间建立稳定的合作关系奠定了重要的基础。

对于社会组织而言，其在城市社区治理过程中的表现对于提高政府对其的信任水平起到了至关重要的作用。当社会组织能够有效地达到设定的绩效指标时，不仅展示了其专业能力，还有助于加深政府对其可靠性的认识（Jensen and Meckling，1979）。如果具备强大的专业能力，社会组织将在多方面为其在社区治理中的角色带来积极影响。首先，这使社会组织能够在治理行动中更为迅速地调整其策略，确保治理活动的有效性（Young-Ybarra and Wiersema，1999）。其次，强大的专业能力将有助于社会组织构建良好的治理声誉，进一步巩固其与政府的长期合作关系，为未来的合作打下坚实的基础。最后，社会组织还可以通过其专业能力在治理行动中展现自己的不可替代性，帮助政府解决复杂的治理问题，从而在与政府的合作中具有更大的影响力（Schillemans，2013）。

需要特别强调的是，具备强大专业能力的社会组织更有可能赢得政府的信任，从而减少政府对其行动的限制（Amirkhanyan，2010）。这种信任的建立，不仅基于社会组织过往在治理行动中的表现，还依赖于其展现出的承担社会责任的意愿。因此，社会组织通过提升自身的专业能力，不仅能够扩大其在社区治理中的影响力，还能够为其赢得更多的创新空间，为其在未来的治理行动中发挥更大的作用创造有利条件。

虽然代理理论在解释社区治理中社会组织的理性行动时提供了独特的洞见，强调了在代理关系中存在的信息不对称问题，但它在一定程度上忽略了社会组织强烈的公共服务动机（Park and Word，2012）。社会组织作为一类特殊的行动者，其运作往往是为了实现更为广泛的公共利益，而非仅仅追求私利。在社区治理实践中，常常可以观察到社会组织在与政府合作时，其行动目标往往与政府存在高度的一致性（Chen，2012）。这种一致性不仅体现在双方对社区公共利益的共同维护上，还体现在二者为实现这一目标所付出的努力上。即便在政府未施加过多规制的情况下，社会组织依然会自觉地维护社区的公共利益，并与政府形成富有成效的合作关系。

综上所述，有必要超越代理理论的视角，引入管家理论来更为全面地解释社会组织在社区治理中的行动逻辑。管家理论不是将社会组织视为追求私利的机会主义代理人，而是认为其在与政府的合作中扮演了一种更为负责任的角色，与政府具有共同的治理目标。

2.2.3.2 社区治理中的管家行为

管家理论为重新概念化政府与社会组织之间的关系提供了一种创新的视角。传统的代理理论通常将行动者描述为利己的个体，但 Davis、Schoorman 和 Donaldson（1997）提出的管家理论挑战了这一观点，强调组织在合作过程中可能更倾向于遵循集体主义的行为模式，从而获得更高的效用。根据管家理论，当政府与社会组织共享相同的核心价值观时，社会组织在这种共鸣的基础上愿意主动承担起维护公共利益的责任，而不仅仅是追求自身利益的最大化（Block，1993）。这种自发的责任担当减少了政府对社会组织行动的干预，使政府能够将更多的注意力投入其他治理领域，从而提高整体治理的有效性。政府通过提供必要的支持，帮助社会组织更好地理解其在社区治理中扮演的角色，同时也优化其治理行动的策略（Lee and Wilkins，2011）。这种互助协作的行动促使政府与社会组织之间形成了一种基于信任的伙伴关系，从而实现了社区治理的协同增效。

管家理论为探讨政府与社会组织的关系提供了一种截然不同于传统代理理论的视角。代理理论通常强调合作双方利益之间的潜在冲突，而管家理论则认为社会组织与政府之间的利益可以达成一致，二者可以在共同的价值观引导下形成协同作用（Frey and Jegen，2001）。在社区治理的具体实践中，管家理论强调社会组织不仅能够认识到自身应尽的社会责任，还能通过自我反思不断提升治理有效性（Kim and Mauborgne，2003）。这种自我驱动的改进过程不仅减轻了政府的监督负担，还使社会组织成为推动社区治理创新的重要力量。

此外，管家理论也认识到政府在社会组织进行社区治理创新中的引导作用。政府的角色转变为促进者，而不是传统代理理论中的规制者。政府在社会组织需要时提供必要的支持，并在治理策略上提出建议，帮助社会组织更好地履行其社会责任。这种基于信任的合作关系为社区治理带来了新的可能性，也为构建更加包容的治理体系奠定了基础。与代理理论相比，管家理论在分析政府与社会组织的关系时，更为强调信任的构建，而非仅仅依赖制度的约束。管家理论认识到，在治理实践中，由于复杂多变的社会环境，政府与社会组织在合作合同的文本中难以穷尽所有可能的意外情况（Meyer et al.，1992）。因此，信任的维护成为应对未来不确定性的关键因素。

政府与社会组织之间的信任关系不仅在合作开始时起作用，而且在整个合作过程中持续发挥着调节作用（Mosley，2012）。通过维护良好的信任关系，双方能够就社区治理的共同目标、基本原则以及处理可能出现纠纷的机制达成一致，保持持续沟通。这种沟通不仅限于组织层面的正式交流，还包括组织内部成员层面的情感交往。通过这种深层次的交流，政府与社会组织能够形成稳固的合作伙伴关系，为社区治理的顺利进行提供有力的支撑。

管家行动的实践也意味着政府与社会组织之间的合作关系不再仅仅局限于单纯的购买服务关系，而是转变为更人性化的伙伴关系。在这种关系中，组织成员之间的情感交流成为推动合作顺利进行的重要因素（Ring and Van de Ven，1994）。通过这种方式，管家理论为理解政府与社会组织的合作行动提供了新的视角，强调人性化交流在推动社区治理中的重要作用。

2.2.3.3　从委托－代理到管家行为：政府与社会组织关系的演变

代理理论在分析政府与社会组织的合作关系时，将社会组织视作可能表现出机会主义行为的代理人。这一理论观点认为，社会组织与政府之间在目标一致性方面存在较大的差距，且社会组织在合作过程中可能存在偏离其对政府的承诺的风险（Davis，1998）。相对而言，管家理论框架认为社会组织是值得信赖的管家，它们与政府间存在高度的目标一致性，甚至可能为了追求集体利益而主动放弃追求个体利益的行动（Van Slyke，2007）。

这两种理论观点的最明显区别在于对组织行为动机的理解。代理理论主张利己动机是组织行为的核心驱动力，即组织在追求自身利益最大化的过程中可能会背离其对委托人的责任。相反，管家理论认为组织行为的动机不仅仅局限于财务利益，还包括非财务奖励（Dicke，2002）、情感关系（Van Puyvelde and Raeymaeckers，2020）以及利他主义精神（Cornforth，2003）等多种因素。管家理论认为，社会组织在追求集体利益的过程中可能会展现出超越个体利益的行为。这种观点强调了社会组织与政府之间基于信任的合作关系，与代理理论的利己导向行为模型形成对比。

从代理理论的角度审视政府与社会组织的合作关系，研究侧重于如何通过规制机制来限制社会组织的行为，以预防可能的机会主义行为，确保其行为与政府目标保持一致（Van Slyke，2007）。而从管家理论的角度来看，研究核心在于如何发现政府与社会组织在公共议题上的共同利益，通过维护良好的合作关系，激发社会组织的内在动力，共同推动社区治理。这种理论视角的改变强调在合作关系中识别双方利益的重叠部分，从而实现双赢的合作局面。

管家理论在解析社会组织的行为时，提出了一种以"公共利益最大化"为核心的自我驱动理念。根据这一理论框架，社会组织在参与社区治理活动时，其主要的驱动力并不仅仅源自对组织效用最大化的追求，而是将集体目标的实现视为其行动的最终目的。即使在组织发展过程中未能完全实现组织效用最大化，社会组织仍然愿意为了社区整体利益的提升而投入努力（Campbell et al.，2022）。管家理论进一步强调，社会组织从参与集体主义行动中获得的成就感，甚至可能超过其从追求自身利益中所能获得的效用。

管家理论还强调政府在与社会组织合作中的积极作用。政府不仅仅是将特定的治理任务委派给社会组织，更是对社会组织的发展给予持续关注。这种关注不仅体现在对社会组织治理活动的物质支持层面，还包括对其价值观的认同。通过这种深入细致的关心，政府能够更加准确地把握社会组织的真实需求，从而在合作过程中形成稳定的合作关系（Denhardt，2002）。这种稳定的合作关系不仅有助于提升社区治理的有效性，还能够增强社会组织的专业能力，实现政府和社会组织双方的共赢。

管家理论倡导在社区治理的过程中，政府与社会组织之间形成一种共享治理信息的协作模式。这一理念得到了 Dawes（2010）的支持，他在研究中指出，社会组织在治理行动中获得更多信息共享时，其组织工作人员的效能感将显著提升。这种提升的效能感不仅使社会组织工作人员更加主动地参与到治理行动中，还激发了其贡献创新想法的热情。这种积极的共享过程有助于激发社会组织内在的创造力，促使其在处理复杂的公共事务中发挥更加积极的作用。此外，过去的学术研究也表明，政府与社会组织之间共享治理信息的做法对于提升社会组织的专业能力具有重要的正面效应（Banyan，2004）。这种共享机制不仅有助于提升社会组织工作人员的工作满意度，还能提升他们的工作参与度，从而提高组织整体的工作效能。

2.2.3.4 协同效应：管家行为的积极影响

无论是代理理论还是管家理论，这两个理论视角均关注政府与社会组织在治理活动中的合作关系。代理理论强调潜在的利益冲突，认为委托－代理关系可能导致合作中的摩擦，特别是信息不对称引起的摩擦（Ross Jr et al.，1997）。相对而言，管家理论提供了一个更为开放的视角，强调政府与社会组织之间可以通过达成共识，形成共赢的合作关系（Lang and Roessl，2011）。在这种关系中，社会组织主动扮演管家角色，凭借其社会责任感与政府良性互动，共同推动治理目标的实现。

从委托－代理关系转向管家关系的关键在于如何激发社会组织的社会责任感，促使其主动采取管家行为。这需要政府与社会组织之间建立信任（Enjolras，2009），社会组织需要提升专业能力（Brown and Potoski，2003）。此外，双方还需要在合作过程中共同维护公共精神，通过持续对话、反思和学习，升级治理观念（Yang，2016）。

社会组织与政府之间的信任建立也被视为社会组织的一种策略性行动，这有助于社会组织更有效地动员政府的资源来支持解决公共问题（Milward and Provan，1998）。在信任建立的情况下，社会组织可以获得政府更大力度的支持从而进行治理创新，向社区居民灌输公共精神，以提高治理的长效性（Hill and Lynn，2004）。公共精神的灌输能够激励社区居民参与治理，从而形成一个更有活力的社区治理共同体（Vega and Keenan，2016）。

社会组织管家行为的协同效应提升了基层治理的有效性（李春根、罗家为，2020）。这对政府具有重要意义，因为它有助于释放社会活力、激发社区自治的内生动力，并促进更加开放、包容和创新的治理体系的构建（魏娜、陈俊杰，2020）。对社会组织而言，这为它们提供了展示专业性、高效性和适应性的机会，有助于扩大社会组织的影响力（朱媛媛，2019）。对社区居民来说，这不仅有助于构建更加公正、公平和高效的治理体系，还有助于推动社区公共性的建设，降低治理成本，并凸显居民在基层社会治理中的主体地位（许宝君、陈伟东，2017）。

2.3 分析框架

2.3.1 理论分析维度的选择

自中国实施改革开放政策以来，市场经济迅速发展，同时社会系统逐渐建立了高效的反应机制来应对市场经济带来的各种挑战（Gomes，2016）。在这众多反应机制中，城市社区治理行动扮演了独特的角色。其功能可以被描述为一种"双向运动"：一方面，它积极推动市场经济体系的进一步完善，为经济发展奠定坚实的社会基础；另一方面，它也致力于为那些在市场经济迅猛发展中受到冲击的社会群体提供必要的保护，以减少市场经济波动带来的社会问题。因此，城市社区治理行动可以被视为市场经济发展的产物，与市场经济相辅相成，相互影响。这一机制不仅反映了中国在应对市场经济发展中的社会创新能力，还为实现经济与社会的协调发展提供了有力支持。

2.3.1.1 分析维度的现实依据

市场经济的高速扩张在很大程度上促进了社会生产力的解放，同时也加剧了社会发展的多样性。这种多样性主要表现在社会结构、职业选择、教育水平以及收入分配等多个方面（Polanyi，2001）。从宏观的社会发展角度来看，这种多样性既具有积极的一面，又具有一些潜在的风险。

当社会发展的多样性保持在一个合理的范围时，它可以作为一种激励机制，激发社会各界成员的创造性，促使他们根据自身的特点做出个性化的行动选择，推动社会不断地自我更新。在这种情况下，多样性成为社会发展动力的重要来源，有助于释放个体的潜能，提升整个社会的活力。然而，当社会发展的多样性超过一定的限度时，它可能导致社会结构的失衡，加剧社会不公，甚至引发社会矛盾，对社会的和谐稳定构成威胁。因此，如何在激发社会活力的同时，化解发展多样性带来的社会问题，成为社会发展过程中需要认真对待的重大课题。

随着市场经济的蓬勃发展，城市社区的发展也呈现显著的多样化趋势，这不仅体现在物质层面，还深刻地影响着人际关系的纽带。个体间的关系变得更加疏远，共同体内在凝聚力的形成机制变得更加难以把握（李强、赵丽鹏，2018）。在这种背景下，政府和社会组织的协作成为构建和谐社区治理共同体的重要途径。这种合作不仅仅是基于各自的职责，更是对城市社区治理共同体建设的一种有力探索。通过合作，政府和社会组织能够共同参与到社区治理中，形成协同效应，为社区居民提供更为全面的服务。此外，对于那些在市场经济发展过程中处于不利地位、受到冲击较大的群体，政府和社会组织的合作治理更是提供了一种有效的保护机制。通过实施一系列的保护性措施，政府和社会组织能够帮助这些群体减轻市场经济冲击带来的负面影响，增强他们的获得感，从而在促进社会和谐方面发挥重要作用。

在改革开放初期，乡镇企业的兴起为政府与社会力量协作构建社区治理共同体提供了一种独特的实践范例，呈现一种"双向运动"的合作模式。在这个过程中，乡镇企业不仅以迅猛的速度扩大了自身规模，还积极融入社区生活，将经济活动与社区福祉紧密结合，为社区居民提供了有效的生活安全网。这种"双向运动"中的乡镇企业既关注自身经济效益，又秉持"社区公共性目标"，通过将部分企业利润投入社区建设，承担了政府部分职能，推动了社区公共服务供应的改善。

在改革开放的后期，社会组织在城市社区治理共同体建设中发挥着不可或缺的作用。社会组织不仅扮演着政府政策的执行角色，还积极参与具体治理举措的实施，向政府提供支持，为社区居民提供服务。政府通过制定和修改相关法律法规，发布引导性政策文件，为社会组织参与社区治理提供了法律和政策保障。同时，政府为了优化城市社区治理结构，进行了一系列的治理创新。这包括清理基层群众自治组织协助政府办理的行政事务，明确政府的职能转移范围，并建立了政府与社会组织合作的平台。此外，政府还与基层群众自治组织签订了协议，以确保治理项目经费的公平分配，从而保障社区治理行动的顺利开展，提高社区居民的满意度。这些措施有助于提升社区治理的有效性，实现社会的和谐发展。

政府与社会组织之间的"双向运动"在城市社区治理共同体构建中扮演着至关重要的角色，其积极影响可以归纳为三个关键方面。首先，社会组织以其非营利性质成为基层社会中的重要力量。在改革开放的进程中，传统的乡镇企业难以继续扮演社会公共服务的角色，而社会组织因其非营利属性成为政府理想的合作伙伴，尤其在需要整合高度异质化的城市社区空间时，社会组织具备独特优势。其次，社会组织以其在价值倡导方面的独特属性，满足了城市社区居民对自我管理的需求。考虑到城市社区中居民群体的多样性，社会组织能够满足居民对社区自治的追求，并以灵活的治理策略来释放居民的情感表达需求。最后，社会组织展现出强烈的价值理性，与"共建共治共享"的治理要求相契合。中国社区已成为社会治理的基本单元，社会组织深入社区，理解居民的日常行为习惯，将社区治理融入居民的生活，以价值共识为基础来整合社区秩序。未来城市化进程将进一步增强城市社区的多样性，而通过有效的城市社区治理行动，社会的多样性可以转化为推动社会发展的源泉，实现社区秩序的有效整合。这一过程不仅反映了中国社会在市场经济发展中的创新能力，还为实现经济与社会的协调发展提供了重要支持。

2.3.1.2　分析维度的制度依据

为了确保研究的分析框架能够准确反映城市社区治理行动的现实情况，并与实践经验进行有效对话，本部分深入分析了与城市社区治理行动密切相关的法律法规、政策文件和规章制度等治理实践的产物。基于这些制度性依据，本研究呈现了政府合作意愿和社会组织专业能力这两个关键维度在考量城市社区治理行动时的重要性。

从国家治理体系和法治建设的高度，对中国城市社区治理的法律框架进行深入剖析，可以发现目前中国在构建全面涵盖城市社区治理各个层面的综合法律体系方面，仍然处于探索的阶段。在当前的法律体系中，城市社区的法律地位主要依托《中华人民共和国城市居民委员会组织法》

《民政部关于在全国推进城市社区建设的意见》来加以界定，这一制度安排基本上是将城市社区定义为政府通过相关法律法规所规范的居民委员会范畴。

单纯依靠这一法律框架，并不能全面覆盖城市社区治理的多维度需求。《中共中央　国务院关于加强和完善城乡社区治理的意见》及《中共中央　国务院关于加强基层治理体系和治理能力现代化建设的意见》，对中国社区治理的定位进行了明确，强调了构建基层党组织引领、基层政府主导、社会各方共同参与的治理模式的重要性，为中国城市社区治理提供了更为坚实的制度保障。这些文件明确了中国城市社区治理的总体目标和基本原则，强调了政府和社会组织的合作，以及党组织的引领作用。这一理念不仅强调了政府的主导作用，还强调了社会多元参与的重要性，体现了社会组织在城市社区治理中的重要地位。此外，这些文件还提出了一系列的政策和措施，以进一步完善城市社区治理体系，包括建立健全社区治理机制、提高社区治理能力、强化社会组织参与、推动基层党组织建设等方面的举措。这些举措有助于在法律框架的基础上，进一步深化城市社区治理的改革，提高治理的有效性。

对地方层面的制度文献进行深入分析，可以揭示出各地在推进城市社区治理体系建设方面呈现明显的地域特色。以 S 市为例，其相关制度文件明确表达了政府与社会组织合作的决心，并倡导建立功能强大的合作网络，以促进社区治理朝着更加精细化的方向发展。S 市在制度安排中特别强调了分类治理方法的应用，力图贯彻这一理念于社区治理的各个环节，以实现对社区各项事务的精确响应。与此同时，S 市还对街道功能进行了创新性的转型，力求将其打造成面向社区居民、服务民生的中心，以进一步扩展并强化其在分类治理中的作用。

S 市在推动社区治理行动的过程中，特别注重政府与社会组织之间合作的深度和广度。S 市倡导选择在特定领域具有专业优势的社会组织作为政府的合作伙伴，以引入更多社会资源，优化服务供给结构，提升社区服务的整体质量。通过与专业社会组织合作，政府能够更好地利用外部资源和专业知识，从而提高社区服务的质量。这种合作模式不仅有助于解决社区内部的各种问题，还促进了社区的可持续发展。

无论从宏观的国家层面还是具体的地方层面的政策文献观察，都能够清晰地察觉到政策制定者对于强化社会组织专业能力在基层治理中的关键作用的高度认识。在《中共中央 国务院关于加强基层治理体系和治理能力现代化建设的意见》中，已经明确提出了"完善社会力量参与基层治理激励政策，创新社区与社会组织、社会工作者、社区志愿者、社会慈善资源的联动机制，支持建立乡镇（街道）购买社会工作服务机制和设立社区基金会等协作载体"的政策导向，为社会组织在社区治理中的深度参与提供了制度保障。在这一宏观政策框架的引领下，S市作为地方政府的代表，积极响应党中央号召，出台了一系列创新性的政策文件，进一步巩固和提升了社会组织在社区治理中的重要地位。S市政府鼓励社会组织依托其在特定领域的专业优势，动员整合社区内外资源，有效填补城市社区治理在人力、物力等方面的不足，从而推动城市社区治理模式向更为开放的方向转变。

这一基于专业社会组织参与的社区治理新模式不仅增强了社区的自我管理和自我服务能力，还为构建"共建共治共享"的社会治理格局注入了新的活力。通过这种方式，S市成功地营造了一种积极、开放和包容的社区合作治理氛围，为其他地区提供了宝贵的实践经验。这一新模式的成功体现在多个方面。首先，政府的合作意愿强化了社区治理的联动性和协同性，不仅促进了资源的整合，还提高了社区问题的解决效率。其次，社会组织的专业能力为社区治理提供了更为精细的服务，满足了居民多样化的需求。此外，这种模式还激发了居民的参与热情，使他们更积极地参与社区事务，增强了社区的凝聚力。最重要的是，这种合作治理模式为社区治理现代化提供了可行的路径，为实现社会治理体制的创新做出了积极贡献。

2.3.2 政府合作意愿的分析视角

根据现有学术文献综合分析，学术界已经对政府网络管理行动的反思性质、理性化趋向以及动机特点有了深入的认识，并尝试从政府合作意愿的视角对政府与社会组织建立合作关系的机制进行解释。网络管理理论进一步明确了政府与社会组织合作的理性动机在于责任共享，目的是更有效地实现网络治理（Klijn and Koppenjan，2000）。在对中国政府与社会组织合作进行社区治理方面的研究中，学者们发现，政府选择与社会组织建立合作关系时，会受到网络中多元主体的数量（陈伟东，2018）、网络的复杂性（陈伟、黄洪，2017）以及网络的异质性（陈秀红，2022）

等因素的影响。研究还表明，政府的合作意愿受到与社会组织的合作历史（程倩，2004）、组织间的共识（邓集文，2020）以及信任联结（胡国栋、罗章保，2021）等因素的影响。已有文献普遍认为，政府合作意愿的高低直接影响着政府与社会组织合作的深度（韩冬、许玉镇，2016）。在较高的合作意愿驱动下，政府为了在分散的社区治理网络中取得更佳效果，会选择与社会组织共同进行网络管理。

城市社区治理作为应对市场经济发展带来挑战的社会反应机制，要求政府在选择合作伙伴时进行理性判断，以便为受市场经济冲击的群体提供必要的保护。政府的合作意愿是其理性思维运作的产物（Van Slyke，2007），也是政府作为行动主体在反思性作用下的结果（Giddens，1984）。通过这种反思性，政府不断优化网络管理活动，并调整其与社会组织合作的意愿。需要强调的是，合作意愿和行动是相辅相成、密不可分的。政府的合作意愿引导其进行特定方向的治理行动，以期达到更优的治理有效性。

行动理论认为，行动者在保持自我反思的同时，在有意识的情境下做出特定的行动选择（Giddens，1984）。遵循这一理论逻辑，政府的合作意愿本身就是一种倾向性的体现，意味着政府清楚自己的行动选择会带来特定的后果，并且有意愿实现这样的后果。合作意愿作为一种内在的思维过程，无法直接观察到，只能通过观察行动来推断其背后的合作意愿。对政府而言，合作意愿不仅是推动其行动的内在动力，还是维持其长期行动的激励因素。当治理目标实现后，这种合作意愿可能会发生转变。由于合作意愿的存在，政府的行动表现出了复杂性。同时，合作意愿的高低也可能导致政府合作行动的差异。

政府的合作意愿在很大程度上受到城市社区治理共同体构建的秩序分野的影响，特别是在城市社区治理多元化的背景下。城市社区的多样化类型催生了一种社会自适应机制，即通过政府与社会组织的合作行动来构建社区治理共同体（李培林、张翼，2008）。在城市社区中，政府与社会组织采用多种合作策略，以实现社区的有效治理。由于城市社区内部存在更为异质的社会关系，其治理共同体的构建反映了一种更为广泛的治理模式。这种治理模式与政府进行网络管理和社会组织进行专业化治理的转变相呼应，对中国基层治理体系和治理能力现代化的进程产生了深远的影响。

为了深入分析政府合作意愿的调整机制，本研究首先对城市社区秩序背后的群体本质进行了深刻的探讨。将共同体构建理解为一种应对城市社区类型多样化的治理策略，这一策略产生于传统熟人社会格局的转变，进而形成了一个充满异质性的城市陌生人社会。值得注意的是，本研究认识到"陌生人"这一概念在当代社会中的模糊性（Gomes，2016）。无论是依据教育、收入、消费方式还是主观认同等特征对人群进行分类，都难以准确描绘出陌生人社会的真实特征（李培林、张翼，2008）。

在城市社区层面，陌生人社会的趋势越发明显，这为社区治理共同体的构建带来了新的挑战。陌生人社会的本质在于其与传统集体秩序的解耦，导致社区内的共同目标变得模糊不清，个体间寻求联结的可能性也随之降低（Burge，1986）。在实地田野调研过程中，笔者发现虽然社区居民追求良好的社区秩序，并希望通过公共参与来改善其生活环境，但他们往往缺乏一个能够促使其团结起来的平台。然而，通过田野观察，笔者注意到政府与社会组织合作构建的公共参与平台，能够在一定程度上加强社区居民之间的情感联系，促使他们形成有序的集体行动，共同参与到城市社区治理共同体的建设中。

2.3.3 社会组织专业能力的分析视角

根据现有的学术文献，众多学者已经认识到社会组织在其管家行动中所展现的反思性、理性化以及动机特征，并尝试从社会组织的专业能力视角对其行动机制进行深入剖析。管家理论（Van Slyke，2007）明确提出，社会组织能够依托其专业能力与政府展开合作，成为政府治理活动中的重要伙伴。更为具体地，社会组织的专业能力体现在其人际联结能力（韩克庆、王桑成，2017）、网络构建能力（郭伟和，2010）和公共性建设能力（方亚琴、申会霞，2019）等方面。此外，组织与外部环境的适配度（方俊、李子森，2018）、组织在环境中的嵌入度（高红，2014）以及组织绩效的评价机制（丁惠平，2019）等因素也对社会组织的专业能力产生影响。在社区治理领域，社会组织的专业能力水平直接决定了其与政府合作关系的密切程度（崔光胜、耿静，2015）。拥有高水平专业能力的社会组织通常被视为政府可靠的管家，能在社区治理过程中起到"拾遗补缺"的伙伴作用。

在理解社会组织专业能力时，应将其与组织的理性行动相结合。在参与城市社区治理共同体建设的过程中，社会组织的专业能力成为其与多元主体协作的基础。作为理性的行动者，社会组织的专业能力不断受到其内在的反思性、理性化演变和动机驱动的影响。通过不断反思，社会组织能够精准捕捉社区需求，从而有针对性地增强其专业能力。社会组织专业能力的形成源于其主观能动性的发挥（朱健刚，2021），促使其在社区层面实现公共价值的增长。

行动理论主张，行动者持续进行自我反思，以在有意识的状态下做出具体的行动选择（Giddens，1984）。依据该理论框架，社会组织专业能力的提升可被视为一种基于理性的选择过程，其表现出了复杂性。值得强调的是，在考虑到城市社区类型的多元化背景下，社会组织可依赖其专业能力制订个性化的治理方案，从而加速城市社区治理共同体的建设进程。通过政府与社会组织的联合努力，社会组织能够针对不同社区类型，将治理任务分配给不同的社区自治主体执行，实现多元主体各司其职、协同作业，精准匹配社区需求、配置资源和分类施策，以提升治理的精确度、创新深度和社区凝聚力。

在城市社区秩序建设过程中，拥有强大专业能力的社会组织能够将价值理性融入其治理行动（Ostrower and Stone，2010），形成强大的凝聚力，吸引社区内多元主体共同参与治理行动（Skelcher and Sullivan，2008），塑造社区治理格局。同时，社会组织专业能力的强弱也影响政府合作意愿的高低（Feiock，2013）。当社会组织的专业能力较强时，政府更可能对其产生信任，为其提供更多创新的空间（Zhu et al.，2021）。政府在寻求社区治理进步的过程中，社会组织的专业能力增加了实现这些目标的可能性，有助于政府规避公共职能过度扩展的风险，减轻政府治理的负担（Pfeffer and Salancik，2003）。因此，专业能力较强的社会组织更有可能在社区治理中扮演政府的管家角色，发挥与政府互补的治理功能，共同推动社区秩序的构建（Anderson and Weitz，1989）。

在参与城市社区治理的过程中，社会组织经常需要应对多元主体间的矛盾需求，这使社会组织运用其专业能力采取灵活策略变得尤为重要（Alexander and Nank，2009）。社会组织既要激发社区居民的自治行动（Oliver，1991），也要确保这些自治行动能够与治理秩序有序衔接（Scott，2008）。只有这样，社会组织才能在治理过程中有效地扮演联结社区居民和政府的桥梁角色，推进治理共同体的建设（Crotty and Holt，2021）。此外，采用灵活的治理策略有助于社会组织在治理过程中平衡其角色，避免被行政层级制度同构。

为了构建治理共同体，社会组织作为理性主体需要积极培养具备塑造社区治理结构的专业能力，在适当的时机采取战略性行动，以推动社区治理创新（Boxenbaum and Jonsson，2017）。在现有文献中，对社会组织战略行动的分析涵盖了丰富的内容，包括但不限于松散耦合（Weick，1976）、脱钩（Meyer，2010）、潜藏（Oliver，1991）、选择性耦合（Pache and Santos，2013）以及休眠（Kozhikode，2016）等策略。其中，松散耦合策略指的是社会组织保持与其他治理主体间的松散合作关系，以维护其自身的行动自主性。脱钩策略则是指社会组织在治理行动中保持完全独立的态度，不追求与其他治理主体的协同作用。潜藏策略指的是社会组织通过隐蔽的方式积累资源、建立关键联系并间接影响利益相关者的看法和行为，隐秘地达成其发展长远目标。选择性耦合策略体现为社会组织在政府议程和居民诉求之间寻找平衡点，扮演双向联结的角色。而休眠策略则是指社会组织在面临争议时选择战略性地冷处理问题，直到时机成熟时再积极推进治理议程。这些多样的战略性行动充分展示了社会组织理性思维与专业能力相结合的特点。

在社区秩序的构建过程中，政府对社区居民的赋权至关重要，而在这一过程中社会组织的专业能力发挥了不可或缺的作用（Goldman and Kahnweiler，2000）。政府将社会组织视作治理过程中的重要合作伙伴，即管家（Lecy and Van Slyke，2013），双方在治理行动上达成了明确的共识（Cho and Gillespie，2006），能够跨越组织文化的差异建立长期的合作关系。正是基于社会组织所具备的专业能力，政府将其作为组织枢纽，进一步赋权公众，引导社区居民开展有序的集体行动，充分发挥二者在组织能力上的比较优势（Kim et al.，2016）。

一种观点认为特定的专业能力可能限制了组织参与治理行动的范围，成为组织发展的一种约束（Greenwood et al.，2011）；但另一种观点认为，组织完全有可能根据战略机遇有目的地培养自身的专业能力，并将其作为一种可调节的资源加以利用（McPherson and Sauder，2013）。这也表明，在城市社区治理的实践中，社会组织的专业能力是可以变化的（Suárez，2011）。在反思性的驱动下，社会组织有能力培育出不同类型的专业能力，并根据需要嵌入不同的治理场域中。

2.3.4 合作意愿－专业能力：城市社区治理行动的分析框架

历史研究已经揭示，政府和社会组织在城市社区治理中扮演着关键角色，具备反思性、理性化特征以及动机导向的行动主体属性（Brinkerhoff and Brinkerhoff，2002）。然而，目前综合考量政府的合作意愿和社会组织的专业能力，并在此基础上深入分析这两类行动主体的理性行动的研究相对有限。本研究旨在通过构建一个基于政府合作意愿和社会组织专业能力两个维度的分析框架，深入解读政府与社会组织的理性行动。

在社区治理网络的格局中，政府扮演着核心行动者的角色。在重塑社区治理结构的过程中，政府采取了一种间接介入的方式，而非直接实施行动。政府通过调整其与社会组织的合作意愿，影响着社会组织的行动选择，进而通过这种方式间接推动治理议程的进展。社会组织则作为政府不可或缺的合作伙伴，在这个过程中依托其专业能力，也为自身行动创造了空间。这种合作关系在社区治理结构的变革中起到了关键作用。图2-1以直观的方式展示了"合作意愿－专业能力"城市社区治理行动的分析框架。该框架建立在对政府和社会组织理性行动深入理解的基础上，旨在更准确地解读这两类行动主体在社区治理中的互动。

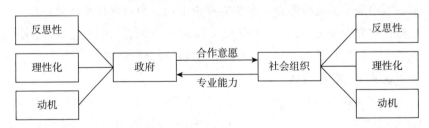

图2-1 "合作意愿－专业能力"城市社区治理行动的分析框架

2.3.4.1 社区治理中的合作意愿

在社区治理的实践中，政府向社会力量开放授权空间的程度通常与其合作意愿密切相关（Gazley，2008）。政府展现出高度的合作意愿，传达了一个明确的信息，即对合作伙伴抱有较高程度的信任（Guo，2007）。政府通过引入合作伙伴，努力将社区转变为一个互动平台，其目的是提升公共利益并构建一个更加高效的治理体系（Delanty，2000）。

随着市场经济的持续发展，社区居民对参与公共事务的需求不断增强。传统上由政府单一主体负责的社区治理模式已无法满足当今社会的需求，在这一背景下，政府与社会组织的合作成为一种有效的途径，以重新塑造社区治理的方式，并为居民提供更广泛的参与机会（Marquis et al.，2013）。这种合作不仅能够丰富社区公共服务的提供，还有助于政府职能的转型，以更好地适应社会的演变（Elliott，2002）。通过共同努力，政府和社会组织共同构建了积极的社区发展愿景，促进了社区内社会资本的积累，增强了社会安全网的韧性（Rodger，2000）。

社会组织在构建城市社区治理共同体时具有凝聚民心的潜力，这有助于加强社区内部的合作（Zhan and Tang，2016）。为了最大限度地发挥社会组织的这一作用，政府需要增强其合作意愿，为社会组织提供必要的支持（Brown and Iverson，2004），并为社会组织的行动制定相应的框架。政府合作意愿的差异会影响到社会组织获得的创新容错率，这意味着政府的合作意愿成为社会组织充分发挥其凝聚民心功能的关键条件（Christensen and Ebrahim，2006）。

根据上述观点，本研究对城市社区治理背景下的合作意愿进行了定义，将其界定为政府与社会组织之间合作动机的强烈程度。从社区治理的实践经验来看，展示出较高合作意愿的政府能够对社会组织的行动产生正面激励效应，进而增强社会组织向社区居民提供响应性服务的专业能力。与此同时，政府展示出的高度合作意愿能够帮助社会组织强化责任感，并在社区治理的过程中展现出更多的创新性（Farid and Song，2020），这使社会组织能够主动探寻社区的需求，激发社区居民的自我管理能力。

2.3.4.2 社区治理中的专业能力

在社区治理领域中，社会组织被赋予了与政府密切合作的重要角色（Anheier，2014）。然而，社会组织在不同治理场域中所扮演的角色表现出明显的差异性。以英国为例，社会组织的主要角色是参与社区福利的提供，这一定位根植于战后凯恩斯主义福利国家的理念（Aldred，2007）。相比之下，在澳大利亚，社会组织在社区中的角色相对较为边缘化（Ramia and Carney，2003）。而在中国，社会组织的角色主要受到政府行动的影响，其在治理中的作用与政府政策密切相关。这些差异反映了不同国家对社会组织在社区治理中定位和功能的不同理解。

社区治理的核心关注点在于提升社区的公共性，这一理念涉及多个主体之间的协作，而这种协作必须平衡各方的利益。考虑到社区主体的多样性，Edwards（2001）提出了一种参与式治理框架，他将其描述为一个协商矩阵，通过政府与社会组织之间的协作，用于识别社区问题、制定治理决策、实施治理行动以及评估治理绩效。在这个协商过程中，社会组织利用其专业能力来协助政府实现治理目标。随着社会组织专业能力的不断提升，政府与社会组织之间的合作关系也日益紧密。

　　在社区治理的过程中，社会组织的专业能力建设具有至关重要的作用。社会组织作为社区治理项目的主要执行者，直接与社区居民互动，其专业能力直接影响着社区居民参与治理活动的体验（Balassiano and Chandler，2010）。此外，政府需要对社会组织的治理活动进行监督，并引入第三方评估机构，以及时提供社会组织行动的反馈意见。拥有较强专业能力的社会组织更容易获得政府的信任，从而降低政府的监督成本（Scholz and Lubell，1998）。这些社会组织能够准确理解政府的意图，使其治理活动更好地满足政府的期望，从而与政府共同构建创新的治理方案（Morgan and Campbell，2011）。

　　需要指出的是，社区治理一线的社会组织工作人员在行动中扮演着构建社会组织专业能力形象认知的关键角色（Snavely and Tracy，2002）。他们的行为表现直接影响着人们对社会组织专业能力的看法。此外，由于专业能力的认知需要通过有效的沟通来传递，因此畅通的沟通渠道对于维护社会组织的专业形象也显得至关重要。只有通过清晰而有效的沟通，社会组织才能有效地传达其专业知识，使政府和社区居民更好地理解并信任它们的工作。

　　根据上述观点，本研究对城市社区治理中社会组织的专业能力进行了深入探讨，并将其定义为社会组织在激发社区公共参与以及解决社区复杂问题方面所表现出的专业能力。社会组织若具备高水平的专业能力，便能有效协助政府在社区治理中实施创新（Osborne and McLaughlin，2004），并与政府形成一种积极的工作伙伴关系（Brinkerhoff and Brinkerhoff，2002）。这不仅体现了社会组织在社区治理中的重要地位，还凸显了其专业能力在促进政府与社区居民之间的协作、提升社区治理有效性方面的关键作用。

2.4　本章小结

　　本章的核心目的在于梳理与本研究紧密相关的核心概念，明确理论基石，并据此构建一个全面的分析框架。首先，本章对分类治理、共同缔造、政府购买服务项目等关键概念进行了深入的系统阐释。其次，通过回顾网络管理理论、行动理论和管家理论这三个重要的理论体系，为本研究提供了坚实的理论基础和多角度的视野。

在城市社区治理行动的理论探讨中，本研究依托于网络管理理论，识别出当前社区治理中的一个关键研究焦点：政府在网络管理中的合作意愿。在网络管理中，社会组织不仅是政府的重要合作伙伴，还是社区治理网络中不可或缺的一环。此外，从行动理论的视角出发，本章揭示了政府和社会组织作为具备反思性、理性化和动机要素的行动主体，如何共同影响社区治理的议程。同时，借助管家理论，强调了深入理解社会组织的专业能力及其在治理过程中的关键作用的重要性。由此，本研究提炼出城市社区治理行动的三大关键要素：合作意愿、行动的互构性以及专业能力。这些要素构成了分析城市社区治理行动的理论基础，并为构建分析框架提供了支撑。

进一步地，本研究通过结合合作意愿和专业能力这两个维度，构建了一个综合性的分析框架。在此框架中，政府被定位为社区治理的核心行动者，而社会组织则作为社区治理中的次级核心行动者。这两类行动者虽然在社区治理中的角色有所不同，但均具备反思性、理性化和动机等关键行动要素。在实际的社区治理过程中，政府作为治理网络的核心，通过调整其合作意愿来影响社会组织的行动策略，从而在社区治理中发挥主导作用。与此同时，作为次级核心行动者的社会组织，则通过其组织的能动性和专业能力，参与治理行动，进而促进公共议程的实现。

第三章

S 市的城市社区治理行动：
历史变迁与发展现状

　　理论分析框架的运用需要植根于特定的研究场域，本章遵循社会科学研究的案例研究法，选取 S 市作为研究的场域。通过深入探究 S 市的城市社区治理行动，本研究旨在探究该场域中关键行动主体的行为特征和思维模式。本章致力于深入分析 S 市的城市社区治理行动发展历程，揭示其发展历程中的关键转折点，从而为后续的案例分析打下坚实的基础。

3.1　S 市城市社区治理行动的历史变迁

3.1.1　社区自治与社会组织进入

　　S 市的城市社区治理行动起始阶段标志着对社区自治能力的初步探索。2005～2010 年，S 市政府通过分散性的职能转移，向社会组织下放部分职能，探索社区自治的新模式。然而，在这一过程中，政府认识到社区自治面临的结构性挑战，特别是社区主体在组织化治理方面的困难。为应对这些挑战，2010～2016 年，S 市政府推出了一系列政府购买服务项目，鼓励社会组织大规模参与社区治理，以促进社区主体的再组织化。这一阶段虽然见证了针对性城市社区治理政策的实施，但在构建系统性治理框架方面仍有所欠缺。随后，在社会组织广泛参与社区治理的阶段，S 市逐步建立起较为完善的城市社区治理框架，为实施更加定制化的治理项目奠定了基础。这一过程不仅促进了社区自治能力的提升，还为后续的社区治理创新提供了重要参考。

在社区自治赋权的初期阶段，S市政府重点关注社区就业问题。2005年，政府以解决社区内失业群体的就业问题为突破口，启动了一系列城市社区治理行动。这些措施旨在帮助失业人员、单亲家庭成员和高龄失业者等就业困难群体重返职场，并通过强化劳动保障体系来降低社区失业率。同时，S市政府着手建立社区服务中心，这些中心作为居民自治组织，为社区居民提供就业培训、职业指导和咨询服务。

2006年，随着社区服务业发展规划的发布，政府进一步强调了完善社区公共服务的重要性，包括社区帮扶救助、居家养老、医疗服务、科教文体、家政服务、物业管理、便民利民服务、治安法律服务和再就业服务等九大领域。在这一过程中，S市积极培育了众多自治组织，如居家养老服务中心、业主委员会、社区治安委员会、巡防队和治安志愿团体等，这些组织在促进社区自治和提升社区服务效能方面发挥了关键作用。S市政府的这一系列措施不仅提高了社区居民的就业率，还促进了社区公共服务的多元供给。

在这一时期，S市政府重点投资社区基础设施的建设，特别是社区信息网络的发展。政府利用人口、法人和空间地理等基础数据，建立了一个全市覆盖的统一社区信息化网络体系，从而形成了一体化的社区管理模式。这一体系通过社区管理信息化系统实现，包括区、街道、社区服务中心（站）和S市便民服务中心（12345）四级社区服务网络。

S市的这一措施通过整合市、区、街道网站、数字电视系统、热线呼叫系统（12345）和公共信息亭等多个为民服务应用系统，实现了联网运行，为居民提供了一系列便捷的社区服务。此外，通过智能化小区的建设，S市进一步完善了社区信息化管理的组织架构。这一阶段的社区基础设施建设，特别是信息化设施的完善，为后期社会组织的广泛参与提供了必要的技术支持和基础平台。

自2010年起，S市全面推行了社区居委会改革，以实现政府职能的有效转移，并致力于打破将社区居委会视作政府行政工作延伸的传统观念，追求在共建共治共享的理念下实现社区治理现代化。在这一阶段，S市政府在城市社区治理的体制机制、社区居委会的角色定位、社区氛围的营造、社会组织的培养，以及政府与社会组织的互动关系等方面进行了积极探索。

首先，S市政府系统厘清了城市社区治理的体制机制，推动了城市社区工作站的建设，并在城市社区建立了以党组织为核心、居委会为主体、工作站为整合载体、多种社会组织参与的互联互补互动机制。同时，还建立了基层党组织牵头的社区联席会议制度，形成了多元主体共同参与社区治理的格局。

其次，政府清晰界定了居委会在社区自治和协助政府工作两个方面的职责。2011年，S市明确了居委会在自治活动中的多项职责，并于2012年起在全市范围内开展居委会改革试点，清理其协助政府办理的行政事务，明确政府转移职能事项清单和居委会的权责界限。

最后，S市政府加大了对社会组织的支持力度。从2011年起，政府探索建立社会组织培育基地，强化党对社会组织的领导，支持社会组织提供社区公共服务，并试点实施政府购买社会组织服务项目，确保购买服务经费纳入政府年度财政预算。同时，建立了示范性的社会组织孵化基地，并探索性注册社会企业，持续开展公益创投与公益招投标活动，形成了以福彩公益金支持社会组织实施公益项目的常态化机制。通过政府购买服务方式，将居委会法定职责之外的治理事务交由社会组织完成，从而促使社会组织快速进入城市社区，增强了社区自治主体的力量，为完善社区自治模式奠定了基础。

在后续发展中，S市致力于推动"三社联动"改革，旨在实现社区、社会组织、社会工作的深度融合。这一改革构建了一个系统的工作体系，包括由社区负责挖掘居民需求、综合设计服务项目，鼓励社会组织参与承接，以及引导专业社会工作团队积极参与。为了支持这一改革的顺利进行，S市升级优化了社区综合服务设施，并由政府承担社区基础设施的运行维护服务，以提升社区治理行动的有效性。

推进城市社区"三社联动"项目的具体实施方式包括基层党组织的领导、居委会的主导、社会组织的承接服务和专业社会工作团队的运作。在基层党组织的领导下，居委会负责挖掘社区需求，并按照城市社区协商程序，将需求提交给居民代表大会审议。政府随后发布购买社会组织服务项目，由社会组织在基层党组织和居委会的指导监督下承接和实施服务。

为确保项目的效果，政府采用了第三方专业评估与居民民主评议相结合的评价方式。同时，S市积极推动政府与社会组织的工作联席会议制度，从镇（街道）层面到城市社区层面，确保了多元主体的有效沟通。

此外，城市社区治理项目的运作也必须经过居民民主协商，从而进一步完善社区治理的监督机制。这些措施共同促进了社区治理的现代化，提高了社区服务的质量。

为了优化城市社区治理，S市创新性地建立了三个核心平台载体。首先是基于"互联网＋政务服务"的信息平台，该平台实现了线上和线下社区服务的有效融合和互动发展。其次是联合性枢纽型社会组织平台，该平台致力于推动社区服务中心的建设，旨在培育和扶持社区社会组织。最后是政府、企业与社会的跨界合作平台，通过多种联动机制，推动社区基金会的发展，从而有效整合社区内外部资源。

这些平台的建立为S市社会组织参与城市社区治理共同体建设提供了有力的支撑，促进了城市社区治理行动的深入发展。2005～2016年，S市在城市社区治理方面取得了显著成就，并为其后续发展奠定了坚实基础。其间，S市积极推进城市社区信息化建设，建立了先进的城市社区信息化设施，为社区治理提供了强有力的技术支持。

同时，S市通过对政府部分职能的有序转移和对社会组织的渐进授权，实现了政府与社区居委会关系的明晰化，为社区治理行动的有效进行创造了良好的外部环境。此外，通过政府购买服务项目的方式，S市激发了社会组织的发展动力，从而有效促进了社会组织参与城市社区治理共同体的建设。

3.1.2　社区治理与政策配套

2016～2020年，S市城市社区治理经历了一段大规模推进的时期。这一时期，S市采取了试点方式，对城市社区的分类治理进行了初始探索，并在初步验证了该理念的实践效果后，逐步扩大了试点规模，最终使分类治理项目覆盖了整个城市。

自2016年起，S市在经济基础较为坚实的镇（街道）启动了分类治理的实验。这些试点镇（街道）选择与社会组织合作，购买全职团队提供的定制服务来进行分类治理。这种做法使政府得以重新配置原本被占用的人力资源，用于推行社区网格化管理，从而确保政府与社会组织之间的高效协作。这种分类治理的实施不仅提高了社区治理的效率，而且促进了社区服务的专业化。通过这一方式，S市实现了社区治理的创新，同时提高了政府资源的使用效率。社区网格化管理的推行，进一步加强了社区内部的问题响应机制，提升了社区治理的及时性。此外，政府与社会组织的紧密合作，也为社区提供了更加丰富的服务内容，更好地满足了居民的需求。

在试点的初步阶段，S市对城市社区分类治理的顶层设计进行了先锋式创新。首先，S市倡导构建"全科社工"体制，鼓励社区工作者角色多元化，同时对传统社区工作站进行改造，将其转变为居民活动空间。社区工作者不仅在社区工作站设立服务窗口，还直接进入社区网格，为居民提供上门服务。

其次，S市在社区治理中采取政府全面购买社会组织服务的定制模式。这一模式意味着社会组织的专业团队承担了社区治理的全职责任，根据社区的具体需求，设计并实施定制化的治理方案。通过这种模式，政府成功将部分职能转移给社会组织，实现了治理功能的优化。这不仅减轻了政府的直接管理负担，还促进了社会组织的专业能力提升。此外，这一模式还鼓励社会组织创新服务方法，为社区治理提供更具创新性的解决方案。随着政府购买社会组织服务项目的逐步扩展，政府通过增加公益采购和公益创投，采用市场化的方法激励社会组织提出并实施公益项目，持续增强社会组织的服务能力。

再次，S市政府倡导通过协商民主的方式，将社区居民、社区社会组织和社会工作者等多方主体纳入决策过程，共同参与社区事务的讨论和解决。通过协商民主的方式，S市能够确保决策过程的公正性，增强社区居民对治理过程的认同感。这种包容多元主体的协商过程，不仅有助于平衡不同利益群体的需求，还能促进社区成员之间的相互理解，从而增强社区的凝聚力。

最后，S市运用先进智能技术辅助城市社区的分类治理，创建智慧社区治理平台。智慧社区治理平台利用先进的智能技术，实现了对社区治理活动的实时监管和信息管理。通过这一平台，政府能够及时获取社区治理的相关数据，从而确保治理措施的精确性。

此外，S市在推动城市社区基金会的创新发展方面也取得了显著成效。通过社会工作机构采用众筹的方式建立社区公益金，S市能够更有效地聚集资源，针对不同类型社区的特定需求进行定向投入。这种方法不仅增加了社区治理项目的资金来源，还加强了社区居民对社区发展的主动参与。

在这个过程中，党组织发挥了核心的引领作用，成为协调和整合多元主体参与治理的关键力量。S 市实施了党组织为民服务的经费制度，确保社区居民在社区治理中的利益得到充分体现。党组织通过资源整合，增强了社区治理的协调性，加强了社区各方的协作和互信。

在第二轮扩大化试点阶段，S 市紧密遵循《民政事业发展第十三个五年规划》的要求，持续推动社会工作服务的专业化，重点在丰富城市社区治理的社会工作专业人才方面下功夫。S 市建立了一种以政府资金为主导、多元资金来源为支持的综合机制，这一机制全面促进了社会工作人才的专业化发展。基于这一策略，S 市加大了社工岗位的开发力度，尤其是在城市社区公共服务平台、公益性企事业单位及社会组织中，大力推动专职社工岗位的设立。

S 市还对城市社区分类治理的模式进行了进一步优化。通过建立以分类治理为导向的治理行动指导性目录，S 市为社会组织提供了明确的项目设计依据，这有利于社会组织针对不同社区类型设计出个性化的治理方案。该指导性目录结合了第一轮试点阶段的实践经验，针对城市社区中普遍存在的治理问题提供了具体指引，特别强调了在治理方案中强化个案服务和协商民主的重要性。同时，S 市在治理行动中进一步明确了政府和社会组织的职责，提升了镇（街道）和社区在治理方案设计与实施中的话语权，确保各方在治理过程中的有效参与。

伴随着城市社区治理行动的深入，S 市在扩大化试点阶段对城市社区治理的顶层设计进行了进一步深化。2017 年，S 市提出全面推进政府购买社会组织服务项目的计划，将城市社区分类治理的相关事务逐步转移给社会组织。同时，S 市加强了对社区协商民主活动的政策支持，持续探索多种协商民主机制，包括居民议事会、社区协商委员会和居民协商共治小组，以构建完善的城市社区协商民主体系，并确保社区自治主体在治理活动中的有序参与。

在第三轮全市覆盖阶段，S 市的城市社区治理行动进一步明确了镇（街道）和社区在推动治理行动中的主导作用。这个阶段特别强调社会组织与镇（街道）及社区签订详细的服务委托书。服务委托书中明确规定了服务的期限、对象、提供方式、团队组成、考核指标和成果交付等关键事项。社会组织提出的社区治理具体实施项目必须经过居民代表的协商审议、居委会的认可，并向镇（街道）进行备案登记。每年，试点镇

（街道）和社区将对项目完成情况、服务效果和居民满意度进行综合考核，并将考核结果纳入第三方机构的监管评估。

S市在总结前两轮城市社区治理行动经验的基础上，更加强调治理行动的有效性。在进行分类治理前，社会组织必须深入调研社区的实际需求，系统梳理社区资源，明确需求状况，深入分析社区问题的根源，从而提出实际可行的对策建议，并据此制订科学合理的治理方案。

此外，政府购买社会组织服务的长效机制在这一阶段得到了进一步的完善，建立了政府购买社会组织服务项目库和城市社区治理资源库。政府将用于城市社区治理的社会组织服务项目统一纳入政府购买服务的指导性目录中，并将所需经费纳入政府年度预算，实施分层负责、分级保障的财政支持机制。同时，S市努力整合各级政府部门购买的社会组织服务项目，统筹制订购买方案，并建立了转介购买服务机制，促进社会组织更广泛地参与城市社区治理共同体建设。

为强化城市社区治理中的党建引领作用，S市自2018年起建立了街道大工委和社区大党委制度，将区域化党建作为推动城市社区治理的关键动力。此举使党建工作与社区治理紧密结合，特别是政府通过网格化管理，将党建工作与综治、公安等政府不同职能部门的工作有效融合，实现了社区治理要素的整合。

协商民主活动继续作为城市社区治理的重点。S市致力于推动城市社区协商民主活动的健康发展，全面建立居民议事会、恳谈会、协商共治小组等多种议事组织。这些组织不仅完善了议事规则，形成了议事清单，还优化了协商成果的采纳、落实与反馈机制，从而提高了社区居民在治理中的参与度。

为了培养和壮大城市社区治理所需的人才队伍，S市加大了对社区工作者队伍建设的支持力度，规定每个社区应按常住人口比例配备社区工作者，同时为优秀的基层党组织书记提供晋升机会。此外，S市还升级了公益创投项目的资助模式，设计了一种结合福彩公益金和社会配比资金的双重资助机制，以提高资金使用效率。

S市的城市社区治理经历了首轮试点、二轮扩展和三轮全面覆盖，逐步构建出一个"镇街统筹、社区实施、专业化服务"的治理体系。S市城市社区治理体系的核心特征在于促进政府职能向社会组织的转移，特别体现在推动政府与社会组织之间建立购买服务机制上。这种机制的实施使政府能够有效地利用社会组织的专业能力，来提供更加多样化的社区服务。通过购买服务，政府不仅将部分职能转移给社会组织，还激励社会组织发挥专业优势，从而提升社区服务的质量。

2016～2020年，S市凭借充足的财政支持，成功构建了一套以分类治理为核心的城市社区治理体系。这一体系的显著特点是社会组织被鼓励以全日制、全过程、全方位的方式参与到城市社区治理中，强调政府与社会组织之间的紧密合作。这意味着社会组织不仅在日常社区服务中发挥作用，还在社区规划、决策、实施和评估各个阶段为政府提供专业支持。这种全面参与确保了社区治理措施的针对性，同时增强了社区居民对治理过程的认同感。

3.1.3 治理创新与反思性实践

2020年，为了打造共建共治共享的治理格局，S市调整了其城市社区治理策略，进一步激活居民自我管理、自我教育、自我服务的能动性。作为应对策略，S市政府开始探索以社区工作者为主导的治理模式，旨在通过增强社区治理的内生动力来实现治理创新，这一转变不仅体现了S市政府的反思性，还展现了其治理策略的灵活性。

在这一转变期间，S市更加注重对智能技术的引入。S市设立了市级网格化社会治理大数据中心及其下辖的区县级网格化联动中心，旨在通过技术手段完善社会风险防控体系。这一举措表明，S市在保证社区治理效率的同时，也在寻求通过技术创新来优化资源配置。

同时，S市高度重视社会工作方法在城市社区治理中的作用，并推进社工站的建设。政府成立了社会工作专业人才发展中心，负责全市社工站建设的统筹推进，使社工站成为区域性的社会工作综合服务平台。这些社工站旨在培养基层社会工作人才、整合社会工作服务资源，并提供专业的社会工作服务。S市的三级社工站平台包括市级的社会工作服务指导中心、镇（街道）级的社工站和社区级的社工室。这种层级化的结构旨在确保社区工作的有效性，同时强化了社区层面的专业社会工作服务，确保社区需求得到快速响应。

到2021年，S市成功实现了镇（街道）层面社工站的全面覆盖，构建了一个区域性的社会工作综合服务平台。这个平台的主要职责是统筹各类城市社区治理服务，覆盖社会救助、养老服务、儿童关爱、未成年人保护、残障服务、社会组织服务及社区发展等多个关键领域。为了确保服务的针对性，S市要求各社工站建立完整的服务对象名单，并积极支持社会工作者直接参与社区服务。同时，对持有专业资质的社区工作者进行培训，以提供专业的社会工作服务。在社工站的运作机制方面，S市规定镇（街道）社工站的站长由分管民政工作的镇（街道）领导兼任，而副站长由政府购买服务方式委托的社会组织负责人担任，这种结构确保了社工站在政府和社会组织间的有效协同。

到2022年，S市的社工站形成了一个区域性的社会工作直接服务网络。S市要求社工站发挥社区需求调研的作用，制订专业的社会工作服务计划，并围绕城市社区治理的核心领域提供服务。此外，S市还推动了社会工作者和志愿者联动的服务模式，引导慈善资源、志愿服务力量和社会公众共同参与城市社区治理，这不仅提高了社区服务的效率，还加强了社区内部的协作。

面对治理创新的新局面，S市的社工站（室）逐渐成为城市社区治理的重要资源集散中心。S市在原有的"三社联动"机制基础上，通过进一步引入社区志愿者和社会慈善资源，探索构建了一个更为广泛的"五社联动"的治理新机制，其中社工站（室）扮演着关键的枢纽角色。

S市利用新时代文明实践志愿服务平台，对志愿服务活动进行星级认定，并为志愿者提供相应的福利，以此激励居民参与志愿服务。此外，基层社工站（室）的专职社会工作者还兼任慈善资源协调员，负责收集慈善需求、策划慈善项目，挖掘社区志愿资源，进一步鼓励社区居民参与志愿服务活动。这些措施不仅增强了社区居民的参与意识，还强化了社区居民的治理能力。

综上所述，S市的城市社区治理行动经历了一个从社区自治与社会组织进入到社区治理与政策配套，再到治理创新与反思性实践的演变过程。在这一过程中，社区治理逐步从碎片化向系统化转变，从"三社联动"模式演进到"五社联动"模式，并实现了网格化管理与社区治理的有机融合，形成了一套制度化的城市社区治理体系。

值得注意的是，在社区治理与政策配套阶段，充足的财政资源为城市社区治理提供了坚实支撑，促进了政府与社会组织的有效协作，并增强了社区居民的公共参与意识。同时，这一阶段还培育了一种独具特色的治理模式，即以社会工作方法为导向的城市社区分类治理模式，为S

市未来的城市社区治理提供了宝贵经验。

3.2 S市城市社区治理行动的发展现状

3.2.1 "五社联动": 以服务激活社会

在S市实施的城市社区治理行动框架下, 政府与社会组织机构之间展现出了密切的协作关系, 共同构建了一种"五社联动"的治理模式。这一模式通过明晰的权责界定, 促成政府和社会组织之间建立了一种基于信任的合作关系。在具体的治理实践中, 双方实现了资源的互补性配置, 并协同推动了多元化主体共同参与到社区的治理过程中, 形成了一种共同缔造的良好局面。这不仅优化了社区治理的资源配置, 还增强了社区治理的响应能力, 为构建和谐的社区环境奠定了坚实的基础。

3.2.1.1 党建引领下的合作治理工程

自2012年开始, S市启动了以党建为引领的合作治理工程, S市推动了一系列以基层党组织为主导的为民服务项目, 采用项目化管理的方式, 吸引社会组织参与到城市社区治理共同体的建设中来。同时, S市进一步巩固了基层党组织在城市社区治理行动中的领导核心地位, 确保党组织在社区治理实践中充分发挥其在政治引导、组织协调、服务提供及法治建设等方面的作用。此外, S市还持续优化党组织领导下的基层群众自治机制, 提升治理有效性。

具体而言, S市明确要求城市社区必须规范工作机制, 落实社区党委的工作责任制, 健全基层党组织定期听取居委会工作汇报的制度安排。这些措施不仅提高了社区居民对治理过程的参与度, 还促进了社区治理从传统的行政驱动模式向更加依赖社区内部力量的自治式治理模式的转变。通过这种转变, S市的社区治理能力得到了全面提升。自治式治理模式强调社区居民的主动参与和自我管理, 使社区能够更加有效地响应居民的需求, 解决社区问题。同时, 这种模式还促进了社区内部的合作, 增强了社区凝聚力。

从2018年起, S市在推进基层党组织先锋阵地群的标准化建设中采取了一系列战略举措, 以深化党建引领在合作治理中的作用, 并增强基层党组织的凝聚力。S市通过在全市范围内建立党群服务站点, 旨在构建社区党建服务的品牌形象，并形成以党群服务站点为中心的"15分钟服务辐射圈"。这一模式以党建为引领，整合各类资源，优化服务流程，从而提升服务效能，更加精准地服务于社区居民。

到了2022年，S市进一步强化了基层党组织的建设，实现了党组织建设的全覆盖，并逐步推进党组织的实体化运行，从而基本建成了从"基层党组织"到"小区党组织"，再到"居民楼栋党小组"以及"党员群众"的组织体系。这种组织体系的建立，强化了党组织在社区治理中的领导地位，提升了社区治理的效率。

此外，S市还赋予了基层党组织对社区治理成效进行考核的权力，这一措施旨在进一步强化党组织在社区治理中的领导地位。通过强化党组织的领导地位，S市致力于推动社区治理工作的规范化，确保社区治理工作方向的正确性。

在S市实施的党建引领合作治理工程中，基层党组织与社区居委会之间的协作关系得到了显著加强。S市倡导基层党组织的班子成员、居委会成员以及业主委员会成员之间实行交叉任职，同时建立以基层党组织为牵头单位，居委会、社区工作站和业主委员会共同参与的联席会议沟通机制。这种紧密合作的治理模式不仅极大增强了社区资源的整合能力，还有效促进了包括物业公司在内的市场主体积极参与城市社区治理行动，从而提升了社区自治的效能。这一做法不仅体现了党组织在基层社区治理中的引领作用，还彰显了社区治理的开放性，为提升社区治理水平提供了有力支撑。

3.2.1.2　政府购买社会组织服务项目的多元化

S市在城市社区治理行动中主要采取政府购买社会组织服务的模式，委托社会组织参与治理活动。经过长期的实践探索，S市逐渐形成了一套多元化的政府购买服务体系，主要包括分类治理项目与公益创投项目两大类。

对于分类治理项目而言，S市政府明确要求承接项目的社会组织必须严格执行联席会议制度，确保每个季度都能向区级和镇政府及时准确地报告项目的进展情况。为了加强沟通，镇政府须每月召开联席会议，而社区层面则需每周组织类似会议，以确保与社会组织之间的信息畅通。与此同时，S市还强调镇（街道）和社区层面应积极支持社会组织的工作，特别是通过指定专职的社区工作者作为联络协调员，协助社会组织更好地进行社区治理。同时，政府也明确规定社区不得将其行政性质的工作转嫁给社会组织。

在公益创投项目方面，S市主要通过财政资助的方式支持社区治理相关的服务项目，同时也包括教育、文化、卫生、环境保护等其他民生领域的服务项目。公益创投项目与分类治理项目的最大区别在于实施周期的长短：前者一般不超过一年，而后者则通常需要两年以上的时间来完成。这两类项目相互补充，共同目标是实现对城市社区治理中关键问题的有效突破。

公益创投项目在运行过程中与分类治理项目展现出诸多相似性，尤其是在通过可量化的指标来确定项目合作的关键节点方面。在公益创投项目的实施阶段，自正式签署合作协议起，政府与社会组织便需明确界定各自的职责，并依据分工协同推进项目实施。

在此过程中，中标的社会组织将主要接受所在地民政部门的指导，以确保其严格按照投标书中的计划执行项目。负责实施公益创投项目的社会组织，则承担着对具体治理项目进行持续监督的责任，确保项目得以良性运作。为增强执行团队的能力，社会组织还将邀请专家对其进行一系列的能力建设培训，内容涵盖项目实施、资源整合、财务管理、过程监管、团队协作、建立项目支持网络以及项目模式的梳理等多个方面。为确保项目的责任落实，S市还规定所有中标的公益创投项目需依照财政部门的相关要求，接受专项审计。对于在审计过程中发现的任何问题，都需及时进行整改，以保障项目的有效实施。

通过政府对社会组织服务项目的采购多元化策略，社会工作者已在S市的城市社区治理共同体建设中扮演了不可或缺的角色。社会工作者的介入不仅极大地增强了社区的服务提供能力，而且有效地促进了社区工作者能力的提升，优化了社区工作人员的职责划分，从而提高了社区服务的整体效率。

该策略的实施为S市的社区治理注入了新的活力，通过引入社会工作者，增强了社区服务体系的专业性。社会工作者以其丰富的理论知识，不仅直接提升了社区服务的质量，还通过知识的传授，带动了社区工作者整体水平的提升，形成了一种积极向上的学习氛围。此外，通过精细化的人员分工，社区工作的效率得到了显著提升。社会工作者的加入使社区工作更加科学化，工作流程更加顺畅，从而实现了社区服务资源的优化配置，为 S 市的城市社区治理共同体建设提供了坚实的支撑。

3.2.1.3 社工站的枢纽化

从 2021 年起，S 市确立社工站作为"五社联动"治理架构中的关键枢纽，并依托社工站构建了以服务为驱动力的社会治理格局。这一战略部署为社工站在城市社区治理中的枢纽作用创造了有利条件，使街道社工站演变成提供区域性社会工作专业服务的平台。

在这一体系中，街道社工站不仅提供专业社会工作服务，而且参与社会工作人才的培养，推进社区协同治理，接管政府转移的相关事务。这些站点协助街道机关培养社会工作专业人才，支持社区社工室开展服务活动，并协助属地街道整合社会资源，推动社区慈善、志愿服务力量以及社区社会组织的发展壮大。

此外，S 市还在社区层面设立了社区社工室，社区社工室作为直接面向基层提供服务的节点，在街道社工站的支持下，深入挖掘社区独特的资源，积极促进居民的参与，努力改善社区内部的关系网络，为构建和谐社区环境做出了积极贡献。

S 市的社工站在城市社区治理活动中，扮演着至关重要的枢纽角色，其重要性不容忽视。首先，这些社工站充当着信息的聚合中心，有效地分析了社区居民的需求。这种信息的集中处理不仅提高了对社区需求的响应效率，还为制定有针对性的治理策略提供了可靠的数据支持。

其次，社工站作为服务的供给方，为居民提供了全方位的治理服务。这些服务不局限于日常的社会工作，还包括社区发展、居民培训、儿童和老年人关怀等多个领域。通过提供这些服务，社工站能够更直接地满足居民的具体需求，提升居民对社区生活的满意度。

最后，社工站的枢纽化作用体现在它能够有效地将社区居民、各类社区社会组织、政府等多个主体的资源进行有机链接。通过构建促进各方协作的平台，社工站不仅促进了资源的最大化利用，还提高了社区治理各环节的协调性。这种协调机制保证了社区治理的各个环节，如问题的解决、资源的分配、社区服务的提供等，都能更加高效地运作。

社工站的枢纽化特性使其在城市社区治理体系中成为不可或缺的一环。这种特性体现在多个方面：它不仅作为信息的汇集中心，收集和分析社区居民的需求，还作为服务的提供者，直接向社区居民提供多元化的支持。更为重要的是，社工站通过整合来自政府、社会组织及社区自身的资源，有效地推动了社区内部及外部各方的协作。这种协调机制不仅提升了社区服务的效率，还增强了社区的自我管理能力和社区居民的参与感，进而促进了社区的和谐稳定。因此，社工站在推动社区协同发展、提升居民幸福感方面发挥了重要的促进作用，成为城市社区治理中的关键力量。

3.2.2 契约式伙伴关系：以绩效表现决定合作深度

在 S 市的城市社区治理实践中，政府与社会组织间构建的契约式伙伴关系，已经成为一种值得关注的治理创新。这种伙伴关系的核心机制在于，以绩效表现为评价标准，决定双方合作的深度与广度，从而使合作关系更加灵活。在这种合作关系之中，政府和社会组织共同明确了各自的责任，借助绩效评估来确保所有合作主体能够切实履行其承诺。这种契约式伙伴关系不仅增强了社会组织的责任意识，同时还激励政府更为注重结果导向的治理理念，使社区居民成为实质性受益者，享受到更高质量的服务，并获得更为精准的政策支持。

3.2.2.1 完备的绩效评估指标

S 市政府面对单一社会组织承接项目的情况，提出了更高标准的评估和监管机制来确保治理绩效。为了有效地实现治理目标，政府建立了一套详尽的绩效考核指标体系。这一体系涵盖了社会组织在社区治理中的关键绩效指标，对其交付的成果进行了严格的规定。此举旨在确保合作治理的过程和结果都能达到预设的高标准，从而增强社区治理的整体效果。

在具体实施层面，S 市制定了详细的绩效考核清单，要求各街道和社区根据自身具体情况，参照该清单来制定有针对性的绩效量化考核标准。在这个过程中，街道更倾向于评估社会组织在服务人群方面的表现，尤其关注其在个案服务数量上的成绩；而社区则更注重评估社会组织举办活动的频次，重视其在社区内部活动中的活跃度。通过这种差异化的绩效评估方法，S 市力图全面评价社会组织的治理绩效，推动城市社区治理工作向更加专业化的方向发展。

为了避免社区居委会将行政性事务不适当地转移给社会组织，S 市在制定绩效评估指标体系时特别考虑了对社区居委会行为的考核。这一举措旨在确保社区居委会为社会组织提供必要的支持与保障，促使其在社区治理活动中更有效地发挥作用。具体的评估指标中包括了对社区居委会在支持社会组织进行社区治理活动中的表现进行评价。

这种全面的绩效评估指标体系对于社会组织参与城市社区治理共同体建设起到了关键性作用。绩效评估指标体系不仅帮助社会组织明确其行动方向，确保其工作更贴合社区的实际需求，还在深入社区提供治理服务方面发挥了重要作用。这些评估指标为社会组织提供了一种客观的反馈机制，帮助它们识别并改进工作中的不足，从而提供更为精准的社区服务。

在向社区深入提供治理服务的过程中，绩效评估指标扮演了监测社区服务效果的关键角色。社会组织能够依据这些指标来进行自我调整，以确保其所提供的服务既满足社区居民的期望，又符合政府设定的标准。绩效评估指标体系不仅为社会组织提供了一种有效的管理工具，还为政府与社会组织之间的沟通提供了共同的语言，有助于构建一个更加协调一致的治理体系。

这套系统的评估指标在城市社区治理的实践中起到了至关重要的作用。它们不仅助力社会组织更深入地认识自身的职责，还鼓励其提供更高质量的服务。同时，这些评估指标也为构建一个能够更充分满足居民需求的城市社区提供了有力支持。这种绩效评估的机制有助于确保城市社区治理工作持续不断地改进，从而推动城市社区治理的进一步发展。

3.2.2.2 基于社会工作方法的人群服务

在S市，基于社会工作方法对特定人群的服务逐渐演变成了城市社区治理的一项核心策略。自2010年起，S市将推动和谐社区的构建确立为社区治理活动的新任务，并特别强调为困境人群提供帮助是实现和谐社区目标的关键领域。通过基于社会工作方法的人群服务，S市正致力于构建一种更加包容的社区环境，从而推动城市社区治理工作朝着更加以人为本的方向发展。

S市在推行城市社区治理的过程中强调包容性，确保治理策略能精细化地覆盖并响应各类人群的需求。S市通过细致入微的政策设计，实现了对不同年龄、性别、职业和文化背景的居民的全面关照，从而增强了社区的凝聚力，提高了政策实施的效果。在S市，地方政府与社会组织在困境人群服务的实践手段上达成了广泛的共识，共同强调运用社会工作的专业方法来实现服务目标。这种方法旨在帮助困境人群重塑自信，进而实现社会正义的目标。

在社区治理的实际操作中，社会工作者与服务对象建立了平等的伙伴关系，他们保护服务对象的利益，倾听其声音，尊重其选择，并对相关信息严格保密。特别是针对社区中的困境人群，如精神障碍患者，社会组织在街道、社区居委会的协作配合下，在专业医疗机构的指导下，能够为这些患者及其家庭提供全方位的服务，包括心理援助、行为矫治和医疗信息咨询等。此外，社会组织还积极开展社会倡导活动，为精神障碍患者营造一种更加包容的社区环境，从而为他们的康复治疗提供有力的社会支持。

社会工作专业的伦理框架已经深刻融入 S 市的城市社区治理的实际操作中，不仅提升了治理过程中的道德规范水平，还扩大了社会工作作为一种专业实践在社区服务方面的影响力。在针对社区内特困人群的服务中，社会组织在镇（街道）和社区居委会的支持下，依据相关的救助政策，建立了"一户一档一册"的工作机制，与社区共同进行就业培训、技能提升和信息咨询等服务工作。

在社会组织与政府之间建立的契约框架下，二者的责任得到明确定义，并要求双方构建高效的绩效评估指标体系。通过这一体系，社会组织得以展示其服务效果，进而获得更多政府支持。这样的激励机制极大地增强了社会组织在提供高质量人群服务方面的积极性。以 S 市为例，政府将困境儿童、高龄独居老年人、重度残疾人、失独家庭等特殊困难群体划分为重点关注对象，并依托社会组织协助实施国家的福利保障政策，提供从心理疏导、人文关怀、能力提升到生计发展、关系调适、社会融入等一系列的社会工作专业服务。

社会组织在实施社会工作方法时，积极地倾听社区居民的声音。它们与居民建立平等的伙伴关系，鼓励居民参与制订和调整社会服务计划。为了更好地满足社区居民的需求，社会组织经常进行社会调研和需求评估。它们深入社区，与居民面对面交流，收集反馈和建议。这种开放和互动的方式不仅提高了服务的质量，还增强了社区居民的获得感。

3.2.2.3 基于深度调研的社区需求挖掘

S 市在推动城市社区治理方面的历程表现出了对挖掘社区内部特定需求的极高重视。这一重要举措旨在确保社区治理的可持续性。特别值得关注的是，S 市于 2016 年启动并积极推进的分类治理项目，该项目对每个参与承接的社会组织提出了明确的要求，要求它们协助建立一个综合覆盖线上和线下交流的社区社情民意平台。这个平台的目标是深入理解社区内部的独特需求，以便更好地满足社区居民的期望，促进社区的和谐发展。

在分类治理项目的框架下，社会组织被要求积极参与社区社情民意的收集和分析。这包括与社区居民的深入对话，收集他们的意见和建议，并将这些信息整合到社区治理的决策过程中。通过这一过程，S市确保了社区治理的参与性，使社区居民更加积极地参与社会事务，并对治理过程产生更大的影响。

此外，S市还倡导社会组织与社区居民建立更加紧密的联系，以促进邻里关系的和谐。社会组织通过组织各类社区活动，创造了一种友好互动的社区环境。这有助于社区居民更好地理解和尊重彼此的文化和价值观，增强社区内部的凝聚力，为城市社区治理奠定了坚实的基础。

在深度社区调研中，S市的社会组织敏锐地察觉到社会融合问题的存在，特别是外来人口与本地居民之间的融合难题。这一认识反映在S市的社区治理项目中，对社会组织提出了明确的要求，即必须以促进社会融合为目标，采取具体措施来解决这一普遍性问题。

在此背景下，S市的社会组织积极响应，基于对外来人口所面临困境的细致分析，提供了一系列服务项目，包括但不限于环境适应、社区融入、子女关爱及老年人帮扶等方面的支持。这些服务项目旨在协助外来人口更好地融入社区，培养他们对当地文化和价值观的理解和尊重，并激励本地居民为外来人口提供友好支持。这种双向的融合策略有助于解决融合难题，增强社区内部的凝聚力。

S市的社区治理项目在促进外来人口与本地居民融合的过程中发挥了积极的作用，为实现社区治理的有效性提供了有力支撑。通过深入开展深度调研，全面挖掘社区内生需求，政府与社会组织携手进入社区，与居民建立了紧密的联系。这种紧密联系不仅有助于政府更好地了解社区居民的需求，还使社会组织能够更为精确地针对这些需求提供服务，从而推动社区内外来人口与本地居民之间的融合，进一步促进社区的和谐发展。

基于深度调研的治理方案极大地激发了社区居民参与到治理进程中，使他们的声音得以直接反映到服务设计的各个环节中。在这一模式下，社会组织能够更为准确地传达社区居民的声音，因为社会组织深刻了解社区的具体情况。这种公众参与度的提升，为构建一个更为开放、透明和响应居民需求的社区治理结构奠定了坚实基础。这种开放性的治理结构有助于确保社区治理的决策过程更加民主，更贴近社区居民的实际需求，进而实现更加有效的社区治理。

3.2.3　精细化治理：数字技术赋能行动协同

在 S 市实施的城市社区治理行动中，数字技术的应用极大地提升了城市治理的精细化水平，使政府与社会组织能够更为精准地识别社区面临的问题。这种技术驱动的治理模式，极大地提升了治理的有效性。与此同时，数字技术的应用还为政府和社会组织之间的行动协同提供了强有力的技术支撑。通过建立数字平台，政府和社会组织能够实现信息的实时共享，共同解决社区面临的各种问题。

3.2.3.1　数字孪生社区系统的开发

为了实现精细化治理，S 市各级财政部门在策略性资源配置方面展现出了前瞻性，安排了专项资金来推动数字孪生社区系统的开发。这个系统代表了一种依托于先进技术的创新工具，其核心目标在于模拟、分析并优化城市社区的运行过程。

数字孪生社区系统的开发涉及多个关键步骤，包括但不限于对社区相关数据的全面采集、高效准确的模型构建、直观易懂的可视化界面设计，以及决策支持系统的有效实施等方面。依托于数字孪生社区系统，政府得以实现对社区各类数据的全面收集，涵盖了人口统计、基础设施状况、环境数据、社会服务利用情况等众多方面。这些数据可以通过传感器设备、社区调查、政府数据库及其他渠道获得，为政府在引导社区治理行动时提供科学依据。

这一数字孪生社区系统的建立不仅提高了数据的采集和分析效率，还为政府提供了更准确的社区运行模拟和决策支持工具。通过这个系统，政府能够更好地了解社区的特点，从而制定更科学的治理策略，提高治理行动的针对性。

在 S 市对城市社区治理行动的探索中，基于大量翔实的数据，S 市成功构建了一个高度逼真的社区模型。这一模型综合反映了社区内的多种构成元素，包括但不限于建筑结构、交通网络、人口分布等多个方面。

在构建过程中，S市运用先进的计算机建模技术，确保了模型能够精确地捕捉社区的运行动态。

这个社区模型的建立为城市社区治理提供了有力的工具。通过模拟社区内的各种情境和事件，政府能够更好地预测可能出现的问题，制定相应的政策和措施。此外，社区模型还支持数据驱动的决策制定。政府可以利用模型中的实时数据来监测社区的运行状况，及时发现问题并采取措施加以解决，有效提高决策的响应速度。

依托于这一社区模型，S市进一步提出了"保质期"概念，并将其应用到社区治理项目中。该概念强调社区治理有效性不应仅在项目实施期间显现，还应在项目完成后持续一定时间，从而确保治理成果的可持续性。这一创新性的理念要求社会组织在实施项目时必须重视治理行动的长效性，并对其进行持续跟踪。

"保质期"这一概念的引入，为社会组织带来了新的工作方法。社会组织工作人员不仅需要关注项目的实施过程，还需要在项目完成后继续关注社区的发展。这意味着社会组织也需要运用先进的数据分析技术，对社区的发展趋势进行预测，以确保治理成果持久化。

这种基于数据的方法，不仅增强了治理行动的针对性，而且更好地满足了社区居民的实际需求。通过分析社区基础数据，政府能够更准确地了解社区居民的需求和问题，并制订更有效的解决方案。这不仅有助于延长治理行动的"保质期"，还为城市社区治理提供了有力支撑，使治理工作更加智能、精细、可持续。

S市数字孪生社区系统的研发为实现精细化治理提供了强有力的技术支撑。这一系统不仅推动了城市社区治理向现代化转型，而且在促进社区可持续发展方面发挥了积极作用。通过引入数字技术，S市的城市社区治理得以获得新的活力，开辟了治理实践的新领域。这一技术转型提高了城市社区治理行动的专业化水平，使治理策略更加科学。在这一背景下，S市数字孪生社区系统的开发提供了一种新型解决方案，将先进的数字技术与社区治理相结合，增强了政府和社会组织在治理过程中的协作能力，推动了城市社区治理向更加精细化的方向发展。

3.2.3.2　市域社会治理的网格化转型

作为一个实施网格化社会治理试点的代表性城市，S市已经成功构建了一个纵深广泛、横向覆盖全面的社区服务网格化管理体系，其范围涵盖了各区县以及乡镇（街道），并在这些区域内广泛设立了网格化联动中心。这一完善体系的建立旨在提高社区治理的系统性。

为了最大限度地发挥智能技术在公共安全隐患识别方面的潜力，S 市在一些地区进行了具有创新性的实践探索，设置了网格化联动工作站。这些工作站的设立目的在于消除街道内部的部门界限，实现资源的有效整合。通过将公安、城市管理、物业服务、法律服务、基层党组织、居委会以及社会组织等多种社会资源汇聚在一起，S 市能够实现资源的集中调配，从而提高社区治理的效率。

在 S 市的智能化社会综合治理联动模式下，相较于传统的社区单元，网格作为更为微小且精细化的社会治理单元被广泛采用，并且实施了"一员多职"的灵活工作机制。在这一机制中，专职的网格员扮演着核心角色。这些网格员不仅是社区的"守夜人"，还兼任着"信息收集者"和"问题解决者"的重要职责。他们定期对社区进行巡查，及时报告任何可能出现的公共安全隐患。这种实时监测机制确保了问题能够在早期阶段被发现，从而显著提高了社区的整体安全水平。

此外，S 市进一步注重将专业网格与基础网格相结合。例如，通过将警力资源与网格系统相整合，实现了警力与网格的一一对应关系，或者将法律资源与网格相衔接，开展非诉讼服务的试点工作，建立了以街道为基础的一站式矛盾纠纷调解站。这一叠加模式强化了不同资源之间的协同作用，为更加高效的社区治理奠定了坚实的基础。

网格智能化技术的深入应用极大地优化了社区事务的处理流程，使绝大多数问题能在网格层面迅速得到妥善解决。这种以网格为基础、就近解决问题的机制，不仅体现了高效性，还在很大程度上减轻社区居民的生活负担，并提升了整体城市治理质量。

对于那些复杂度较高、难以在单一网格内解决的问题，S 市采取了建立联动指挥平台的策略，从而实现了跨部门资源的高效协同。这种跨界联动的治理模式不仅增强了城市治理的综合性，还为社区居民提供了更为全面的服务。这一举措体现了 S 市在社会治理创新方面的前瞻性思考，为构建更为高效的城市治理体系奠定了坚实基础。

3.2.3.3 大数据驱动的快速响应服务

在 S 市推动社区治理向智能化转型的进程中，政府充分利用了大数据技术，实现了快速响应服务。这一创新性的治理策略显著增强了政府满足居民需求的能力，从而提高了社区治理的效率。S市在其城市社区范围内，逐步推行了实时监测系统的广泛应用，对社区内的各类事件，包括交通拥堵、气象变化和自然灾害等进行持续监管，并配备了警报系统，确保在紧急事件发生时，政府能够迅速知晓。

在这一基础上，S市进一步优化了其治理单元的布局。除了对社会组织的资源进行整合外，还将城市管理、辅助警力以及综合执法力量纳入社区网格的管理体系中，从而为社区居民提供基于网格的快速响应服务。这一战略性布局的实施使社区治理更加灵活，能够更迅速地应对各种问题。同时，将城市管理、警力和执法力量纳入网格管理，强化了综合协同行动，提高了社区居民的安全感。

S市在其网格化联动工作站的框架下，特别设立了专项经费，用于支持为民服务的相关活动。通过充分运用数字平台，S市鼓励社区居民积极参与到社区治理的过程中，并主动提供他们的建议。这不仅促进了居民对社区事务的关注，还为社区管理者提供了宝贵的第一手资料。这一举措在增强社区居民参与感的同时，也为社区治理提供了更多的民意参考，有助于更好地满足居民需求和改进治理措施。

在此基础上，S市对收集到的社区服务需求进行了系统的梳理，建立了一份翔实的社区需求清单。这份清单进一步转化为具体的治理项目清单，从而实现了治理项目供给与社区需求之间的精准匹配。这一过程不仅增强了社区治理的针对性，还进一步提升了社区居民对治理过程的认可程度。

面对那些数据监测设施不足的社区，S市采取了一系列创新措施，将社区工作者、民警、辅警、网格员、司法调解员、志愿者等多方力量纳入社区治理体系之中，共同参与到社区治理的工作中去。S市依托于"信息采报、巡查走访、联系服务、协商调处"四项工作机制，通过网格化管理的手段，系统性地收集社区治理相关动态信息。这种综合性的治理模式促进了社区治理资源的充分整合，为数据监测设施不足的社区提供了更为全面的治理支持。

在此过程中，S市特别强调对专门的网格员进行培训，使其具备通过人工方式进行数据收集的能力。同时，为了提高数据采集的准确性，S市为网格员配备了必要的技术工具，如智能手机或平板电脑等，确保他们能够顺利进行信息上传。网格员采集到的数据将被实时传输到指挥中心，并通过派单的形式建立起快速响应机制，以便能够迅速处理社区内的突发事件。总体而言，S市通过创新工作机制，弥补了数据监测设施的不足，提升了社区治理的效能，确保了对社区突发问题的快速响应，体现了其在社区治理方面的创新精神。

3.3 本章小结

本章探讨了S市在城市社区治理领域所经历的历史演变和当前发展状况，目的在于为后续的案例论证提供丰富的背景细节。S市的城市社区治理历程标志着从初步的社区自治与社会组织进入阶段，过渡到更为成熟的社区治理与政策配套阶段，最终进入治理创新与反思性实践阶段。在这个过程中，治理模式也经历了从较为零散的独立行动到更加系统化、综合化的行动体系的转变。

在这一发展轨迹中，S市的城市社区治理经历了从初期的自发性社区组织和管理，到逐渐形成由政府主导、社会组织参与的治理模式的转变。在最新的发展阶段中，S市的社区治理模式变得更加成熟和系统化。政府、社会组织、企业、社区和居民等多方参与者共同构成了社区治理的复合行动体系。在这个体系中，智能化技术的应用日益突出，如数字化管理平台和社区服务软件，这些技术的引入进一步提高了社区治理的有效性。

综合而言，在应对快速城市化带来的挑战、协调多元化利益主体以及运用新兴技术提升治理有效性等方面，S市的城市社区治理行动为理论研究和实务应用提供了一个丰富而深入的案例研究。S市的经验揭示了在不断变化的城市环境中，如何有效地整合多方力量、采纳技术创新和推动社区参与，有效推进社区治理的现代化。

第四章

村改居社区：自我构建式行动模式

4.1 "非城非村"的村改居社区

4.1.1 异质化的居住空间

作为经历了村改居转型过程的 A 社区，其结构呈现明显的异质性特征，构成了一个复杂多元的居住空间。在这一转型过程中，A 社区由传统农村逐步演变为具有城市特征的居住区域，涉及的变化不仅仅是空间结构的改变，更是社会结构、文化认同和治理模式的深刻调整。

从空间结构来看，A 社区内部并存有商品房小区、动迁安置小区和部分尚未拆迁的村落，这种空间的并置反映了城市化进程中的历史层次。商品房小区映射出现代城市的生活方式，动迁安置小区代表着农村向城市转变的过渡状态，而未拆迁的村落则直接显示了农村的原始状态。部分未拆迁的村落混杂在商品房小区和动迁安置小区中，形成了所谓的"城中村"现象。A 社区独特的空间布局是城市化进程中经济、社会和文化转型的物理体现，它揭示了城市发展中的多层次性。

在社会结构方面，A 社区居民构成复杂，不仅有原村民，还有外来务工人员和城市本地居民，这三个群体各自代表了不同的生活习惯、文化背景和社会需求，体现了当前城市社区中普遍存在的社会结构多元化现象。原村民的生活方式和社会网络根植于本地的传统和习俗。外来务工人员则代表了城市化进程中的劳动力流动，他们往往来自不同地区，带来了不同的生活习惯。城市本地居民，特别是那些住在商品房小区的城市本地居民，习惯于更现代化的生活方式，他们的生活习惯可能与原村民和外来务工人员有较大差异。

在文化认同方面，A 社区呈现一种复杂且多维的三重碰撞，涉及原村民、外来务工人员和城市本地居民这三个不同的群体。原村民的文化认同深植于传统习俗和对土地的情感依托中，从而维持着一种与土地和共同历史紧密相连的生活方式。然而，随着城市化的进程，外来务工人员成为 A 社区的重要组成部分，他们带来了不同的文化背景和生活习惯。这一群体往往寻求经济上的改善和社会阶层的上升，他们对社区的期待更偏向于实用性和经济效益，这与原村民保守、以土地为中心的价值观形成了鲜明对比。城市本地居民的文化认同通常与城市主流文化紧密相连，他们对社区的传统和习俗持有不同的态度和期望。这三重碰撞不是文化差异的简单叠加，而是在社区内部形成了一种深层的文化张力，挑战着社区的凝聚力和身份认同，同时也为社区的文化演变和融合提供了潜在的动力。

在治理模式方面，A 社区需要找到不同社会群体需求和价值观之间的平衡点，并创造一种包容和谐的社区环境。对于原村民而言，保护他们的传统文化和生活方式是非常重要的；而外来务工人员更关注基本的公共服务和生活条件；城市本地居民则更注重社区环境的改善和生活质量的提升。这意味着在制度设计上要充分考虑到社区内部的多样性，通过灵活的政策和治理项目来适应不同群体的特定需求。同时，社区治理还应当采取参与式的方法，鼓励各个群体积极参与到社区治理中来。

总体而言，A 社区作为一个村改居社区，在城市化进程中所呈现的异质化居住空间是一种常见的现象。这种空间的多样性不仅反映了城市化的复杂性，还揭示了社区治理中的核心挑战：如何有效地协调不同空间、不同群体和不同需求之间的关系，以实现社区的和谐发展。因此，A 社区面对的挑战是多维度的，不仅包括物理空间的规划，还涉及社会关系的协调、文化差异的桥接，以及公共政策的精细化制定。

4.1.1.1 农村发展路径的依赖

A 社区是在 S 市大规模实施撤镇建街、撤村建居政策背景下的产物。自改革开放以来，S 市进行了数次广泛的城乡空间重组运动，尤其表现在多次的撤镇建街行动中。这些行动在优化城乡空间结构、促进产业园区集聚发展方面取得了显著成效，同时也引发了一系列深刻的社会文化变迁，其中最为突出的便是原乡镇地区农村文化的逐渐消退。在城市化迅猛推进的 Z 区，随着撤镇建街、撤村建居的进行，尽管在行政层面上实现了城市化，但原撤销乡镇和农村地区在公共服务提供方面的发展仍然滞后于城市化的步伐，展现出一种对农村发展路径的依赖性。

对 A 社区而言，尽管已经完成了从农村到城市社区的转型，但其内部治理结构并未经过全面的改造。名义上虽归属于城市社区，但实际运作模式仍旧保留着农村的特征。社区内的村落并未进行全面拆迁，部分原村民迁入动迁安置小区或商品房小区，但也有一部分仍旧居住在村落内。原农村办公空间的功能被转移至社区居委会，而居委会的人员组成基本上继承自前村委会。

A 社区居委会的管理实践更倚重于个人威望，而非运用现代行政管理技术。虽然这种管理风格在 A 社区的居民中颇具效力，但同时也使社区居委会的行政管理服务理念显得较为陈旧，其运作模式更接近于传统村委会，难以满足现代社区管理的复杂需求。这就要求对 A 社区的管理体制进行深刻反思，以实现其由传统农村向现代城市社区的顺利过渡。

> 这里的居委会成员其实大多数是原村委会的老面孔，我也时常向他们取经学习。因为社区里的居民，他们内心深处其实还是觉得自己是村里人，所以在管理这样的社区时，你就不能照搬城市里那一套方法，而应该像管理农村那样去管理这里。（访谈记录：ZSN20220601）

随着城市化进程的加速推进，A 社区原有的基于农村的散居式居住格局已发生明显转变。部分原村民通过征地补偿集中居住在动迁安置小区和普通商品房小区，而另一部分原村民则依然分散居住在尚未拆迁的村落。同时，外来务工人员也大量涌入，他们主要居住在尚未拆迁的村落和动迁安置小区。这种居住格局的复杂性，使社区管理面临更为严峻的挑战。

为了应对这一复杂局面，A 社区构建了一种"政经分离"的社区管理模式。在这一模式下，社区居委会主要负责管理社区内部的行政事务，包括居民服务、社区建设以及安全监管等方面，维持社区的基本运行。而社区股份经济合作社则专注于处理与原村民集体资产相关的经济事务，如土地出租、物业出租以及集体资产管理等，以实现社区经济的发展。

"政经分离"作为一种管理模式，将原本集中于村集体的经济管理职能从社区居委会中剥离出来，将其交由专门的集体经济组织——社区股份经济合作社来负责，这对于优化社区资源配置具有积极意义。然而，这种制度安排也带来了一系列的管理问题。在 A 社区这一特定的社会背景下，"政经分离"导致原村集体领导在社区中的影响力相对于社区居委会更为凸显。原因在于，在传统农村社会结构中，集体经济收益分配一直是村委会的核心职能之一，也是增强村民对村委会认同的重要机制。虽然撤村建居改革后，原村委会成员已经整合到社区居委会班子中，但"政经分离"改革明确规定社区党组织书记、社区居委会主任不得兼任社区股份经济合作社理事长，这使社区居委会在影响集体经济收益分配方面的能力受到限制。

尽管社区居委会在履行其行政管理职责方面发挥了作用，但在社区股份经济合作社的管理中，担任理事长职务的原村集体领导因在经济利益分配方面的决策权，其在社区居民中的影响力更加突出。在这种情况下，社区居委会与社区股份经济合作社之间的影响力平衡成为促进社区和谐发展的关键。

4.1.1.2　城中村的房租经济

A 社区作为制造业产业园区的生活配套区域，在 A 社区内部，众多的城中村构成了其独特的社区景观。这些城中村因其内部基础设施的陈旧，呈现一种荒芜的城市景观。狭窄幽暗的道路，随处可见的砂石和废弃的建筑材料，以及被遗弃在街道一旁的老旧家具，共同勾勒出了一种缺乏规范管理的城中村形象。在许多城中村房屋的墙面上，房东留下的出租信息不仅是对外界的一种信息传播，还是城中村繁荣的房租经济的一种体现。

城中村由于其相对较低的房租，在城市中提供了一个经济可行的居住选择。因此，A 社区的城中村成为外来务工人员的主要居住区域。外来务工人员的年龄结构以年轻人为主，主要在 A 社区附近的制造业产业园区从事流水线工作。相对于原村民，外来务工人员没有村籍，面临更多的生存挑战和社会融入问题。

具有村籍的原村民通常享有对村集体资产的分红权利，并且能够通过房屋出租等方式获得稳定的经济收入，在居住选择上往往不会选择城中村。年青一代的原村民倾向于利用拆迁补偿款在 S 市城区购置普通商品房，以改善自身的居住条件；而老一辈的原村民则更倾向于居住在 A 社区的动迁安置小区，这样既能够保持与村落的联系，又能够享受到较为完善的基本公共服务。

　　我们要么住在村里，要么就住在政府提供的安置房里，安置房的条件也是相当不错的。城中村的房子，我们一般是不会考虑的。（访谈记录：JB20220603）

　　绝大多数外来务工人员选择在 A 社区的城中村定居，这个选择在他们看来是出于无奈，却也是实际情况下较为合理的决策。城中村提供了一个价格相对低廉的居住环境，让他们能够在经济紧张的情况下节约住宿费用，同时，由于城中村的地理位置靠近工作场所，大大缩短了通勤时间，为他们提供了更多时间从事劳动，以增加工资收入。外来务工人员的流动性强，生活状态相对不稳定，通常不会长时间停留在 A 社区。他们往往在积累了一定数额的工资收入后，选择再次迁移到其他城市，就如同候鸟一般，不断寻找更为合适的工作环境。

　　城中村由于房租较低，吸引了大量外来务工人员，他们为社区带来了劳动力和消费需求，是社区经济活力的重要源泉，但同时也导致社区内的人口结构复杂化，增加了社区管理的难度。例如，由于房东和租户之间的管理不到位，可能出现违法建筑、居住安全隐患等问题，需要通过综合的管理策略来解决。

4.1.1.3　基于村籍的群体分隔

　　基于村籍的群体分隔是一种在城市化进程中常见的现象，在 A 社区这样一个城市化背景下的村改居社区中，原村民所保持的浓郁农村特色在思想观念、生活习惯以及居住方式等多个层面显现，这不仅体现了他们对传统生活方式的坚守，还在一定程度上影响了他们与外来务工人员的社交互动。尽管城市化进程为原村民带来了新的生活方式，但他们往往仍然倾向于保持自己熟悉的生活习惯。

　　这种情况反映了农村向城市演化过程中文化认同的复杂性。原村民虽然在物理层面已经居住于城市空间，但在文化层面，他们仍然保留着对农村文化的深厚情感。农村文化不仅是他们个体身份认同的重要组成部分，还在一定程度上塑造了基于村籍的群体分隔。原村民通过保持自己的传统生活方式、习俗和价值观，强化了与农村文化的联系。对于原村民而言，农村文化不仅代表着对过去的怀念，还是对他们历史和根源的一种尊重。

> 在日常生活中，他们的生活方式真的跟农村差不多，他们会种地、串门儿、烧饭、卖点小东西，周末还会去赶集。（访谈记录：QWR20221009）

对农村文化的坚守进而影响了社区内部的社交结构和群体互动。原村民倾向于与那些共享相同文化背景和生活经验的人建立社交联系，而对于没有村籍的人，他们倾向于采取更加谨慎和保守的态度，形成了明显的"我们"与"他们"的社会划分。在 A 社区，原村民有着独立的社交圈，与外界的交流和互动有限。基于村籍的群体分隔不仅体现在社交互动上，还影响到社区公共服务获取。例如，原村民更容易获得社区中的特定资源，而没有村籍的人口则在获取相同资源时遇到障碍。这样的区隔导致社区内部的紧张关系，从而影响社区的整体和谐。

基于村籍的群体分隔在 A 社区的社交互动和公共服务获取方面所表现出的复杂性，反映了城市化进程中社区发展的典型挑战。群体分隔不仅影响社区居民间的相互关系，还在资源分配和社会机会的获取上制造了不平等。原村民由于在社区中的特定资源上拥有更易获取的优势，普遍在物质层面上享有较高的生活质量。同时，在心理层面上，原村民因为能够更容易地获取社区资源，形成了一种基于资源控制能力的自信，进而可能产生对没有村籍人口的一种优越感，导致群体之间的社会隔阂和紧张关系。

基于村籍的社会张力在日常生活的各个方面显现，如社区活动的参与、邻里关系的建立，甚至是对公共空间和设施的使用。例如，原村民在社区决策过程中占据主导地位，而没有村籍的人口则感到无法有效参与或影响社区公共事务。这些微妙的紧张关系在一定程度上影响了社区内部的和谐程度，可能导致冲突和误解。

4.1.2 滞后的城市融入进程

作为一个由农村演变而来的村改居社区，A 社区在向城市转型的过程中显示出较为明显的滞后性。土地所有权虽已从集体所有转变为国有，但城市化的外在表现形态——包括建筑结构、绿化景观——仍然未能完全形成。与此同时，城市化所需的公共基础设施也尚未得到充分建设。因此，A 社区虽名义上已是城市的一部分，但其城市化程度仍然较低。

在这一背景下，居住在 A 社区的原村民并没有实现完全的城市居民身份认同。在日常生活中，他们保持着传统农村的生活方式，尚未适应城市生活的节奏。此外，A 社区内广泛分布的城中村成为各种外来务工人员的聚居地。外来务工人员的加入不仅改变了社区的人口结构，还带来了新的文化、经济和社会需求，这些都是 A 社区在城市化转型过程中必须面对的挑战。

4.1.2.1 城市基础设施供给缺位

A 社区作为一个处于转型期的社区，其基础设施建设仍显不足，尤其在市政设施方面问题较为突出。社区内部的道路大多为村级道路，这些道路在设计时未能充分预见未来社区发展的需求，因此在承受能力上存在不足。尽管有少数市政道路穿过社区，但其数量仍难以满足社区的发展需求。

近年来，随着 A 社区周边建设项目的增多，大型车辆频繁进入社区内部，进一步加剧了道路的损坏问题，不仅对居民的出行造成了严重影响，还降低了社区的整体环境质量。与此同时，由于 A 社区缺乏完善的下水管网，社区内的河道被迫成为居民生活污水的主要排放渠道，这不仅导致河道常年散发着恶臭的气味，还影响了社区环境的质量，阻碍了社区环境的改善。

除了新规划的住房区域外，A 社区内部的河岸两侧还广泛分布着城中村。由于城中村缺乏有效的污水处理和排放系统，居民往往不得不依赖简陋的雨污合流管道将生活污水直接排入附近的河道。这种做法不仅加剧了河道的污染，还反映了城市化过程中基础设施建设与社区发展之间的不平衡。

从城市规划的视角深入审视 A 社区的空间布局，可以观察到一种无序状态。这种无序主要表现在城中村的空间组织上，反映了一种缺乏预见性的城市发展模式。由于缺失统一严格的规范机制，城中村内部的房屋建筑密度极高，这不仅限制了居民的生活空间，还制约了社区内部环境质量的提升。同时，房屋的高度差异明显，没有形成统一协调的城市肌理，反映出在城市规划过程中缺乏有效的引导。

A社区的土地利用效率较低，绿化覆盖率不足，这不仅影响了城市景观的整体美观，还降低了居民的生活质量。随意搭建的现象普遍存在，虽然政府进行了一系列的拆违行动，并在社区内设立了宣传标语，但由于违规行为的成本较低，这种行为并未得到有效遏制。

> 这些房子早就危险得很了，本来就该被拆掉。但是有些人就是能找到商机，就在那些快要倒的老房子上再搭点东西，为的就是能出租给别人，这样每个月也能收点租金。（访谈记录：JMY20220601）

A社区占地面积广阔，其中大多数区域属于缺乏物业管理公司的住宅区。社区尽管进行了统一的保洁人员聘请工作，然而，由于受到辖区面积较大、人口密度较高等多方面客观条件的限制，环境卫生的维护工作面临较为严峻的挑战。尤其是社区内的建筑渣土随意倾倒，垃圾夜间秘密丢弃等行为屡禁不止，严重影响了社区环境的整洁程度，并导致社区不得不投入大量的人力、物力和财力来应对这一问题，但仍显得力不从心。

由于历史遗留问题，A社区主干道两旁普遍存在违章建筑的情况，这些违章建筑对社区秩序造成了严重的干扰。一旦踏入A社区，就可以清楚地观察到，主干道两侧低矮狭小的建筑群中，不仅有供人们日常生活所需的厕所，还有各种餐馆，这使整个社区的环境显得拥挤不堪，空气湿度较大，居住舒适度大打折扣。这种混杂无序的空间布局，对提升社区整体生活品质构成了巨大挑战。

在A社区中，居民面临的环境问题成为一个亟须解决的课题。房屋违规出租、电线线路乱拉乱接、商户无照经营、车辆随意停放、消防通道长期堵塞等问题，无不暴露出该社区在规划管理方面存在的严重缺陷。例如，在社区环卫设施方面，A社区所使用的垃圾中转站设备老旧，仍然依赖于人力进行垃圾装卸作业，这种效率低下的垃圾处理方式已经严重滞后于当前城市化发展的要求。中转站作为垃圾处理的重要环节，其操作效率直接影响到垃圾清运的速度。然而，由于中转站设备的陈旧，垃圾的清运速度远远赶不上垃圾产生的速度，最终导致社区内垃圾处理的矛盾，对社区的整体卫生状况造成了负面影响。

4.1.2.2　集体经济权益争议不断

在 A 社区中，集体经济收益的分配问题一直是引发社区内部矛盾的核心问题。随着 A 社区由传统农村向城市社区的转变，原有的行政村架构及村两委、村民代表大会等传统村级组织结构已经解体，与此同时，原村集体资产也被转移到了新成立的社区股份经济合作社中，原村民按照一定的股份比例享有相应的经济收益。

在社区股份经济合作社正式登记成立之前，一个重要的工作便是对原村民所持有的股份比例进行量化并固定下来，以完成股份制改革的过程。这一过程涉及复杂的经济利益分配，需要在确保公平的基础上，妥善处理好原村民的合法权益。

在这一过程中，A 社区遇到了诸多挑战。尽管社区方面不断强调"股权固化"的重要性，并投入了大量的人力来推动这一进程，但仍然存在一些问题。特别是那些出生在本地，后因各种原因离开并在外地生活了一段时间后再返回本地的原村民，他们对于股权的主张并未因空间的变迁而减弱，反而成为 A 社区内部矛盾的一个重要源头。

这些人由于具有在外地工作的经历，他们对于权益的认识往往更为深刻，这在一定程度上加剧了 A 社区集体经济收益分配过程中的冲突。因此，如何妥善处理这一特殊群体的利益诉求，确保他们的合法权益得到充分的保护，成为 A 社区在实现集体经济收益公平分配的过程中需要认真考虑的重要问题。

> 在这儿呢，确实有不少村里人虽然已经搬出去住了，可他们就是不愿意把户口挪走。因为大家都清楚，一旦户口挪走，那每年村里分的那点红利可就没他们的份儿了。（访谈记录：JBH20220606）

A 社区在进行"股权固化"的实践中，采取了"股权固化到户、社内流动"的模式，这一模式将股权的核发以家庭户为基本单元进行。同时，该模式支持社区内各个家庭户之间进行股权的流转。尽管这种模式有其积极意义，能够在一定程度上保障社区居民的经济利益，并在社区内部形成一种相对灵活的经济流动机制，但它同时也伴随着一些潜在的弊端。

由于股权的流转直接关系到家庭的经济利益，这导致社区居民之间，在家庭财产分配方面出现纷争。在某些情况下，这种冲突甚至可能演变成家庭成员之间的民事纠纷，进而使其通过民事诉讼的方式来争夺股权。这不仅消耗社区居民的时间，还影响社区内部的和谐稳定，对社区的长远发展构成潜在威胁。

A 社区的原村民对于集体经济收益抱有较为强烈的期望，这种心态在一定程度上削弱了他们参与劳动力市场的意愿。在历经拆迁并领取补偿款项后，大多数原村民并未积极寻求再就业的机会，而是更倾向于依赖拆迁补偿和集体经济收益的分红作为主要的生活来源。这一现象反映了 A 社区在就业动力激励方面存在的挑战。当拆迁补偿款项被消耗殆尽时，如果 A 社区无法提供足够的集体经济收益来保障原村民的基本生活，就可能引发社会稳定性的风险，甚至可能导致社会不平等问题的加剧。

A 社区在集体经济收益的民主治理方面所面临的挑战，反映了在许多村改居社区中常见的治理问题。一方面，社区股份经济合作社内部治理结构的不健全导致决策不透明和管理不规范。在这种情况下，决策过程缺乏必要的民主参与和监督机制，从而影响治理的效率和公正性。另一方面，社区股份经济合作社的管理人员与原村民之间的复杂人际关系可能导致人情治理代替规则治理的问题。在这种情况下，以人情为基础的治理方式可能导致资源分配的不公平。

4.1.2.3　基本公共服务均衡性缺乏

村改居社区的基本公共服务均衡性缺乏是一个普遍存在的问题，它涉及基础设施、教育、医疗等多个方面。这种缺乏通常是由城市化进程中的不均衡发展造成的。在 A 社区中，城中村的基础设施建设较为滞后。例如，道路狭窄、排水系统不完善、公共照明不足。这些问题不仅影响居民的日常生活质量，还减弱了社区的基本公共服务功能。

在 A 社区的公共服务资源配置中，不足之处尤为明显，尤其在幼儿教育和医疗卫生两大关键领域。首先，针对幼儿教育而言，A 社区的优质教育资源匮乏，导致社区居民对子女教育的基本需求难以得到满足。其次，在医疗卫生方面，资源短缺同样为居民就医带来了重大不便，对其健康福祉造成了直接影响。

A 社区居委会虽然采取了定期走访慰问的方式以维持与居民的联系，并试图收集居民的需求信息，但实际上，部分社区工作者在服务理念上仍停留在较为表面的层次。他们往往仅满足于收集居民的需求信息，却未能根据这些信息提供具体且有效的服务解决方案。这种现象暴露了当前社区服务工作在有效性方面存在的显著不足，表明社区服务机制亟须进一步的优化和强化，特别是在理解并响应居民实际需求方面。

　　社区的工作人员偶尔会上门拜访，问我们需要什么帮助，但实际上能做的事情有限，有时候感觉他们来了也没解决什么问题。（访谈记录：DGB20220608）

A社区的居民对基本公共服务的获取受到其村籍状态的影响，这一现象在社区的资源分配中尤为明显。具体来说，拥有村籍的居民在许多方面享有优先权利。例如，在教育领域，他们更容易为子女争取到优质学校的入学机会；在医疗服务方面，他们能够享受到更优惠的医疗服务；在基础设施建设方面，有村籍居民的居住区域拥有更好的道路、公共照明和卫生设施。此外，他们还享有更多的社会福利和休闲娱乐设施的使用权，如社区中心、公园和体育设施。相反，没有村籍的居民往往面临在获取这些基本公共服务时的障碍。这种差异不仅限制了他们访问高质量服务的能力，还在更广泛的社会层面上对社区的整体和谐构成了挑战。

4.1.2.4　社区社会资本积累受阻

在经历了农村向城市社区转变的过程中，A社区所特有的社会结构成为研究其公共参与现象的重要视角。由于长期共同生活在一个地理空间内，A社区的原村民形成了深厚的血缘、族缘和地缘关系，这些特殊的社会关系在理想状态下应当成为推动社区公共事务参与的积极力量。

实际情况却是这些复杂的社会关系反而成为原村民公共事务参与的障碍。这种现象的背后，反映了原村民对于公共事务参与认知的矛盾性。由于担忧卷入琐碎且可能带来纷争的邻里关系，大多数原村民选择回避成为社区治理的骨干力量，如居民小组长或楼栋长等职务。他们倾向于将社区公共事务的责任转嫁给原村委会成员，认为这是村领导应尽的义务。

在原村民的社会关系网络中，血缘、地缘和亲缘关系起着至关重要的作用，这些关系往往是基于长期的相互依赖构建起来的。在这样的关系网络中，个人的利益往往与整个群体的利益紧密相连，个体行为受到群体规范的影响，形成一种内部凝聚力较强，但对外开放性较弱的封闭型社会结构。这种结构虽然在一定程度上保障了群体成员的利益，但也限制了他们对外部变化的适应能力，导致他们在面对公共事务时往往表现出一种消极回避的态度。

原村民在长期的城市社区生活中形成了一种以维护个人为主的价值取向。他们往往更加关注那些直接关系到自身利益的问题，而对那些需要集体行动的公共事务则缺乏足够的关注。这种以个人利益为导向的价值取向进一步强化了他们对公共事务参与的消极态度。

从社会结构的角度来看，A 社区内部呈现明显的群体分隔现象，即原村民群体和外来务工人员群体。这两个群体在生活习惯、文化认同、价值观念等方面存在较大差异，导致他们在日常生活中频繁出现摩擦。原村民与外来务工人员之间的群体分隔影响了社区的凝聚力，成为影响社区治理有效性的重要因素。

> 我就是个打工人，每天忙碌着自己的事情，已经够累了，哪还有余力去管别人怎么样呢？（访谈记录：XY20220612）

4.1.2.5 市民化进程不畅

在城市化进程中，A 社区呈现了独特的经济模式。尽管部分原村民已经迁入新建的商品房小区，享受到了更加现代化的居住条件，但由于社区保留了部分集体土地，他们仍然坚守传统的农业生产方式，将耕种作为主要的生计手段。这种现象不仅反映了他们对传统生活方式的依恋，更重要的是还揭示了他们对未来生活不确定性的一种应对策略。即使不再从事农业生产，这部分原村民也不愿完全融入城市的就业体系，他们更倾向于依靠稳定的房租收入和社区集体经济的分红来维持生计，这在一定程度上减少了他们面临的经济风险。

这种依赖性的形成，一方面是由于他们长期生活在一个相对封闭的社区环境中，对外部世界缺乏足够的了解；另一方面是因为他们对自己在城市就业市场上的竞争力缺乏信心，担心无法在复杂多变的城市生活中找到满意的工作。这种选择虽然在短期内能够保障他们的生活稳定，但从长远来看，可能限制他们个人能力的提升，不利于他们实现从传统农民到现代城市居民的转变。因此，如何引导这部分人群积极参与城市化进程，提升他们的社会适应能力，成为社区发展中不可忽视的问题。

对于那些由农村地区迁移到城市，并搬入普通商品房小区居住的原村民而言，他们在物理居住环境上虽然实现了巨大的转变，但在心理层面，他们多年来积淀的生活方式、交往圈层以及价值观念并未随之发生根本性的改变。他们依然深受传统农村文化的影响，对于农村生活的各种传统保持着强烈的认同感。

这种心理层面的"滞后"状态，使他们在普通商品房小区中继续维持了原来农村生活中的种种行为模式。他们可能会在小区中种植蔬果，维持亲朋好友之间紧密的社会网络，以及在庆典活动中重现农村的庆祝方式。这些行为虽然在一定程度上满足了他们对农村生活的怀念，但也可能与现代城市生活的节奏产生冲突，进而影响到他们在城市中的社会融入。

物理空间上的迁移与心理层面上的滞留之间的矛盾，还可能加剧他们对城市生活的异化感，使他们在享受城市提供的各种便利的同时，仍然保持着一种局外人的身份认同。因此，如何帮助这部分原村民实现从农村到城市，在生活方式、文化认同和社会交往等多个层面的顺利转变，成为解决这一社群适应问题的重要课题。

现在好了，社区也开始体谅我们这些老乡的习惯了，在小区广场专门弄了个地方让我们剥鸡头米。天气不错的时候，我就和几个关系铁的邻居约起来，大家一起在那儿剥，非常热闹。（访谈记录：JKJ20220630）

4.1.3 难以提升的治理有效性

A社区位于城市的边缘地带，其地理位置给城市化进程带来了一些独特的挑战。尽管该社区已经大体上完成了从农村到城市住宅社区的转型建设，但其空间规划存在一定程度的不规范。这种不规范的空间布局对社区治理策略的顺利执行产生了一定的阻碍，社区治理行动因此面临多方面的实际挑战。此外，这种混乱的空间环境也限制了社区治理有效性的进一步提升，对整体社区的和谐产生潜在的不利影响。

4.1.3.1 违章建筑整治困难

在A社区的城市化转型过程中，尽管原村民失去了他们的耕地，但他们仍然保持着对所在宅基地产权的所有权。出于对经济收入的追求，这部分原村民积极对自己的房屋进行改建，将其改建成出租房屋，这导致了大量违章建筑的出现。随着大量外来务工人员涌入 A 社区，基于出租房屋的经济活动变得异常活跃，形成了一个较为完善的房租经济体系。

这一现象不仅反映了原村民在失去传统农业生产资料后，如何通过转变资源利用方式来寻找新的经济增长点，还揭示了在城市化过程中土地利用转换的复杂性。然而，这种以出租房屋为主导的经济模式也引发了一系列社区管理的问题，包括违章建筑的激增、居住环境的恶化、公共资源的紧张等。这些问题的存在对 A 社区的长期可持续发展构成了严峻挑战。

同时，这一现象也反映出在城市化进程中，原村民的经济适应策略与现代城市规划管理之间存在矛盾。原村民通过出租房屋来追求经济增长，这对他们来说是一种自我保障的方式。然而，这与城市规划和管理的要求不一致，导致了诸多管理问题的出现。

原村民投资和参与经营的股份公司在多元化经营战略的引领下，业务范畴不仅涵盖了房地产开发与物业租赁，还扩展至对部分公共基础设施的维护。具体而言，该股份公司承担了社区内小学和老年活动中心建设的重要责任，充分体现了其在公共教育和老年服务领域的社会责任。除此之外，股份公司还与社区居委会、街道办事处乃至一些区级政府部门共同分担着医疗保健、公共安全、环境修复、住房租赁、企业创业和社会服务等多个领域的监管职责。

从股份公司与原村民之间的互动关系深度剖析来看，双方在许多方面呈现明显的利益一致性。尤其在面临政府对违章建筑采取拆除行动的情境下，股份公司常常能够深刻理解原村民的立场，与政府展开务实的协商。这种以利益相关者为中心、强调对话的处理方式，不仅有助于平衡各方利益，还在一定程度上保护了原村民的合法权益。

这种强烈的利益一致性也带来了一定的城市管理挑战。当政府试图通过股份公司的力量来动员原村民配合拆除违章建筑时，可能会遭遇到来自股份公司的反对，因为这在一定程度上可能触及原村民的生活稳定性。这就要求政府在推进社区建设的过程中，更加注重与股份公司和原村民之间的沟通协作，寻求一条既能维护法律法规，又能保障原村民利益，且能充分发挥股份公司作用的平衡之道。

每个月稳稳的房租收入，那可比什么都强。至于租房子的那些人，他们可不会太挑剔，只要有个地方住，环境差点儿也就将就了。（访谈记录：TYH20220629）

4.1.3.2　社区民主治理有效性有限

股份公司在管理过程中由原村民集体负责，然而，原村民作为股东的实际参与度相对较低，这种情况不仅制约了股份公司治理结构的现代化，还限制了原村民对公司日常运作的有效监管。尽管股份公司已经建立了财务公开制度，但实际执行中存在票据管理混乱的问题。这种混乱不仅降低了财务管理的透明度，还妨碍了原村民获取准确的公司财务信息，使其无法有效评估公司的财务状况。

对我来说，只要年底能拿到我的分红，其他的事情我也不太在意。毕竟，能拿到钱是最实在的，至于监督不监督的，对我个人来说影响不大。（访谈记录：JMY20220610）

在 A 社区日常事务的管理过程中，其治理结构呈现一定的封闭性特征，这一特征在社区集体经济管理层面表现得尤为明显。社区集体经济一直由先前的村委会班子成员主导，这一班子在治理中扮演着主体角色。这种传统的管理体系在维护连续性和秩序方面具有优势，但也带来了一些潜在问题。首先，这种封闭性结构限制了原村民参与公共事务的机会。由于主体力量的相对固定性，原村民难以融入决策过程或表达自己的意见。其次，管理人员思维的相对固化导致治理结构的创新性受到限制，难以应对不断变化的社区需求。最后，封闭性结构可能引发信息不对称，使治理决策的透明度不高，原村民不易获得关于决策过程的充分信息。

虽然理论上存在换届选举的机制，这本应成为提高社区治理透明度的重要渠道，但在实际操作过程中，这一机制往往呈现走过场的形式，缺乏切实有效的绩效考核标准。这种状况不仅削弱了原村民对社区集体经济管理层的问责能力，还限制了他们积极参与社区治理的可能性。

4.1.3.3　社区居住空间碎片化

A 社区的居住空间布局表现出明显的无序性。在社区内部，特别是城中村区域，广泛分布着数量众多的陈旧房屋。这些房屋的结构相对较为简陋，最高的建筑也仅限于三层。紧凑的空间内，房屋被进一步划分为多个小型的单元，主要用于出租，以满足外来务工人员的住宿需求。

社区的内部道路系统呈现明显的狭窄特性。道路的宽度仅约两米，这在很大程度上限制了交通的流动性。此外，在道路两侧，大量未经清理的垃圾堆积，进一步加剧了社区环境的混乱。

这种情况的产生，主要是由于 A 社区在进行改造的过程中，缺乏一个统一的规划设计。在经历了多轮的拆迁后，社区的改造进程仍然显得断断续续，没有形成一个连贯的发展规划。因此，A 社区的居住空间呈现一种碎片化的特征，这也反映了社区整体规划的不足。

这里的改造就像是做拼图，一块一块慢慢来，没有一次性全部完成。（访谈记录：KQG20220617）

在 A 社区，由于大量流动人口的聚居，城中村的存在变得尤为突出。城中村改造作为一种城市更新的策略，其目的在于改善城市居住环境。然而，在实际操作中，这样的改造往往伴随着一系列社区管理的问题。具体而言，在对 A 社区的某一城中村进行改造时，原居住的流动人口会面临迁移的问题。他们会选择迁入相邻的城中村，这在一定程度上会导致新的社区压力。这种人口的流动加剧了 A 社区在公共服务供应方面的紧张，如教育、卫生、交通等各类公共资源的分配都会受到影响。

4.1.3.4 社区再组织化困难

在 A 社区的社会结构中，存在明显的群体分隔现象，特别是在村籍居民和无村籍居民之间，这种分隔现象显著而明确。与那些经历了异地搬迁并重新安置的社区不同，A 社区的改造是在原址上进行的，因此，传统农村社会网络在这里得以相对完整地延续。

在这一背景下，基于血缘关系的社交网络成为一种强大的社区联系方式。拥有村籍的居民依托于这种基于血缘的网络，形成了一个相对封闭的社群体系。他们的社交圈主要局限于这个内部群体，与外部，尤其是无村籍居民之间的交流相对较少。

由于这种基于血缘的社交网络的存在，A 社区的社会结构呈现相对封闭的特点，其开放度相对较低。这不仅影响了社区内部互助网络的形成，还在一定程度上影响了社区公共资源的公平分配。

你得搞清楚村民们都是啥关系，谁跟谁亲，谁跟谁熟，这些都得摸清楚。没有这些了解，你就急吼吼地去组织，那可真是白搭。（访谈记录：QWR20221012）

针对无村籍居民，在城中村快速改造的背景下，他们面临较大的居住不稳定性，可能随时会离开 A 社区。这种不稳定性影响了他们对社区公共生活的参与积极性，由于缺乏长期居住的确定性，他们缺乏持续投入社区公共事务中的意愿。

为了提高社区居民的公共参与度，社区居委会通常会组织一系列便民活动。然而，这样的便民活动更多的是解决社区居民日常生活中的临时问题，很难深入社区结构性问题的解决。便民活动的开展虽然可以暂时提高社区居民的满意度，但在实现社区的有效再组织化方面，效果相对有限。

4.1.3.5　社区融合不足

在 A 社区城中村的居民组成中，外来务工人员的流动性显得尤为突出。大部分外来务工人员在此的居住时间相对短暂，一年之内便可能离开，这样的高流动性特点制约了他们与本地居民之间社交联系的深化。

由于居住时间短暂，外来务工人员面临无法与本地居民建立持久社交网络的问题，这进一步影响了整体的社区认同感。他们大多数时间在外部的工业园区工作，与社区内的本地居民，在日常生活中的互动相对较少，这减少了不同居民群体之间的交流机会。这种局面导致社区内部社会融合不足，不同的居民群体之间缺乏足够的交流，也就难以形成一个有机的社区整体。

在马路的这一边，住着的都是些外来户。而在马路的那一边，都是我们这里的本地人。（访谈记录：GYF20220624）

A 社区还孕育了一种独特类型的文化。其中包括居民的日常习俗、行为规范、社会互动和人际关系的建立方式等各个方面。由于社区居民来自不同的地域背景，所带来的文化也因此呈现多元的特点。这种多元性虽然在一定程度上丰富了社区的文化底蕴，但同时也给社区内部凝聚力的形成带来了挑战。

特别是在跨文化理解的过程中，不同文化背景的群体面临沟通的困难。S 市的语言环境呈现明显的方言体系特点，这不仅是一种语言现象，还是一种文化现象。语言差异成为一个不可忽视的障碍，它在多个层面上影响着 A 社区的社会互动功能。由于语言的隔阂，社区居民容易形成基于相同语言的小圈子，这进一步加剧了社交的隔离。人们更容易选择与说同一种方言的人建立社交关系，而不是积极主动地融入一个多元文化的社区环境中。因为语言不通，信息的分享变得困难，相互协作的可能性也降低。

4.2　自我构建的社区治理行动模式

4.2.1　浅层次的治理议题

作为一种融合动迁安置小区、商品房小区及村落特色的村改居社区，A 社区展现了一种碎片化的居住格局。在此背景下，城市社区治理的核心职责变得更加明确：加快原村民的市民化进程，同时努力弥合城乡之间的差距。然而，A 社区的治理实践面临诸多挑战。首先，由于缺乏充足的村改居社区治理经验，政府的合作意愿相对有限，这限制了治理行动的深入推进。其次，社会组织在专业能力方面尚需提升，这也成为制约因素之一。

4.2.1.1　低合作意愿与治理悬浮

在 A 社区内部，原村民之间形成了紧密且稳定的社群网络，这反映了他们之间深厚的社会联系和共同的文化背景。然而，原村民之间虽然联系紧密，却同时存在复杂的利益冲突。原村民间的利益冲突给政府和社会组织在推动其市民化进程中带来了挑战。利益冲突导致原村民在接受新的城市生活方式和规范时遇到阻力，从而影响了市民化进程的顺利进行。

政府与社会组织为了解决利益冲突，促进原村民融入城市生活方式，开展了一系列便民活动，包括理发、磨剪刀和制作粽子等。尽管这些活动在一定程度上满足了社区服务需求，但未能有效推动原村民的市民化进程。这种治理策略更多地受到活动考核指标的驱动，而不是对社区发展的深刻理解，导致社区治理活动仅停留在表面，未能触及根本问题。

这种模式不仅限制了社区治理的有效性，还降低了社区居民对治理活动的满意度。

A 社区的治理行动呈现明显的"悬浮性"特征，这一特征使社区治理往往只能在短期内产生效果，缺乏长期可持续性。这种短期性质的治理行动表现为治理行动的效果往往随着时间的推移逐渐减弱。社区在治理过程中难以建立稳定的治理机制，导致"人走茶凉"的现象。也就是说，一旦相关责任人员离职或政策发生变动，治理行动常常会中断或失去连续性。

政府工作人员的变动对 A 社区的治理行动影响较大，这种变动通常会引入新的治理议程，导致之前已经实施的治理方案被废除或需要重新评估。这种情况进一步加剧了社区治理行动的不稳定性，因为社区居民和利益相关方可能会感到困惑和不安，不确定之前的努力是否会得到延续。

> 有点像是，辛辛苦苦煮好的一锅汤，结果因为菜单改了，只能重新来过。（访谈记录：ZSN20220601）

在 A 社区，房租收入已成为原村民及其子女的主要经济来源，这一特点对他们的生活方式产生了较大影响。由于拥有稳定的房租收入，一些原村民的子女在完成学业后，并没有选择进入劳动力市场，而是依赖房租收入来维持生活。因为他们可以依靠房租稳定的收入来满足生活费用，所以没有迫切的需求去追求职业发展。这导致一部分年轻人错过了一些职业发展的机会，使他们在经济上过于依赖单一来源。

过度依赖房租收入导致原村民在日常生活中过多地投入某些娱乐活动，如打扑克和打麻将。虽然娱乐活动在适度范围内可以为原村民提供休闲和社交机会，但过度投入娱乐活动限制了原村民的财务增长和储蓄，使他们在面对紧急情况时，缺乏足够的储备和应对能力，难以应对生活中的不可预测性。这种情况使他们在经济上更加脆弱，无法有效地处理意外支出。

原村民过度沉浸于娱乐活动，如打扑克和打麻将，造成了社区公共事务的参与不足。这一现象可在社区层面明显观察到，社区会议经常只有极少数原村民出席，导致了治理决策的代表性不足问题。例如，在讨论社区基础设施改善计划时，仅有少数原村民的声音被听取，而其他原村民的需求和意见未被充分反映。这不仅影响了社区治理的有效性，还导致了治理活动的表面化，难以解决社区面临的深层次问题，如社区服务的改进。

4.2.1.2 弱专业能力与痕迹主义

面对 A 社区的治理挑战，社会组织在治理实践中凸显了对村改居社区治理经验的不足。它们更偏向于采用适用于普通商品房社区的治理方法，旨在帮助原村民更好地融入城市生活。为了更准确地理解原村民的实际需求，社会组织进行了需求调查，结果显示原村民对便民服务类活动的需求较高。

为响应这一需求，社会组织与 A 社区的商家建立了协作伙伴关系，共同策划并开展了一系列便民服务活动，旨在通过提供更为贴心的服务提高原村民的生活质量，同时鼓励社区商家与原村民互动。然而，由于对原村民的文化特点缺乏深入理解，社会组织在便民服务活动中难以有效地激发原村民积极参与的热情。

为激发原村民的参与热情，社会组织采纳并实施了一系列综合策略，旨在引入创新元素到社区治理中。这些策略包括文化活动，如文化节庆、艺术展览和传统庆典，被有意引入社区治理，以作为治理中的新亮点，希望能吸引社区居民更积极地参与社区事务。然而，在实际执行过程中，这些策略的效果并未如预期的那样显著。尽管策略的设计已充分考虑了社区的具体情况，但社区居民的参与度未能达到理想水平。

> 每次组织的活动，总是只看到那几张熟悉的本地人的面孔，外地朋友很少能够出现。这样一来，活动的目的就很难实现了。（访谈记录：YLL20220619）

面对 A 社区的公共参与不足，社会组织在追求治理有效性的过程中显现出明显的困扰。尽管社会组织为推动原村民的市民化进程做出了努力，但治理行动的成效未能达到预期。为确保符合政府的绩效评估标准，社会组织推行了一系列注重形式的管理措施。其中包括在项目执行过程中，积极积累大量的文字、图片、实物和电子档案等信息。不仅如此，为了反映治理活动的成果，社会组织还撰写了丰富的案例报告，以满足政府的绩效评估要求。

尽管这些充实详尽的数据资料清晰地展示了社会组织在社区治理中的不懈努力，但原村民对这些治理活动的认知相对较为薄弱。这一现象暴露出在社区治理过程中存在一种"悬浮"状态，即社会组织的努力与原村民的实际感知之间存在差距。这种差距不仅限制了社区治理的有效性，还可能导致原村民对治理活动的不满和疏离感。

4.2.2　空泛的农村要素

4.2.2.1　低合作意愿与居民需求错位

政府试图通过借助农村要素来激发 A 社区的自治精神。然而，由于 A 社区经历了撤村改居的重大转型，实施这种基于农村要素的策略面临巨大的困难。尽管 A 社区仍然保留着某些农村的传统特点，如宁静的自然环境、紧密的社交联系和一些传统的农村生活方式，但由于城市社区管理方式的引入，整合这些农村要素以推动社区自治尤为具有挑战性。

城市社区的管理方式通常更注重秩序感，而较少考虑农村的亲密性。城市社区往往更强调规范化和效率，以适应繁忙的都市生活。这与农村社区通常强调的亲密社交联系和悠闲的生活方式形成了明显的对比。这种差异导致原村民在城市社区管理下感到不适应，从而减弱了自治精神的培养。

然而，政府的行政层级制度强调规章制度的遵循，导致在村改居社区中试图改变城市社区的管理方式时，与行政层级制度产生了冲突。在这种冲突情况下，政府显得缺乏积极的合作意愿。这一体制性限制阻碍了政府、社会组织和社区居民之间的紧密合作，也妨碍了更具灵活性和适应性的治理策略的出现。

尽管政府怀着强烈的意愿推进村改居社区的个性化治理，然而在 A 社区的情境中，原村民表现出相对较低的社区参与积极性，外来务工人员则因其繁忙的工作而无法有效参与社区活动，这些因素导致政府的合作意愿被进一步削弱。

受城市化浪潮的影响，A 社区的土地价值持续上涨，A 社区作为产业聚集地吸引了众多制造业企业的涌入。这种情况激发了原村民投身于房屋出租这一经济活动的热情，这种投资方式能够迅速带来经济回报，因此具有强烈吸引力。然而，与房屋出租活跃的经济形态不同，社区治理活动在当前经济社会环境下显得相对被动。由于这类活动看似无法直接带来明显的经济效益，因此吸引原村民积极参与的难度相对较大。在快速城市化的大背景下，以房租经济为主导的经济发展模式进一步加剧了 A 社区公共参与方面的困境。

> 文化说白了就是挺虚的一个东西，你说它重要是重要，但也不是一眼就能看出来它有多少价值，摸也摸不着。（访谈记录：YTH2022 0627）

A 社区的治理行动常受政府政策方向的周期性变化影响。具体来说，不同政府届次会在治理方向上有所不同。一届政府可能更侧重于经济发展，着重于基础设施建设等领域；而另一届政府则可能更强调农村文化传承，重视社区文化的推广。这种政策转变导致原村民难以稳定预期治理行动的方向和重点。

治理行动的成效通常受多种因素的交织影响，而这些因素在初期投入后并不会立即显现。特别是在涉及社会、文化和人际关系等复杂领域时，治理的影响可能需要相对较长的时间才能被准确地观察和测量。政府在这种情况下会感受到来自利益相关者的压力，要求快速见结果，导致政府在 A 社区的治理合作意愿受到负面影响。

4.2.2.2 弱专业能力与公共参与不足

社会组织在响应政府的治理倡议中扮演了积极的角色，旨在实现社区治理的创新。它们专注于以传统文化为核心，同时确保符合项目的绩效指标，以推动社区治理的发展。在这一过程中，社会组织采用了一种社区主导的治理方式，旨在整合各类资源，并规划一系列治理举措，以促进社区成员的广泛参与，包括原村民和外来务工人员，力图通过社区的协同努力来推进治理工作。

A 社区地理位置优越，毗邻 S 市的大型农作物交易市场，这为社会组织提供了独特的机遇。社会组织认识到，深厚的种植文化不仅是 A 社区的历史遗产，还是一项潜在的优势资源。因此，社会组织着眼于将种植文化作为核心元素，积极打造 A 社区的文化品牌。

这一文化品牌的构建涉及多个方面，包括传统农业技术的传承与创新、农产品的生产与销售、文化活动的举办等。社会组织通过推广这一丰富的种植文化，尝试推动公共参与。为了充分发扬 A 社区内丰富的种植文化，社会组织有策略地尝试营造社区生活的仪式感，结合农业生活的关键节点，策划了一系列符合现代城市节奏，且兼具农村文化特色的活动。

春耕时节，正值万物复苏、生机勃勃的时期，社会组织精心组织了一场文化节。文化节内涵丰富，包括传统农民音乐、舞蹈表演、特色装饰以及食品摊位等多种元素，旨在通过多种形式传播农村种植文化。通过这样的方式，社会组织希望不仅让原村民有机会体验传统文化，还使外来务工人员有机会更加深入地接触农村的种植文化。

秋收季节，社会组织则策划了一场别开生面的农作物剥皮大赛。该活动旨在庆祝丰收，感谢农民的辛勤付出。通过此类活动的开展，社会组织希望可以增强外来务工人员对种植文化的认同感，从而推动社区内不同群体之间的融合。

尽管农作物可以成为一种社区共识的纽带，打通原村民与外来务工人员之间的人际交流通道，促进多元文化的交融，但现实情况显示，A 社区的原村民和外来务工人员对以农作物为特色的农村文化活动表现出相对较低的参与热情。这些文化活动在某种程度上似乎与居民的日常生活存在一定的距离，更多地表现为社会组织的宣传，而不是真正融入居民的日常生活。

部分文化活动在实施过程中，过于强调外在的宣传价值，而忽视了长期的社区文化建设。因此，尽管这些活动在形式上具有吸引力，但在深层次的文化传承方面表现相对不足。此外，A 社区的文化活动主要由社会组织主导，较少充分考虑社区居民的实际需求。这导致文化活动与社区居民的实际生活存在一定的脱节，使这些活动更容易被看作外来元素，而不是社区居民自我文化表达的一种方式。这也是影响居民参与的重要因素之一。

> 文化活动的策划通常是由专业的广告公司负责，因为广告公司有丰富的经验，可以高效地准备好活动所需的各种物料。但这也意味着，社区里的居民在活动策划过程中的参与并不多。（访谈记录：ZSN20220629）

社会组织为了优化项目的绩效评估，采取了多元化的文化推广策略，包括举办种植文化活动、设计社区吉祥物、编纂社区志、创作社区之歌和舞台剧等举措。这些策略旨在积累丰富的评估素材，以展现社区治理的创新性。作为治理亮点，社会组织还在 A 社区设立了文化拍照墙，作为一种吸引外界关注的策略。

然而，这些策略在某种程度上过于关注即时的展示效果，而未充分考虑社区的长期发展需求。虽然这些文化推广活动能够在短期内吸引政府的关注，有助于社会组织在项目评估中获得良好的成绩，但它们忽视了社区居民的参与度，未能有效激发他们的自治热情。这导致治理行动表面化，难以真正推动社区居民积极参与。

4.2.3 追溯传统与惯习滞后效应

在 A 社区内，旨在增强传统农村文化特色的治理举措频繁地遭遇到一系列挑战。这一进程涉及对过往文化元素的深度挖掘，包括传统节庆、仪式、手工艺术以及习俗等多个层面。然而，这些传统文化元素在日益式微的背景下，面临严重的断裂危机。为了追溯这些文化遗产，需要具备相应的专业技能，以便系统地收集、整理并传承相关的知识。尽管如此，即便成功重新引入传统文化元素到社区，社区居民的文化认知也不会在短时间内发生根本性转变。这种文化滞后现象意味着，社区居民需要较长时间来适应并接纳这些传统文化元素，这是一个会持续相当长时间的逐步适应过程。

4.2.3.1 乡土元素与现代城市秩序冲突

A 社区市民化进程的滞后加剧了传统乡土元素与现代城市秩序之间的冲突。传统乡土元素作为社区文化的重要组成部分，承载着原村民的历史记忆，具有不可替代的价值。然而，在现代城市化的浪潮中，部分乡土元素与现代社会的生活方式发生冲突，引发原村民的不满。

为了缓解这一矛盾并激励原村民形成符合现代城市秩序的生活方式，政府推出了一整套基于评估促进建设的文明典范社区"红黑榜"制度。通过对社区进行综合评分，该制度旨在督促社区改善公共秩序，推动原村民的市民化进程。该评估体系涵盖了垃圾堆放、车辆停放、衣物晾晒和公共设施损坏等多个方面，着力于改变原村民的日常生活习惯。

然而，当传统乡土元素与现代城市秩序之间的不协调达到一定程度时，原村民会感到不安。这种不协调涉及乡土元素的保护与现代化建设的需求之间的冲突，以及原村民生活习惯的改变。原村民担心他们珍视的传统文化元素受到侵蚀，同时面临适应新生活方式和规则的挑战。这种不安情绪可能引发社区内的紧张和抵触情绪，对社区的和谐稳定构成潜在威胁。

　　　　我总是忍不住回想起过去在村子里的那些日子，那时的生活多么悠闲自在，无拘无束。（访谈记录：TJW20220613）

　　面对 A 社区所展现出的农村与城市交错并存、秩序混杂的复杂局面，政府迅速采取了一系列紧急措施，旨在积极应对这一现象。这些行动包括但不限于对基层网格化管理的加强，对"散乱污"现象的整治，以及通过点位挂图作战等方式进行精细化管理。尽管这些紧急措施在短期内取得一定的效果，但它们往往缺乏持续发挥作用的机制。在应对社区混杂秩序问题时，单纯依赖紧急行动很难实现问题的根本解决。

　　在采取紧急行动以构建现代城市秩序的过程中，A 社区不得不面临一个潜在的负面影响，那就是对社区内乡土元素的破坏。乡土元素通常富含深厚的历史底蕴、独特的文化传统以及紧密的社会联系，它们在维系社区认同感方面发挥着不可替代的作用。

　　在对社区环境进行整治的过程中，这些宝贵的乡土元素常常遭受忽视，甚至是破坏。以城中村改造为例，集中式的整治行动往往伴随着对传统农村景观的改变，这会对乡土元素的传承造成严重威胁。农村的传统建筑可能会被拆除，替代的是现代化的建筑，这不仅改变了物质空间的形态，还导致社区文化的断裂。

　　随着新型基础设施的迅猛发展，社区的社会氛围发生了显著的转变，对原有的乡土元素产生了深刻的影响。这种转变表现在社会关系的重新配置上，导致传统乡土元素在社区生活中的地位被削弱。

　　在物质环境方面，新型基础设施的引入改变了社区的空间布局，使之更趋向于现代化。这种变化虽然改善了居住条件，但同时也降低了乡土元素在社区中的可见度。乡土元素中蕴含的地方特色逐渐被新型基础设施淹没，其在塑造社区独特性方面的作用大大减弱。

　　在社会氛围方面，新型基础设施的建设带来了新的生活方式，推动了原村民行为模式的转变。在这一过程中，现代化的生活理念逐渐取代了乡土文化的传统观念，导致原村民对传统乡土文化的归属感减弱。在这种情境下，文化认同的危机开始显现，原村民可能会感到在文化传承方面的困惑。

4.2.3.2 本土社群对外来组织的排斥

A 社区内保存的村落不仅是原村民相互熟悉的社交网络的体现，还是一种深植于该地区的熟人社会形式。在这样的社会结构中，个体间的关系建立在长期相互了解的基础上，形成了一种相对封闭的社会环境。

当社会组织试图参与到 A 社区的治理中时，面临一系列固有的挑战。首先，社会组织在与原村民建立联系的过程中，会遇到社会认知上的差异，导致沟通困难。其次，由于缺乏长期的相互了解，利益相关者会对社会组织的身份、目的和行动产生误解，甚至可能对其持有反感的态度。

这种状况导致原村民对社会组织开展的公共活动持保留态度，难以认可其行为动机，从而使社会组织在社区治理中的效能受限。同时，这也增加了社会组织在社区内开展工作的难度，使它们难以与原村民建立起基于互信的合作关系。

随着社会组织深度介入 A 社区的村落，社会组织开始努力重构自己的草根身份，并在这个过程中与原村民建立紧密的关系。这种关系的建立不是基于表面的交往，而是通过大量的时间投入，深入了解原村民的生活故事，以及他们共同的需求。社会组织通过一系列深入细致的需求调研，发现原村民依然对曾经的农耕生活充满怀念之情，并认为农耕活动有可能成为一种恢复集体记忆的有效媒介。

社会组织开始尝试动员原村民成为志愿者，在村落里打造充满生机的菜园，并种植丰富多样的蔬菜。这一过程不仅为原村民提供了重新与土地建立联系的机会，还吸引了周边普通商品房小区和动迁安置小区的城市本地居民参与其中。在原村民的带领下，城市本地居民亲身体验了农耕的快乐。这不仅增强了原村民的自信心，还为城市化进程中周边小区的城市本地居民提供了一个了解农村生活的窗口，进一步促进了不同社区居民间的融合。

这一积极的发展态势并未持续太长时间。当村落的管理层意识到社会组织的活动深受原村民欢迎，并对其在农村中的地位构成潜在威胁时，他们开始采取行动来维护自己的权威。他们对社会组织提出了停止菜园开发的要求，并不惜采取极端的行动，比如在夜晚潜入菜园进行破坏活动。此外，他们还试图联合原村民，采取一系列抵制措施，目的是制止社会组织在村落中的进一步活动，以维护自己在农村中的权威地位。这一系列的事件反映出，在村改居社区发展的过程中，传统农村能人和外来组织之间的矛盾，以及在这一过程中社区内部各种利益关系的复杂性。

相较于村落，A 社区内的城中村展现出了一种特殊的熟人社会结构，其主要由外来务工人员构成。在这一独特的社会环境中，城中村的外来务工人员基于共同的生活需求，自主形成了一套相对独立的生活体系。这一体系涵盖了餐饮服务和小规模商品交易等低成本产业，为外来务工人员提供了便捷的生活服务。这种基于共同利益的自发组织，促进了外来务工人员间紧密的依赖关系，从而构建了一种独特的社会结构。

当社会组织通过政府购买服务的方式介入 A 社区的城中村时，这种独特的社会结构却产生了新的挑战。城中村的外来务工人员对于社会组织的真实意图抱有怀疑态度，他们担心社会组织可能会曝光城中村内部存在的种种问题，从而威胁到他们原本稳定的生活空间。这种担忧导致外来务工人员对社会组织的回避，使社会组织的工作面临更多的障碍。

即便如此，社会组织依然尽力在城中村内推广公共安全知识。为了增强外来务工人员对火灾等紧急情况的应对能力，社会组织工作人员亲自绘制了消防示意图，详细标注了灭火器的放置位置。这些示意图不仅为城中村的外来务工人员提供了直观的安全指导，还特别考虑到了不识字的外来务工人员的需求，通过简单易懂的设计帮助他们识别相关信息。然而，尽管社会组织的工作充满了善意，但城中村的外来务工人员对其的接受度依然较低。他们对社会组织的动机保持怀疑，认为背后可能存在其他不为人知的目的。

> 她人也挺好的，让我觉得很舒服。虽然心里对她印象不错，但我还是有点害怕，不太敢和她多聊天。（访谈记录：HCY20220610）

受制于 A 社区独特的熟人社会结构，社会组织在处理治理议题时仍然表现出一定程度的边缘性。熟人社会的特征在于其成员间存在紧密的社交网络，这种结构在一定程度上限制了外来组织的介入。因此，即便社会组织在 A 社区内进行了一系列的治理尝试，其影响仍然受到了局限，未能深刻地介入并改变社区内部的结构。

4.3 低合作意愿和弱专业能力作用下的自我构建

4.3.1 回避式的城市社区治理行动

在政府低合作意愿和社会组织弱专业能力双重作用的影响下，A 社区的治理行动呈现一种回避性的态势。这种治理现象的形成，与村改居社区的封闭性特点密切相关，它为政府和社会组织深入原村民及外来务工人员构建的紧密交织的人际信任网络带来了显著挑战。

这种信任网络的构建是在多年，甚至是几代人的共同生活中逐渐形成的，其中融入了丰富的历史底蕴、习俗传统和文化认同。当政府和社会组织尝试将城市的秩序引入 A 社区时，二者不仅面临制度和政策的对接问题，更重要的是如何深刻理解这种深层次的社交纽带。在这种复杂的背景下，政府和社会组织在治理社区问题的过程中往往倾向于采取规避问题的策略，而非直接面对问题。虽然这种回避式的治理行动是为了避免激化冲突的策略选择，但从长远来看，这种处理方式可能导致社区潜在的风险被放大。

4.3.1.1 封闭的农村内群体

农村的熟人社会通常展现出一种高度封闭的社交网络结构，它不仅根植于血缘关系的紧密联系，同时还深深植根于共享的历史、文化、传统和价值观念中。在这种特定的社会环境中，村民之间往往存在多维度的人际关系，比如亲戚、邻里、同学等多重身份的交叠。这些错综复杂的人际关系链条共同构建了农村社会的稳固核心，为村民们提供了一种源于共同认同感的深刻情感联结。

在这种高度封闭的社会环境中，信任被赋予了极高的价值，成为最为珍贵的社交资本。这种信任的建立基于长期的相互了解、共享的经历以及彼此间的相互支持。因此，对于任何新介入的外部元素，不论是个体还是组织，都必须经过一段充分的观察期，方可获得村民们的信任并被接纳进入这个紧密的社交网络。

农村熟人社会的这种高度封闭性同样也带来了一定的局限性。由于长期以来对于一种相对稳定的社交网络的依赖，村民们对外界的变革抱有一种抵触的心态。在面临新机遇的情境下，这种抵触心态成为阻碍农村社会进一步发展的潜在障碍。

在村改居社区的治理过程中，政府的行动策略面临矛盾的双重挑战。首先，政府需在维护传统村落的历史与文化传承中找到平衡，保障其长久的繁荣。与此同时，政府也必须有效应对城中村这一新兴地区中的人口流动问题。城中村，作为一个众多外来务工人员集聚的特殊空间，其内部社会结构与传统的农村社会有着明显的差异。

这些来自五湖四海、拥有各种文化背景的外来务工人员，对原有的社区造成了剧烈的冲击。由于人口结构的异质性，社区内部出现了多种矛盾，这不仅使社区的社会关系变得更为复杂，还对社区的整体治安形势产生了明显的影响。

为了应对这些突发的问题，村集体采取了一系列积极的措施，如组建治安队伍进行常规巡逻，确保广大原村民的基本权益不受侵犯。与此同时，为了进一步提高社区的安全水平，他们还在关键地段安装了监控设备。尽管这些措施在某种程度上有助于缓解治安的压力，但它们同样映射出政府在村改居社区治理中所面临的困境。此外，这也导致政府在 A 社区的治理策略显得相对"疏离"，难以进行深入的干预。

> 村里的干部威望高，说话算数。他们可真是有一套，动员起来那是一个快。（访谈记录：JXH20220617）

A 社区作为一个独特的社会单元，展示出一种富有挑战性的双重身份现象：在行政属性上，它表现出了城市社区的特征；然而在运作机制上，它仍然深受农村辖区传统体制的影响，这种情况在当前快速城市化的背景下尤显突出。

社区外部环境的城市化趋势虽然显而易见，但社区内部的运作仍旧受制于一种以农村为基础的社会动员模式。在这种模式下，无论是原村民还是外来务工人员，往往维持着封闭的社交网络，对外部变化持有保守的态度，形成了一种对外部变化的排斥性。

社区内部这种持续的封闭状态，不仅制约了外部先进观念的引入，还阻碍了社区自身结构的优化升级。更为重要的是，这种封闭状态对社区内外群体关系的构建产生了显著的影响，可能导致社区居民与外来组织之间的隔阂加剧，不利于社区的和谐稳定。

4.3.1.2 过渡型空间的公共性转型

A社区作为一个典型的过渡型空间，其内在的变革不仅体现在物质空间的转型，如建筑风格的更新换代和基础设施的现代化升级，还深刻地影响到了空间使用者对于"公共"的认知、期望以及实践方式的根本转变。

从传统农村社区到现代城市空间，公共性的内涵和外延都发生了深刻的变化。在传统农村社区中，公共性往往是基于土地关系构建的，体现为村民共同参与的集体耕作、在村庙进行的公共决策会议，以及公共井水的共享等形式。这些活动不仅是社区公共生活的重要组成部分，还是维系社区凝聚力的关键因素。

随着城市化进程的加速，A社区所经历的社会结构的转型，导致公共生活形态的多样化。新引入的现代公共设施，如公园、广场、社区中心和公交系统，不仅改变了原村民的日常生活轨迹，还引入了新的社交方式，这对原有的基于传统农村生活方式的社区关系提出了新的挑战。

这种挑战不仅体现在原村民对新公共空间使用方式的学习上，还体现在他们对公共性含义的重新认识上。如何在保持社区原有文化特色的基础上，适应新的公共空间，是摆在A社区面前的重要课题。

> 虽然设有养老服务站，但大家并不怎么去。大家更愿意在空闲时候去村里转转，和老邻居聊聊天，谈谈过去的事情。（访谈记录：JMY20220601）

在实施治理活动的过程中，社会组织致力于将农耕活动纳入其战略规划之中，旨在通过组织线下聚会和交流活动，加强与原村民之间的沟通。在这些活动中，社会组织尝试运用口述历史的方法，呈现原村民关于农耕生活、文化习俗以及传统知识的生动故事。

尽管如此，社会组织在推进这一系列活动时却略显生疏。这主要是因为社会组织对原村民日常生活的社交方式缺乏足够的了解，从而导致很多行动计划与原村民的文化背景并不完全吻合。例如，社会组织倾向于运用较为正式的会议形式来进行沟通，然而对于那些习惯在日常生活中通过小范围聚会自由交流的原村民来说，这种形式可能显得过于刻板。这与他们在田间地头劳作、家庭庭院里的闲聊，或者在村中小路上的随意相遇形成了鲜明的对比。正因为如此，原村民会对社会组织举办的活动产生陌生感，甚至抱有一定程度的抵触情绪。

城中村，作为一种典型的外来人口聚居区域，提供了一种独特的社会文化环境。在这种环境下，社会组织在推动自身活动的过程中，似乎未能充分适应外来务工人员的生活节奏。大量居住在城中村的外来务工人员，由于其特殊的工作状态，形成了与传统城市本地居民截然不同的生活模式。

社会组织开展的公共活动往往与外来务工人员的工作时间产生冲突，这不仅使外来务工人员难以参与其中，还意味着他们失去了与社会组织乃至其他居民进行交流互动的机会。加之外来务工人员因长时间劳动，更加珍视个人的休闲时间，他们更倾向于在有限的空闲时间内进行休息或与家人、同乡进行亲近交往。因此，那些过于正式的活动很难获得他们的认可。

在 A 社区这样一个特殊的过渡型空间内，社会组织虽然做了大量的努力，但在推动公共性转型的过程中仍面临诸多挑战。其根本原因在于，社会组织未能深刻洞察新引入的公共设施对社区结构产生的深远影响。对于那些根植于传统农村文化中的原村民来说，他们对传统交往方式的情感依赖很深，新引入的公共设施与他们的文化认知存在较大的偏差。而外来务工人员所带来的不同生活方式，则进一步加剧了社区内部的文化摩擦。

在这样的背景下，社会组织在应对新公共设施所引发的社区变革时，未能展现出足够的敏锐性，其介入活动往往停留在表层，呈现一种形式主义的倾向。这不仅削弱了其在社区治理中的有效性，还使其在社区中的存在显得有些格格不入，缺乏实际的社会基础。

4.3.2 脆弱的社区行动者网络

A 社区形成了一个脆弱的社区行动者网络。该网络由一小部分热心于社区未来发展的原村民、政府工作人员以及社会组织工作人员共同构成。这个群体在面对文化认同的重塑时，展现出明显的困境。社区居民之间由于背景的多样性，他们在沟通时难以找到共同的认知基础，这增加了产生误解的可能性。再者，信任的缺失也是一个不容忽视的问题。

在农村向城市转变的过程中，原有的社会信任基础被削弱，而新的信任关系尚未建立，这使社区居民之间的协作变得更加困难。

在"村改居"的特殊背景下，A社区经历的变迁不仅是空间层面的转换，还是社会结构的根本变革。传统的农村社交纽带在这一过程中遭到了破坏，而新兴的城市化环境又对社区治理提出了新的要求。如何在维护传统社区文化的同时，适应并融入新的城市环境，是摆在A社区面前的重大课题。

4.3.2.1　群体分隔的碎片化社区

A社区在空间分布、社会结构和文化认同上存在明显分隔的形态。在A社区中，居民之间的联系往往受限于特定的社会群体，而不同群体间存在较强的界限。特定群体可能因其社会地位、经济条件或文化认同而享有更多的社区资源，而其他群体则处于较为边缘化的状态。不同的社会群体往往拥有各自独特的文化传统，这些文化传统成为他们身份认同的重要来源。然而，这种文化上的差异也成为群体间交流的障碍，导致社区内部的文化碎片化。

在群体分隔明显的碎片化社区中，传统邻里关系与基于流动性的新型社交关系共存，对社区治理构成了复杂的挑战。传统邻里关系通常基于深厚的个人关系，而基于流动性的新型社交关系则更加不稳定。这种双重关系的并存要求社区治理在维护传统社区文化和适应新的社会现象之间寻找平衡。

社区内部的群体分隔对社区的集体行动能力构成了严峻挑战。特别是在面对共同问题如环境污染和社区安全时，这种区隔导致社区无法形成统一有效的应对策略。原村民和外来务工人员之间在利益、期待和文化背景上的差异，进一步加剧了社区内部的隔阂。

外来务工人员常常发现自己被边缘化，他们在社区中的地位较低，难以参与社区决策过程，感到孤立无援。原村民则更加紧密地团结在一起，形成一个难以打破的封闭圈子，维护自己群体的利益。这种固化的群体界限妨碍了社区内部的信息流通，影响了社区整体的凝聚力。

在A社区内，政府和社会组织采纳的治理策略呈现过分强调技术性的特点，而对于社区内部人际互动的细致入微的考量却明显不足。这种情况在临时成立的社区环境治理专项行动小组的实际运作中表现得尤为明显。这些小组虽然代表了外部力量的介入，并有可能带来积极的变化，但它们的工作方法往往僵化，显然缺乏对于当地村庄深层次情感纽带、传统习俗和文化背景的深刻理解。

尤为重要的是，由于没有与当地的社区能人和原村民进行充分深入的沟通，政府和社会组织在实施治理策略时往往忽视了这些群体在社区内所拥有的巨大影响力。地方能人往往在社区内拥有极高的社会地位，他们的行为对原村民产生着深远的影响。若不能有效地赢得这些地方能人的支持，任何外来的治理举措都有可能面临极大的阻碍，甚至遭遇反弹。

> 现在想想，其实咱们得换个思路，在组织活动的时候，咱们得多让村干部站到台前，不要让他们觉得被冷落了。这样，他们也会觉得咱们这个社会组织不是来跟他们抢风头的，而是来帮忙的。（访谈记录：YLL20220628）

城中村的外来务工人员时常处于一种文化和社交的双重隔离状态。由于他们与城市主流社会以及原村民之间存在较大差异，他们常常感到自己被边缘化，处于社区生活的外围。因此，社会组织为满足他们精神文化需求而开展的一系列活动，往往因为缺乏深度而显得肤浅，难以真正触及他们内心深处的关切。

4.3.2.2　缺乏共识的异质行动者

在 A 社区的复杂社会结构中，异质行动者之间共识的缺失构成了一个突出的问题，这些行动者背景各异，拥有不同的生活经历，他们的价值观常常出现相互矛盾的情况。原村民可能更加重视土地使用权的保护；外来务工人员则可能更加关注自身的经济利益，如租金负担、稳定的就业机会以及子女教育的质量；地方能人则可能寻求维护自己的社会地位；政府和社会组织则致力于推动社区的整体发展。在这一多元化背景下，缺乏统一的共识导致治理有效性的下降，甚至引发社区内部的冲突。

在社区治理的过程中，社会组织采取了一种相对谨慎的策略。社会组织倾向于关注社区边缘的议题，如通过打造新的网红打卡地点来提升社区的知名度，而不是直接解决社区内部的深层次矛盾。这种做法在很大程度上源于社会组织与 A 社区的原村民和外来务工人员之间存在的信任危机。

在对 A 社区进行深入研究的过程中，笔者注意到了一个值得关注的现象：社会组织进入该社区的途径主要依赖于政府购买服务项目，而非由社区居民通过主动邀请的方式进入。这种模式的形成与政府对于公共服务供给机制的探索密切相关，也反映出在现代城市治理过程中，社会组织正在逐渐成为重要的服务提供者。

这种依赖于政府项目的合作模式在很大程度上制约了社会组织在社区中发挥作用的灵活性。由于缺乏直接来源于社区居民的支持，社会组织在与社区居民互动时常常处于一种被动适应的状态，其行动空间受到了较为明显的限制，导致其在推动社区发展上的潜在贡献未能得到充分的发挥。

从社区居民的角度来看，他们对社会组织的真实意图缺乏充分了解，甚至存在一定程度的疑虑。在这种情况下，社会组织在社区中的接受度会受到影响，其开展的各项服务的有效性也因此降低。

在 A 社区这一多元的社会环境中，社会组织在进行社区治理行动时常常采取一种回避式策略，即有意避免直接触碰社区内部存在的敏感问题，而是将注意力集中在一些相对边缘的议题上。社会组织的这种回避式策略，虽然在短期内能够保护自身免受冲突的影响，但长此以往，会导致其在社区中的影响力逐渐被边缘化，社区居民对其的认同感会下降，其在社区中的正向作用也将受到限制。

> 半年过去了，一些关键的问题比如垃圾分类还没能解决，这让大家心里难免有些失落。但话说回来，社会组织也挺不容易的，想在村子里推动一些意见分歧较大的事情，确实是难上加难呢。（访谈记录：YLL20220628）

在村改居社区复杂多变的治理环境中，社会组织承受着来自各方的压力。政府对治理成果的迫切期待让社会组织感受到了沉重的责任，特别是当社区的深层次问题难以在短时间内得到解决时，政府对社会组织的支持会逐渐减弱。与此同时，社会组织在治理理念上与村干部及原村民存在差异，尤其是村干部会对社会组织的介入产生抵触情绪，认为这削弱了他们在社区的权威。对于原村民来说，他们更加关注自身经济状况的改善，而不是参与看起来并不直接相关的治理活动。

在 A 社区的治理实践中，虽然表现出对社区自治理念的积极追求，但在具体的操作层面上显露出对居民所处现实条件的忽视，导致理论指导下的治理行动与社区居民实际生活需求之间出现了明显的脱节。这种不协调的现象，反映了在社区治理过程中对于居民实际生活情境的认识不足，以及治理策略的选择不当。尽管在便民服务的提供方面，治理行动取得了一些进展，并在一定程度上得到了社区居民的正面评价，但服务可持续性的不足暴露了其在服务提供机制方面的缺陷。

4.4　本章小结

本章详细剖析了位于 Z 区的 A 社区在城市社区治理实践中的经验教训。A 社区作为一个典型的村改居社区，其治理历程既充满了极大的挑战，也蕴含了丰富的启示。A 社区已经开展了众多治理活动，然而，受制于一系列复杂的社会、文化及经济因素，其形成的治理框架仍然显得较为脆弱。

本研究识别出的一个核心问题在于，政府和社会组织虽然怀有对 A 社区进行外部干预的良好意愿，但实际上很难深入那些基于熟人关系网络建构起来的封闭性社群，以及位于城市边缘的城中村社区。在这种特殊的社区环境中，涉及多方利益的公共事务经常成为治理的难题，其背后往往隐藏着复杂的微观利益博弈。

尽管 A 社区在治理实践中遭遇了种种困境，但其为类似社区治理提供了极具价值的实践经验。该案例强调了在面对村改居类型社区时，不能寄希望于迅速找到一种一劳永逸的治理方案。相反，社区治理应被视为一个持续不断、循序渐进且综合协调的过程，需要在实践中不断地调整策略，以妥善应对社区内部复杂的利益博弈问题。

第五章

老街巷社区：记忆叙事式行动模式

5.1 点状绅士化的老街巷社区

5.1.1 缺乏身份自信的城市本地居民

作为 S 市的文化脉络所在，P 区具有政治、教育、文化以及旅游等多重功能。而 W 社区则恰好坐落在这一中心的最繁华地带，拥有着声誉卓著的历史文化古街。这里的居民，大部分是 S 市的本地居民，经历了这片土地上数百年的风雨变迁，见证了古城的每一个发展脚步。回溯历史，W 社区曾是繁忙的船运交汇点。河流与社区亲密接触，碧波荡漾，与错落有致的房屋形成和谐的画面。这些房屋大都沿河而建，粉色的墙体与墨色的瓦片交相辉映，为 P 区古城带来了稀有的水乡风情。而 W 社区里保存的古迹，是时光的见证，让每一位踏入此地的游客都能感受到浓烈的历史气息。随着旅游业的不断发展，W 社区吸引了越来越多的游客，让更多人了解并欣赏到这片古老的地方，体验真正的历史文化古街风情。

5.1.1.1 古城保护框架下缓慢发展的内城

W 社区作为 S 市古城的一部分，在其管理上体现了一种独特的远见。在保护古城的大背景下，W 社区不仅仅是一个居住区，更是承载着深厚历史文化遗产的生动范例。受国家历史文化名城的保护框架指引，W 社区的行政管理工作不再是传统的居民服务，而更多地考虑如何在维护古城风貌的基础上，推进合理的开发。这涉及一系列的策略性决策，比如对古建筑的修缮、街道的绿化、交通的规划以及商业活动的管理。

W社区的商业区，受益于历史文化古街的光环，已逐渐成为繁华的旅游热点。历史的痕迹与现代的商业完美融合，为游客创造了一个集购物、休闲、文化于一体的生活空间。S市政府在这些区域的投入也相对充足，历史建筑得到了细致的修复，公共空间焕然一新，带动了该区域的经济发展。

与这片繁华相隔的居民住宅区，却如同另一个世界。这里的居民住宅区被时间遗忘，老旧的房屋、窄小的街道、陈旧的基础设施与商业区的繁华形成了鲜明对比。住宅区的居民在狭小的空间里过着平静的生活，但他们与商业区的繁华如此之近，又如此之远。这种发展的双重性，不仅在空间上划分了W社区，还在心理上造成了居民之间的隔阂。商业区的商家与游客享受着古城的繁华，而住宅区的居民则生活在相对落后的环境中，他们常常感受到与城市的脱节，尤其是在基础设施方面。

> 这个地方的房子都挺老旧的，挨着河边，闷热潮湿，家里的光线也不怎么样。那些经济条件好的人，早就搬到别的地方住了。（访谈记录：LY20220902）

W社区独特的历史背景，使其成为古城保护和民生改善之间的拉锯战的中心。这个区域，自唐代以来，就是一个繁华的商业中心。时至今日，历史的脚步并没有停下，它依然保留着那些曾经盛大的商业街景。然而，随着时间的推移，W社区在古城保护和民生改善之间的矛盾逐渐凸显出来。

由于历史保护的需要，政府更倾向于优化商业区的环境，这不仅使商业活动更为繁荣，还引发了房价的快速上涨。在这样的情况下，低收入居民难以在这里维持生计，许多人被迫离开。为了提高民生的质量，社区居民住宅区亟须增加更多的公共设施。但这又会牺牲部分商业空间，与古城的商业特色背道而驰。这样的矛盾，使W社区的管理工作变得尤为复杂。

5.1.1.2 商业化的历史文化古街与陈旧的居民住宅区

W社区的历史文化古街不仅是S市古城的象征，还是这个城市的文化脉络所在。为了更好地挖掘这片独特的土地，政府结合区域的文化特色，确立了以文化为核心的发展策略。政府不仅着重于传统文化资源的保护，还积极探索创新的发展模式，以文化和旅游的深度融合为方向，力图打造一个现代与传统交融的特色产业带。

政府通过与拥有国资背景的旅游发展公司合作，对 W 社区的文化资源进行了整合，有针对性地开发了刺绣、丝绸、彩灯、美食等与 S 市深厚历史文化背景相结合的特色产业集聚区，吸引了众多游客前来体验和消费，从而有效地促进了区域的经济发展。

随着旅游产业的迅速发展，大量的服务业人员也被吸引到了这里。他们中的很多人来自外地，希望在这里寻找到理想的工作机会。而 W 社区的居民住宅区，因其相对合理的租金，逐渐成为这些外来务工人员的首选居住地。随之，本地居民为了追求更为舒适的生活环境和条件，逐步搬离了 W 社区的居民住宅区。

时间流逝，W 社区居民住宅区的人口结构发生了显著的变化。那里的住户多是经济条件相对较差的家庭、年迈的老年人以及外来务工人员。这一现象被形象地称为"穷、老、外"，即"穷人"、老年人和外地人的聚居地。尽管如此，W 社区仍然保持着其独特的风貌，而那条充满浪漫气息的历史文化古街，则成为城市中一道亮丽的风景线。

> 这儿现在住的基本上是些老头老太太，另外就是在附近商场打工的年轻人，他们喜欢住这儿，因为房租便宜嘛。（访谈记录：NR2022 0905）

尽管 W 社区的居民住宅区仍有一部分年轻的本地居民，但因周边的教育资源并不丰富，很多人为了孩子的未来选择将户口迁往其他更具优势的区域。这使在 W 社区的居民住宅区内，尽管有些年轻人因工作原因与父母同住，但他们的户口位于 W 社区之外。

5.1.1.3 日益衰退的社区活力

W 社区的商业区逐步焕新，居民住宅区却似乎被遗弃在历史的尘埃中。这种不平衡的"点状绅士化"更新策略，虽然大力发展了商业活动，却在某种程度上忽视了住宅空间的重塑。这导致一个尴尬的局面：尽管历史文化古街焕发了新的商业活力，那些长期居住在此的本地居民，却感觉自己与现代城市的发展节奏脱节。

过去，W 社区的本地居民之间形成了紧密的邻里关系，大家彼此熟悉。但随着 W 社区的商业区快速扩张，尤其是历史文化古街逐渐成为网红打卡地后，大量游客涌入，给这里带来了巨大的人流。虽然这确实为 W 社区带来了经济效益，但同时也带来了矛盾。本地居民发现，他们曾经熟悉的街头角落，变成了游客们的拍照背景，他们自己仿佛成为这个景观的一部分，随时都可能成为镜头下的对象。

这种被"展览"的感觉，使本地居民对 W 社区的归属感受到了冲击，他们对此感到无所适从。在这种环境下，本地居民渐渐变得防备起来，不再像以前那样与外界开放交往，而是选择保持距离，守护自己的隐私。

> 游客们进来之后，有的还会好奇地走到我们这些小巷子里转一圈。虽然他们可能就是出于好奇，但这样一来也确实对居民的日常生活产生了一些影响。（访谈记录：LNY20220915）

W 社区居民住宅区破旧的房屋中掩藏着一群经济困顿的本地居民。他们年纪普遍在 40~60 岁，由于不如意的遭遇，大部分已经失去了工作，成为所谓的"躺族"。这个年龄段的他们正处于一个特殊的时期，他们的年龄还没有达到享受社区居家养老服务的门槛，但同时也已不具备很高的职业竞争力。

尽管这部分人口具有一定的自理能力，但他们的生活状态，在很大程度上依赖社区的援助。与此同时，受到不同因素的影响，他们中的不少人面临身心健康的双重挑战。一些本地居民的身体受到了损伤，亟待康复治疗，而另一些人则可能因为长时间的孤寂、压抑或经济困境，而存在心理障碍。

随着城市化的推进，原先定居于此的部分本地居民在 S 市其他地方拥有了更加现代化的住房。这为他们提供了将原本的老宅出租的机会，从而获取稳定的租金收益。因此，随之而来的是大量外来务工人员成为这些房屋的新租户。这些外地租户背井离乡，奔波在 S 市为生活打拼。对他们而言，生计成为首要关心的事项，而对于 W 社区的文化，他们缺乏深入的了解。正是这种身份的模糊性，使他们很难在短时间内与 W 社区产生紧密的联系。

5.1.2　表面化的历史呈现

随着旅游业的发展，W 社区的商业区成为投资者开发的焦点。他们将商业区进行"现代化"改造，试图创造出有吸引力的商业景点，满足现代游客的需求。但这种改造往往牺牲了原有的历史文化价值，使原本丰富的文化背景被简化，为的是迎合大众审美。与此同时，W 社区的居民住宅区与商业区形成了鲜明的对比。W 社区居民住宅区的公共基础设施显然与时代脱节，许多古老的房屋显得破旧不堪；而商业区则充斥着闪亮的店铺。这种对比不仅是物质上的，还是文化意义上的。居民住宅区所保留的，可能是 W 社区真正的历史文化遗产。

5.1.2.1　环境综合治理困难

尽管 W 社区的居民住宅区与繁华的商业区近在咫尺，这两块区域在城市规划中的受重视程度却有着天壤之别。居民住宅区并未被纳入与商业区相同的历史文化保护范围，这意味着这里没有得到充分的维护。从外观上，可以清楚地看到二者的差异。商业区拥有统一的设计，墙面、雨棚以及其他建筑细节都经过精心维护。

相比之下，居民住宅区则显得颇为陈旧。老旧的建筑、不同风格的立面交错呈现，缺乏统一的规划。居民住宅区的房屋结构相对复杂，由于房间面积普遍较小，加之老年居民有囤积物品的习惯，公共空间中随处可见堆放的各种杂物。无论是好久不用的电动三轮车、已经失去使用价值的木家具，还是被弃置的冰箱，这些物品都给整个社区带来了杂乱的感觉。沿河区域的情况也有待改善。尽管每隔几米就设有一个花坛，但许多花坛早已失去往日的光彩。更有甚者，一些本地居民开始将其用作种植蔬菜的地方，使原本城市中的绿色景观变得杂乱无章。

为了满足居民的日常生活需求，W 社区的居民住宅区特设了菜市场，使居民购物变得更为便捷。但随之而来的问题也不少。为了追求更大的经济效益，部分商贩在社区内私自搭建各种违章建筑，随意竖起遮阳篷，乃至出现了一家挨着一家的店外店。这不仅破坏了居民住宅区的整体规划，还让居民住宅区的环境更为杂乱。W 社区的居民住宅区并未设置专门的垃圾处理点，导致这些店外店及其周边常常堆积着各种垃圾，成为环境卫生的盲区。这些环境卫生死角，不仅影响居民的日常生活质量，还可能孕育出各种疾病，给社区居民的健康带来威胁。

那边的菜市场环境确实不怎么样，特别是卖鱼的摊位，简直了，每天都飘过来一股子腥臭味，旁边还到处都是鱼鳞，弄得挺脏的。（访谈记录：DYC20220928）

W 社区的居民住宅区面临停车问题的挑战。由于其地理空间有限，规划中的停车位极为稀缺。这使许多与父母同住的本地居民，在无法找到正规停车位的情况下，只能选择在非划定区域内停放车辆。如此一来，一条本就不宽敞的小巷，变得更为拥挤，居民在进出社区时常常需要蜿蜒其间，绕过停放不当的汽车。这种停车问题不仅严重影响了居民的日常生活，还带来了安全隐患。狭窄的巷道因为频繁的随意停车，成为居民出行的阻碍。更为严重的是，这也构成了消防安全的隐患。一旦发生火灾，消防车将难以迅速进入，可能导致不必要的伤亡。

5.1.2.2　人居环境恶化

在 W 社区的居民住宅区空间布局上，古老的城市设计并没有预留出足够的公共空间以满足日常生活需求，尤其是在日常晾晒环节。高度密集的房屋布局、有限的公共空间，使居民晾晒衣物变得极为困难。因此，居民不得不变得富有创意，利用河边、电线杆甚至电线来晾晒，但这加剧了居民住宅区公共区域的混乱程度。

至于电线问题，随着通信技术的迅猛发展，居民住宅区的原有电线结构已经很难满足现代的需求。昔日那些简单的电线线路如今已与各种光纤、通信线缠绕在一起，其不仅仅造成视觉上的困扰，更影响到基本的生活设施运作。不规范的线路布局和老化的设备，使电路故障成为常态，对居民生活造成不小的困扰。

W 社区的居民住宅区环境问题凸显了城市中古老区域面临的挑战。多时期、多风格的房屋交错存在，既展现了历史的沉淀，也带来了诸多的居住困扰。明清、民国时期的砖木结构房屋，虽然古色古香，但是在经过岁月的洗礼后显得斑驳失修，而新时期的建筑则显得与之并不和谐。更令环境问题变得复杂的是住宅"直管公房"的身份。在这种独特的房产模式下，虽然政府拥有产权所有权，但使用权由多种主体共同持有，如普通居民、企事业单位等。这使房屋维护时面临诸多阻碍。谁来出资、谁来负责维护、如何统筹协调，这些问题让直管公房的维护进程变得异常缓慢。

更进一步，房屋使用权的多元化，导致房屋管理处于一种模糊地带。在这种情况下，政府的管理机制很难有效介入，从而使这些直管公房在实际管理中形同"无主之地"。部分房屋因此长期得不到有效维护，逐渐成为危房，严重影响居民的生活质量。

> 按照古城保护的要求，修房子得照旧样儿修，这就让修缮工作变得特别棘手，更别提拆了重盖这回事儿了。（访谈记录：ZJP20220917）

随着外来务工人员的大量涌入，原本为本地居民设计的直管公房已不复存在的初衷，逐渐转变成了面向这些外来务工人员的低租金住所。一个个老旧的房屋内，充满了交织的人声，不少屋子住进了多个家庭，相互之间只通过简易的隔板隔开。居民住宅区的房屋上，明亮的"房东直租"标签随处可见，仿佛已经成了 W 社区的一部分。

在这样的背景下，W 社区更是出现了一个专门为外来务工人员服务的直管公房私人中介公司，它提供各种低价的房源。然而，由于外来务工人员对于直管公房并没有足够的保护意愿，因此常常会有人在老建筑的公共空间内私自加盖，使这些建筑的历史特色逐渐被破坏，建筑的整体状态也更加破败。

更为令人担忧的是，由于这些外来务工人员对 W 社区缺乏强烈的归属感，他们在日常生活中往往忽视了对周围环境的保护。护城河，这条原本宁静美丽的河流，现在经常被视为一个方便的垃圾倾倒场所。河面上漂浮的不仅有随风飘动的塑料袋、落叶，还有人为丢弃的杂物、蔬菜残渣。这样的行为严重破坏了河流的生态环境，也影响了居民的生活质量。

5.1.2.3 物业服务缺位

W 社区居民住宅区的房屋基本是由政府直接管理的公房，因此，传统的物业管理公司并未介入此处的管理事务。这直接导致居民住宅区的公共设施长期处于缺乏专业维护的状态。老旧的电线杂乱地垂挂，每逢雨天地面就积水，路灯长期失修不亮，而崎岖不平的道路更为居民出行带来不便。

长期以来，居民住宅区的日常维护工作都是依靠城市管理部门的协助来进行的。然而，城市管理部门的职责大多局限于居民住宅区的安全问题，对于涉及居民日常生活的细节，如供水供电、绿化维护等问题，它们往往束手无策。因此，当社区居民遇到这类民生问题时，他们往往需要求助于 S 市推出的政务服务平台，希望通过"一事一议"的方式来解决当下的难题。但这种做法只是权宜之计，缺乏长效机制。

W 社区为了改变这种被动的管理模式，曾试图引进市场上的物业公司来负责社区的综合管理。但是，当提及物业管理费时，居民普遍认为与市场平均价相比过高，不愿承担这一费用。与此同时，物业公司对于 W 社区的收益预期并不乐观，认为在这样的价格范围下，它们的利润空间过小，难以为继。因此，这一尝试很快宣告失败。

> 社区里之前搞过调查，八成的住户想要物业（公司）来管，可一说到物业费得按每平方米收几块钱，大家就开始犹豫了。（访谈记录：LY20220922）

在物业服务缺失的居民住宅区，自治力量的存在显得尤为关键，但遗憾的是，W 社区居民的自治动力显然不足。这主要源于社区居民的人口构成特点。一方面，W 社区的老年本地居民，作为社区的核心成员，对这片土地有深厚的情感。他们不仅是社区的见证者，还是社区传统的传承者。尽管他们积极参与志愿服务，但受到年龄的制约，他们更多地参与那些不需要太多体力劳动的活动，如组织社区文体活动。另一方面，社区的中青年外来务工人员，他们年轻、有活力，具备解决社区问题的潜在能力。但他们由于对社区缺乏深厚的归属感，很少积极参与社区自治活动。他们更多地视自己为社区的过客，与社区之间的联系很多时候仅限于前往居委会处理一些日常行政事务。

5.1.2.4　养老服务可及性较差

在 W 社区，随着老龄化趋势日益凸显，对养老服务的需求也日趋增多。尽管居民住宅区内的综合为老服务中心提供了诸多充满特色的文化类服务，如兴趣培养和芳香治疗等，以满足老年人的精神文化需求，但其并未涉及老年人最直接的日常生活服务。

大部分在 W 社区居住的老年人是经济条件相对普通的本地居民。他们生活在这里多年，对社区有深厚的感情。然而，随着年龄的增长，他们日常生活中遇到的难题也日益增多。例如，他们可能面临行动不便、视力模糊、听力下降等生理问题，因此，他们更加迫切地需要一些实质性的日常照料服务，如家政服务、餐饮配送、代购药品、医疗辅助等。然而，遗憾的是，W 社区目前还没有专门为此引进相应的服务供应机构，使这些日常生活服务在社区内供不应求，这给社区内的老年人带来了很大的生活困扰。

> 我不需要什么高级服务，就想有个人在生活上给我一点点帮助和陪伴就行。（访谈记录：YM20220920）

W 社区坐落在其独特的古城风貌中，却常常伴随着老年居民日常生活的不便。这是因为该社区被定位为古城保护区域，城市规划中规定了严格的房屋改建限制。每一次的房屋改建都需要经过层层审查，以确保新的项目不会破坏社区原有的历史风貌。虽然这种审慎的态度有助于保护古城的独特魅力，但也带来了一个副作用：社区内的老年居民的日常生活需求往往难以得到及时的满足。

W 社区缺乏为老年人打造的休闲活动场所，比如专门的活动室，使他们的生活空间相对受限。这种情况导致老年居民的日常活动多半局限于自己家门口。他们难以找到与同龄人交往的场所，也缺乏参与各种集体活动的机会。长此以往，可能会使他们社交圈子逐渐缩小，心灵感到孤寂。

5.1.2.5 文化遗产商品化

曾经的 W 社区，每家每户都有着传承百年的手工技艺与家常美食，这些是本地居民对生活的独特诠释。然而，如今这些传统手工技艺和家常美食渐渐被日益同质化的市场替代，曾经独特的手工技艺和味道逐渐淹没在琳琅满目的商品中。

虽然新兴的文化创意产业带来了经济的繁荣，但是在某种程度上忽略了对原始集体记忆的传承。新建的建筑、商业活动和文化项目更倾向于满足游客的消费需求，这对 W 社区这样拥有深厚集体记忆的地方造成了冲击，导致原始的集体记忆逐渐被淡化，甚至被替代。

> 商业文化主要是想尽办法吸引游客的眼球。可是，老百姓更加怀念过去邻里之间温暖的交往和相互帮助的情感。（访谈记录：JSD 20220903）

对于 W 社区的本地居民而言，他们对社区的情感联系并不是基于某些标志性建筑，而是更深层次地与日常生活的种种细节紧密相连。他们对社区的记忆包含了那些普通的时刻：儿时的游戏伙伴、青春时代的初恋、熟悉的食品店，还有每一个特定的节日或庆典时社区的共同庆祝。

如今的商业化历史叙事往往强调了社区的某些事件，却忽略了这些微小而真实的生活细节。这些细节，虽然看似微不足道，却是构成本地居民集体记忆的核心部分，是他们与社区建立情感联系的桥梁。这种情感联结与生活中的一瓣一叶、一笑一泪紧密相连，与时间的流逝、季节的更替、人群的涌动交织在一起。然而，随着城市化的步伐不断加快，很多本地居民为了更好的工作机会选择搬离 W 社区。这不仅导致社区居民结构的变化，还使那些深藏于每个角落的集体记忆面临丧失的危险。每一次搬家、每一次重建都可能意味着一个故事、一段回忆的消失。

5.1.3 发展动力欠缺的内城

W 社区位于 S 市的古城，古城往往拥有丰富的历史文化遗产，然而，由于各种复杂的社会经济因素，古城在发展过程中常常显得力不从心。首先，古城往往面临土地利用效率低下的问题。由于土地产权的复杂性，该区域在土地再开发上受到限制。其次，由于基础设施陈旧、公共服务设施不足，古城在吸引外来人才上存在劣势。最后，古城的居民结构往往较为单一，以中老年人为主，这在一定程度上限制了古城创新的活力。

5.1.3.1 古城保护属地权责不对等

在古城保护中，属地权责不对等是一个日益凸显的问题。在传统古城的管理中，往往涉及多个利益主体，如城市规划部门、文物保护部门、旅游部门、当地社区等。每一个利益主体都有自己的职责，但它们之间可能存在权责交叉。在 W 社区，各种利益主体众多，形成了一种复杂的治理模式。由于利益主体之间存在分歧，社区的整体治理有效性不高，各方面的资源难以实现真正的整合。这种多头治理的局面，加大了 W 社区的管理难度，使各个部门在日常管理中难以达到联动的效果。

尽管 W 社区位于 P 区的古城保护核心区域，并且毗邻一些著名的历史旅游景点，但这些旅游资源并不完全处于 P 区的直接管理之下。许多重要的旅游资源，如历史文化古街，其管理权主要由 S 市国有资本背景的公司掌握。这种管理权的划分，使旅游资源的日常管理与居民的日常生活呈现一种分离状态。这不仅导致旅游资源的价值无法为 P 区带来实质性的经济效益，还使旅游活动和居民生活之间的联系变得更加薄弱。

对于 P 区而言，尽管旅游资源有巨大的潜在价值，但将其与居民生活有机结合，进行整体管理，需要巨大的成本。这种矛盾，使 W 社区居民住宅区与商业区之间形成了明显的发展差异。这种差异，不仅影响了社区的整体和谐，还加剧了古城保护与当地经济社会发展之间的矛盾。

在现代城市发展中，特别是处于古城的社区，如 W 社区，治理的复杂性往往远超其他区域。按照现行政策规定，位于古城的社区，理应由所有涉及文化遗迹的部门共同参与、承担治理职责。但现实中，各部门的职责界定并不明确，具体的治理工作，往往缺乏明确的执行主体，导致工作进展缓慢。

以 W 社区的环境治理挑战为例。水体污染问题虽然是区域性的公共问题，但在实际的整治工作中，陷入了治理权碎片化的困境。护城河作为 W 社区的一个重要特色，虽然具有极高的历史价值，但它的管理结构是条块分割的，不同的部门，如园林部门、宗教部门等，各自管理河边的一部分历史遗产。这种管理上的划分，导致协同性的治理变得困难。

> 如果街道办事处能够来照看这些地方就好了，这样会更加方便。但街道办事处的人总觉得还是让专门管理文物的部门来负责会更靠谱，因为街道办事处没有专业的团队。（访谈记录：XYS20220926）

更让人感到困扰的是，由于缺乏一个统一的管理主体，这些环境治理工作常常只能以运动式治理的方式，启动专项整治。而这样的方式，虽然能够在短期内取得一些效果，但长远来看，很难建立起一个持续的治理机制。尽管 S 市的政府工作人员在接受访谈时表示，将治理责任下放至街道更有助于社区问题的解决，但由于城市管理体制的分工过于细致，实际上，街道在面对综合治理时也面临种种障碍。由于城市管理体制中的条块分割现象，各个职能部门往往各司其职，而街道在此体制内缺乏足够的协调权，无法有效地将各部门的资源整合起来。

以 W 社区为例，护城河的管理就分属多个部门，而交通问题、树木倒塌等问题也分别有其对应的管理部门。这使街道在推进综合治理时，难以协同各部门，甚至会出现部门间的矛盾。此外，街道本身也缺乏必要的权力来推动相关职能部门去解决环境问题。例如，在需要跨部门协调时，街道难以对各职能部门施加压力，致使街道在推进环境治理时常常感到力不从心。

5.1.3.2　直管公房陷入管理困境

W社区居民住宅区所拥有的直管公房在管理上呈现明显的困境。这些房屋原本是政府对特定群体的住房保障，但现在很多成为出租市场上的廉价选择，导致人居环境逐渐恶化。在房屋的维护方面，政府的维护关注点通常集中在公共区域，很难关注到直管公房的内部空间。

大多数居住在直管公房的居民，无论是老年本地居民还是外来务工人员，都面临各种生活困难。对于他们来说，房屋内部空间的修缮超出了他们的经济能力，因此不在他们的优先考虑之列。这使大量的直管公房逐渐破败。更为严重的是，这种状况逐渐形成了一个恶性循环：因为环境恶劣，更多的本地居民选择迁出，更多的外来务工人员选择入住，而后者往往更没有能力进行房屋维护，导致房屋状况进一步恶化。

在W社区的直管公房经营层面，复杂的情况为管理带来了不小的挑战。一些本地居民在多年前依法申请了"住改商"的权利，使原先纯粹的居民住宅区融入了众多小商贩，形成了一种小型的生活必需品市集。这里的商贩大多售卖对社区居民至关重要的商品。从日常穿戴的布料，到药材和日常小零件，再到家常蔬果和各类食品，它们为W社区居民的日常生活提供了便利。这意味着这些商贩不仅仅是一个经济实体，更是居民日常生活的一部分，与居民紧密地联系在一起。

这样的经营模式也为社区带来了问题。首先是空间的割裂。各种各样的摊位在有限的空间内相互堆叠，使原本已经相对狭窄的公共空间变得更为局促。其次，由于商贩经营的特性，还带来了食品安全隐患。解决这些问题并不容易。一方面，这些商铺是合法的，任意干涉不仅可能导致法律纠纷，还可能影响到部分商贩的主要收入来源；另一方面，关闭这些商铺会影响社区居民的日常生活，甚至可能影响到社区的和谐。因此，面对这样的困境，政府很少对这些商铺进行腾退。

在W社区的直管公房管理问题中，尤为明显的是转租的普遍现象。为了更合理地规范这种现状，S市有针对性地出台了相关规定，要求租户在自由转租的同时也需承担额外增收租金，这笔资金专门用于直管公房的日常维护。然而，由于没有经过正规的房屋中介机构，大多数房源是通过口耳相传或是由社区内部的非正规小型房屋中介公司隐秘地对外提供的。这种方式不仅导致房屋管理部门难以获取规定中的增收租金，进一步加剧了直管公房的维护困境，而且使房屋存在的安全隐患长时间得不到检测。

> 这些房子的居住环境确实一般，虽然你可以直接跟房东签合同租下来，但是这样的话权益保障就很难说了，还是通过正规中介租房更让人心里踏实些。（访谈记录：LXX20220902）

5.1.3.3 社区自治力量发育不足

虽然 W 社区位于城市的繁华腹地，社会组织活动的火花却难以激起。这里鲜有社区社会组织，社区的互助缺乏一个稳固的载体。其中一个重要的原因是该社区人际关系疏离。大部分的年轻人是来自外地的务工人员，他们在这里为生活而忙碌，对于社区的归属感并不强烈。他们更多的是将 W 社区视为一个暂时的栖息之地，而不是最终的归宿。因此，尽管社区内有着丰富的资源，但由于年轻人工作忙碌，他们很少选择参与到志愿服务中，为社区的日常管理出一份力。这种状况不仅使社区的自治组织力量显得薄弱，还让社区缺乏了一种蓬勃向上的活力。

W 社区的社区社会组织，最初是本地居民为了彼此之间的交往而建立的。这些组织很多是由一些热心的本地居民牵头，围绕着共同的兴趣，如园艺、手工艺或者书画等，组织各种趣缘型活动。这些活动为社区的老年居民提供了一个交流的平台，丰富了他们的生活。但遗憾的是，这些社区社会组织很难持续发展。原因之一是它们过于依赖个别的组织者。当这些关键的人物因为健康问题、搬迁或其他原因退出组织时，组织就失去了推动力，逐渐陷入停滞。随着时间的流逝，这些曾经充满活力的社区社会组织就逐渐成为名存实亡的"僵尸型组织"。

在 W 社区，虽然拥有一批忠诚的退休本地居民志愿者，但由于缺乏年轻人的参与，社区的志愿服务队伍面临严重的功能限制。由于年长的志愿者可能面临身体上的限制，他们更多地倾向于参与对体力要求不高的活动，如社区座谈、文化娱乐活动或者简单的社区服务。而物业维护、社区巡逻和重体力的清洁工作则显然超出了他们的能力范围。但这背后，隐藏着一个更深层次的问题，那就是社区参与的隔阂。大部分中青年外来务工人员因为工作压力的关系，很少有机会参与到社区的公共事务中。他们更多地将自己定位为社区的"过客"，并不认为自己有义务去为社区的发展做出贡献。这不仅仅是时间上的问题，更多的是心理上的距离。

> 一般都是让老人家说说自己的想法和需要什么帮助，然后咱们社区的工作人员来具体操作、解决问题。这样大家都不累，事情也能办好。（访谈记录：LY20220926）

5.1.3.4　市场力量参与共同体建设意愿低下

W社区面临明显的老龄化趋势，老年人口不仅在数量上占比较高，而且在生活方式上也呈现多样化。许多老年居民可能缺乏子女陪伴，要么与配偶共同生活，要么由于各种原因选择独自生活。这意味着他们可能需要外部帮助来应对日常生活琐事、健康问题或突发情况。

然而，W社区的养老服务体系仍处于初级阶段，且过于依赖社区自身的供应。虽然社区内设有助餐点、日间照料中心和综合为老服务中心等服务设施，它们在一定程度上发挥了作用，但在服务供给的多样性方面仍有改进空间。显然，社区的养老服务体系还未形成一个能够满足老年人多样化需求的生态系统。

物业公司的参与可以为老年人提供更专业的日常生活照护，同时也有助于提高整个社区的生活质量。在S市的一些普通商品房社区中，物业服务和养老服务已经成功整合，形成了一个相互促进的生态链，为居民提供从物业管理到生活照护的一站式服务。

但受限于W社区居民相对较低的支付意愿，许多以营利为导向的物业公司面临进驻市场的挑战。在这种情况下，物业公司在平衡经济回报和服务成本时，通常会选择退出W社区的养老服务市场，因为维持高标准的服务质量需要相应的资金投入，而在收费不足的情况下难以为继。

这种现象背后反映出的不仅是物业公司的经济利益考量，还更深层次地体现了W社区如何在有限的资源中，为老年居民提供高品质服务的难题。为了满足居民的期望，物业公司需要投入大量的人力、物力和技术，但在收入不足以覆盖成本的前提下，这增加了公司的运营风险。此外，随着老龄化的趋势加剧，老年居民的需求也更为多样化，如健康管理、日常照护、休闲活动等，这要求物业公司具备更高的服务专业水平。

但在 W 社区这样的经济环境中，物业公司在扩展服务内容的同时，还要考虑如何控制成本，这为其带来了更大的运营挑战。

> 可惜咱这社区，连最基本的物业服务都找不到愿意来投标的公司，更别提什么养老服务了。（访谈记录：ZXD20220922）

5.1.3.5　代际记忆传承断裂

随着 W 社区本地居民的大规模流失，一种深刻的代际记忆传承的断裂正在悄然发生。那些曾经的日常生活细节、社区故事和乡愁情感，逐渐被冲淡。尽管现代商业文化为 W 社区的商业区注入了新的活力，吸引着年轻的游客，但这些新元素可能无意中淹没了 W 社区真正的历史内核。

笔者调研所揭示的现实是，人们对 W 社区的认知已经从一个有血有肉的生活空间，转变为一种浪漫化的"古城"形象，其中充斥着丝绸、刺绣和小桥流水等符号，但缺乏真实的人文情感。虽然 W 社区为了保留其独特的文化特色，做出了多种努力，如出版社区故事宣传手册和建立文化打卡点等，但由于这些主动选择的"集体记忆"更多地反映了商业化的古城形象，而非真正源自居民深层次的情感体验，其效果存疑。

在许多方面，集体记忆的传承是一种深植于人的情感的历程。然而，W 社区正在经历的空心化现象，实际上已经削弱了这种深度的人文纽带。尽管 S 市的古城地位稳固，W 社区却逐渐成为古城内部的"沉默之地"，面临一系列城市发展的挑战。原有的古宅民居遭受岁月的侵蚀，变得破败不堪。更令人担忧的是，基础设施如下水道系统的滞后，严重影响了居民的日常生活质量。这些问题，直接影响了居民对 W 社区的归属感。

为了追求更高的生活品质，不少本地居民选择离开，而被吸引来的入住者多是以求生为目的的外来务工人员。他们或许可以为社区带来一定的经济活力，但对于历史的传承，这些入住者还需更多时间。与此同时，本地居民的大量外流加速了社区人口结构的变化，使社区空心化的问题更加严重。

> 开店的基本上都是外地来的人，咱们本地的居民几乎都搬走了。（访谈记录：XAP20220831）

W 社区的空心化不仅仅是一个表面的空间结构问题，更深层次地，它代表了一个社区的精神流失。当社区的人力要素大规模流向其他区域时，这意味着社区失去了其基本的文化基础，进而影响到社区的整体氛围。在城市化的浪潮下，新兴城区凭借其先进的基础设施逐渐成为人们居住的首选。

W 社区面临的挑战是老街巷社区普遍面临的问题。随着商业文化的涌入，传统文化逐渐失去了竞争力。公共服务的质量下降，社区的面貌逐渐老化，这些问题不仅影响了居民的生活质量，还对社区的文化传承产生了负面影响。更为重要的是，W 社区所经历的代际记忆传承的断裂问题，不仅是文化上的损失，还涉及社区居民失去了与祖辈的深厚情感联系。这种情感联系原本可以为社区注入强大的活力，现在却逐渐消逝。

5.2 记忆叙事的社区治理行动模式

5.2.1 以有机更新恢复居民身份自信

S 市在处理老街巷社区治理的问题时，采取了一种极为人性化的策略——有机更新。这种策略强调将老街巷的建筑、商业活动以及居民生活视为一个不可分割的整体生态系统，从而在不断提高居民生活质量的同时，保持老街巷历史文化的连续性。更新过程中，采取的是逐步推进的方式，灵活应对社区内部的各种复杂问题。

一方面，这样的治理方式能够激发居民对社区治理的参与热情，减轻政府在社区管理上的负担，化解可能存在的社会矛盾，以社区自我管理为核心，进行精细化的小规模改造；另一方面，它也确保了在保护老街巷独有的传统风貌的同时，改善居民的居住环境，满足他们对美好生活的追求。虽然受到了多头管理的局限，但得益于社会组织的专业能力，最终形成了一种政府与社会组织携手合作的有机更新秩序，为老街巷的社区治理提供了一个行之有效的解决方案。

5.2.1.1 低合作意愿与多头管理

以有机更新为引领，城市更新手段已经成为众多地方政府应对古城环境恶化、文化遗产受损、空间布局混乱等一系列问题的常规选择。这种方法强调在改造过程中保持恰当的干预尺度，从而保障古城特有的风貌。S市在其古城保护的实践中，紧紧围绕有机更新的核心理念，制定并实施了一系列切实可行的城市更新政策。这些政策明确提出，任何更新活动都应当在严守文化遗产保护原则的基础上进行，同时兼顾满足社区居民的日常生活需求。

在这些政策的引导下，S市的老街巷社区纷纷启动了一系列微观层面的更新项目，涵盖了从老旧小区改造、保障性住房建设试点，到生活垃圾分类处理、城市绿化提升等多个方面。W社区也充分利用政府购买社会组织服务项目，力图打造出一批高质量的微更新项目，并将其打造成为社区品牌典范。这一系列举措旨在通过保护和弘扬古城文化遗产，提升社区居民的生活品质，实现城市更新的双赢目标。

S市坚持了"规划先行"原则，这在城市总体规划中得到明确体现，特别是在古城保护方面。因此，W社区在进行社区微更新项目时受到了城市规划的严格限制，增加了项目的实施难度。此外，W社区内部存在众多文物古迹，但缺乏一个有效的协调机构，这导致在微更新过程中协调工作常常受阻，各方利益难以达成平衡，最终导致W社区的微更新项目进展缓慢。

政府曾在提升W社区品质的战略规划中考虑引入市场力量，以期创立独具特色的社区微更新品牌。然而，W社区的微更新项目难以满足企业对预期利润率的要求，导致企业对参与W社区微更新项目的热情不高。当前，W社区正面临一系列问题，包括公共基础设施老化、绿化空间不足以及交通拥堵等，要解决这些问题，需要投入大量资金用于公共基础设施的改善。同时，S市的城市规划对社区内微更新项目的范围有严格的限制，这使企业在W社区进行功能升级时难以获得期望的商业利润，从而减弱了它们的参与意愿。这种情况不仅影响了外部资本对W社区微更新项目的投资，还增加了政府在推动社区更新方面的挑战。

尽管如此，政府直接介入W社区微更新项目的动力也相对有限。从目前的情况来看，政府几乎无法从社区微更新项目中获得土地收益。为了弥补外部投资的不足，以及满足居民日益增长的对更高生活品质的需求，政府不得不考虑投入更多的财政资金来支持社区微更新。另外，考虑到W社区内涵盖众多文物古迹，涉及的利益相关方众多，协调各方的利益、达成一致的协议需要耗费大量的时间和精力。这种复杂的协调过程往往导致项目难以快速推进，进一步降低了政府直接介入社区微更新项目的积极性。

> 没有一个具体负责的部门来统筹安排，所以你会发现活动组织起来都有点儿零散，没那么有条理。（访谈记录：LY20220914）

政府为了发挥 W 社区居民的主体作用，也曾努力动员社区居民的力量，希望通过自下而上的参与形式，以本地居民自治为中心，搭建起有机更新项目的平台，从而为社区品牌的建立增添活力。但是，实践中面临一系列的困难。

首先，W 社区在资金支持方面存在明显的不足。由于缺乏一个统一的政府部门来提供稳定的资金支持，各个条块部门对治理项目的资金投入分散，在这种情况下，社区很难有足够的资源去培养本地的社区社会组织以及志愿者团体。其次，社区在动员居民参与微更新项目的过程中也面临诸多挑战。缺乏组织化的手段，使社区难以有效地调动居民的积极性，难以达成强大的共识，社区活动往往无法深入贯彻有机更新的理念。因此，社区在实际操作中只能选择进行微增量式的改造，比如开展一些小规模的社区微更新项目，虽然这些项目在一定程度上呼应了有机更新的倡导，却难以形成系统完整的更新秩序，也不利于对 W 社区进行系统性的更新。

5.2.1.2 强专业能力与情感治理

在深入了解了 W 社区所面临的多头管理格局后，社会组织认识到仅仅依赖政府的行政力量来推进治理过程几乎是不可能的。因此，社会组织决定充分发挥自身在情感治理方面的优势，将有机更新的理念有机地融入 W 社区的治理过程中，以期实现更加有效的治理效果。

在推动社区有机更新的过程中，社会组织采取了一系列创新性的策略。首先，在空间管理方面，社会组织引入了集体记忆叙事的方式，将这种独特的叙事技巧融入社区微更新项目中。这种方法不仅能够帮助居民重拾对社区的集体记忆，还能潜移默化地引导他们改变自己的行为模式，增强社区凝聚力，促进社区内部的和谐发展。其次，社会组织还运用建筑环境重建的战略，将 W 社区变成一个行为实验室。通过改造社区内部的空间布局，社会组织试图构建起一种全新的社会空间管理形式，从而更好地满足社区居民的需求，提升他们的生活质量。

如果我们的社区改造只是随大流，譬如搞个社区花园什么的，却不引导居民养成好习惯，这样的改造根本就没法长久。（访谈记录：LJC20221008）

为了进行情感治理，社会组织在入驻初期开展了一项详尽的文化挖掘活动。特意派遣了一支经验丰富的团队，历时近一个月，对社区的本地居民进行了一系列深入的访谈，以还原他们过去的真实生活经历。这些访谈活动揭示了 W 社区在过去的岁月中曾是一个繁忙的货物集散地，当地居民自豪地称之为"护城河上第一名街"，表现出深厚的社区认同。居民们在回忆过去时，脑海中总是浮现出社区内随处可见的花圃，这些花圃见证了他们美好时光的历程。

鉴于这一发现，社会组织决定将这份深藏在居民记忆中的美好景象再现于现实之中。面对目前 W 社区沿河花坛破败不堪的现状，社会组织提出了"家家户户门前有花"的创新构想，希望通过这种方式重现曾经那个充满活力的社区面貌。这不仅让社区居民在熟悉的环境中找回了失落已久的儿时记忆，更重要的是，还激发了居民对社区环境的共同责任感。因为花属于每家每户，居民在日常生活中自然而然地产生了对花草的养护之情，这不仅让这片花海变得更加美丽，还让居民在这个过程中重拾了过去的身份认同。如此一来，社会组织不仅成功地通过有意义的社区活动重塑了居民的集体记忆，还为整个 W 社区带来了前所未有的文化复兴。这一举措在激发社区参与和社区认同方面具有积极的影响。

在建筑环境重建方面，社会组织引入了情感治理的方法，将其纳入社区更新议事会议中，旨在培养居民自主协商解决社区问题的行为习惯。在这些议事会议中，居民有机会向社区居委会表达他们真实的需求和诉求。社区居委会在充分倾听居民意见后，与社会组织合作进行深入的微更新方案设计，从而提高社区居民在微更新进程中的参与感。此外，民主协商方法还能够进一步激活社区的公共生活，完善居民自治机制，并促进居民自愿互助服务。实际上，W 社区的民主协商方式不仅强化了居民的情感认同，而且在推动社区治理进程的同时，最大限度地降低了社区治理的风险，赋予居民更多的集体责任感。

5.2.2 以品牌叙事构建社区认同

5.2.2.1 低合作意愿与借力改造

W 社区坐落在充满历史气息的古城保护区内，其辖区范围内珍藏了众多珍贵的历史文物。然而，与其丰富的历史底蕴形成鲜明对比的是，这里并未设立物业公司来进行日常的社区管理工作。这一现状意味着，W 社区中诸多与居民生活息息相关的公共问题，其解决的途径在很大程度上依赖于政府的介入。W 社区面临的诸如环境综合治理、人居环境提升、养老服务供给以及集体记忆延续等公共问题背后，牵涉到多个政府部门的协同合作。然而，由于行政格局的复杂性，各部门之间的协同工作常受阻碍，导致 W 社区有机更新进展缓慢。为了应对这一局面，政府采取了一种类似于"小马拉大车"的工作模式，试图借助已在推进的政府项目来间接解决社区内的公共问题。这种做法旨在充分利用政府相关部门的资源和力量，以推动公共问题的解决。

在社区环境综合治理和人居环境提升这两个方面，W 社区可以相对容易地找到能够借力的政府相关部门项目。然而，需要注意的是，这些政府项目通常都受到严格的技术指标和规范的制约。即使 W 社区能够成功借力，其受益范围也往往受到限制，并且项目的效果通常只能在有限的时间内维持。

以 S 市城管部门负责的历史文化古街广告整治项目为例，该项目的整治范围受到严格的规定，难以覆盖整个 W 社区，也不能全面满足社区居民的实际需求。此外，该项目主要着眼于旅游休闲景观改善的角度，其重点与社区居民的日常生活需求并不完全契合。除了依赖政府项目，W 社区还尝试通过与 S 市古城保护联盟合作来解决问题。该联盟整合了丰富的资源，一旦居民通过其提出投诉，相关问题可以迅速得到升级处理。然而，这种方式的效果同样受到限制，因为古城保护联盟的主要职责集中在文物古迹保护上，而未能涵盖居民的日常生活问题。

W 社区不断探索，发现了一种有效的渠道，即 S 市创新实施的社情民意联络制度，可以借力以解决一系列问题。该制度使社区居民能够依法依规地向市级政府部门反映他们的民生需求，并希望通过官方渠道推动问题的解决。社区居民通过参加市级政府举办的社情民意联络活动，有机会亲自向市级政府传达他们对小区停车难、休闲配套设施不足、养老服务不足等实际问题的关切，并提出具体建议。市级政府职能部门在收到居民的反馈后，充当协调者的角色，协同相关区级政府部门，督促问题的解决进程，并建立了部门间沟通协同的工作机制。这一制度为社区居民提供了一个有效的途径，使他们能够直接参与政府决策，推动问题解决，提高了社区治理的透明度和响应速度。

社情民意联络制度在一定程度上增强了政府职能部门对民生问题的督办能力，但在实际操作中，很多问题的解决并非一帆风顺的。正如"有机更新"理念所倡导的，社区治理应该具有灵活性，这就要求各利益相关方能够提出灵活多变的解决方案，并在实施过程中根据实际情况进行调整。然而，社情民意联络制度仅能就零散的民生问题进行督办，这使 W 社区的治理活动难以形成连贯性，从而影响治理的可持续性。

> 我就是抱怨这儿停车太乱，结果人家给我出的主意是让所有车都规规矩矩停在车位上。可我家门口根本就没有车位，孩子们开车过来了都没地方停，只能去挤占别人的位置。（访谈记录：NJ2022 0928）

5.2.2.2 强专业能力与科学调研

社会组织在激发社区居民的自治潜能方面发挥着独特作用，采用科学调研的方法来引导居民积极参与社区治理。科学调研不仅对居民的生活经验进行梳理，还通过叙事方式将这些个体的私人故事转化为具有公共意义的共享资源。在现代社会中，叙事成为达成共识的重要媒介，有助于促进居民之间的互相理解和合作。

特别是在老旧的街巷社区，叙事成为联结过去与现在、个人与集体的关键纽带。然而，由于环境的逐渐衰败，W 社区的历史叙事正面临断裂的风险，其深厚的历史叙事正被外部的商业化浪潮重塑。在这种背景下，社会组织通过科学调研，努力在居民中建立起对社区公共生活的共识。这种共识不仅强化了社区居民之间的纽带，还为社区治理提供了共同的价值基础。在这种共识的指引下，W 社区的有机更新进程得以根据居民的真实需求逐步推进。

W 社区面临的公共问题错综复杂，涉及众多政府部门，令解决问题的过程变得异常艰难。在这种情境下，社会组织深刻认识到，仅仅依赖社区居民反映诉求从而吸引上级政府注意的传统方式，已经难以有效打通问题解决的各个环节。因此，社会组织开始尝试通过多元化的手段，深入挖掘 W 社区的独特历史叙事，力求从根本上推动社区公共问题的解决。

为了更加精准地把握社区的实际情况，社会组织采用了系统化的社会工作方法，深入每一个居民家中，开展走访调研，从居民的日常生活出发，收集、记录他们的故事，形成了翔实的个案档案。这些档案不仅记录了居民的个体叙事，还涵盖了社区公共生活的各个层面，如邻里关系、经济状况、个人成长历程等。借助这些珍贵的一手资料，社会组织接着尝试引入民主协商这一先进的治理手段，组织了一系列的工作坊、讨论会和沙龙活动，让更多的社区居民参与进来，共同探讨 W 社区的未来。这不仅增强了社区居民对本土历史文化的认同感，还在他们心中达成对 W 社区有机更新的价值共识。

> 别光自己心里有数，得把邻居们都叫一起，让大家都认识到咱社区可是有它的文化魅力的，咱们得一块儿使劲儿，让它变得更好。（访谈记录：JSD20220903）

社会组织深入挖掘了 W 社区丰富的历史典故，通过对大量文献资料的收集整理，力图全面传承这片土地的文化底蕴。为了更加生动形象地展示社区的历史文化，社会组织巧妙地运用手绘技法，制作出充满艺术感的社区资源地图，并在社区的显眼位置设置了文化故事的指向标志，引导游客深入了解社区的历史。这一切的努力，初步显现了社会组织在推动社区历史文化复兴方面的治理成效。特别是在这一过程中，许多对家乡充满深厚感情的本地居民，也因为对社区的自豪感，纷纷主动报名参与到社区的更新活动中来，成为志愿者队伍中的一员。他们热情地协助社会组织梳理社区的历史故事，共同参与到这一富有意义的文化复兴活动中。

在历史故事得以系统梳理之后，为了让更多的人了解社区的历史文化，社会组织又创新性地采用制作社区绘本的方式进行广泛宣传。这种富有创意的宣传方式，极大地吸引了游客的注意，也让社区的历史文化得以更好地发扬光大。此外，社会组织还积极对外联络，成功引进了高校美术老师的资源，与社区居民共同创作了一系列富有地方特色的文创产品。这些文创产品不仅成为社区文化的一部分，还成为社区经济发展的新亮点。在文创产品成功诞生后，社会组织又紧接着找到了社区中原有的便民服务站，将这些文创产品进行销售，所得资金则用于支持社区历史叙事的持续更新，形成了一种良性循环的局面。

社会组织调研团队以高度的责任感，围绕社区环境卫生、硬件设施、软性服务以及文化典故等关键主题，对 20 位不同背景的居民展开了深入细致的调研。通过对这些珍贵数据的分析，社会组织汇总产出了一本结构清晰的居民需求手册，涵盖了环境、设施、文化、宣传、经济五大主题和三十余个具体议题。这本手册不仅直观地展示了社区居民对公共环境、文化传承和经济发展等方面的期待和要求，而且为利益相关方提供了一个快速识别居民需求的有效工具。

紧接着，社会组织发挥其组织协调的优势，启动了一系列创新性和实际性并重的试点营造工作，涉及雨污管道维护、杂物清理、晾晒空间优化、雨棚更新、议事亭建设、绿化美化、导览标识制作、墙面装饰等多个方面。在这一系列的试点工作中，社会组织始终保持着高度的项目运作透明度，不仅主动向居民通报项目的进展情况，还详细解释了项目的意义，让居民充分参与到社区建设中来。

5.2.3　组织专业化与集体记忆效应

W 社区居民的社会心态呈现矛盾的状态。一方面，他们由于参与到城市建设的进程中，感受到了自身价值的实现；另一方面，他们又时常被快速现代化的城市节奏所迫使，产生一种无力抗拒的恐惧感。对于这部分心态复杂的社区居民而言，如果能够在增强其身份自信方面给予切实的帮助，他们在社区治理参与方面的积极性将会得到极大提升。

基于这样的认识，W 社区治理行动的策略便聚焦于两个核心要素：一方面，通过提升社会组织的专业化水平，加强其在社区治理中的引导作用，确保社区活动有序开展；另一方面，通过挖掘社区独特的历史文化，增强居民对社区的认同感，从而形成一个凝聚力强的社区治理共同体。

5.2.3.1　网格联动响应民生需求

W 社区隶属 P 区管辖，P 区的社区结构以传统的老街巷为主，面对物业公司的缺失，P 区政府采取了创新的管理手段。通过将若干个社区整合打包，P 区创设了网格化联动工作站，这不仅打破了街道内部的条线限制，而且为社区提供了更加全面的服务支持。在社区治理的进程中，科技的应用发挥了不可或缺的作用。网格化联动工作站引入了无人机技术，对社区进行全方位的巡查，及时识别各类社区风险。此外，该工作站还与 W 社区安装的食品安全监控系统、河长制监控系统等视频监控设施联网，并接入了人流热力图等信息化平台系统。依托这些先进的技术支持，网格化联动工作站能够高效地完成日常巡查任务，为社区居民提供了更加安全的生活环境。

W 社区的网格化联动工作站装备了先进的大屏幕显示系统，使社区的治理工作更加透明。在这个大屏幕上，工作人员可以实时查看到社区下辖各个居民小区的详细情况，包括人口概况、志愿者分布、困境人群的状况，以及安全生产的排查情况和房屋征收项目的进展等多个方面的信息。网格化联动工作站的工作人员通过综合利用网格员的信息采集报告和实时监控数据，能够快速准确地形成问题工单。在接到问题工单后，他们会及时联系相关城市管理部门，协调资源，为社区居民提供全面的服务，并开展联合执法活动，确保问题能够得到有效解决。同时，工作站的相关人员还可以主动根据视频监控影像，对社区现场的各类问题进行分析判断，进而指引网格员现场处理，确保居民问题的快速响应。

在网格化联动工作站这一信息集散地的架构下，网格员扮演着极为重要的角色，他们成为社区中不可或缺的"万事通"，肩负着沉甸甸的责任。从处理社区居民的日常大小事务，到执行民政、计生、残联等便民服务项目，网格员都需要投入极大的精力。他们不仅是服务项目的执行者，还是社区活动的组织者。扶贫助学、党建文化建设、法治宣传等一系列社会活动，都离不开网格员的辛勤付出。

在这种以工单派发为主导的工作模式中，网格员需要具备敏锐的观察力。他们要在微小的社区变革中发现问题，通过实际行动激活社区记忆，让社区的每一次变革都成为居民共同记忆的一部分，增强社区凝聚力。在这样的背景下，科技手段发挥了独特的作用。通过实时的视频监控系统，网格化联动工作站能够准确快速地掌握情况，并利用点对点派单的方式，将任务直接分配给相关责任人或部门，确保居民问题得到及时解决。

网格员得盯着那些电瓶车，看看充电是不是有什么安全问题。

还得跑去出租屋那儿，检查检查有没有什么隐患，确保住在里面的人都安安全全的。（访谈记录：JSD20220903）

5.2.3.2　参与式营造助推公共性增长

W 社区是一个空间多元的综合体，其空间构成涵盖了公共活动场所、建筑布局和土地利用等多个维度。在这个复杂多变的社区环境中，治理过程涉及众多利益相关者的协商。为了在众声喧哗中寻找到一条共识之路，推动 W 社区的有机更新，需要借助广泛的社区参与。社会组织在这一过程中发挥了关键作用。

社会组织采用参与式营造的方法，将社区更新的议题深植于居民的集体记忆中，通过增强社区居民的身份认同，激发他们对社区发展的热情。在参与式营造的过程中，社会组织复兴了社区居民集体记忆中那些积极美好的元素，将其以具体可见的形式呈现，旨在凸显 W 社区丰富的审美、精神、社会、历史和象征价值，从而为社区的长远发展奠定坚实基础。

参与式营造作为联结社会组织与居民的桥梁，其在 W 社区的有机更新过程中发挥了关键作用。居民参与的加深并非偶然，而是他们深藏于心的集体记忆得以寻回的直接体现。社会组织巧妙地将这些珍贵的集体记忆转化为社区独具特色的文化景观，从而实现了对社区空间的创新重构，将 W 社区的过往历史和现实生活紧密相连，形成一个有机整体的社区营造项目。这种深刻的营造方式，不仅增强了居民对自身身份的认同，还使他们深刻认识到社区文化的重要性，从而激发出一种自发参与城市更新进程的积极行为模式。参与式营造方法因此在 W 社区得到了更广泛的认可，展现出其在城市更新中的巨大潜力。

> 刚开始的时候，居民对于这个社区营造的活动可真是提不起什么兴趣。但慢慢地，他们发现我们真心实意地在倾听他们的声音。一些热心肠的居民就愿意站出来，主动参与进来了，甚至有的还成了我们的志愿者，真是让人挺感动的。（访谈记录：LJC20221027）

在参与式营造的进程中，社会组织成功揭示了集体记忆作为 W 社区治理驱动力的巨大潜能。受到集体记忆驱动的社区创意再生，不是仅停留在空间的改造层面，而是推动了 W 社区在文化多样性上的深刻重塑。在这样一个充满活力的社区环境中，居民自发产生的创意逐渐成为社区有机更新的重要灵感来源。他们通过议事会等民主参与机制，将这些创意转化为切实可行的更新方案，并让其在社区的实际建设中得到了有效实施。如此一来，W 社区在保持其独特文化魅力的同时，也在不断地向前发展，展现出无限的生机。

在 W 社区进行的有机更新项目中，本地居民的作用不容小觑，他们拥有的本土知识是社会组织无法从外部获取的宝贵资源。他们对于本地文化的熟悉，使他们能够为社会组织提供关于社区当地价值的深刻洞见。社会组织认识到了这一点，并采取了构建社区参与计划的方式，为这些与社区紧密相连的本地居民群体搭建了一个分享集体记忆、共同参与社区再生行动的平台。

这种将本地居民直接纳入更新过程的做法，不仅强调了社区的独特价值，而且将多元利益相关者的声音纳入社区治理的过程中。本地居民对社区的深厚感情被社会组织转化为推动社区建设行动的核心动力，他们的愿望转化为富有社区意识的空间设计，极大提升了居民的幸福感。同时，通过参与社区的有机更新行动，多元利益相关者也逐渐认识到，社区更新是一个需要有序组织的过程，其最终目标是通过改善社区空间来实现社会秩序的和谐。

社会组织进入 W 社区以后一直坚持采用专业的参与式营造方法，从问题的识别、规划的制定，到方案的执行和落地，居民的主体性都得到了充分的体现。对于社区居民而言，参与式营造方法激发了他们作为社区主人的自觉意识，使他们更加积极主动地参与到社区治理中，成为治理行动的支持者。

在社区营造的初始阶段，社区居民扮演了至关重要的角色，他们帮助社会组织准确地识别了社区内部主流认知的治理问题。在规划阶段，依据社区居民代表提供的第一手资料，社会组织能够制订更符合社区需求的有机更新方案。为了确保有机更新方案能够得到社区居民的广泛认同，社会组织投入了大量的精力，组织举办了多次民主议事会，确保所有社区居民的关切在规划中得到充分的考虑。到了执行和落地阶段，社会组织与社区居民建立起了紧密的合作伙伴关系，居民不再是被动的服务接受者，而是变成了主动参与社区营造的关键一员。他们接受了专业的培训，成为社区营造领域的"专家"，这不仅为他们带来了技能上的提升，还为他们在日后社会组织退出后，独立负责社区营造场所的日常维护工作奠定了基础。通过参与社区营造，居民得到了精神上的满足，他们为自己能够为社区的发展贡献一份力量而感到自豪。

5.3 低合作意愿和强专业能力作用下的记忆叙事

5.3.1 叙事式的城市社区治理行动

叙事式城市社区治理行动强调通过讲述故事来共享社区的历史、文化和价值观，进而达成对社区未来发展方向的共识。这种治理方式将居民的个人经历置于中心位置，通过叙述性的方法展现社区的独特性，促进社区居民之间的相互理解。在 W 社区的治理行动中，社区居民不再是被动接受服务的对象，而变成了社区故事的讲述者。他们通过讲述自己的故事，分享自己对社区的感受，参与到社区规划的过程中。这样的参与不仅让他们的声音得到了倾听，还增强了他们对社区的归属感。

5.3.1.1 历史文化遗产的保护与挖掘

政府在推动 W 社区的治理行动中明确了三大核心原则，确保治理行动的顺利开展并达到预期效果。首先，政府强调"保护优先"，要求在社区治理过程中，将保护工作放在首位，实现从单一追求历史风貌的保存转变为同时注重历史风貌和社会生活的有机结合。政府倡导在尽可能保留街区原有生活模式的基础上，对社区环境设施进行优化升级，实现社区的整体提质。其次，政府提出"操作渐进"的原则，要求在社区治理行动中，放弃过去"大刀阔斧"的做法，转向一种更为细致入微的微型营造项目。这种做法更注重对社区原有面貌的保护，以小切口的方式，实现社区环境的逐步改善。最后，政府提出"主体多元"的原则，政府希望打破过去由政府主导的局面，引入更多的社会组织参与到社区营造活动中来，使其与政府和居民一同协作，共同推动灵活多样的社区治理项目。

通过以上三大原则的贯彻实施，政府希望不仅能够对 W 社区的居民住宅区风貌进行有效整治，还能改善居民的生活环境，保存社区的集体记忆。在这一过程中，政府给予了社会组织创新的空间，同时也激发了居民自主参与社区建设的热情。值得注意的是，这并不意味着政府在社区管理中的职能被弱化，相反，通过赋予社区更多的自主权，政府成功地将自身从烦琐的具体事务中解放出来，更加专注于社区的整体规划，从而提升了政府在社区治理中的能力。

在维护历史文化遗产的基础上，政府将自身的组织管理能力与社会组织的专业技能紧密结合，共同为W社区的居民住宅区实施精细化的更新治理项目，致力于呈现居民住宅区宁静、整洁和宜人的特色风貌。在W社区秩序构建的初步阶段，政府起到了不可替代的引导作用，为整个有机更新过程奠定了坚实的基础。举例来说，街道主动与市政部门展开合作，对居民住宅区的市政基础设施进行全面的提升。这包括对空中杂乱无章的电缆线、通信线和有线电视线路进行系统的整治，根据实际需要增加电力、燃气、自来水和污水处理等基础设施的容量。同时，对居民住宅区内重要的街巷路面进行了重新铺设，对河道和驳岸进行了必要的检修，消除了可能存在的安全隐患。

政府对W社区居民住宅区的提升并不止于此，街道还投入资金对居民住宅区内的现有绿地进行了升级改造，增添了精品绿地和公共自行车停放点，特别是在居民住宅区的入口处，这不仅丰富了W社区的公共设施，还结合了古城的文化特色，对路标、门牌、广告牌和道路照明等元素进行了提升，打造了具有独特魅力的景观特色。通过这一系列的改造举措，政府确保居民的日常生活不受影响，同时又能直观地感受到社区环境的改善，从而使居民迅速建立起对社区有机更新的认同感。这为引导居民在未来积极参与到社区有机更新的行动中打下了坚实的基础。

> 在一开始定项目方向的时候，街道可真是下了一番苦功夫，力求尽快展现出让社区焕然一新的效果。这样一来，老百姓看到了实实在在的变化，对参与进来，共建我们社区的信心也就跟着足了。（访谈记录：SCH20220903）

5.3.1.2　志愿氛围的营造

在社区治理项目的框架下，社会组织秉承"传承文化，保护遗产，推动古城有机更新"的核心理念，将视线聚焦于W社区居民住宅区这一特定空间，围绕其空间结构、文化内涵和经济环境等多个维度的治理议题展开深入研究。为了更好地调动社区居民的参与热情，社会组织创新性地提出通过成立社区志愿服务小分队的方式，将社区居民纳入有机更新活动的实践中，共同探索一种全新的社区自治模式。

当社会组织着手考虑如何在 W 社区培育一种积极向上的志愿服务文化时，社会组织发现 S 市政府已经针对志愿服务这一重要议题推出了一系列具体的政策措施，其中明确提出将为开展社区志愿服务活动提供区级财政资金支持。灵活把握这一契机，社会组织与街道携手合作，成功申请到了相关资金支持来筹备社区志愿服务小分队。

为了让这一志愿服务模式更具吸引力，社会组织还为社区志愿服务小分队提供了全方位的支持，包括为其量身定制独具特色的志愿队服，甚至还为其创作了富有激情的队歌。通过这一系列充满创意的举措，社会组织成功实现了对社区居民的再组织化，将他们紧密地团结在一起，共同为社区的有机更新贡献力量。同时，这也有效增强了社区居民的凝聚力，使"志愿服务"这一品牌在社区内逐渐树立起来，成为一种积极向上的社区文化新风尚。

> 要让志愿服务这项活动长久地进行下去，唤起大家内心的那份自豪感很关键呢。（访谈记录：LJC20221026）

在成功建立起社区志愿服务小分队的基础上，社会组织立即着手解决居民最为关注的一系列环境卫生问题。社会组织精心挑选了八个重点区域作为试点，旨在通过实际行动切实解决下水道的恶臭问题、下垂电线的清理问题以及杂物污染问题，让居民切身感受到社区正在逐步恢复到他们记忆中那个温馨美好的家园。在这个过程中，社会组织展现出了卓越的组织协调能力，成功联动了街道、居委会、志愿者、环卫部门、城管部门、电信公司、设计公司、高校等多个利益相关方，共同参与到社区治理的实践中。这种跨界合作不仅有效回应了居民的切实需求，还增强了居民对社区的信任感，让他们在参与社区营造的实践中不断提升自己的自主能力。

为了确保社区志愿服务小分队能够顺利运作，社会组织再次发挥其创意，运用故事叙事的手段创作出一系列以志愿文化为核心的文创产品。这些文创产品不仅融入了 W 社区居民的真实生活故事，还巧妙地将居民的集体记忆融入其中，形成了一种独特的文化传播方式。即便没有通过大规模的海报宣传，这些文创产品依然通过居民间的口口相传迅速在社区内传播开来，极大地唤醒了居民间互助友爱的传统美德，增强了他们加入志愿服务队伍的自豪感，也吸引了更多居民加入社区志愿服务小分队，共同参与到社区治理的事业中，形成了一种人人参与的良好社区治理格局。

5.3.2　文化驱动的社区行动者网络

作为一片充满历史魅力的老街巷社区，W社区成功借助文化的力量，搭建起了一个充满活力的社区行动者网络，为社区的可持续发展注入了强大的动力。这个以文化为驱动力的社区网络不仅成为社区居民彼此联络的重要平台，还成为推动社区文化保护、环境改善和经济发展的重要力量。此外，这个社区行动者网络还积极倡导开放包容的社区文化，鼓励社区内外的各种力量参与到社区建设中来，共同推动社区治理。在这个过程中，社区居民的参与意识得到了显著提升，社区的凝聚力也得到了增强。

5.3.2.1　他者驱动向自我驱动的转型

在W社区这个充满历史韵味的地方，政府与社会组织携手共建，助力社区行动者网络的逐步成熟。这个网络深深扎根于浓厚的文化土壤之中，吸引着众多热心的社区居民加入有机更新项目中，成为社区更新的核心力量。简言之，W社区的行动者网络正是在文化的庇护下，会聚了一大批热衷于参与社区建设的居民。

在这个以居民为主导，自我管理和自我服务为核心的有机更新过程中，社会组织扮演着极为关键的角色。社会组织像一位智慧的顾问，为社区居民提供系统的培训，帮助他们更好地实施各种微型更新项目。同时，政府也在这个过程中发挥了不可或缺的作用，作为整体协调者，确保项目的顺利进行。当居民在实施治理项目中遇到难以解决的问题时，政府能够为他们提供及时有效的支持，成为他们与相关部门沟通协调的桥梁。

W社区形成的这个文化驱动的行动者网络，正是基于有机更新秩序的特质而建立起来的。这种秩序强调，在保持社区整体和谐环境的前提下，通过灵活多样的方式，促进居民对社区改造的主动参与，从而减轻政府在社区改造中的经济压力，解决社区内部存在的邻里矛盾，弘扬社区内的友爱氛围。这种独特的建设方式决定了有机更新网络的建设，依赖于居民个体的主动参与，将微型更新项目作为载体，吸纳更多的利益相关者参与进来，共同为社区的繁荣发展贡献力量。

在 W 社区，行动者网络的形成是一个充满活力的过程，而在这个过程中，社会组织发挥着不可替代的作用。作为文化驱动的行动者网络中的积极推动者，社会组织巧妙地运用故事叙事的方式，提炼出居民内心深处对社区的美好记忆，为整个社区的有机更新创造了共鸣。这不仅赋予了居民参与社区建设更深层次的意义，还满足了他们对精神层面的渴求。

考虑到 W 社区居民在社区营造方面的专业知识较为欠缺，难以完全依照古城保护的标准来推进微更新项目，社会组织采取了一种陪伴式成长的模式，与居民共同创造。社会组织定期组织各种工作坊活动，让居民能够相互分享在微更新项目中积累的经验，同时也邀请外部的专业人士来传授相关知识。这种做法引导居民在参与社区微更新项目时，能够围绕富有意义的社区故事进行共创。

政府在这个网络中扮演着协作伙伴的角色。当居民进行社区治理项目遇到阻碍时，他们可以借助网格员的力量，迅速联动政府相关部门，消除有机更新秩序中的障碍。由于 W 社区内部缺乏物业公司的管理，居民在推进各个治理项目时常常会发现，仅靠个体的力量难以维护社区的公共基础设施。居民可以将社区公共设施的维护情况反馈给网格员，再由网格员将问题转化为工单，传递给网格化联动工作站，最终由相关城市管理部门介入解决，并及时向居民反馈处理结果。这一联动机制极大地提升了行动者网络的运作效能。

在行动者网络的运作过程中，个体之间的观点常常存在冲突。在这种情况下，文化发挥了极为重要的沟通协调作用，及时调解了居民在有机更新过程中的分歧。政府通常会为社区治理项目提供一定的财政资金支持，使居民能够对特定区域的环境进行美化。然而，由于资金有限，治理项目能够覆盖的范围相对较小，这就导致居民在选择更新点位时存在分歧。通过文化的内化，居民能够形成社区荣誉感，通过协商达成一致，最终实现社区的和谐发展。

只要大家都是出于为这个社区好的心，那么再大的问题，我们

也能一起努力解决掉。（访谈记录：SYW20220902）

在 W 社区这个充满历史底蕴的地方，文化的内化作用不容小觑，它深深植根于每一位居民的心中，逐渐形成了一种强烈的社区归属感。居民不仅将文化视为一种无形的财富，还将其视作一份需要共同守护的责任。这种由内而外的文化认同，激发了居民对社区的深厚感情，使他们在日常生活中自觉地维护社区的整洁，积极参与到社区历史文化遗产的保护工作中。

文化的内化，不仅让居民认识到保护文化遗产的重要性，还让他们意识到维护社区环境、促进社区发展的重要性。在这种文化引导下，居民主动投身于各种社区建设活动，将传统文化与现代生活完美融合，共同营造出一种既充满古老魅力又充满现代气息的社区环境。他们深刻理解到，社区的可持续发展不仅依赖于物质层面的提升，还需要文化层面的支撑。通过这种文化的内化，居民在享受文化带来的精神愉悦的同时，也为社区的和谐发展做出了积极贡献。他们用自己的行动使 W 社区不仅成为一个居住的空间，还成为一个充满活力、文化底蕴深厚的交往空间。

5.3.2.2 快改造与慢保护的动态平衡

在 W 社区行动者网络的打造过程中，所有的讨论都紧紧围绕着对古城的保护来进行。政府在这个过程中提倡快改造与慢保护的动态平衡，并在最初阶段通过街道的积极介入，调动各种资源，迅速在社区中实施环境提升的试点工程，为有机更新的长远发展奠定了坚实的基础。街道提出，可以从环境综合治理着手，将复杂的治理问题分解为若干个更易于管理的子问题，并以项目的形式，鼓励居民自发进行解决。这种方法的优势在于，居民能够直观地感受到治理成效，从而产生正向激励，激发他们的创新精神，推动解决那些可能需要更长时间才能见效的问题。

社会组织在这个过程中发挥了其独特的优势，以讲故事的方式将治理问题具体化，并借助协商民主会议这一平台，将居民的集体记忆融入社区治理的议程中。社会组织不仅通过深入社区、倾听居民声音的方式，整理出居民的共同需求，还能够将这些需求与政府当前关注的焦点问题相结合，以集体记忆的形式对待解决的问题进行重新诠释。这不仅增强了居民参与的热情，而且使在协商民主会议中，各方更容易对社会组织提出的问题解决方案达成共识，从而推动社区有机更新的进程。

　　我们通过协商民主的方式，听取每个人的意见和需求，找到一个大家都能接受的方案，确保项目能够顺利进行，让每个人都能有所收获。（访谈记录：LJC20221026）

　　在社区有机更新的实践过程中，居民之间的分歧往往成为难以回避的问题，比如，在有机更新项目的具体位置选择，或者有机更新可能带来的邻避效应等方面，都可能引发居民间的争议。为了解决这些分歧，社会组织通过开展调解工作，在各方利益中找到平衡点，坚持"一事一议"的原则，对有机更新项目的成果进行公平合理的利益分配。

　　考虑到社区有机更新项目往往在一个复杂多变的行动者网络中并行推进，这就要求社会组织对每个有机更新项目实施全程的督导，根据项目的具体情况制定相应的行动规则。社会组织深知，对于一些复杂的社区治理议题，采取慢工出细活的态度往往能够取得更好的效果。因此，为了增强居民的参与意愿，社会组织甚至会刻意放缓有机更新项目的推进速度，投入更多的精力在社区中培养居民志愿者，鼓励他们主动参与到社区有机更新项目的创制中。

　　将居民的集体记忆融入社区微更新的过程中，是社会组织贯彻"慢即是快"治理理念的生动体现。在招募有机更新项目参与者的过程中，社会组织愿意花费更多的时间去深入了解居民的生活故事，挖掘他们对社区的情感，通过与高校的专家学者合作，共同策划微更新项目，使之成为一种对居民过往生活的外化，旨在唤醒居民对社区的热爱。

　　W社区的居民普遍收入不高，年龄较大，职业地位也相对较低，这种特殊的社群结构反而削弱了社会群体之间的隔阂，使社区居民之间建立起了一种基于相互守望的深厚情谊。正是基于对这一社区特性的深刻洞察，社会组织决定借助居民间这种深厚的互助情感，来触发社区的社会资本，进而推动居民持续地参与到社区有机更新的过程中。

　　为了实现这一目标，社会组织采取了一种极为有效的方法：通过一对一或者一对多的深度沟通，引导居民对社区存在的问题产生共情，从而在情感层面激发居民的参与动力。在这个过程中，社区的本地居民因为彼此熟悉，一旦有居民站出来积极参与，便能迅速形成一种正向的集群效应。而那些外来务工人员，尽管工作繁忙，受教育水平有限，但他们多数拥有体力劳动者特有的真诚和善良，能够很快在情感上与本地居民产生共鸣。经过社会组织细致入微的情感动员，这些外来务工人员在时间允许的情况下，也愿意做出一些行为模式上的调整，积极参与到社区的有机更新活动中。

5.4　本章小结

　　本章全面深入地剖析了 P 区 W 社区在城市社区治理方面的实践。作为一个历史悠久的老街巷社区，W 社区在城市社区治理的行动框架搭建上已经取得了一定的成果。令人瞩目的是，W 社区巧妙地采取了一种将快改造与慢保护相结合的有机更新策略，这不仅极大地激发了社区居民的志愿参与热情，营造了浓厚的志愿服务文化，同时还对社区珍贵的历史文化遗产进行了深入的挖掘，极大地丰富了社区的文化底蕴。这种独特的更新模式使老街巷社区焕发出了新的活力，为其可持续发展奠定了坚实的基础。

　　通过快改造，W 社区迅速改善了居民的居住环境，提升了社区的整体面貌，使居民能够直观地感受到社区变化带来的积极影响。快速的环境改善极大地激发了居民参与社区治理的热情，为进一步推动治理行动夯实了社会基础。与此同时，慢保护策略则体现了 W 社区对历史文化的深刻敬意。社区居民携手对社区内的历史遗迹进行保护，对传统文化进行挖掘。这不仅保留了社区独有的历史记忆，还为居民提供了一种深刻的文化认同。这种将快改造与慢保护相结合的有机更新模式，展现了 W 社区在传统与现代、发展与保护之间寻找平衡的智慧，为其他老街巷社区提供了一个可借鉴的成功案例，对于推动城市老街巷社区的文化传承具有重要的意义。

第六章

动迁安置社区：社群互助式行动模式

6.1 "三集中"的动迁安置社区

6.1.1 跳跃式发展的城市空间

F 社区位于 C 区下辖一镇的范围内，这个镇在过去以其闭塞落后的经济状况而著称。为了借助工业园区的发展带动地方经济，该镇进行了大规模动迁，建设了总面积超过一百万平方米的动迁安置住宅区。同时，新铺设了城市道路，并新建了数所中小学校，从而逐步实现了居民住宅的社区集中化、工业企业的园区集中化以及农业用地的规模经营集中化，即"三集中"现象。

F 社区的发展紧密结合城市化进程，是在政府的统一规划下进行的，这为原村民提供了一个新的居住环境，并为地方经济的发展奠定了基础。通过对基础设施的建设，该镇实现了经济的跨越式发展，为第二、第三产业的发展腾出了空间。动迁安置不仅释放了大量的建设用地指标，还为原村民提供了更为现代化的生活环境，促进了地区社会经济水平的整体提升。

6.1.1.1 数字技术深度嵌入居民生活

F 社区所在的城镇建构了一个指挥中心，其肩负着集成指挥、数据运用与网格化管理的重任。该中心融合了网格化管理和信息化管理，构建了一个智慧社区管理平台，将社区内部的小区智能门禁、监控、消防等设施纳入智能协同系统的终端范畴之内。这不仅构建了一个覆盖社区与政府多个部门的互联数据共享平台，还实现了消防实时监控和险情迅速上报等功能，确保了对社区动态的实时掌控。

借助大数据与物联网技术，集成指挥中心能够基于对社区人口和车辆信息的动态把握，与智能门禁、智慧路灯、智能井盖、智能地磁等物联网设备相结合，形成一套从感知信息上报、智能预判定级、系统自动处理到升级人工处理、网格管理联动、闭环跟踪机制、评分分析归档的社区网格化管理模式。在此背景下，F社区在行政管理上呈现与该镇其他动迁安置社区类似的网格化与数据管理深度融合的特点。集成指挥中心作为管理核心，配合智能物联网设备和网格员，共同构筑了线上督查与线下巡查的社区管理体系，旨在提升社区管理的精细化水平。

除了物联网设备提供的实时动态信息外，网格员还进行日常巡查走访，对于那些需要多部门共同协作的复杂难题，将其上报并通过镇集成指挥中心的一体化联动处置平台进行处理。集成指挥中心在线上对问题进行审核、派遣、处置和办结，确保每一个网格问题都能得到及时妥善的解决。

F社区在实施动迁安置过程中展现出了与该镇其他社区迥异的管理策略。自首批居民入住之初，F社区便秉持与普通商品房社区相当的管理标准，提倡在社区内部确立更为规范化的管理秩序。政府积极借助数字技术的推动力，将其与居民的日常生活紧密结合，实现技术与生活的无缝对接。

以垃圾分类为例，F社区在分类垃圾桶的周边安装了智能提示装置，利用摄像头检测的手段向居民提供关于垃圾分类的智能提示，从而引导居民养成科学合理的垃圾分类习惯。此外，F社区还运用数字技术建立了一套居民档案库，对新入住的居民实施个人信息电子化管理，以确保社区的规范化管理，从源头上提升居住环境的整体质量。这一系列创新举措不仅体现了F社区对居民日常管理的重视，还彰显了其在利用现代科技推进社区管理现代化方面的前瞻性思维。通过这种方式，F社区成功地在维持社区秩序、提升居住质量和推动社区可持续发展等多个层面取得了显著成效。

毕竟，这个社区是近些年才建成的，设施啊、环境啊都比较新

颖先进，所以我们期待这里能够在管理模式上大胆尝试，搞些创新的东西出来。（访谈记录：LTT20220830）

6.1.1.2 不平衡的人口结构

F 社区所在的城镇将现代物流服务业定位为其发展的核心产业，并在此基础上构建了一系列工业集聚区。在动迁安置过程中，该镇将承包土地转换为土地股份合作社股权、宅基地转换为商品房、集体资产转换为股份。这一系列措施使 F 社区的土地实现了全部被征用，并促使原村民主要转向第二、第三产业。

在 F 社区，外来务工人员的比例较高，他们主要是在当地工业集聚区的工厂从事基层劳动工作的中青年人。这部分人通常收入水平较低，倾向于选择离工作地点近、生活独立且经济负担较小的租房方式。而 F 社区以其相对便捷的地理位置和适中的租金水平，成为他们的首选居住地。然而，一旦工作地点发生变动，他们往往会选择搬至其他社区，因此 F 社区的人口流动性较大。

F 社区的居民主要为年龄在 50~75 岁的原村民，他们原本依靠耕种为生，动迁安置后转而从事保洁、保安等物业服务工作，或在当地打零工。尽管他们可以依靠房租收入和村集体股份分红维持生活，但多数人仍选择通过参与工作来增加收入并充实生活。这种生计策略反映了他们积极参与社会经济活动的愿望，同时也强调了他们的经济独立性和自我价值感。

值得注意的是，与周边社区相比，F 社区的原村民在拆迁分配中获得的房屋数量较多，但实际入住时间较晚。很多原村民在入住 F 社区前已经在其他动迁安置小区内定居，年青一代的原村民倾向于搬至环境更好的普通商品房社区居住。这导致 F 社区出现大量空置房屋，并催生了一批社区内的二房东。加之周边工厂数量众多且 F 社区基础设施较为完善，吸引了大量外来务工人员租住，最终形成了以年轻的外来务工人员和年老的原村民为主体的"双高"人口结构特征。

F 社区的外来务工人员主要包括从事当地工业园区工作的操作员、物流公司的快递员和仓库工作人员等。这一群体通常处于劳动力市场的底层，其收入水平相对较低，对居住条件的需求以经济实惠为主要考虑因素。F 社区因其相对较低的租金、完善的基础设施和靠近工作地点的地理位置而成为这些外来务工人员的首选居住地。然而，由于这一群体的工作稳定性较低，且对居住地的归属感较弱，因此其居住的流动性较高。F社区中年老的原村民的生计主要依赖于房租收入和村集体股份分红，由于缺乏适应制造业务工所需的技能，他们选择从事社区服务行业以增加收入。尽管这一群体对社区有着较强的归属感，但受到年龄因素的制约，他们的公共参与度相对较低。

这一以年轻的外来务工人员和年老的原村民为主体的人口结构，不仅带来了社区活力的提升，还引发了一系列社会问题，包括文化冲突、代际隔阂以及社区管理的复杂性增加等。与此同时，这种人口结构对社区服务的需求呈现多样化，需要同时满足年轻人对现代化服务的需求，以及老年人对传统服务的需求。

这个社区真的挺独一无二的，到处都是年轻的租房族，同时又有不少搬迁过来的老年人。（访谈记录：ZC20220613）

6.1.1.3 缓慢的社区融合进程

在多元文化背景下，社区融合的过程中，生活习惯的差异往往成为影响居民相互理解的重要因素。这些差异源于不同的地域背景、文化传统、教育水平和经济状况，它们在日常生活中的表现形式多种多样，如饮食习惯、作息时间、交际方式等。生活习惯差异在F社区内部主要表现为对公共空间使用的不同理解，对社区资源分配的不同期待，以及对邻里关系处理的不同方式。这些差异的根本原因在于居民的价值观受到其社会化过程的深刻影响，从而导致在相同社区环境中的不同期望。

这些生活习惯上的差异往往会在社区治理中引发矛盾。例如，对于如何使用公共设施，外来务工人员与原村民有截然不同的看法。一方面，这导致社区资源的不公平分配；另一方面，也加剧了邻里关系的紧张。长期存在的生活习惯差异，不仅影响了F社区居民之间的和谐关系，还阻碍了社区治理的有效进行。在这种情况下，社区融合的过程变得更为复杂，影响社区的稳定性，甚至可能影响社区的长远发展。

F社区作为本镇在动迁安置房建设项目中较为后期完工的社区，其居民安置的过程与早期项目有着显著的差异。在F社区正式向居民开放前，多数原村民选择在城镇内租赁住房，这一居住模式的转变在一定程度上改变了他们的传统生活习惯，并对其后的社区生活产生了深远的影响。

首先，F社区在规划设计方面倾向于更现代的社区建设理念。相较于该镇早期建成的动迁安置社区，F社区在居民行为规范方面表现出更高的标准。这反映在原村民的日常行为上，例如，乱种植、乱搭建、乱堆放、乱停车、乱开店等不文明行为在F社区内相对较少发生。这不仅体现了社区在提升文明程度方面的努力，还反映了原村民自身生活习惯的转变。

其次，F社区的居民结构具有多村合居的特点，这意味着社区内原村民原本存在较为紧密的社会人脉关系。然而，随着动迁的推进，这些原有的社会关系逐渐发生了离散，原村民之间的人际关系也趋向于普通商品房社区中常见的相对疏离的状态。这种人际关系的转变不仅是原村民生活环境变化的结果，还是城市社区发展进程中不可避免的社会现象。

疏离的人际关系不仅在日常生活中表现为原村民之间的互动稀少，而且在社区矛盾的处理上，展现出其固有的局限性。在熟人社会中，个体之间通过长时间的互动，建立起较为紧密的社会网络，矛盾往往能够在相互理解的基础上得到有效的缓解。然而，在人际关系疏离的社区环境中，这一传统的冲突解决机制的作用大打折扣。

F社区作为该镇租住比例较高的特殊社区，其社区结构中外来务工人员与原村民的共存，导致了一系列社区管理上的难题。这种矛盾的存在，不仅体现在日常生活的方方面面，还在一定程度上影响了社区的和谐稳定。在生活习惯上，年轻的外来务工人员往往因为工作性质的特殊性，展现出早出晚归、倒班作息、频繁搬迁等特点，这与原村民稳定的生活节奏形成了鲜明的对比。由此产生的噪声干扰、环境卫生问题等，成为邻里关系紧张的直接诱因，时常引发居民间的矛盾。与此同时，F社区内存在大量的二房东现象，这在一定程度上加剧了租赁关系中的责任不清问题。房东和租客在面对房屋维护、公共设施保养等问题时，往往相互推诿，缺乏有效的沟通机制，导致邻里纠纷的持续恶化，甚至影响到居民的正常生活。

更为关键的是，外来务工人员对于社区公共资源往往缺乏必要的珍惜意识，对参与社区公共事务的兴趣也相对较低。这种局面使原村民虽然在经济上依赖于房租收入，但在情感上对外来租客越发不满，二者之间的关系愈加紧张。

F社区的居民之间缺乏深层次的交流，在矛盾爆发时，彼此间缺乏必要的理解基础。在这种情境下，个体很容易陷入对对方的误解中，甚至可能将对方的行为解读为恶意，导致矛盾的升级。在这种背景下，矛盾的解决变得更为困难。

　　晚上的时候，那些租户通常活动到很晚。他们回家的时候关门声音大得跟敲鼓似的，吵得人半夜都睡不好觉，我们对这些租户是有不少意见的。（访谈记录：PYT20220615）

6.1.2　社区形象的误读与错位

　　作为动迁安置社区，F社区在外部形象的认知上呈现明显的误读与错位现象，这不仅影响了社区自身的发展，还在一定程度上影响了居民的社会认同。由于动迁安置社区的特殊性，外界对F社区的认识往往停留在其接纳动迁居民的功能上，忽视了其在居住环境、基础设施、社区服务等方面取得的进步。这种单一维度的认识，导致对F社区形象的误读。受到动迁安置社区这一标签的影响，外部社会对F社区的期望值相对较低，这种期望值的错位不仅限制了社区自身发展的空间，还在一定程度上制约了居民的个人发展。

6.1.2.1　动迁居民社区认同程度低下

　　F社区的原村民在经历了土地被征用之后，普遍接受了两套以上的住房及一笔拆迁补偿款项，随后依托政府提供的租房补贴，在外租住房屋进行过渡性居住。在此过程中，有一部分原村民选择在普通商品房小区购买住房进行居住，大多数人仍旧选择在新分配到的房屋装修完成后，逐渐迁入动迁安置小区。这一转变虽然使其身份从传统农民转变为新市民，但这种转型过程充满挑战，转型道路漫长且复杂。

　　原村民面临的最为紧迫的问题即就业困境。他们大多数人曾经过着种植庄稼和养殖家畜的日子，习惯了农业生活，对于进入现代化工厂工作的管理模式感到难以适应。他们普遍缺乏必要的专业技能，可供选择的就业岗位稀缺。虽然在该镇，一些如保安和保洁的岗位存在"用工荒"的现象，但由于这些工作的收入较低且工作时间不灵活，大多数原村民并不愿意选择这类工作。特别是社区内曾经以捕鱼为生的渔民群体，他们对于就业的意愿最为薄弱，通常的工作岗位对于他们来说既不合适也不愿从事，他们更倾向于在社区内通过打牌等活动来打发时间。

这一现象反映出原村民在城市化进程中面临的身份转换和社会适应的双重困境。他们在物质生活上或许得到了改善，但在社会参与、职业发展等方面仍旧存在诸多难题。对于社区而言，如何协助这一群体顺利完成从传统农民到新市民的转型，提供更多的职业指导服务，搭建更加多元化的就业平台，是当前亟须解决的问题。

> 这个地方，经常能看到一群居民聚在架空层里打牌，其实他们大多数没啥工作，生活也挺单调的。（访谈记录：HCC20220726）

F社区的原村民虽然在迁入社区前已经经历了较长时间在城镇的租住生活，对城市的生活习惯有所了解，但他们的生活方式仍然存在与城市本地居民明显不同的地方，尚未完全实现市民化转型。在社区生活中，F社区的原村民已经较少地展现出散养家禽、在住宅周边堆放杂物、在树苗上晒衣被等传统农村生活的特征。然而，在处理红白喜事这一传统习俗方面，他们仍然保留着较为浓厚的农村生活习惯。这些习惯不仅在城市本地居民中造成了极大的感官冲击，还对社区的秩序产生了一定的影响。

尤其是在处理婚丧嫁娶等红白喜事方面，原村民展现出了浓厚的农村色彩。他们喜欢在小区内搭建简易木棚来举办相关活动，这种简易木棚通常仅用一块油布作为顶棚。这种方式虽然整体成本较低，对于经济条件一般的家庭来说具有较强的吸引力，但其带来的影响不容忽视。原村民在搭建简易木棚时常常会占用小区的主要通道，甚至使用消火栓，并通过私拉乱接的方式接入公共电网，这不仅给社区的日常生活带来了诸多不便，而且为社区的消防安全埋下了隐患。

6.1.2.2　社区管理制度化水平不足

F社区的原村民对于自身权益的高度敏感，使他们在感受到社区管理在某些方面可能侵犯了他们的利益时，往往会采取拒不配合的方式来表达他们的不满。在这种情况下，如何有效地运用现代社区管理的制度化手段，促使问题在社区内部得到妥善解决，成为社区治理必须认真对待的问题。

F社区内的原村民中，老年人所占比例相对较高，而他们的子女大多不在身边生活。这部分老年居民由于长期从事农业劳动，形成了独特的生活习惯。他们有的会通过摆摊的方式进行小规模的经济活动。在城市文明建设的推进过程中，针对占道经营等现象的整治工作对这部分老年人的生计造成了直接影响，影响了他们的经营场所。面对这样的情况，这些老年人往往会选择投诉的方式，向社区、城镇政府、区级政府乃至市级相关部门表达他们的诉求，他们的子女也会通过网络平台对政府的做法提出投诉。

尽管社区工作者会认真对待每一起投诉，通过收集问题线索、进行实地走访询问、准备相关材料等方式进行答疑解惑，但由于原村民对社区工作者的一些负面评价，他们仍然倾向于通过不断向上级部门投诉的方式寻求问题的解决，这增加了社区管理的难度。因此，如何平衡好原村民的利益诉求、改善他们与社区工作者的关系，成为实现社区和谐稳定的重要课题。

> 要是我在这儿反映的问题，社区搞不定，我就直接上报到区里去，那边效率高，事情解决得快。（访谈记录：YF20220805）

6.1.2.3　人户分离现象突出

F 社区作为一个多村合居的动迁安置社区，其中的原村民对自身的利益问题表现出较强的担忧，尤其是关于股金分红、福利待遇等方面的利益是否会受到影响。为了保障这些利益，原村民选择保留他们原有的农业户口身份，从而依然可以从村级经济活动，如土地出租、厂房出租、经济合作社、村级企业等中获得股份分红。这一策略的核心在于，通过保留农业户口身份，原村民在新社区内依然保留了他们在村级经济活动中的参与资格，从而维护了他们的经济权益。

这种情况使原村民仍然将主要关注点放在他们原来所属的行政村，因此对参与 F 社区的公共事务表现出较低的兴趣，对该社区的认同感也相对较弱。此外，部分原村民的党组织关系仍然保留在原行政村，因此 F 社区在基层党组织建设方面也面临缺乏党员资源的挑战。

在 F 社区，人户分离的现象导致管理主体的复杂化，具体表现为三个不同利益导向的管理主体共存：原行政村的村委会、动迁安置社区的居委会和政府引进的物业公司。这三者之间由于缺乏有效的协调机制，形成了"三足鼎立"的局面，导致管理工作出现诸多难题，如原村民权益的保障不足、公共服务的提供不充分等问题。

在这种背景下，F社区居委会在提供基本公共服务时遇到了重重阻碍，例如，由于缺少部分原村民的详细户籍信息，无法为其提供必要的医疗保险补贴、老年人慰问等福利服务。与此同时，人户分离现象还给F社区的治安带来了新的挑战。社区民警工作量大，人手不足，虽然他们试图利用互联网工具如微信建立警民联系群，将各方资源整合起来以实现对分离户的有效管理，但受限于原村民中大多数是不擅长使用这些工具的老年人，这种尝试的效果并不理想。社区的治安工作仍然主要依赖于社区民警的传统巡逻，这使他们的工作负担加重，社区治安管理面临严峻挑战。

> 碰到上面下来个任务，让我们去查查有没有什么犯罪线索，可这边居民的户口信息都是一团糟，要想查个清楚明白，那真是难上加难。（访谈记录：XNBM20220713）

6.1.2.4 房屋出租管理不规范

F社区内的居住人群中，外来务工人员所占的比例极大。为了实现房屋收益的最大化，许多二房东对房屋结构进行了不规范的改造，导致大量群租房的出现。这些群租房在隔断材料的选择上多使用木板、三合板等易燃材质，房内物资堆放无序，常见的现象还包括厨房卫浴设施的私自改动和电线的私拉乱接。此外，房屋公共区域的消防通道多被堵塞，消防器材及安全设备也匮乏不足。一旦发生火灾等紧急状况，将可能导致严重的安全事故。

外来务工人员对于主动上报自己的租住信息显得较为消极，这也使他们的身份信息难以被社区有效掌握，日常的人口管理工作难以开展。房屋结构的改变导致外来务工人员的居住密度大幅提高，男女混住、上下铺同住的情况普遍存在。由于外来务工人员在居住环境卫生习惯方面表现不佳，厨卫设施缺乏必要的清洁，常导致下水道堵塞、楼下渗水，以及垃圾分类不当、高空抛物等公共环境问题的出现。这种高密度的合租形式对社区的公共卫生环境造成了严重影响，也引发了原村民的强烈不满。

群租房的有效规范是一项充满挑战性的工作，其涉及的领域跨度极大，包括消防安全、治安维护、卫生环境以及住宅建设等多个方面。为了实现对群租房的有效监管，不仅需要社区警务室、居委会、物业公司等基层治理机构共同参与，还需要建立一个综合性的协调机制，以保障各方利益的平衡。

虽然政府已经制定了一系列严格的管理规范，旨在规范群租房市场，确保居民的居住安全，但在实际的执行过程中仍然面临种种困境。首先，F 社区在落实这些管理规范时展现出了服务能力的不足，使规范的执行成效不彰，难以形成对群租房市场的有效震慑。

其次，F 社区居委会在面对群租房问题时，往往犹豫不决。社区警务室、居委会和物业公司虽然在职责范围内对群租房进行管理，但由于群租房问题的复杂性，涉及的利益关系错综复杂，这些主体在实际操作中往往力不从心，甚至在面对与居民的潜在冲突时选择回避，以免激化矛盾，加剧社区内部的紧张氛围。

> 想全盘扔给物业（公司）来处理，这个主意也行不通，它们手上的人手根本不够用，哪能顾得过来这么大个事儿啊！（访谈记录：HCC20220726）

6.1.2.5 居民社区归属感缺乏

作为多村合居社区，F 社区中原村民的血缘和宗族等乡土传统的联系力度相较于以往单一行政村时期有所削弱，由此导致熟人社会结构逐渐崩解。但对于那些经历了动迁的原村民而言，他们对人际交往的渴求仍然强烈存在。这种状况反映出了原村民的心理世界与社区的物理空间之间的一种分离，换言之，原村民并不寻求在 F 社区中找到认同和归属感，而更倾向于返回他们原本的行政村，以便巩固那些已经逐渐流失的人际关系。F 社区在原村民心中，仅仅是一个供其居住的物理空间而已。在这样的空间中，人与人之间的互动往往停留在表面层次，难以孕育出共同体意识，从而无法激励原村民积极投身于社区建设。

值得注意的是，F 社区吸引了大量选择在此定居的外来务工人员，尤其是年轻人。然而，由于语言障碍等因素，这些外来务工人员往往面临融入本地社交网络的巨大困境，与原村民建立深厚友谊的可能性微乎其微。此外，原村民对外来务工人员的生活习惯提出批评时，往往会使后者感到自己被社区边缘化，未能得到应有的尊重。这种感受不仅对他们个人的心态产生了消极的影响，而且在潜移默化中助长了他们对于积极参与社区治理的冷漠态度。

在 F 社区居住的外来务工人员，尽管地理上已经融入社区，但心理认同上面临多重挑战。这种情况不仅削弱了他们对社区的归属感，还间接影响了他们参与社区共同体建设的积极性，成为亟须解决的社区发展问题之一。

随着 F 社区外来务工人员数量的逐渐增多，他们在社区内的影响力也相应提升，他们在社区结构中的地位愈加凸显。然而，随着时间的推移，原本可能存在的融合机会并没有增多，反而是原村民和外来务工人员形成了两个明显分隔的社会群体。

这两个群体之间在信息沟通上存在显著的障碍，不仅表现在日常生活中的语言差异，还体现在对社区资源利用上的差异。而在公共事务的治理方面，两个群体之间的分歧更是屡见不鲜。在面对社区环境卫生问题时，原村民往往倾向于将问题归咎于外来务工人员，认为他们对社区环境缺乏必要的保护意识，是引发问题的主要原因。相对地，外来务工人员对于原村民坚守传统习俗，尤其是在建造简易木棚等方面的做法，往往持有不认同的态度，认为这些做法不仅陈旧落后，还妨碍了社区形象的提升。

因此，可以看出，这两个群体在理念上的差异加剧了彼此之间的矛盾，而缺乏有效的沟通进一步加深了这一裂痕。同时，两个群体都在一定程度上对 F 社区缺乏足够的认同感，这不仅影响了他们对社区的贡献，还对社区的和谐发展提出了严峻挑战。

> 每次社区里闹出噪声来，大伙儿好像第一个想到的就是我们这帮租客。可是白天我们谁也不在家啊，问题来了为啥总觉得是我们惹的祸呢？这事儿真让人有点委屈。（访谈记录：DGZ20220801）

6.1.3 居民在市民化进程中的心理冲突

在工业化迅猛发展之际，农田被转变为工业用地，伴随着一系列大规模的工业设施的建设，整个地区经历了翻天覆地的变化。原本依赖农业生活的原村民，转而成为城市社区中的一员。同时，这一变革也吸引了大量寻求机会的外来务工人员，他们涌入 F 社区，成为 S 市中的异乡人。

F 社区在这一转型过程中，并未能成功塑造出一种理想中的共生共荣的生活共同体。其背后反映出的问题是居民在市民化进程中产生了心理冲突。这种冲突不仅源于长期居住于此的原村民和新近涌入的外来务工人员之间在生活习惯、文化认同、利益诉求等方面的差异，还体现在他们对于社区归属感的缺失，以及对于如何参与社区发展的迷茫。这种内心的冲突，不仅阻碍了社区融合的进程，还在一定程度上影响了社区的稳定和谐。

6.1.3.1　农村惯习难以转变

F 社区的原村民在过去的农村生活中已经逐渐形成了一套独具特色的社会规范。当他们离开土地，步入 F 社区这个全新的城市生活环境时，这些深植于心的传统惯习以一种几乎是下意识的却异常持久的方式，在他们的日常生活中得以显现。

通过对 F 社区的深入调查研究，笔者发现原村民在日常交流中最频繁提及的话题是关于劳动就业的机会，以及哪种商业活动赢利最多。令人瞩目的是，即便是那些年龄已经超过 60 岁的原村民，尽管他们已经拥有了一定的房租收入保障其基本生活，却依然怀揣着通过劳动工作进一步改善自身经济状况的强烈愿望。然而，在 F 社区中，还存在一个与这种愿望相悖的现象，即有大量的原村民处于失业状态。他们时常在社区中抱怨缺少工作机会，却又将大量时间消磨在一起打牌娱乐中。

这一现象的背后，是原村民对于工作方式选择的深刻影响。他们的惯习根植于过往的农村集体生活，这种生活方式强调即使是年纪较大的原村民，也应当参与到力所能及的农业劳动中，同时保持与邻里乡亲的密切社交联系。转入城市生活后，原村民对于刻板的工厂工作方式产生了抵触，他们更倾向于寻找既能保持个人自由又不失体面的工作机会。然而，他们往往由于缺乏专业技能，只能选择从事临时性的体力劳动。

随着房租收入的稳定，虽然内心仍存有寻找工作的欲望，但由于生存压力的缓解，部分原村民选择放弃就业，转而将大量精力投入与周边邻里的社交娱乐活动中。这种行为模式的转变，不仅体现了他们对于传统农村生活方式的怀恋，还反映了在城市化进程中，传统惯习对于个体行为的深刻影响。

> 说实话，现在像我这岁数的人，找份工作也不容易，而且在外头打工也适应不来。咱们平时就喜欢聚一块儿，打打牌，聊聊天，其实也挺开心的。（访谈记录：LJW20220802）

在迁居至 F 社区之前，原村民几乎全部经历了在城镇中租房子的过渡期，这段独特的居住经历使他们的生活习惯在一定程度上趋近于所谓的"城里人"。在他们的观念中，F 社区并非他们曾经熟悉的农村家园，与他们之前居住的城市商品房小区并无本质的差异，不过是一个供其居住的空间而已。因此，在 F 社区中，笔者很少能够见到原村民在动迁安置小区内饲养家禽或者破坏绿化种植蔬菜的情况，原村民对在此地重现农村生活几乎不抱期望。

这并不意味着原村民已经完全摒弃了其农村的生活习惯。特别是在处理红白喜事时，他们依然坚持使用简易木棚，这一做法在本质上反映了他们对农村传统习俗的坚守。这一方面是出于经济考虑，另一方面则是因为简易木棚提供了一个让亲戚朋友聚集在一起的空间，使原村民能够在陌生的城市社区中回味过往的农村时光，从而在精神层面上获得慰藉。通过调查了解到，F 社区中的木棚搭建在规模上呈现越来越豪华的趋势，这不仅体现了经济层面的变化，还在一定程度上反映了原村民在城市社区中对农村集体记忆缅怀的需求。

虽然农村生活的集体记忆在长时间的租房过渡过程中逐渐淡化，动迁安置社区的多村合居形态也在一定程度上削弱了血缘与宗族的联系，但在原村民群体中，根植于内心深处的经验在特定的条件下依然能够被唤醒。尽管 F 社区在管理上借鉴了城市普通商品房社区的模式，试图在短时间内改变原村民的生活习惯，但传统惯习与现代社区管理秩序之间的矛盾依然凸显，成为 F 社区市民化进程中的重要心理障碍。

6.1.3.2 社区矛盾化解遇阻

在 S 市的征地拆迁进程中，原村民通过向政府提出诉求，并采取一种"一事一议"的协商方式，成功解决了许多争议，有效保护了自身的合法权益。这种经验导致原村民对非制度化的矛盾解决方式形成了依赖，形成了一种看法，即他们认为通过制造轰动效应来解决问题比通过法律途径更为有效。

即使在处理普通的民事纠纷时，原村民也倾向于寻求政府的介入。起初，他们误认为居委会的工作人员是政府工作人员，因此会向他们反映问题。然而，随着对居委会性质的了解加深，他们认识到居委会是一种基层群众性自治组织，不属于政府部门。居委会只能将居民的意见反映给街道，或者通过调解的方式处理民事纠纷。这导致原村民常常绕过居委会，直接向镇政府、区政府乃至市政府反映问题，希望得到政府的快速介入。

从居委会的角度来看，它们面临日常矛盾解决的巨大压力。然而，F社区的居委会工作人员大多是 S 市的城市本地年轻居民。他们之所以进入 F 社区居委会工作，主要是因为该工作地点距离他们的家较近，并且生活相对稳定。然而，这些工作人员缺乏处理这种充满挑战性工作的经验，尚未具备成为矛盾化解者的能力。尤其是在解决原村民之间的纠纷方面，他们的表现并不尽如人意。

F 社区的原村民对于居委会在矛盾化解工作方面的表现并不满意，他们认为自己的经历没有得到充分的重视，感到自己被动员放弃投诉的念头，而不是得到了实质性的帮助。在他们坚持投诉的信念背后，是征地拆迁经历留下的深刻记忆痕迹。

> 我们真是有点摸不着头脑，也不知道该找哪个部门来帮忙解决这个问题。感觉现在能做的，就是到处投诉，看看能不能碰到个好心人帮帮忙。（访谈记录：SWF20220803）

在 F 社区，原村民表现出强烈的投诉信念，这一信念深植于他们过去积累的记忆。然而，随着国家对法治体系建设的不断加强，原村民试图通过制造社会轰动效应来构建他们诉求的正当性已经变得越来越困难。传统的以人治为主，依靠分配注意力来解决问题的方式正在逐渐被协商民主替代。

在当前法治程度逐渐提高的环境中，传统的投诉策略的效果逐渐减弱。居委会作为基层自治机构，也面临如何在维护居民权益和促进社区和谐稳定之间找到平衡的挑战。如何转变原村民的传统观念，使其更符合当前法治社会的要求，以及如何提高居委会在处理此类问题时的有效性，都成为亟待解决的问题。

6.1.3.3 公共服务户籍藩篱尚未消失

F 社区中人户分离的现象主要是由"先拆迁后安置"这一拆迁模式引发的。原村民在离开原有居所后，普遍需要在外租住居所，经历超过一年的过渡期。在这期间，他们的户籍状态往往悬空，仍挂靠在原本的行政村，而非转入城市社区。即使在后期入住动迁安置社区，他们也依然出于对村级利益分配的考量，不愿意将户籍转移。

S 市自 2004 年起，就已推出了旨在促进原村民户籍迁移的"土地换保障"政策，意图将劳动年龄段的原村民纳入城镇的社会保险体系，并确保其经济利益通过转化为基本生活保障个人账户的形式得以存续。然而，公共服务领域内的户籍壁垒仍然顽固存在，阻隔了城乡间的资源共享。特别是对于居住在 F 社区的原村民而言，这一问题尤为突出。他们中的大多数是老年人，对于户籍迁移带来的养老支持不足感到担忧。他们在政府征地之前，往往依赖村集体经济作为养老保障的重要来源；即使在被征地之后，集体经济分红也依然发挥着不可忽视的作用。

虽然从理论上讲，按照 S 市的户籍迁移政策，以及将集体资产权益转换为社区股份经济合作社股权的做法，他们的养老保障应当得到加强，但实际执行过程并非如此一帆风顺。一方面，原村民在迁移户口后，能获得的养老金和医疗保险待遇与城市居民相比显得较为低下；另一方面，并非所有社区都能有效实现集体资产的保值增值，导致原村民无法像过去依赖村集体经济那样，获得稳定的经济分红。

> 有点儿担心，我手头这个城市户口，不知道报销的医药费够不够用啊，心里没底啊。（访谈记录：YL20220805）

在公共服务领域，政策文本的设计与其在实际执行中的差异性，构成了导致户籍壁垒难以消除的核心问题。根据 S 市公布的相关政策规定，原村民在将户口由原行政村迁移到城市社区后，理应与城市居民享受相同的待遇。然而，在具体的实施过程中，需要根据个体的工龄、缴费年限等一系列具体因素进行综合考量，同时还必须考虑到城市社区在集体资产运营方面的能力，以保障集体资产的保值增值。

这一复杂的转换过程，使户口迁移对于原村民来说带来的好处并不明显，这削弱了他们迁移户口的积极性。在这种背景下，人户分离的现象便难以消除，成为公共服务领域中难以打破的壁垒。尤其是对于那些已经步入老年的原村民来说，他们对于政策的理解有限，更加难以从复杂烦琐的户籍迁移程序中寻找到真正符合自身利益的路径。

6.1.3.4　出租房规范化管理困难

为了应对 F 社区内盛行的群租房乱象，社区创立了一个联合整治小组，该小组在社区警务室的带领下，汇聚了城市管理人员、居委会以及物业公司的力量，共同执行对出租房屋的巡查工作。在检查过程中，一旦发现有违规的群租房现象，联合整治小组会立即与承租方进行沟通，要求其对房屋内的物品进行清理，并拆除不符合规定的隔断设施。

尽管这种专项整治行动在短期内取得了一定的效果，但在 F 社区并未形成一套有效的长期机制，导致群租房现象在整改后很快又重新出现。不仅如此，无论是原村民还是外来务工人员，他们对这种房屋出租整治行动的参与度普遍不高，甚至出现了为规避整治而采取迂回策略的情况。

对原村民而言，尽管他们对租户的一些不文明行为感到不满，但房屋出租是他们重要的经济来源。为了最大化租金收益，他们会选择将房屋外包给二房东或自行将房屋改造成多间分隔的群租房。而为了应对频繁的群租房检查，他们开始使用可快速拆装的新型隔断。这种隔断的设计简单易拆，使在检查前能迅速拆除，以规避检查。值得一提的是，物业公司的许多员工本身就是社区的原村民，因此在进行群租房检查时，往往会有信息的内部流通，从而使整治行动受到一定程度的阻碍。

对外来务工人员而言，由于房屋租赁对他们而言是刚性需求，而参与整治行动对他们并无实际利益，因此他们的合作意愿也相对较低。加之群租房的租金相较于正规房源低廉，一旦被认定为违章建筑，他们之前支付的押金可能无法退还，这增加了他们的经济负担。因此，他们更倾向于配合房东，隐瞒真实租赁信息并回避安全检查。另外，在规范化的房屋出租管理过程中，外来务工人员往往成为社区的重点检查对象，需要提供大量的个人信息，并频繁接受社区警务人员的询问，这增加了他们的心理压力，也使他们更倾向于不配合出租房规范化行动。

我选房子可不挑剔，只要便宜就行，省钱才是硬道理。（访谈记录：DGZ20220811）

6.1.3.5 社区群体分隔凸显

自从 F 社区居民开始入住，该地区超过半数的住房被出租给外来务工人员，导致外来务工人员数量庞大。然而，对于当地的原村民而言，他们与外来务工人员的人际交往极为有限。绝大多数出租房被改造成了多个单间，每个单间居住着数量众多的外来务工人员。由于外来务工人员流动性较强，原村民难以确切知道周围住的都是些什么人，他们从何而来。多数外来务工人员在附近的工厂工作，早出晚归，使原村民很少有机会与他们见面。正因为这种生活方式的差异，两个群体间经常会因噪声、垃圾堆放等问题发生邻里纠纷。

尽管 F 社区居委会也试图通过举办各类睦邻友好活动来促进原村民和外来务工人员之间的社区融合，但这些活动的实际效果并不理想。活动通常安排在工作日进行，而且宣传主要依赖社区工作者的口头传播，这就使大部分外来务工人员因为工作的原因无法参加，即使有时间，也因为信息传播的不畅而难以得知活动的举办。因此，参与睦邻友好活动的主要还是那些时间相对较为充裕的原村民，活动并没有真正达到促进社区融合的目的。

> 每回社区搞活动，基本都是那几位熟门熟路的阿姨和叔叔。那些租住在这儿的年轻人，他们就不太爱凑这个热闹，他们有自己的玩乐方式。（访谈记录：SFH20220721）

在 F 社区的社会结构中，原村民构成了社区的内群体，这个群体与居委会的联系更为紧密，并表现出强烈的参与公共事务的意愿。原村民主动组织并参与各类基于兴趣的社区活动，充分利用他们相对宽裕的时间资源，积极参与社区治理。例如，他们会参与关于公共设施使用的调查研究，如晾衣杆的位置选择，也会协助居委会进行外来务工人员信息的统计工作。对于居委会而言，这一群体在进行治理活动时表现出更高的配合度。

外来务工人员在社区中通常被看作外群体，其对社区的归属感较弱，参与社区公共事务的积极性也相对不高。事实上，有相当一部分外来务工人员对于社区内重要机构如居委会的具体位置都不甚了解。这一群体主要由年轻人组成，他们来自不同的地方，因工作单位的关系而在社区相识。这些年轻的外来务工人员通常志趣相投，工作时常在一起互相交流，形成了基于职业关系的友谊网络。

尽管在大多数情况下，原村民和外来务工人员能够保持相对独立的社群界限，互不干扰，但在涉及社区公共议题，特别是日常生活中的公共卫生问题时，两个群体之间的摩擦在所难免。为了寻求心理支持，双方往往通过互相贴标签的方式来表达对对方的不满。外来务工人员会感到被原村民污名化，而原村民则认为外来务工人员缺乏对社区的责任感。这种相互贴标签的行为不仅加剧了群体之间的分化，还强化了他们之间的社群界限。在这样的社会背景下，即便 F 社区在促进群体融合方面付出了大量努力，也难以从根本上消解两个群体间的分歧。

6.2　社群互助的社区治理行动模式

6.2.1　以自治联盟构建社区规则

考虑到 F 社区是近期新建成的动迁安置社区，且具备较为优越的基础硬件设施条件，政府与社会组织就治理目标达成了共识。它们明确决定按照普通商品房社区的标准来推动 F 社区秩序的规范化。政府在这一过程中表现出了较强的合作意愿。然而，由于治理过程中涉及了众多复杂的议题，这些问题的不确定性给社会组织带来了较大的挑战，也暴露了它们在专业能力方面的不足。在这一背景下，最终 F 社区秩序的规范化进程并未完全依赖于政府或社会组织的单方面努力，而是通过自治联盟的形式，由社区居民共同参与并共同构建了一套适合自身特点的社区规则。

这种以自治联盟为基础的社区规则塑造机制不仅体现了社区居民在自我管理和自我服务方面的创造性，还为其他类似社区在推动社会秩序规范化方面提供了可借鉴的经验。通过居民的自主参与，F 社区在社区建设方面取得了积极的进展，为营造富有活力的社区环境奠定了坚实的基础。

6.2.1.1　高合作意愿与专项行动

对于 F 社区所隶属的城镇而言，政府购买社会组织服务项目为镇政府提供了独特的机遇，可用来打造独具地方特色的治理品牌，以凸显其在社区治理领域的创新能力。镇领导对这一项目寄予厚望，投入了大量精力。在审慎分析社区所面临的多个关键问题后，镇领导认为，促进 F 社区的规范化建设并使其能够与普通商品房社区相媲美，是一个既可行又具有广泛推广效益的治理方向。

原村民的市民化进程是一个漫长的过程，涉及居民就业、生活习惯和行为方式等多个方面。考虑到项目周期的限制，以市民化为突破点可能难以在短期内取得显著效果。同时，涉及居民矛盾调解的综治工程则是一个较为敏感的领域，处理稍有不慎，便可能引发一系列法律纠纷。因此，镇政府在此项工作上持谨慎态度。此外，由于当前 F 社区存在人户分离现象，并且公共服务领域的户籍藩篱尚未完全消除，社区治理项目在这一议题上的操作空间受到限制。虽然通过营造睦邻友好的氛围来提升社区治理水平是一个可行的方向，但这一成果较难量化，且难以凸显出 F 社区在地方治理上的特色，与其他地区的类似项目雷同度较高。

镇领导最终决定将整治群租房乱象，特别是规范房屋出租管理制度作为 F 社区规范化建设的突破口。为了推进这一工作，由 F 社区警务室牵头，联动居委会和物业公司，采取以房管人的方式对出租房进行规范管理。通过设置不同颜色类别来标识不同管理等级的出租房，并结合定期抽查，有效提升了房屋出租管理的规范性。对于那些不符合规定的出租房，政府采取了限期整改措施，确保了治理工作的严肃性。通过这一系列的举措，F 社区在规范化建设方面取得了明显的进展，为提升社区的整体治理水平打下了坚实的基础。

> 打理群租房真是个力气活儿，得投入不少人力。处理群租房的问题，不免得和二房东、租客碰头，有时候可真是火药味十足。（访谈记录：XNBM20220713）

针对人手短缺问题，F 社区采取了一种创新性的治理策略，即以专项行动的形式成立了社区自治联盟，主要职责是协助社区警务室进行出租房的日常巡查工作。社区自治联盟的成员需要采用细致入微的方式，对每一栋楼、每一层的出租房进行逐户排查，确保信息的准确性，并在此基础上进行登记造册、形成台账。

虽然社区自治联盟的成员投入了大量的精力，但这项工作的效果并不尽如人意。由于外来务工人员具有较高的流动性，社区自治联盟所形成的台账与实际居住情况之间往往存在较大的差异，这导致无法实现对外来务工人员信息的实时掌握。为了解决这一问题，社区自治联盟积极尝试发动社区居民参与，通过组织召开楼道长、积极分子和党员骨干等群体的会议，希望能够调动更多居民的参与热情，形成对群租房乱象的广泛监督，鼓励居民主动提供违规出租房的线索。

特殊的社区背景也为 F 社区的出租房规范管理带来了独特的挑战。作为一个动迁安置社区，F 社区的物业服务主要由镇政府发起成立的物业公司负责，且不收取物业费。这使 F 社区的物业公司在出租房规范管理中扮演了至关重要的角色。一方面，作为出租房规范管理的第一道关口，物业公司需要与社区警务室紧密联动，负责审核外来务工人员的租房资料，并为合规的外来务工人员提供必要的入住服务；另一方面，社区自治联盟则发挥着协同治理的作用，社区自治联盟成员不仅需要配合社区警务室的工作，还要积极参与到居委会的各项活动中，通过各种形式宣传群租房整治的重要性，并协助进行出租房的实地核查工作。

通过镇政府、社区警务室、居委会、物业公司和社区自治联盟等多个主体的共同努力，F 社区在专项整治行动的推动下，逐步建立了一套有效的出租房规范管理机制，这有利于加强社区治理、提升居民生活质量。

6.2.1.2　弱专业能力与二房东管理试点

正是基于镇政府明确的策略，将出租房规范管理定位为社区规范化秩序建立的突破口。社会组织积极响应镇政府的号召，围绕出租房规范管理的特定需求，采取了以社区居民为核心的参与式治理策略。在具体操作层面，社会组织对 F 社区进行了系统的居民需求调研，深入分析了出租房规范管理工作中面临的各种难点。通过走访社区，社会组织发现 F 社区警务室之前采取的以房管人为主的管理手段虽然投入了大量的人力和物力，但由于外来务工人员流动性较大、原村民合作不积极等原因，并未取得预期效果。社会组织进一步洞察到，要想获得外来务工人员和原村民对出租房规范管理工作的全力支持并非易事，因为他们之间存在明显的利益冲突：对于外来务工人员而言，支持群租房治理意味着失去廉价居所的可能；对于原村民而言，则可能失去重要的经济收入来源。

在复杂的社区关系网中，二房东群体却呈现较高的合作潜力。作为房屋中介，他们在 F 社区拥有大量的房源，其经济利益与社区规范化秩序建立紧密相关。如果不配合社区的整治工作，他们可能面临较大的经济损失。相比之下，二房东群体在与社区的谈判中处于相对弱势的地位，因此他们更有动机与社区建立合作关系，寻求双方利益的平衡点。换句话说，如果配合社区的规范管理工作能够换取社区对群租房的宽容态度，那么将为二房东带来稳定的经济收益，从而促使他们更加积极地参与到社区治理工作中来。

> 每个房间不管大小，都给配备了独立的卫生间、洗衣机还有冰箱，真的是花了不少钱。如果咱们能够坐下来好好谈，达成共识，我肯定是愿意积极配合的，大家都好说话嘛。（访谈记录：ZCY2022 0810）

社会组织展现出了其对地方社区文化的深刻理解，提出了一种创新性的治理试点模式，即通过与政府的密切合作，以二房东群体为切入点，共同推广二房东管理的成功案例，以此作为引导社区出租房管理规范化的有效手段。

在实施该治理模式的过程中，社会组织充分考虑到"二房东"这一特定群体在社区中可能存在的污名化倾向，因此有意识地采用了"租房管家"这一具有积极引导意义的代称，旨在减弱社区居民对二房东群体的刻板印象，同时激发二房东群体参与社区治理的积极性。

为了确保治理试点的有效实施，社会组织将重心聚焦在建立出租房标准上，通过组织一系列有针对性的活动，如房屋租赁安全宣讲会和房屋租赁改造案例研究会等，引导二房东群体深入理解规范化租赁的必要性。通过工作坊形式的研讨，使二房东群体对群租房的规范标准达成共识，并将这一共识转化为实际行动，将《F 社区出租房标准化管理手册》制作成展板并广泛张贴于社区内的出租房屋中，使规范标准"上墙"并深入人心。

此外，社会组织还精心选取了社区内的几处房源，将其打造成出租房样板，旨在通过实地参观学习的形式，激励二房东群体按照样板房的标准进行房间分隔，从而在实践中提升自身的管理水平。这一系列的举措不仅极大地减轻了社区警务室、居委会以及物业公司的工作负担，还有效缓解了围绕出租房拆除问题而引发的社区矛盾。

需要指出的是，在处理群租房治理这一问题时，社会组织展现出的专业能力相对较弱，其在整个治理过程中的行动主要是在社区警务室领导下进行的。相对于社区警务室，社会组织在捕捉社区居民心理特征方面表现出了更为独到的洞察力。社会组织通过对居民群体的细致划分，最终确定二房东群体是最有可能从配合社区出租房规范管理工作中获益的一方，从而为社区警务室在 F 社区规范化秩序建设中引入二房东群体的广泛参与提供了有力的支持，确保了镇政府管理标准以更为服务导向的方式在社区中得到有效落实。

6.2.2　以社群主义激活公共参与

6.2.2.1　高合作意愿与社区社会组织

在 F 社区中，将出租房的规范管理作为确立规范化社区秩序的切入点，镇政府寄望于通过培育一系列社区社会组织，激发社区居民参与社区治理的积极性。这一策略旨在推动社区居民的市民化进程，通过丰富多样的社区活动来强化社区居民对公共生活的贡献，进而促进社区内纠纷的有效解决，增强对非户籍居民的管理能力，以及营造和谐友好的社区氛围。

在这一战略框架下，镇政府对社区工作者提出了较高的要求，期待他们能够跨越职能边界，与多个行政机构建立协作关系，涵盖民政、卫健、人社、司法、环保、安全生产、食品安全、党建、城管及经济发展等多个领域。然而，在 F 社区的实际操作中，每个社区工作者往往已经与三到四个行政机构建立了固定的对接关系，他们组织的活动主要集中在自己负责的特定领域，难以形成跨领域的联动效应。

以解决社区动迁居民的就业问题为例，这一问题的复杂性不仅涉及户籍转移层面，还需要关注那些未能及时就业的居民是否存在尚未解决的动迁安置遗留问题。因此，需要协调人社、民政等多个部门的力量，共同推动动迁居民的城市融入，并为他们提供合适的就业岗位。但在现实操作中，由于各个部门之间协作不足，社区工作者往往只能在自己的职责范围内提供服务，难以形成全面的解决方案。

尽管如此，对于 F 社区的社区工作者来说，社区治理项目的落地实施仍然激发了他们的创造力。这主要是因为大多数治理议题的解决与激活社区内的社群密切相关。这对于那些通过公开招考新进入社区工作的年轻人来说，是一个展现自己能力的良好机会。他们在组织社区社会组织的过程中表现出了极高的热情。

一些社区工作者甚至主动为社区社会组织提供活动策划方面的帮助，协助社区社会组织成长。特别是考虑到最初的社区社会组织主要是由本地居民发起的，这些社区工作者还特别注重引导外地年轻租客参与，通过组织跳蚤市场、观影会和联谊活动等形式，加强他们与社区的联系，鼓励他们参与社区治理，增强他们对社区的归属感。随着时间的推移，这些社区社会组织不仅成为 F 社区重要的治理力量，还与社区工作者建立了深厚的情感联系。

> 大家都是邻里，沟通起来直接，做事情也比较有默契。（访谈记录：LB20220730）

6.2.2.2 弱专业能力与配合策略

鉴于 F 社区的动迁安置过程充满复杂的利益博弈，社会组织采取了一种以配合政府专项整治行动为主要方向的行动策略。在这一背景下，社会组织积极地筹备了 F 社区自治联盟，通过推进社区内各方面力量的联动，逐步将社区的自治主体组织化。

为了确保自治联盟能够有效地发挥其在社区治理中的作用，社会组织深入社区的各个层面，对社区警务室、居委会、物业公司、房东和二房东等相关成员进行了系统的访谈。通过广泛征集各方意见，并在此基础上发起成立了自治联盟筹委会，为自治联盟的制度建设提供了初步的讨论稿。此外，还通过举办一系列的筹建咨询会，进一步推动了自治联盟组织架构的完善。在确保了自治联盟成员的群体代表性之后，社会组织又成功举办了一系列重要的活动，包括自治联盟制度论证会、自治联盟成员代表大会以及自治联盟的正式启动仪式等，这标志着以出租房规范管理为核心的社区多方联动平台正式形成。

随着自治联盟的不断发展壮大，它逐渐成为推动 F 社区治理问题解决的一支重要力量。每月一次的自治联盟联席会议成为各方就出租房管理问题进行深入沟通的重要平台。在第一次联席会议上，就成功出台了《F 社区出租房标准化管理手册》，为出租房的规范管理提供了详细的操作指南，并进一步加强了社区对出租房的管理。利用自治联盟这一运作平台，社会组织在第二次联席会议上引导各方就构建二房东与外来务工人员动态数据库的问题进行了深入讨论，并最终达成了共识。通过与二房东的积极合作，社区警务室能够更为高效地进行数据库的常态维护，从而在外来务工人员管理方面取得了显著的进展。

借助自治联盟平台，社会组织还引导自治联盟成员组织了二房东管理总结表彰会，通过形成可持续的激励制度，鼓励二房东积极参与社区治理。特别是在处理社区不文明行为方面，二房东的积极介入极大地缓和了原村民与外来务工人员之间的紧张关系，为构建和谐共处的社区环境奠定了坚实的基础。

> 比如楼上漏水影响到楼下，如果二房东能迅速找个师傅来修一修，问题马上就能解决，我们这边甚至都不需要插手。（访谈记录：NBM20220803）

除了在推动自治联盟的成立方面发挥重要作用外，社会组织还强调了其与镇政府的紧密合作关系，以确保其治理活动与政府的发展规划保持一致。在原村民就业方面，社会组织与镇政府密切联动，不仅举办了一系列针对原村民的就业培训，提升了其就业能力，还特别关注了那些没有就业意愿的原村民。对于这部分人群，社会组织采取了鼓励其参与社区志愿服务的策略，利用社区公益基金会提供的种子基金，通过"发起一个项目、带动一批原村民"的方式，引导他们通过备案或注册成为社区社会组织的成员，充分发挥其在社区志愿服务中的本土化优势，为社区治理贡献力量。这不仅有助于缓解 F 社区原村民的失业问题，还为社区治理注入了新的活力。

在与镇政府的沟通方面，社会组织表现出了极高的灵活性。通过日常的沟通交流，社会组织确保了其治理活动能够及时响应政府工作重点的变化。当镇政府提出新的工作任务时，社会组织能够迅速地协调其组织化的社区自治力量，确保治理方向与政府的目标保持一致，从而更有效地推进社区治理工作。这种高效的治理模式不仅提升了社会组织自身的影响力，还为镇政府提供了宝贵的社区治理资源。

6.2.3 嫁接现实与进取心理效应

F 社区的过渡型特点鲜明。在治理该社区时，政府与社会组织认为把握住居民群体的真实利益，以及激发其内在的进取心理，是推进治理秩序制度化的核心策略。对于 F 社区的原村民，他们所展现的生活习惯的进取性，已经突破了公众对其的刻板印象。这一点为治理行动的方向提供了重要的线索，即他们已经拥有与农村传统惯习相偏离的自我期待。这种进取的自我期待，如若得到合适的正向引导，将极大地提高他们参与社区治理的积极性。

为了实现 F 社区秩序的长效制度化，政府与社会组织将治理策略焦点放在嫁接居民的现实利益与其进取心理预期上，从而构建一种自我增长的社区治理模式。这样的策略不仅有助于增强社区治理的实效性，还能够确保社区秩序在经受各种外部压力时仍能保持稳定。

6.2.3.1 社区社会组织与网格员的深度协同

在对出租房进行规范化管理这一核心任务的引领下，F 社区成功孕育了一批具有重要影响力的社区社会组织。这些社区社会组织在推动原村民市民化进程、调解居民纠纷、管理外来务工人员信息，以及营造和谐友好的社区氛围等方面，发挥了不可或缺的作用。

镇政府积极探索通过制度化手段，将 F 社区经过不懈努力形成的社区秩序规范化，确保即便在承接社区治理项目的社会组织撤离之后，社区仍然能够维持当前的良好秩序。为此，镇政府寄希望于社区社会组织与网格员之间的深度协作，并期待通过网格化管理机制来巩固社区的规范化秩序。

F 社区在网格化管理的框架下进行了一系列治理创新。依托现有的网格区域划分，F 社区实施了多层次的网格化管理，确保每个网格内都能够通过构建警报网、联络网、救援网、保障网和增能培力网五大网络体系，实现快速响应社区突发问题的目标。为此，每个网格内都配备了七类人员，包括社区工作者、网格员、社区民警、物业公司工作人员、志愿者、社区社会组织工作人员和热心居民，他们各司其职，全面覆盖了隐患排查、信息上报、应急救援等关键环节。

在具体实施网格化管理创新的过程中，F 社区的网格员由基层党组织负责管理。他们的日常工作通过接入 S 市社会综合治理网格化联动指挥平台进行指导。通过该平台，网格员可以接收到每日的工作任务，并在完成任务后通过该平台打卡报告工作进度。为了更好地服务社区居民，镇政府要求网格员为居民建立微信群，定期推送政府的宣传信息，并为居民提供有效的问题解决途径。

> 我们的工作效率挺高的，基本上都是今天的事今天搞定。上头要是有啥任务下来，也能直接把数据发给我们，我们就能立马行动起来，一户一户仔细排查。（访谈记录：WSS20220808）

基于网格化管理的体系，F社区整合了网格员、社区工作者、社区民警、物业公司工作人员、志愿者、社区社会组织工作人员和热心居民的资源，形成了一种整合治理模式。在这种模式下，网格员成为F社区治理的前沿力量，他们在一线工作，成为联结居委会、社区警务室、物业公司和居民的纽带，处理从文明城市创建到日常生活中的小事等各项事务。

社区里的条线工作任务也与网格工作紧密相关，智能化技术的应用提升了网格化治理的效能。在F社区治理中，网格员利用数字化治理工具，将采集到的问题直接上报，实现了问题处理的闭环管理。例如，在处理社区矛盾时，他们会在了解情况后直接向镇集成指挥中心上报，并在社区社会组织的协助下，为社区居民提供全方位支持。

6.2.3.2 社区居民的秩序内化

随着社区治理项目逐渐接近尾声，社会组织努力尝试将已经形成的社区规范化秩序进一步巩固，并使之成为社区居民日常生活的一部分。在此过程中，社会组织着眼于社区居民的日常交往需求，使社区居民在日常生活的实践活动中逐渐将社区规范化秩序予以内化，并使之转化为自身行为的自觉遵循。

在社区秩序内化过程中，社会组织通过为社区秩序赋予功能发挥了重要作用。为了确保出租房的规范管理能够在社区治理项目完成后仍然得到有效的维护，社会组织开发了名为"租房超市"的微信小程序，并在其中集成了租房管理的功能模块。通过将F社区所有符合规范的出租房源汇总并上线至"租房超市"，物业公司能够为房东提供便捷高效的免费招租服务。这不仅便利了外来务工人员在F社区寻找合规的租房资源，还便于社区警务室对外来务工人员的动态信息进行有效登记。由此，"租房超市"成为维持社区自治联盟持续运作的关键纽带。在"租房超市"功能性运作的基础上，居委会、社区警务室、物业公司和二房东之间形成了常态化的联络机制，确保了二房东动态数据库以及外来务工人员动态数据库的持续更新，进一步巩固了社区内出租房的规范管理。

社会组织在社区秩序内化中还积极引入了情感性支持。通过采取陪伴式成长的方式，社会组织对 F 社区中的社区社会组织进行了系统的治理增能辅导，包括协助其进行组织章程梳理、进行备案注册、争取资金支持以及进行品牌设计等。在这一孵化培育过程中，社会组织刻意弱化了自身的存在感，努力突出社区社会组织的主体地位。比如，社会组织会不断地向社区社会组织强调自我运转的必要性。这样做的目的在于增强社区社会组织的专业能力，为其未来的发展奠定坚实的基础。

> 就像俗话说的，给人鱼不如教人钓鱼，我们要做的就是把钓鱼的本领传授给他们。（访谈记录：NBM20220730）

在社区治理的实践领域，资源持续供给对于社区秩序的内化具有决定性的影响。党组织在这一过程中扮演了至关重要的引领角色。以 F 社区为例，基层党组织每年依托为民服务专项经费，构建了一个将基层党组织、社区社会组织以及居民紧密相连的互动网络。

在这一网络的基础上，围绕党组织建设、社区面貌提升、居民协商、社区微治理、文化建设等重点议题，形成了一批旨在服务民众、体现党组织引领作用的服务项目。这些项目不仅展示了基层党组织在引领社区治理方面的核心作用，还为社区秩序提供了持续内化的平台。

通过完善资源持续供给机制，加强党组织对社区秩序的引导，F 社区成功构建了一个高效的社区治理体系，为社区的长期稳定奠定了坚实的基础。在项目化的运作过程中，基层党组织不仅有效发挥了其在社区治理中的领导作用，还促使社区秩序持续演化，从而增强了社区居民自我管理的能力。这种基于协作互助的治理模式，不仅加速了社区秩序的内化，还增强了社区居民对基层党组织以及社区社会组织的认同感。

6.3 高合作意愿和弱专业能力作用下的社群互助

6.3.1 异构并行的城市社区治理行动

F 社区在城市社区治理的实践中，巧妙地运用了社群化策略，有效地实现了规范化管理的目标，构建了一个异构并行的城市社区治理行动框架，体现了其在城市社区治理中的创新性。F 社区通过构建异构并行的城市社区治理行动框架，实现了多元主体的参与。在这个框架下，政府、社会组织、居民等多个主体共同参与到社区治理中，形成了一个既有垂直指导又有水平协作的治理结构。这种结构不仅增强了社区治理的包容性，还提高了治理的效率。

6.3.1.1 智能化技术与治理亮点工程

出租房规范管理作为 F 社区深入推进治理体系与治理能力现代化的关键议题，已经逐渐成为该社区展开治理实践的切入口。该议题在长期的社区治理过程中，一直受到镇政府高度关注，被视为维护社区稳定的重要环节。

从社区结构来看，F 社区因其免缴物业费和邻近工厂的地理优势，吸引了大量外来务工人员，具有人口流动性高的特点，与普通商品房社区形成鲜明对比。这种人口流动的特殊性，使出租房规范管理成为一项紧迫的任务。

在这一背景下，镇政府充分发挥社会组织的作用，通过技术创新，增强了对外来务工人员的管理能力。社区警务室在数字技术的支持下，能够更有效地进行外来务工人员的检查、识别和管理。镇政府与社会组织协作，在出租房屋的管理过程中综合运用了二房东和外来务工人员的人口数据库、数字门禁等多种手段，增强了对出租房屋的动态监管能力，从而在最大限度上预防了可能破坏社区治安的恶性事件。

在致力于推进出租房规范管理的过程中，镇政府对 F 社区进行了深度的智能化改造，并投入了大量资源，旨在全面提升社区治理能力，打造出一系列富有示范效应的治理亮点工程。具体而言，F 社区通过引入先进的智能化技术，优化了社区内的基础设施，使社区治理变得更加智能。这一系列改造举措不仅增强了社区自身的治理能力，还提升了居民的生活质量。社区内的智能化管理手段在居民日常生活中得到了广泛应用，极大地方便了居民的生活，提高了居民对社区治理的满意度。

　　　　拿上高科技来给治理工作加把劲，别让自己被时代甩在后头了！
（访谈记录：NBM20220801）

　　F 社区在智能化改造的过程中，充分发挥了创新精神，通过与周边类似的动迁安置社区合作，将成功经验传播开来，形成了较强的辐射作用。F 社区的成功改造，使其成为当地乃至周边地区知名的智能社区，树立了典范形象，为其他动迁安置社区提供了可借鉴的范本。

　　在 F 社区的智能化改造过程中，尽管社会组织并未直接参与改造工程的实施，但在智能化管理的特定任务执行阶段，社会组织的参与呈现较大的价值，对于塑造社区治理的卓越实践发挥了积极的助推作用。

　　一方面，社会组织在 F 社区扮演了"社区安全网"的角色，通过提供一系列增量服务，丰富了居民的社区生活，提高了居民的生活质量，并在很大程度上提升了居民对社区治理的满意度。这些服务包括但不限于文化娱乐、教育培训、环境保护和老年人照护等，这些服务旨在满足居民多元化的需求，增强居民对社区的归属感。

　　另一方面，社会组织作为维护社区秩序的重要力量，与政府机构紧密协作，共同营造了一种稳定的社区环境。社会组织在这一过程中发挥了桥梁的作用，将政府的政策意向有效传递给社区居民，同时将居民的需求反馈给政府，促进了政府与居民之间的沟通，为社区的和谐稳定奠定了坚实的基础。

6.3.1.2　情感联结与治理任务并行

　　相较于传统的行政机构，社会组织在社区治理领域展现出独特的优势。社会组织擅长通过情感纽带将居民紧密联结在一起，进而并行地执行多项治理任务。这些任务包括但不限于出租房规范管理、社区社会组织的培育以及社区睦邻友好活动的开展。社会组织在激发社区居民团结协作的精神方面尤为出色，能够与社区居民一道，共同分担治理重任，实现任务负载的并行分发，从而有效减轻政府在社区治理方面的压力。

　　在设计具体的治理策略方面，社会组织通常会从利益和情感两个维度入手，落实政府的治理规划。在利益层面上，以 F 社区为例，作为一个动迁安置社区，其居民普遍期望提升公共服务水平。社会组织在涉及动迁居民市民化议题上，能够找到与居民利益紧密相关的切入点，将多元的利益相关者纳入治理进程，共同推动问题的解决。以出租房规范管理为例，社会组织找到了"更好地服务于房租经济"的切入点，将房东、二房东、租客等多方利益相关者纳入其中，激发居民对该议题的关注。

在情感层面上，社会组织擅长借助居民对自身形象提升的热忱，将他们转化为社区治理的积极参与者。即便居民不能从参与中直接获益，也仍有大量居民出于精神激励愿意成为社区的积极分子，加入自治联盟，直接参与社区治理中的各类问题。这些积极分子还会对持有不同观点的居民做思想工作，帮助达成共识。在这个过程中，社区社会组织也被培育成为一种创新的社区治理力量，成为联系政府和居民的重要纽带。这种以情感联结为基础，兼顾利益和情感双重驱动的治理模式，为现代社区治理提供了新的思路。

> 要是别的二房东能借鉴他这展示房的布局，把自家的出租屋都弄得规规矩矩、装修得像模像样，那么不仅能提升自己房子的档次，而且对他自己来说也算是件挺划算的好事呢。（访谈记录：NBM20220801）

在进行情感化治理的过程中，社会组织展现出了其独特的优势。对于社区居民而言，社会组织作为第三方的角色，具有中立性，这使其在处理社区矛盾时更加得心应手。社会组织运用专业的社会工作方法，实施"一户一策"的个案辅导策略，旨在通过及时的干预，化解居民间的冲突。

在推进文明行为养成、社区融入等社区治理议题时，社会组织能够展现出深厚的同理心，并运用情感说服的策略，引导居民积极支持相关治理方案。此外，考虑到社区社会组织对当地文化有着深刻的了解，社会组织通过孵化培育大量的社区社会组织，并组建志愿服务队伍，运用人与人之间情感共鸣的力量，动员居民共同参与社区治理。

6.3.2　关系驱动的社区行动者网络

作为一个动迁安置社区，F社区在其发展演变过程中，形成了一个以关系驱动为主导的社区行动者网络。这一网络不仅深刻地体现了社区内部行动者之间紧密的互动关系，还凸显了社会结构对于社区治理的重要影响。在这个以关系驱动为导向的社区行动者网络中，社区内的个体行动者通过横向和纵向的关系链条紧密相连，形成了一个富有弹性的社区互动体系。这个体系不仅依赖于社区居民之间日常生活中的互助，还是基于共同的利益诉求，建立起来的一种深层次的合作关系。

在这样的社区行动者网络中，各类社会资源得以更加高效地流动，社区治理活动也因此变得更加灵活。居民作为社区行动者的基本单元，能够根据自身的需求，通过这个网络寻找到合适的合作伙伴，共同参与到社区治理中来。

6.3.2.1 失序空间向有序空间的转型

在治理实践中，F 社区成功完成了从失序空间到有序空间的重要转型。F 社区通过社群的方式成功将原本原子化的居民组织起来，形成了一种基于共同治理议题的社区行动者网络。这不仅为居民提供了参与社区事务的平台，还在及时反馈的过程中增强了居民的主人翁意识。这一过程体现了社会资本在社区治理中的重要作用，即通过加强社区内部的社会网络构建，促进资源的流动，提升社区治理的有效性。

在 F 社区的具体治理实践中，其治理行动构建了一种基于管理、监督、自治与服务四个主要维度的复杂行动者网络，这不仅凸显了当代社区治理对于多元主体协同合作的迫切需求，还体现了解决复杂社会问题必须采取的综合治理策略。

在管理主线上，F 社区秉持建构社区治理结构的目标，致力于形成一套完整的管理制度体系。在这一过程中，社区行动者网络发挥了关键作用，将政府、居民以及社会组织等多个主体紧密联结，形成了一种协同治理的动态机制，有效地推动了社区治理体系的完善。

在监督主线上，F 社区通过建立多层次的监督机制，确保了社区治理活动的透明度。这一机制不仅包括政府的监督，还涵盖了社区居民的自我监督和社会组织的第三方监督，共同构成了一种互补的监督体系，确保了社区治理活动的正义性。

在自治主线上，F 社区强调居民的主体地位，推动了社区自我管理的实现。社区居民在这一过程中不仅作为治理的受益者，还成为治理的推动者，这种主体性的提升有力地增强了社区自治的内生动力。

在服务主线上，F 社区提供了一系列多样化的服务，旨在增强居民的获得感。通过服务的提供，社区行动者网络不仅强化了居民与社区的联系，还促进了社区资源的优化配置，进一步提升了社区治理的整体效能。

借助于管理、监督、自治和服务这四条行动主线的协同发力，F社区巧妙地实现了由一种无序空间状态向一种有序空间格局的根本性转变。在这一转型过程中，F社区不仅仅局限于表面的治理成果，更深刻地触及社区内部治理结构的优化，展现了其在社区治理领域的实践智慧。

在管理层面，F社区注重构建一套完备的治理规则，确保社区治理活动的规范性得到切实保障。这不仅为社区内部的各项活动提供了明确的导向，还为社区成员的互动提供了稳定的基础，从而在整体上促进了社区空间格局的有序化。

在监督层面，通过设立多层次的监督机制，F社区有效地保障了治理活动的透明度，确保了社区治理的质量。这种监督体系的建立，不仅增强了社区内部的自我管理能力，还为外部监管部门提供了有效的信息，共同构成了一种互补的治理监督网络。

在自治层面，F社区激发了居民的参与热情，推动了社区自治能力的提升。社区居民在这一过程中，由被动的服务接受者转变为积极的服务推动者，极大地增强了社区自治的内生动力。

在服务层面，F社区提供了一系列贴心的服务，满足了居民多样化的需求，提高了居民的满意度。这种以人为本的服务理念，不仅提升了居民的生活质量，还进一步巩固了社区治理的社会基础。

综上所述，通过这四条行动主线的紧密结合，F社区成功塑造了一种富有活力的社区治理模式，成为该镇乃至更广范围内公认的模范动迁安置社区，为其他动迁安置社区提供了宝贵的实践经验。

6.3.2.2 社群驱动下的社区再组织化

针对F社区内部存在的群租房问题及其带来的一系列社会挑战，镇政府采取了以出租房规范管理为突破口的治理策略，致力于解决包括社区矛盾纠纷在内的复杂问题。为了实现这一治理目标，社会组织发挥了其独特优势，通过社区自治联盟主动向广大社区居民征集治理问题的创新解决方案，有效增强了居民在社区治理进程中的归属感。

社会组织还利用社创中心这一平台，对社区社会组织进行了孵化，以组织化的形式将居民的力量有序动员起来，共同参与到社区治理的各个环节中。在与居民群体的深入交流中，社区社会组织通过"居民说服居民"的方式,确保不同行动主体对社区问题认识的统一,同时促进他们积极参与到管理、监督、自治和服务等多个网络机制的构建中。

对于社区警务室、居委会、物业公司等社区治理主体而言,如果在初期不投入精力培育社区自治力量,镇政府推行的治理亮点工程反而可能成为增加其工作负担的源头。因此,这些治理主体展现出了极高的参与热情,希望通过与社区社会组织的合作,实现治理任务的高效完成。

对于社区居民而言,未能进入自治联盟将对其社区治理自主性产生限制。这意味着他们无法参与制定涉及自身行为规范的相关规则,也无法在社区层面表达自己的声音。因此,社区居民普遍认为,与社区警务室、居委会、物业公司等社区治理主体合作,能更好地维护自身利益。

作为一个动迁安置社区,F 社区在秩序规范化建设中,不仅仅关注硬件设施的维护,更注重营造一个以社区为基础,能够辐射整个镇域的治理亮点工程。在这个过程中,出租房规范管理、居民市民化进程、社区融入成为治理的重点领域。为了确立规范化社区秩序,F 社区的各类行动主体被以社群化的方式动员起来,共同参与到治理活动中。

> 在这个社区里,我认识的人还不少,一召唤,他们通常都愿意参与进来。毕竟我也是这里的,我的话对他们来说更有说服力,他们也更愿意听进去。(访谈记录:WY20220830)

社会组织在与镇政府合作进行社区动员时,采用了社会工作方法,充分综合了利益激励和情感策略,成功地促使社区社会组织和居民积极参与。同时,F 社区还培育了一系列以内生发展为导向的治理类社区社会组织。这些组织通过项目化的方式全程协助执行治理任务,并且能够根据不同类型的居民在实践中建立情感联系,激发了 F 社区作为生活场所在情感抚慰方面的潜力。

在 F 社区行动者网络构建过程中,由镇政府和社会组织共同提倡的规范化社区秩序理念,曾经面临来自居民群体的质疑。随着 F 社区的生活空间被重新定义为需遵循规范化管理的居住环境,原村民在进行简易木棚搭建等活动时,不得不遵守更加严格的规章制度,不能再像过去那样自由地利用社区内的公共空间。

部分社区内的二房东和租户对出租房标准化的制度也持保留态度,

其中一些二房东甚至感到自己的声音被忽视，从而对相关的治理行动缺乏必要的配合。这种矛盾的背后，反映出居民对于自身利益被忽略的不满，以及对规范化社区秩序改革可能带来的不确定性的担忧。

在这种复杂的社区治理局面下，社区社会组织作为一支重要的中介力量，其在协调各方面利益关系中的作用变得越发显著。首先，这一过程需要社区社会组织深刻理解居民群体的积极进取心态，这不仅是对居民主体性的一种认可，还是实现社区可持续发展的必要条件。其次，社区社会组织需要在维护居民权益的同时，对二房东与租户的经济利益进行慎重考量，并在此基础上寻求一种平衡，以实现利益的最大公约数。

为了达到这一目标，社区社会组织采取了一种基于社群化人际互动的策略。具体而言，通过建立一种开放的社群环境，鼓励二房东与租户积极参与到社区事务中来，形成一种共治局面。在这个过程中，各方面的意见能够得到充分表达，从而有助于找到一种既能满足镇政府对规范化管理的期待，又能兼顾居民群体多样化需求的解决方案。

6.4 本章小结

本章深入剖析了 C 区 F 社区在城市社区治理行动中的具体实践。F 社区作为一个典型的动迁安置社区，其治理行动模式对于理解城市社区治理具有重要的参考价值。从 F 社区的实际情况来看，虽然城市社区治理的基本框架已经搭建完成，社区社会组织的力量逐渐增强，居民在参与公共事务的过程中表现出更广泛的参与度，但值得注意的是，在 F 社区这样的动迁安置社区中，传统的以人情为主导的治理模式仍占据着主导地位。这种治理模式的优势在于其强调社区内部的人际联系和社区成员之间的互助。然而，这种基于人情的治理模式也可能带来一些限制，例如，决策的不透明、资源分配的不公平以及对新思想和管理模式的抵触。

尽管如此，F 社区在城市社区治理中所做的尝试，为同类动迁安置社区提供了一个相对完整且富有借鉴意义的样本。特别是 F 社区在通过社群互动激发居民自治方面的经验，对于其他类似社区来说具有重要的参考价值。这不仅有助于这些社区在 F 社区已有基础上进一步优化其治理行动，还为提升社区治理的有效性提供了可行路径。

第七章

普通商品房社区：赋能授权式行动模式

7.1 市场化的普通商品房社区

7.1.1 追求品质生活的城市白领

位于 K 区中心城区的 N 社区，作为一个普通商品房社区，其发展体现了城市化进程中商品房社区的典型特征。该社区主要由高层建筑构成，实施封闭式管理，其基础设施配套相对完备，展现出城市现代化建设的成果。N 社区内部的人口密度较为集中，居民结构复杂多元。购房者主要是城市中的白领群体，他们通常受过良好的教育，文化水平较高，对于公共事务参与表现出较为浓厚的兴趣。为了更好地维护自身权益，社区居民成立了业委会，积极参与社区治理。此外，N 社区的居民在结社方面也展现出较强的能力，这对于增强社区凝聚力起到了积极作用。总体来说，N 社区作为现代城市社区的代表，其在居民结构、社区管理、基础设施建设等方面的表现，充分体现了现代城市社区发展的方向。

7.1.1.1 "三驾马车"协同管理

N 社区作为一种普通商品房社区，其治理模式展现了"三驾马车"协同管理的特征，为提升社区治理的有效性提供了有力支撑。首先，居委会在 N 社区的治理体系中扮演重要角色。作为一种紧密联系街道，根植于社区的基层群众性自治组织，居委会在推进治理事务方面发挥了不可替代的作用。通过对接街道的资源，居委会在社区治理层面展现出强烈的与社会组织合作的意愿，形成了一套行之有效的社区治理机制。

其次，业委会在 N 社区的治理结构中也起到了关键作用。作为代表社区居民对物业财产权利进行管理的自治组织，业委会致力于维护业主的物业权益，为社区居民提供了一个表达自身需求的平台。通过与物业公司等相关方的协调，业委会在推动社区治理现代化进程中发挥了积极作用。

最后，物业公司作为市场化运作的营利主体，在 N 社区的治理体系中同样发挥了重要作用。根据与社区居民签订的物业合同，物业公司承担了对社区物业的专业化管理责任，为社区居民提供了高品质的服务。这一角色使得物业公司成为社区治理体系中的重要参与方，对社区的整体运行和管理发挥着积极作用。

在 N 社区的治理实践中，居委会展现出了其在与社会组织合作方面的卓越能力。居委会在合作过程中，不是单方面的资源提供者，而是一个协调多元利益的重要主体。它通过深刻理解社会组织的运作机制，提供了一系列精准的支持服务。这些服务涵盖了从政策解析到组织诊断与规划，再到服务落地指导、社会动员支持以及发展瓶颈破解等多个环节，形成了一个多层次的服务体系。

这种服务体系的建立不仅在极大程度上提升了居委会在社区治理方面的效率，同时还为社会组织的健康发展奠定了坚实的基础。在这样有力的支持下，社会组织能够更加充分地发挥其在社区治理中的关键作用，以便为居民提供更为高质量的服务。这进一步促使社区治理理念中的"共建共治共享"得以在实践中更为有效地贯彻和落实。

> 社区很早就开始注重培养本地的社会组织了，现在只要社区里有活动要开展，基本上都是这些社会组织挑大梁。（访谈记录：YZ 20220701）

在 N 社区的治理结构中，基层党组织作为引领各方力量的关键主体，发挥了其在推动"三驾马车"协同发力中的方向性作用。通过深入挖掘党组织在社区治理中的优势，N 社区在治理实践中取得了显著的成效。

N 社区基层党组织在构建社区民主协商议事平台方面进行了积极的探索。通过多级协商议事机制的设立，为居民提供了广泛参与社区治理决策的渠道，确保了居民意愿在社区治理中得到充分的反映。目前，N社区已经设立了多个协商议事阵地，形成了较为完善的协商议事网络体系。N社区还启动了自治共管项目，推行了一系列具有创新性的治理模式，如社区帮扶引导、业主集体协商、多方参与治理、共治共管共享等。这些模式的实施，不仅激发了居民的自治活力，增强了小区的共管力量，还在实质上提升了社区治理的整体水平。

围绕党建工作，N社区还形成了一批有影响力的品牌项目。基层党组织主动作为，创新实施了"移动办公桌"模式，将办公桌搬到小区广场、物业服务中心、警务站甚至居民楼下，使社区治理更加接地气。这种主动作为的治理模式，不仅提升了社区治理的有效性，还为社区居民提供了更为便捷的社区服务。

7.1.1.2 权益意识强烈的白领居民

在N社区的建设初期，它被纳入了S市中央商务区的城市规划，并与S市内经济最为活跃的开发区并列，吸引了大批从事金融行业的高端城市白领群体。这一引入旨在提升社区整体活力，营造繁荣的社区氛围。然而，随着时间的推移，由于相关产业链的不足，N社区未能持续保持其在城市中的竞争优势。这导致原本居住在此的一批高端城市白领逐渐选择迁移到更具吸引力的城市社区，以寻求更优质的居住环境。

这一人口的流动引起了N社区居民构成的根本变革，留下的主要是从事销售和商务岗位的办公室白领。这一群体展现出强烈的产权意识，对社区的物业管理、环境卫生和公共设施等方面有相对较高的期望，并且在维护自己的居住权益方面表现出了较强的主动性。

办公室白领社区居民，由于其工作强度高的特点，通常在日常生活中缺乏与其他个体建立深刻联系的机会。尽管他们对自己的居住权益保护具有较强烈的意识，但在更广泛的社区公共事务治理方面，他们往往表现得相对冷漠。考虑到他们特殊的职业性质，这一群体在社区治理领域的参与存在一定限制。他们在引入外部资源方面面临困难，这在一定程度上削弱了他们在社区公共事务管理中的作用。此外，尽管他们拥有潜在的资源，但将社区治理与个人职业发展有效结合起来，仍然是一个未被充分挖掘的领域。

这种情况表明，虽然这一群体在社会地位上可能处于较有优势的位置，但他们在社区治理方面的潜力并未得到充分发挥。这不仅限制了他们个人在社区建设中发挥更大作用的可能性，还意味着社区无法充分利用这一人力资源优势，来推动更为深入的社区发展。

> 提到自己的切身利益，大家都挺上心的，可一谈到小区的环境和卫生这些公共问题，大家就不那么热心了。（访谈记录：SDF20220730）

7.1.1.3　疏离的陌生人社区

经过多年的演变，N 社区在居民间的关系网络构建方面依然未能达到理想的熟人社区状态。尽管社区内已经建立了以业主代表身份为正式身份的制度性关系网络，以促进居民之间的相互了解，但这种相识主要限于正式的会议场合，在日常生活中，居民之间的互动依然相对有限。

业主代表制度作为社区治理的一种机制，尽管在一定程度上加强了居民之间的联系，但这种联系更多地建立在制度性的身份认同基础上，而非基于个体之间自然形成的社交网络。因此，即便在会议中频繁见面，彼此之间的熟悉度也主要源自他们在社区中所扮演的角色，而非建立在个体之间真正的理解和互动基础上。

部分社区居民通过积极参与社区社会组织，如文体团队等，形成了紧密的小型社群。这些小型社群在一定程度上促进了居民之间的互动，增强了社区内部的凝聚力。然而，这些社群的形成常受到人际关系范围的限制，未能真正跨越社区内部的界限，以形成更为包容的社区治理共同体。

> 其实也没啥必要都互相认识，反正大家都是忙忙碌碌的，各忙各的就行。（访谈记录：GH20220729）

N 社区在居民关系构建方面呈现较为明显的陌生人特征。居民之间的互动相对有限，人际关系显得疏远，这在一定程度上缺乏了熟人社区中基于长期互动而建立的沟通基础。随着社区内公共设施的不断损耗，居民在共享资源的使用过程中发生的摩擦也增多。这不仅体现在居民与居民之间的相互关系上，还体现在居民与物业公司之间的互动关系上，引发了一系列社区治理问题。

在这样的背景下，社区居民往往选择通过互联网社群这一便捷的方式来表达自己的意见,形成了多个以解决社区问题为目的的临时性意见社群。这些社群的形成虽然在一定程度上提供了一个解决社区问题的平台,但由于居民之间缺乏长期稳定的互动关系,这些线上社群很容易将线下的矛盾转移到线上,甚至可能导致矛盾的进一步激化。由于这些临时性意见社群的组织往往缺乏稳定的力量,社群与社群之间也可能产生冲突,这不仅未能有效解决社区问题,还可能导致社区内部的冲突更加复杂化。

在商品房社区的社会结构中,居民通常因为社会地位的相似性而表现出一定程度的同质性。这种同质性是市场价格机制筛选的结果,反映了居民在经济实力上的一致性。然而,当涉及公共事务治理时,这种表面的同质性背后隐藏着深刻的异质特征。

业委会作为居民自组织的代表,其参与公共事务治理的态度往往受到利益驱动的影响。在维权事务上,业委会倾向于与物业公司展开协同共治,追求居民的权益最大化。但在日常事务治理上,业委会的参与度则相对较低,缺乏持续的投入。

居民在与物业公司互动时,常常以业主的身份提出要求,期望物业公司能够迅速地解决社区问题。然而,物业公司作为市场化运作的主体,其决策往往基于投入产出比,注重经济效益的最大化。这种基于市场逻辑的运作方式往往难以完全满足居民的个性化需求,造成了居民与物业公司之间的利益冲突。

当利益冲突激化时,居民可能会要求更换物业公司,或者以拒缴物业费等方式表达不满,进而引发社区内部的纠纷。在 N 社区,这种纠纷往往与经济利益密切相关,如社区公共基金的使用。在涉及居民利益的物业问题上,由于社区内部人际关系的淡漠,通过传统的人际沟通很难达成共识。在这种情况下,法律途径成为解决问题的最终手段,这反映了 N 社区居民在维护自身权益时对法律手段的高度依赖。

7.1.2　社区社会资本匮乏

N 社区作为一种典型的商品房社区,其社区治理结构主要由居委会、业委会及物业公司这"三驾马车"构成。这三方在社区治理中扮演着关键的角色,其关系互动对于社区的和谐稳定至关重要。然而,在实际运作中,这一治理结构深受社区社会资本匮乏的负面影响,面临诸多挑战。

居委会、业委会和物业公司三者各自具有独立的组织价值取向。居委会通常代表着社区居民的利益，旨在推动社区福利的提升；业委会作为商品房产权所有者的代表机构，关注的是房屋产权所有者权益的保护；物业公司则作为市场主体，追求的是企业经济效益的最大化。在处理社区公共事务的过程中，三者需要动员彼此的资源，形成有效的合作关系，以实现共同的治理目标。

由于 N 社区居民之间缺乏深入的社会交往，社区社会资本的积累受到限制。在这种情况下，一旦社区内部出现利益冲突，居民之间极易产生内部纠纷，社区的凝聚力被削弱。这也意味着"三驾马车"在协调和处理社区内部社会关系时，其影响力往往受到限制，难以实现应有的治理有效性。

7.1.2.1　物业管理权责划分不清晰

在 N 社区的管理中，物业服务的责任主要由市场化运作的物业公司来承担。这些公司通过专业的服务管理来保障社区的正常运转。物业服务内容可以划分为两大主要类别：常规性社区环境管理和专项性社区软性服务。

常规性社区环境管理涉及社区基础设施的日常维护，如公共空间的清洁整理、公共设施的保养管理、庭院花草的栽培养护、社区秩序的维护以及环境卫生的保障，同时还包括对道路车辆的管理等。这些服务工作直接关系到居民的生活质量。

专项性社区软性服务则更多地关注居民的个性化需求，包括但不限于为居民提供中介服务、金融保险咨询以及商业售卖服务等。这些服务在提高居民生活便利性的同时，也为物业公司带来了额外的经济收益。

在 N 社区的治理体系中，居委会与物业公司之间的关系互动呈现复杂的态势，尤其在角色定位方面，存在不可忽视的模糊地带。这种模糊性在实际操作中引发了一系列的治理困境。

居委会作为社区自治组织的重要一环，其在推进社区公共事务治理中发挥着关键作用。在这一过程中，居委会往往期望物业公司能够积极参与，甚至希望其承担超出公司规定的硬性服务范围以及软性服务内容的责任。这种期望的背后，反映出了居委会在人力资源配置上的局限性，以及在面对复杂社区问题时对物业公司支持的需求。

物业公司作为依托市场运作的专业服务机构，其在与居民利益关系方面存在潜在的矛盾。当物业公司被纳入处理社区内邻里矛盾的工作中时，其采取的行动很可能会触及居民内部的利益格局，导致物业公司被卷入复杂的利益争议中，从而增强了社区治理的不确定性。

> 以前社区想治理一下群租房的问题，就叫物业公司出面嘛。物业公司也是尽心尽力，去找业主谈了好几回。谁知道业主一不高兴，干脆直接不缴物业费了。（访谈记录：HXL20220710）

在 N 社区中，存在一些隶属于知名品牌房地产开发商的物业公司。这些物业公司通常采用一体化的运营模式，与房地产开发商密切合作，并与政府住建部门建立了紧密的互动关系。由于其品牌影响力和资源实力，这些物业公司在社区治理中拥有相对较强的话语权和参与能力。

对于 N 社区居委会来说，与这些物业公司建立合作关系在推进文明城市建设的关键时期显得尤为重要。社区居委会亟须依赖这些物业公司的积极投入，包括人力、财力和物力资源，以有效支持小区环境的排查整治工作。这种紧密的合作关系有助于提高小区环境治理的效率，并充分利用物业公司的资源优势，更好地协调和配合政府的相关治理工作，以实现社区治理的优化。然而，在这个合作过程中，社区居委会与物业公司之间的关系面临新的挑战。如何建立富有成效的合作机制，成为双方需要共同思考和解决的关键问题。

7.1.2.2 居民依赖心理强烈

在 N 社区中，尽管众多公共事务与居民的个体利益密切相关，但居民在自治参与方面表现出的积极性相对较低，其更倾向于依赖居委会来解决社区问题。在实施社区治理活动的过程中，居民经常以工作繁忙、时间有限或家庭事务繁忙等理由回避参与，未能充分发挥居民主体性的作用，导致社区治理共同体意识的缺失。

在推动社区治理的过程中，居民普遍持有一种观望的态度。居民将社区治理工作视为居委会和物业公司的责任，认为这些工作与自己无关，从而表现出一种对社区事务的冷漠态度，但这并不意味着居民对社区治理的状况没有自己的看法。事实上，居民对于物业服务的质量、邻里关系的和谐等方面有着强烈的关注。他们常常利用微信群等社交媒体平台，对居委会和物业公司的工作提出批评，显示出对社区治理的关切。在一些极端情况下，居民甚至将12345市民服务热线作为一条表达不满的途径，短时间内大量投诉，造成N社区在一年内12345市民服务热线投诉量高达300件以上。

这一现象反映出在社区治理中存在居民参与意识和实际参与度不匹配的问题，也体现出居民对社区治理有较高期待的同时，对自身在社区治理中应发挥的作用认识不足。因此，如何激发居民的自治意识，引导居民积极参与社区治理，成为提升N社区治理有效性，构建和谐社区的重要课题。

> 现在咱社区的居民，哪儿有点儿毛病都能看出来。可一叫他们来一块儿想想办法解决，他们又觉得这事儿太费劲儿，不愿意抽时间参与。（访谈记录：WX20220715）

在N社区的社区治理实践中，居民对居委会形成了深厚的依赖关系。一旦居委会在处理社区内部的矛盾时表现出处理迟缓的情况，居民便会对其产生强烈的不满情绪。同样，居民对于物业公司的态度也是矛盾的。虽然物业公司本质上是一种提供服务的商业实体，但居民往往对其服务范围有着不切实际的期待，认为其应当负责解决社区内的所有问题，包括一些本不应由物业公司承担的公共服务职能。这种不切实际的期望与物业公司实际服务之间的差距，最终导致居民对物业公司失望。

在参与社区重大事务决策方面，绝大多数居民表现出了浓厚的兴趣。然而，在实际行动层面上，只有极少数参与了业委会工作的居民真正履行了社区监督的责任，而其他绝大多数居民则选择保持沉默，成为社区中的"沉默的大多数"。这部分人群构成了社区内部的一种潜在的不稳定因素：他们对社区决策的不满可能在某一时刻集体爆发，形成强大的舆论压力；而在其他时候，则可能持一种消极的态度，对社区的治理无动于衷。

综上所述，N社区居民在公共事务自治方面的意识整体上处于较低的水平，这不仅制约了社区自主治理能力的提升，还为社区内部矛盾的调解带来了一定的隐患。如何激发居民的自治意识，提升其在社区治理中的参与度，成为提升N社区治理有效性的一项紧迫任务。

7.1.2.3 社区人群的原子化

N 社区以高层住宅为主,这一特点限制了公共空间的可用性。由于社区居民的多样性,他们拥有各种不同的职业身份,同时对个人隐私的保护非常重视。因此,N 社区逐渐演变为一个社交互动相对较少的地方,居民之间缺乏深层次的情感联系。

在这一背景下,居民更倾向于依赖社区外部的网络,而不是依赖邻里之间的相互帮助,这体现了 N 社区内部居民群体的"原子化"特征。居民在繁忙的生活节奏中,对于那些缺乏界限感的过分亲密的人际关系表现出抵触的倾向,而对于日常生活中的邂逅失去了兴趣,保持着一种疏离的态度。

这种互动模式的特征反映了现代城市社区中个体化趋势的加强。这不仅影响着社区居民的社会互助网络的构建,还对社区凝聚力的增强构成了挑战。如何在保护居民个人隐私的前提下,促进邻里间的互动,增强社区的凝聚力,是 N 社区发展中亟待解决的问题。

> 现在这情况就完全变了,大家都是各忙各的,没啥交情。真要啥东西缺了,直接手机上一点,叫个同城速递什么的,方便又快捷。(访谈记录:YT20220718)

考虑到普通商品房作为一种具有高度交易流动性的住房形式,其在 N 社区的置换率普遍较高。这一特点与日益增多的以工作、求学等个人或家庭需求变动为主导的城市人口流动趋势相结合,导致 N 社区表现出相对较高的人口流动性。居住在该社区的主要是中青年白领居民群体,他们通常在工作中承受较大的压力,这使得他们在处理邻里关系时更倾向于采取一种实用主义态度,即宁可少一事,不愿多一事。

对于中青年白领居民群体而言,他们已经逐渐适应了一种更为独立的社会交往规则,与传统的基于交情深浅的邻里互动模式形成了鲜明对比。这种现代城市生活的快节奏环境塑造了他们的社交偏好,即更多地涉及与陌生人的互动,而对于过度的邻里互动则持一种谨慎的态度。在他们看来,过多的社区内部互动可能会侵犯到他们宝贵的个人空间,因此他们更愿意选择一种保护个人独立空间的生活方式,保持一定的邻里距离。这种高人口流动性、社区年轻化以及对邻里关系的疏离态度相互作用，使得 N 社区的社会资本积累面临较大挑战。

在 N 社区，邻里关系的疏离化已成为一种普遍现象，这种现象在一定程度上重新定义了社区内矛盾解决的方式。在这一背景下，居委会和物业公司逐渐崭露头角，成为社区矛盾解决的核心力量。然而，需要明确的是，邻里关系的疏离并不意味着邻里之间完全没有互动。随着法治观念深入人心，居民的维权意识明显增强。无论是日常生活中的装修噪声问题，还是住宅环境中的水管漏水问题，都涉及邻里之间复杂的利益关系。但由于缺乏邻里间的有效沟通，广泛存在的陌生感使居民在遇到冲突时更倾向于寻求居委会和物业公司的协调。

当物业公司难以及时有效地解决问题时，社区居民的不满情绪可能升级，并引起居委会的介入。在这种情况下，居民更强烈地期望通过外部干预来解决邻里矛盾。尽管这种依赖外部力量的机制在一定程度上有助于减轻矛盾的表面症状，但它无法根本性地解决邻里间的深层次矛盾，反而可能导致社区内部的社会风险增加，社区关系网络变得更加脆弱。

7.1.2.4 物业矛盾突出

随着 N 社区居民对于居住环境的关注度日益提高，他们对社区公共空间的管理问题表现出了浓厚的兴趣，进而与物业公司之间的关系变得日益复杂。2007 年，中国正式颁布了《中华人民共和国物权法》，并修订了《物业管理条例》，这标志着中国在法律层面对房屋物业管理制度的正式规范。这两部法规的实施，显著增强了普通商品房社区居民的法律意识，使他们逐渐认识到掌握房屋产权相关知识对于维护自身的居住权益具有重要的作用。居民开始通过法律手段来维护自身权益，对物业公司的服务质量提出更为严格的要求。

N 社区居民对物业服务的期望较高，他们对社区内公共设施的维护要求严格，对管理质量也有较高的标准。然而，在实际服务过程中，物业公司往往未能达到居民的预期，导致社区居民对物业公司的广泛不满。这种不满情绪最终转化为强烈的更换物业公司的要求。

在 N 社区的一个小区内，居民对物业公司的不满进一步升级为拒绝缴纳物业费，直接抗议物业公司的管理。拒缴物业费涉及的金额高达一百万元，严重影响了物业公司的正常运营。作为反击，物业公司选择将居民告上法庭，试图通过法律手段解决双方的矛盾，这进一步激化了社区内部的矛盾。

物业服务矛盾的日渐加剧，在 N 社区引发了一系列的社区治理问题，形成了一种负面的循环往复。从宏观的社区治理角度来看，这与居民认同感的缺失和物业公司工作动力的衰减密切相关。

一方面，社区居民对于物业服务质量的不满，使他们对社区的认同感大大降低。居民认为，高质量的物业服务是他们应得的权利，而物业公司的不作为直接侵犯了这一权利。这种服务与期望的不匹配使居民对于社区的认同感逐渐降低，他们不再愿意为社区的建设投入精力，社区的凝聚力也随之减弱。

另一方面，物业公司在面对居民的不断投诉时，逐渐失去了最初的服务热情。这种情绪的转变可能源自对居民需求满足的无能为力，也可能是对居民不满情绪的逐渐麻木。无论哪种情况，物业公司的服务质量都进一步下降，导致居民不满情绪的持续升级。

在这种负面循环中，N 社区的物业矛盾不断激化，一旦爆发，社区治理就会陷入短暂的混乱状态。这种混乱不仅影响了居民的日常生活质量，还对社区的长远发展造成了负面影响。因此，打破这种恶性循环，建立一种积极的社区治理机制，成为推动社区可持续发展的重要任务。

> 有些人其实是没啥大事，就是看别人都在骂物业公司，他们也跟着起哄。而有的人确实是因为觉得物业公司不给力，不作为，所以才对物业公司有意见。现在这情况，居民和物业公司之间的关系可谓相当紧张。（访谈记录：GCB20220713）

7.1.2.5 社区社会组织专业能力不足

N 社区长期以来致力于促进趣缘型社区社会组织的蓬勃发展，并在这一领域积累了丰富的实践经验。这类社区社会组织主要以兴趣为核心，组织多样化的活动，包括但不限于广场舞、合唱、体育锻炼、书法、绘画、手工艺制作等多个领域，为社区居民提供了一个丰富多彩的互动平台。

在这些趣缘型社区社会组织内部，活跃居民常常是社区志愿活动的核心力量。他们与居委会的工作人员保持紧密合作关系，共同为营造社区和谐氛围、推动社区可持续发展贡献力量。这些居民通常展现出较高的社区服务热情，是社区内不可或缺的积极分子。

　　需要指出的是，这些社区社会组织的主要成员通常由社区内的特定群体组成，如退休老年人和全职妈妈等。尽管这一特点使得这些组织在丰富居民的精神文化生活方面具有独特的优势，但也限制了它们在更广泛的社区治理层面发挥作用的能力。具体而言，这些特定群体往往在社区自治和权益维护等方面经验相对有限，他们更加注重社区的娱乐活动，而在推动解决社区治理问题方面的影响力相对较弱。

　　在社区治理功能方面，虽然趣缘型社区社会组织在丰富居民文化生活方面发挥了积极作用，但由于缺乏足够的治理能力，它们在处理社区内的争议时往往显得无能为力。在这种情况下，社区内的争议问题很容易被放大，社区的和谐稳定受到威胁。

　　　　现在社区里的这些社会组织啊，大多数是围着文化活动转，像是举办些小型的文艺演出，或者是书画展之类的。可要真说到帮助社区解决一些纠纷啊，它们就显得有点力不从心了。（访谈记录：SDF20220730）

　　在当下的 N 社区治理格局中，治理类社区社会组织的缺乏成为一个不可忽视的问题。因此，街道不得不采取购买服务的策略，引入专业的治理服务社会组织。然而，引入的这些社会组织在提供服务时，通常面临一些内在的限制。首先，它们提供的治理服务通常仅局限于相对短暂的时间段，难以实现持续的治理效果。其次，由于这些组织并非社区居民自发成立，它们在服务提供过程中难以真正融入社区居民的日常生活，特别是在个性化需求、社区安全、矛盾解决、社区规划和经济利益分配等方面，这些外部社会组织的影响力相对有限。

　　面对这些涉及居民切身利益的治理问题，社区居民和街道往往只能依赖于业委会这一由业主构成的自治组织来进行处理。然而，业委会大多由社区居民自发组成，成员普遍缺乏系统的专业培训。在处理复杂的社区矛盾和问题时，他们可能会因为认知偏差而采取不当的处理措施，加剧社区内部的矛盾冲突，导致问题的进一步复杂化。

7.1.3　社区权益的微观博弈

　　在深入剖析 N 社区这一典型普通商品房社区的运行机制时，不难发现其已经逐渐演变形成了一套相对明晰的社区秩序。这套秩序在一定程度上体现了居民的互动规范的内在要求。然而，值得注意的是，N 社区作为一个典型的陌生人社区，其内在的社会关系更加复杂。居民之间缺乏深层次的情感联结，社区内部的协作能力相对薄弱。同时，"三驾马车"在推进社区治理过程中的离心作用也日益凸显。这不仅导致资源配置不均衡，还使社区在面对复杂问题时显得力不从心。

7.1.3.1 "三驾马车"利益冲突

在对 N 社区的社会结构与治理机制进行深入分析时，笔者观察到物业公司、居委会以及业委会三者之间构建了一种极为微妙的互动关系。这种关系在推进社区治理方面发挥了关键作用，但同时也暴露了一系列问题。

首先，物业公司作为一种市场化的主体，其基本运作逻辑是追求经济利润的最大化。在提供基本的物业管理服务的同时，物业公司往往更倾向于投资回报率较高的项目。这与居委会注重社区公共利益的宗旨存在不一致性。

其次，居委会在推进社区治理的过程中，不可避免地需要依赖物业公司的资源支持。然而，社区公共事务的复杂性，往往会导致居委会与物业公司在职责分配上出现模糊的情况。这不仅影响了社区治理有效性的发挥，还使双方在合作中产生了诸多摩擦。

最后，由于行政性事务的执行往往不具备直接的经济回报，物业公司在投入资源上可能会出现消极态度。久而久之，这种状况有可能引发物业公司对居委会的不满情绪，进一步加剧双方的关系紧张。

尤其是在 S 市文明城市创建过程中，笔者观察到居委会在实现社区内部环境整治方面，非常依赖于物业公司提供的专业服务。物业公司的精细化保洁服务更是成为居委会在文明城市创建过程中亟须解决的关键问题。

在物业公司的绩效评估体系中，并未将居委会列入主要评分对象之一，这一规定在某种程度上减弱了居委会对物业公司的直接影响力，同时使居委会在与物业公司的互动中处于相对被动的地位。

面对这种情况，居委会为了确保文明城市创建的顺利推进，往往会采取更为积极主动的策略去寻求与物业公司的合作。通过建立良好的沟通机制，居委会试图引导物业公司提升服务质量，共同为社区的和谐稳定做出贡献。

> 物业公司想要改进服务，那可是得掏真金白银呢。拿垃圾分类这事来说，原来是分三类，现在得加一个厨余垃圾的分类，这就意味着要重新搞定相关的设施和人员培训。（访谈记录：LH20220717）

业委会在维护业主权益方面，常常寻求居委会的支持，表达对物业公司服务质量的不满，甚至在一些情况下，提出更换物业公司的强烈要求。这样的行动不仅体现了业委会维护业主权益的责任，还反映出其在与物业公司的互动中处于相对强势的地位。

对于居委会而言，其在这种多方互动关系中往往需要扮演调解者的角色。通过平衡各方利益，化解矛盾冲突，居委会试图维护社区的和谐稳定。然而，一旦业委会与物业公司之间的矛盾激化到一定程度，居委会在其中的调解作用就会受到极大挑战，其把握关系平衡的能力也会面临严峻考验。

7.1.3.2　居民自我管理意愿低下

在对 N 社区的社区治理机制进行深入剖析时，笔者发现社区公共事务的治理呈现明显的被动特征。大多数居民对于社区自治事务持有观望的心态，缺乏积极主动参与的意愿。居委会在这一背景下，成为社区公共事务治理的主导力量。其不仅负责协调社区内各类条线工作，如党建、综治、社区社会组织培育等，还直接参与到教育、精神文明建设、便民服务、劳动保障等多个领域的具体服务中。

虽然 N 社区内部形成了一些社区社会组织，但这些组织大多数集中在文娱活动的开展上，其在推动社区治理方面显示出较为明显的能力不足。这不仅限制了居委会在资源上的分配，还在一定程度上制约了社区自治的深度和广度。

> 我们这的社区社会组织办活动，啥材料啊、场地啊，基本上都得咱们来操心，有时候真是忙上加忙。（访谈记录：SL20220727）

N 社区中最为核心的矛盾往往是围绕着物业服务展开的。尽管社区居民对于物业服务有诸多不满，对业委会的运作也颇有怨言，但是，少有居民愿意真正花费时间参与到社区的物业管理或者业委会运作之中，而是将矛盾的解决寄希望于引入更好的物业公司或者直接更换业委会。对于大部分社区居民来说，他们并不愿意花费时间参与社区事务的民主监督。

社区居民普遍对物业服务表达了不满，认为其服务质量不高，无法满足居民的实际需求。同时，业委会作为代表居民利益的机构，其运作也受到居民的批评。这些不满在社区内部积累，形成了紧张的社区关系。

为了推动社区内利益相关方之间的沟通，N 社区投入了大量资源，构建了多个沟通协调平台。这些平台的目的在于促进社区居民、物业公司以及居委会等多方在公共事务处理中的参与，以期达成共识，协调利益关系。然而，在实际操作过程中，这些沟通平台的参与度并不理想。仅有极少数社区积极分子投身于平台的沟通中，而绝大多数居民对于社区自治事务的参与度仍然较低。这种局面在社区治理中产生了一系列深刻的影响。

一方面，N 社区的多元治理主体利益分化的现象，使那些参与进来的积极分子很难全面代表社区大多数居民的意见。这些积极分子虽然在沟通平台上表达了自己的观点，但由于其代表性的局限，其发言并不能完全反映社区居民的整体意愿。另一方面，参与进来的积极分子并非社区内的意见领袖，其在社区内的影响力有限。这就导致即使通过沟通平台达成了一系列决议，这些决议在社区中的推行也面临较大的挑战。

7.1.3.3　陌生的邻里关系

在 N 社区这一居民结构多元化的社会空间中，居民间的社会关系呈现独特性。由于缺乏传统意义上的宗族或血缘联系，社区居民在相互交往的过程中，更加注重关系的对等性。这种对等性的追求，反映了现代社会价值观的一种转变，也体现了居民个体间平等互动的现代社区关系的构建。

社区居民在社区内的人际关系构建中表现出一种实用主义的态度。他们不再追求在社区内建立稳定的人际网络，而是更加倾向于根据个人的工作需求，随时调整自己的住所。这种流动性强的生活状态，使社区内的居民之间缺乏深度的交流，社区共识的达成也因此面临较大的挑战。

　　如果哪天换了工作，我可能就得搬家了。时间对我来说真的很

宝贵，我就不想花太多时间在没什么必要的社交上面。(访谈记录：GC20220709)

居委会虽然积极提倡社区共识的达成，但由于居民之间缺乏共同的语言，社区认同感的培养成为一个艰巨的任务。这种认同感的缺失，不仅影响了社区文化的传承，还对社区治理工作的开展造成了一定的阻碍。

在 N 社区的社会结构中，居民身份与房屋产权的紧密结合，成为影响社区内部利益分配的重要因素。居民的身份主要分为业主和租户两种类型，这种身份划分深刻地反映了居民在社区中所处的利益地位差异。

从社会学的视角来看，身份是个体在社会中所处的位置的体现，它在一定程度上决定了个体能够获得的资源，以及其在社会互动中的权利。在 N 社区中，业主和租户这两种身份的区分，不仅体现在对物业资源的控制上，还反映在对社区公共事务的参与程度上。业主通常拥有较强的资源控制能力和较高的社区参与度，而租户则往往处于相对边缘的位置。由于居民的工作主要分布在不同行业，他们之间缺乏共同的经济利益的绑定，这种情况进一步削弱了居民之间的社会联系。居民之间形成了一种相对独立的社会关系，彼此之间的依赖性降低，社区内部的凝聚力也随之减弱。

值得注意的是，伴随着互联网技术的蓬勃发展，N 社区及其周边商业配套结构经历了显著的变革，为居民日常生活提供了前所未有的便利性。这种变革不仅体现在物质资源获取的便捷上，还在居民的社交互动上留下了深刻的印记。

在传统社区生活中，邻里互助作为一种基于地缘的社交方式，对于满足居民的日常需求起到了积极作用。然而，在数字化日益深入日常生活的今天，N 社区的居民越来越多地依赖于线上服务来满足生活中的各种需求。这种依赖不仅使居民在获取服务上更为便捷，还在一定程度上削弱了邻里之间的互助关系。

许多居民选择不与邻居交往，转而利用线上购物渠道，独立解决生活所需。这一现象在一定程度上反映了数字化生活方式对传统社区互助关系的冲击，也对社区治理提出了新的要求。如何在数字化生活方式的背景下，维护社区居民之间的社交联系，促进社区凝聚力的增强，成为一个亟待解决的社区发展问题。

7.1.3.4　个人主义的行为模式

在 N 社区内部，当社区居民面临分歧时，他们更倾向于追求与个人利益一致的解决方案，而非基于利他主义的公共精神来协商解决问题，这种趋势在社区治理的过程中导致频繁的以自我为中心的行为表现。此种行为表现反映了社区居民对于个人权益的过分强调，以及对于社区共同利益认识的相对缺乏。

当涉及具有争议性的议题时，这种以个体利益为主导的态度往往演变为不理性的纷争行为。这不仅削弱了社区内部的团结精神，而且在很大程度上加剧了社区内部已有的矛盾，使问题的解决变得更加困难。

以个人主义为主导的行为模式表现为在社区治理过程中，个体利益的追求超越了公共利益的考量，导致个体行为偏离了服务于整个社区的轨道。这种倾向削弱了社区内部达成广泛共识的可能性，因为共识的达成往往需要成员放弃一部分个人利益，以实现更大范围的集体利益。当社区居民更加关注个人利益时，集体行动的动力就会减弱，社区的整体利益难以得到有效实现。

进一步深入分析，可以发现个人主义行为模式对 N 社区居民间相互信任关系的侵蚀，是一个多层面的复杂过程。信任是社区社会资本的重要组成部分，它的建立对于促进社区成员间的协作具有至关重要的作用。

在个人主义行为模式的驱动下，N 社区的居民在互动过程中往往更加注重个人利益的最大化，而忽视了对共同价值观的追求。这种价值观的分歧，使社区居民在认知上产生偏差，难以形成统一的社区意识。在这种情境下，社区居民对彼此的正面评价可能会被削弱，因为他们在互动过程中感受到的是利益的冲突，而非共赢。

> 好多邻居觉得自从业委会成立后，自己的利益好像被削弱了。其实啊，说到底，问题的关键是业委会里头，确实有那么几个人可能心里打了小算盘。（访谈记录：WX20220715）

个人主义行为模式还导致 N 社区的居民在解决矛盾时采取更为对抗性的策略，而非寻求协商。这种对抗性的互动方式不仅无助于信任的建立，还进一步加深彼此之间的隔阂。在这种缺乏信任的环境中，社区的协作机制难以正常运作，社区治理的效能难以得到保障。

以"三驾马车"的协同配合为例，各方在理论上应当共同维护社区的和谐。业委会作为业主自治组织，代表着居民的自治权利，并在此基础上参与社区事务的管理。居委会则担负着对业委会的监督责任，确保其工作的正当性。然而，在N社区的实际运作过程中，当涉及换届选举、物业费调整、停车规范等敏感性较强的议题时，居委会的监督工作往往难以顺利进行。

原因在于社区居民在参与这些公共活动时，往往是基于对个人利益的考量，而非出于对社区整体利益的关注。这种以个人利益为导向的参与态度，导致社区成员难以在关键议题上达成共识，从而削弱了社区共治的效能。如何引导社区成员超越狭隘的个人利益，培养利他主义的公共精神，并在此基础上共同参与社区治理，成为N社区实现可持续发展的关键挑战之一。

7.1.3.5　社区再组织化枢纽缺失

在对N社区社会组织生态的深入分析中，可以观察到虽然该社区内拥有一系列活跃的趣缘型社区社会组织，但其参与社区治理的深度和广度仍然存在一定的局限性。这些组织主要以文化、体育和娱乐等为活动主题，对于推动社区公共事务参与的作用有限。

趣缘型社区社会组织虽然在增强社区归属感、促进居民互动等方面发挥了积极作用，但在处理诸如环境治理、矛盾调解等更为复杂的公共议题时，其能力显得较为不足。这一方面是因为这些组织通常缺乏处理这类问题所需的专业知识，另一方面是因为其主要成员对这些公共议题的关注度不高，更倾向于参与轻松愉快的文体活动。

居委会的工作人员在培育趣缘型社区社会组织方面投入了大量的精力，期望通过这些社区社会组织的活动促进居民的互动，从而提升社区治理的整体效能。然而，由于这些组织在处理广泛治理议题上的局限性，居委会工作人员的努力并未能如期转化为治理有效性的提升，这进一步增加了社区治理的复杂性。

　　　实话实说，居委会为了扶持社区的各种组织，真是下了不少功夫，可惜啊，这些组织发展得还是不太理想，到现在还没能真正发挥出服务社区的作用。（访谈记录：SDF20220730）

N 社区的居委会为提升治理有效性，曾经尝试引入外部专业社会组织，期待借助其专业能力促进社区公共事务的有效解决。然而，这一尝试的成效并不显著。N 社区在治理中面临的诸多议题往往需要较长时间周期来进行深入解决，这就要求外部专业社会组织能够持续深耕地参与到社区治理中。

受限于社区经费的规模，居委会只能购买社会组织的一次性服务，这使外来社会组织在投入与产出的权衡中，更倾向于选择那些短期内能够看到成效的议题，而非那些需要长期努力的深层次治理问题。这种一次性的活动虽然在短期内能够增加社区治理活动的数量，丰富社区居民的参与体验，却未能触及并满足社区中更为根本的治理需求。这既限制了社区治理有效性的提升，也没有在本质上强化社区居民的公共精神。

虽然街道设立了培育平台以支持社区社会组织的发展，但由于缺乏一个能够统筹协调社区社会组织成长方向的枢纽型社会组织，社区社会组织从培育平台获得的支持往往显得零散，无法形成合力。在缺乏系统性的组织支持的背景下，社区社会组织的活动在很大程度上依赖于社区居民个人的兴趣，这带有很强的随机性，也使这些组织难以在社区治理中发挥关键作用。

7.2 赋能授权的社区治理行动模式

7.2.1 以协商民主促进"三驾马车"协同

N 社区作为一个典型的商品房社区，展现出了较强的人际异质性特点，居民间的关系呈现"陌生人社会"的特征。这种社区结构导致居民对于居委会以及物业公司的高度依赖，而自主自治的意识相对薄弱，邻里关系也相对较为疏远。在这样的社区环境中，邻里间的矛盾往往无法在基层得到解决，而需要依赖于居委会或物业公司的介入。虽然业委会作为社区治理的一种自治组织形式存在，但其在实际治理过程中发挥的作用较为有限。仅仅依赖于业委会这一单一的自治主体，并不足以消除社区内部潜在的矛盾冲突，也难以实现社区资源的有效整合。

为了改善这一状况，街道和社会组织达成了共识，共同将工作重心转向培育 N 社区的现代民主秩序。一方面，工作重心集中在明确居民需求与政府回应之间的关系上。通过帮助居民有序地参与到社区公共事务中，引导他们从社区事务的旁观者转变为积极参与者。这样不仅有助于在社区内部凝聚共识，还能够促进民主精神的培养。另一方面，工作着力于厘清政府与居民在责任担当上的界限，培育居民的公共精神。通过这种方式，努力营造一种自上而下与自下而上相结合，政府引导与居民自治并存的健康社区生态。

在 N 社区现代民主秩序的构建过程中，协商民主活动扮演了不可或缺的角色。通过有效的协商民主机制，不仅能够保证居民参与社区治理的权利得到充分体现，还能够确保社区决策过程的公开透明，提高社区治理的公信力。这种协商民主活动的广泛开展，对于打破社区内部的人际隔阂，强化邻里关系，构建和谐共生的社区环境具有重要意义。

7.2.1.1　高合作意愿与协商民主活动

N 社区的封闭空间结构在一定程度上加深了居民对自治的认知。在住房改革的背景下，城市居民的工作地与居住地逐渐分离。传统的住房体制下，城市居民大多生活在雇主单位提供的住宅区内，其生活的方方面面都与单位息息相关。相较之下，普通商品房社区为居民提供了更加独立自主的生活、社交和消费环境。

普通商品房社区居民享有更多的自主决策权，他们对于住房产权的安全感有着强烈的追求。这种个人化的生活追求，进一步促进了社区内集体行动的发展。对于 N 社区的居民来说，他们对于协商民主活动的接受度较高。社区居民通过共同处理物业维权问题等社区事务，表达了对于自治的追求。同时，政府也显示出了与社区居民合作的强烈愿望，期望通过这种合作模式培养居民的公共精神，并最终实现社区治理的民主化。

> 一说到跟物业公司争取自己权益的事儿，大家就像打了鸡血一样，对参与协商民主活动的热情高涨。（访谈记录：SL20220727）

在 N 社区协商民主活动的推动下，物业冲突反而成为增强社区凝聚力的一种机制。虽然许多居民的不满主要源自房地产开发商留下的房屋质量问题，但 N 社区大量存在由全国知名房地产开发商建设的普通商品房小区。这些小区的物业公司通常直接隶属于房地产开发商，因而在处理与居民之间的矛盾时，往往站在房地产开发商的一方，导致居民强烈不满，进而将解决冲突的希望寄托在协商民主活动上。

为了解决 N 社区内日益加剧的物业纠纷，确保社区的和谐，N 社区在社区中心广场定期举办协商民主活动，为居民提供了一个面对面沟通的平台。理想情况下，代表业主利益的业委会应当在推动小区和谐发展中发挥关键作用。然而，在实际运作过程中，N 社区内相当一部分居民认为，业委会的存在在一定程度上削弱了居民个体行动的独立性，并未能有效提升物业维权的效率。因此，这部分居民转而选择参加更加灵活的协商民主活动，希望通过这种组织形式能够更好地整合分散的居民利益，减少不理性的集体行动。

在 N 社区内，受物业权益保护和社区共同利益追求的双重驱动，逐渐形成了一个具备一定行动能力的社区治理空间。在这一空间内，居民将协商民主活动作为一个平台，表达对物业服务的期待，通过协同行动积聚起强大的集体力量。这种力量不仅对小区的物业公司进行了有效监督，还对社区财产产权的保护提出了切实可行的建议。

这种协同行动的形成，是基于居民对自身权益保护的深刻认识，展现了居民在社区治理中的主体地位。通过协商民主活动，N 社区居民之间的理解得到加深，相互合作的基础变得更加坚实，共同的社区文化也在这一过程中得到升华。同时，这种协同行动也对社区治理的其他参与主体产生了积极影响。它促使政府、居委会乃至物业公司重新审视自身在社区治理中的角色，推动它们与居民建立更为平等的合作关系，共同为社区的和谐稳定做出贡献。

7.2.1.2 强专业能力与社会工作方法

在 N 社区治理项目正式启动之前，社会组织和街道就已针对项目服务书中的内容设计展开了深入细致的磋商，历经十余次。在这一过程中，双方共同达成了关于 N 社区治理项目的一致方向。社会组织根据街道的建议，提出了一条以运用社会工作的方法为主线，旨在构建社区治理创新品牌的实施路径。这一路径聚焦于将协商民主制度化的推进策略。

在具体实施层面上，社会组织通过引入社会工作的专业方法，在 N 社区内打造一套覆盖社区治理全流程的协商工作机制。该机制从需求的征集与筛选出发，进而到方案的编制与评议，最终到项目的实施与评估阶段，形成了一个闭环的运作模式。这套协商工作机制不仅具备良好的可推广性，便于在其他社区进行复制应用，同时还体现了较强的可操作性，为社区居民提供了一条规范化的参与渠道，从而有效增强了居民在社区治理中的话语权。

社会组织还针对小区停车、文明养宠、环境治理等社区居民关注的热点问题，通过项目化运作的机制，旨在激发居民自我管理的内在动机。这种机制有助于提升居民在社区治理中的参与度，促使居民由社区治理的被动接受者转变为积极参与者，从而增强社区的凝聚力。

通过建立居民议事会、居民协商共治小组等多样化的协商议事平台，社会组织在 N 社区内形成了一种利益相关者之间能够共商共议的良好氛围。这种平台不仅具备较强的包容性，能够吸纳不同利益诉求的声音，同时还体现了较高的参与度，确保了社区居民能够真正参与到社区治理的决策过程中，实现了民主协商的理念在社区治理实践中的落地。通过这一系列的努力，社会组织推动了 N 社区治理水平的整体提升，为构建宜居的社区环境打下坚实的基础。

> 社区真正关心的是社会组织能否帮助塑造出一套响亮的治理品牌，真正体现我们社区的特色和优势。（访谈记录：QT20220714）

在对项目服务书进行了深入细致分析的基础上，社会组织运用其专业知识，在 N 社区通过应用社会工作的方法，实施了一连串有序的治理项目。在社区治理实践中，社会组织根据不同情境的具体特点，选择最为适宜的协商民主活动举办方法。这种对方法的选择，体现了社会工作方法的专业性。

社区社会工作作为社会工作实践的重要领域之一，其核心特点是将社区作为服务的主要对象，专注于解决社区居民所面临的集体性问题。在实践过程中，社区社会工作采取宏观结构的视角对问题进行深入分析，强调居民的主体地位，注重激发居民的个人能力，同时充分挖掘社区内外的各种资源，以促进社区的整体发展。

在这个过程中，社会组织采用了常用的社区社会工作方法，包括资源链接、推动居民参与、居民能力建设、建立社区支持网络以及推动多方联动等，来推动协商民主活动的开展。这些方法不仅体现了社会组织对资源整合的重视，还彰显了其对于增强社区凝聚力的扎实实践。

在社区社会工作方法的系统引导下，协商民主活动得以转化为一项以人为本，着眼于服务的活动。其核心目标在于辅助个体在社会生活的各个方面，摆脱所遭遇的困境。在这一框架下，社会组织致力于通过组织协商民主活动，为社区提供高效服务。这些活动通过鼓励社区成员共同参与集体行动，旨在精准识别社区的需求，共同商议解决社区问题的策略，从而改善社区的生活环境。在这个过程中，社区居民不仅能够深刻感受到自己是社区不可或缺的一部分，还能够培养起互助精神，增强在参与社区事务方面的能力。

7.2.2　以赋能授权培育公共精神

7.2.2.1　高合作意愿与社区服务顾问

在政府积极授权的背景下，N 社区建立了一套完善的社区服务顾问制度。该制度下的"社区服务顾问团"由政府各个专业职能部门的代表、社会组织的代表以及本社区的居民代表共同组成。需要指出的是，社区服务顾问团的成员在为社区服务的过程中完全是基于志愿性质的。值得注意的是，区政府拨给社区服务顾问团的经费相对有限。因此，社区内大量的工作依赖于志愿者的贡献。"志愿者服务"因此成为社区服务顾问团最为明显的特点。

为了能够及时发现社区治理困境的根源，并在提供基本治理服务的基础上迅速而有效地对接社会服务资源，街道与社会组织携手在 N 社区事务受理中心设立了社区治理服务点。这个服务点内配备了专业的社区服务顾问，他们通过"咨询式"的交流方式及时捕捉社区居民的需求，并迅速将治理资源直接链接到服务对象，实现了一种将社会资源与社区治理"零距离"融合的创新行动模式。

为了提升社区服务顾问在社区治理领域的专业素养，并确保其服务在社区治理实践中发挥关键作用，街道精心设计了一套系统的社区服务顾问工作例会制度。这一制度旨在通过定期举行的专题会议，会聚政府工作人员、社会组织工作人员以及志愿者等多方力量，形成一个跨领域的社区服务顾问团。

在例会上，各方成员共同深入探讨最新的社区治理政策，深刻剖析社区治理对象所处的复杂环境，共商解决策略。这不仅增加了社区服务顾问团对社区实际情况的认识深度，还提升了其运用专业知识解决问题的能力。

通过对社区实际情况的充分了解，社区服务顾问团能够更加准确地把握居民的需求，提供更为贴合实际的服务。这种"定制式"的服务不仅体现了对社区居民需求的深刻理解，还彰显了社区服务顾问在社区服务中的专业性。该制度还促进了社区服务顾问团内部的知识共享，形成了一个互帮互助的专业团队。他们在实践中不断提升自身能力的同时，也为社区治理工作贡献了自己的智慧，真正使社区服务顾问成为社区治理工作中不可或缺的一环，为推动社区的和谐发展做出了重要贡献。

社区服务顾问专门负责操心那些让人头疼的治理难题，出谋划策，帮助我们找到解决问题的金钥匙。（访谈记录：YZ20220701）

在现代社区治理框架下，街道充分认识到社区能人在推动社区发展中的重要作用，并积极采取措施充分发挥其潜能。通过对社区能人进行治理政策培训，街道成功将这一群体转化为在社区中具有积极作用的核心力量。

这一群体在社区中展现出影响力，能够发现社区内部的潜在矛盾。他们不仅对社区的动态有着深刻的认识，而且能够运用其丰富的社会资源，有效地整合社会服务资源。在这一过程中，他们发挥着独特的桥梁作用，将政府及相关社会服务部门的资源直接输送到社区居民手中，提升了服务的及时性。他们通过主动对接，为社区居民提供了更为丰富的服务，有效满足了居民在不同层面的需求。社区能人群体的行动不仅限于问题的发现和资源的链接，他们还具有较强的组织协调能力，能够在社区内部形成合力，推动问题的解决。通过他们的努力，社区内部的治理结构得以优化，社区居民的参与度得到提升，社区的凝聚力也因此增强。

通过这种方式，社区能人不仅成为街道与社区居民之间沟通的桥梁，还成为补充社区服务顾问团功能作用的重要力量。他们在社区服务顾问团中充当"触手"的角色，能够更加深入地了解社区居民的需求，为社区服务顾问团提供更加贴近民生的服务建议。

7.2.2.2　强专业能力与陪伴式成长

为在 N 社区塑造独特的亮点，并建立起 N 社区协商民主治理的品牌形象，社会组织采取了一种陪伴式成长的方式，进行了广泛的协商民主实验。社会组织的目标是通过解决实际治理问题，培育出一系列功能型社区社会组织。这些组织不仅是基于对具体社区治理问题的解决而产生的，还在社会组织的陪伴式督导下，深入推进了社区文化的发展。

社会组织决定采用这种陪伴式成长的方式，并借助协商民主工具，解决社区中最为突出的焦点问题，以在社区中形成示范效应，并培养居民的公共精神。社会组织希望使社区居民认识到，协商民主项目的最终目的是"服务群众"，并鼓励居民围绕社区的焦点问题，通过实际行动，形成参与式协商、参与式实施和参与式监督的习惯。

经过深入调研，社会组织发现 N 社区存在电动车管理混乱的问题。原本电动车停车位就不足，加之长期的乱停乱放现象，导致大量无人认领的僵尸车出现。此外，居民因无处充电而乱拉电线，甚至将电动车推进电梯内，这些都对社区的安全构成了严重威胁。为解决这一问题，社会组织在社区内开展了一系列宣传活动，召集居民就电动车管理问题进行协商议事，并成立了僵尸车清理团队。通过前期的宣传，一批社区居民应召而出，他们与物业公司、社区警务室及社会组织共同制订了非机动车专项整治方案，对僵尸车进行了集中处理。通过这一行动，社会组织希望能够借助僵尸车整治这一切入点，赋能社区居民掌握协商民主的技术，从而更好地参与到社区治理中来。

> 我们的目标其实很简单，就是想借助整治这些废弃的僵尸车的活动，教给居民如何使用协商民主这个超级实用的工具。（访谈记录：QT20220725）

为应对居民携带电动车进入电梯上楼的情况，社会组织与社区居民共同进行了深度协商，并在充分民主议事的基础上，决定在电梯内部安装监控装置。该装置能够在电动车进入电梯时自动发出警报，并阻止电梯门的关闭，从而有效遏制了电动车乱入电梯的现象。同时，N 社区也对非机动车停车设施进行了升级改造，增加了停车位，扩展了停车空间，并加装了充电桩设施。此外，通过对非机动车地下车库的坡道进行改造，优化了居民地下停车的状况，进一步减轻了地面停车的压力。居委会、居民和社会组织还共同协作，建立了基层协商民主议事厅，将社区协商议事流程制度化，为社区治理提供了坚实的制度保障。

社会组织还尝试将志愿者培育与协商议事紧密结合，引入志愿服务工作站，并将其对社区居民开放，使其不仅承担社区日常服务职能，还组织开展各类贴近群众需求的活动。协商议事成为志愿服务工作站开展的各类活动的重要组成部分。在僵尸车整治活动期间，社会组织与居委会合作，在志愿服务工作站内设立了协商民主议事空间，成立联合工作小组，从车辆信息登记、僵尸车排查到建档立卡登记公示等各个环节，精准解决了小区停车难、乱停车的顽疾。

僵尸车整治活动结束后，社会组织继续发挥其在社区内的优势，采取亲民服务方式，拉近与居民的关系。通过居委会、物业公司、居民联动，全面地了解社区实际情况，并针对治理问题进行调查验证。在议题提出后，社会组织再次发挥其社区动员的功能，鼓励居民与居委会、物业公司建立良好的沟通渠道，为顺利推进社区治理改革奠定坚实基础。在此过程中，居委会、物业公司以及居民形成了良好的沟通机制，大家共同投入其中，充分发挥了能动性。

在 N 社区协商议事平台构建的初期阶段，社会组织工作人员积极参与到每一次协商议事的会议中，担负起明确相关协商议事机制的重要职责，以确保协商议事流程的透明度。在确定了改善社区环境的方案并付诸实施的过程中，社会组织工作人员还会对施工队的工作进度进行严格的督促，防止公共场地的长期空置引发居民不满。

随着协商议事平台的逐渐成熟，社会组织工作的重心转向了对社区居民对协商议事平台运用情况的监测，对居民珍惜公共设施使用的程度进行评估，以及对物业公司工作透明度和志愿者在日常生活中对社区问题的监督管理力度进行评价。社会组织通过定期反馈的方式，对相关主体进行督导，确保协商议事平台能够保持其亲民性，真正发挥其在社区治理中的作用。

当社会组织计划撤出 N 社区时，为确保协商议事平台能够持续自我运行，社会组织联合基层党组织、居委会、物业公司、业委会以及居民代表等多方力量，共同努力维护协商议事平台的运行。通过这一系列的共同努力，业主代表大会最终制订了一套专项的方案，从而形成了一个常态化的协商议事机制，确保了社区居民在日常生活中能够积极参与到社区治理中，共同推动社区的和谐发展。

7.2.3　公共精神与学习效应

对于以城市白领为主要居民构成部分的 N 社区而言，通过示范性项目引发学习效应，构成了将治理秩序推向制度化发展的关键入口。城市白领这一群体凭借其劳动所得，不仅能够满足日常生活必需品的购买需求，还可以去追求精神层面的自我提升。他们如果能够亲身体验到现代民主治理的成功案例，并通过实践学习掌握协商民主的实际技能，其内在的公共精神有望得到提升。

N 社区治理秩序制度化的进程中，公共精神的弘扬和学习效应的激发被赋予了中心地位。社区治理的各项实践活动，如协商议事会、志愿服务等，都秉持着培育居民公共精神的宗旨，通过具体的项目展示协商民主的实际效果，以期形成正向的学习激励机制，引导社区居民主动参与，增强他们在社区治理中的能动性。在这个过程中，社区居民不仅能够学习到协商民主的操作技能，更重要的是能够内化公共精神，将其转化为推动社区和谐发展的强大动力。

7.2.3.1　社区网格议事与公共精神培育

在 N 社区推动现代民主秩序向制度化方向发展的过程中，政府深刻认识到了将社区治理细化至网格层级的重要性，并将其与基层协商议事平台有机结合起来，从而实现了协商议事活动在空间上的纵深拓展。在此模式之下，网格员不仅肩负起了日常管理的职责，还作为居民群体的直接代表，与居委会、物业公司等多方利益相关者共同参与到网格协商议事会的活动中，共同探讨社区中出现的各类问题。

社区网格模式体现了 N 社区的治理理念中对于公共参与的重视，旨在通过将协商议事活动延伸至基层网格，让居民能够更便捷地参与到社区治理中来，从而确保了决策过程的民主性。网格员在这一过程中更是成为联结政府、社会组织和居民的重要节点，其在协商议事会中所扮演的角色也因此变得尤为关键。

在推动现代民主秩序制度化的过程中，N 社区面临一个不可忽视的难题：协商议事形成的决议在实际执行阶段往往缺乏充分的居民代表性。这一问题在决议落地实施时尤为凸显。很多时候，最强烈的反对意见来源于那些在协商过程中被排除在外的"刺头"居民。这不仅使决议的推进变得异常艰难，而且有可能在社区内部激化新的矛盾。

为了解决这一棘手问题，N 社区在制度设计上进行了创新性的调整，着力于增强社区网格议事的实际效能。在具体操作层面，N 社区特意将那些持强烈反对意见的"刺头"居民纳入社区网格议事的过程中，旨在通过公开透明的协商议事机制弘扬社区居民的公共精神，并最终达成共识。

令人欣喜的是，"刺头"居民在参与网格议事的过程中逐渐转变了自己的角色定位，由最初的反对者，转变为社区治理的积极参与者。他们不仅在议事过程中提出了许多富有建设性的意见，而且在决议执行阶段发挥了积极的推动作用，帮助说服更多居民参与到社区治理中来，为决议的顺利实施提供了有力支持。这一现象充分证明，通过优化制度设计，即使是最初的"刺头"居民也能够转变为社区治理的积极力量，为推进现代民主秩序制度化做出贡献。

> 社区工作就像搞社交，我们得交更多的朋友，这样才能更好地解决问题。（访谈记录：FHZ20220720）

在 N 社区实施的基于网格的协商议事机制中，该平台不仅成功地培育了居民的公共精神，而且涵盖了一系列广泛的议题，如法律政策的实施、协商机制的确立、环境卫生的整治、社区基础设施的建设、资金及资产的妥善处置、治安与安全服务、物业管理服务等多个关键领域。在具体的运作过程中，这一基于网格的协商议事平台优先被应用于 N 社区中居民与物业关系相对和谐的小区。通过这种策略，协商平台得以吸纳更广泛居民的意见，有效发挥其在推动社区问题平稳解决方面的积极作用。

对于 N 社区中存在严重居民矛盾的小区，特别是居民与物业公司关系紧张的小区，协商议事平台的首要任务是加强与居民意见领袖的沟通，引导他们成为协商过程的积极参与者。这一做法有助于确保协商过程的公正性，进而推动社区治理向更加和谐的方向发展。

物业矛盾的协商议事过程尤为复杂。当居民与物业公司之间发生矛盾时，如果业委会无法有效协调解决，居民的不满情绪容易转移到居委会身上，导致矛盾的进一步激化。然而，物业公司作为市场经营主体，政府对其的监管主要体现在消防、环卫、城建等部门的定期审查以及政府住建部门对其诚信度的年度考核上，主要采取政策性指导的方式进行。居委会在这一过程中并不具备对物业公司进行考核的权力。而基于网格的协商议事机制，凭借其细致入微的矛盾协调能力，能够更精准地定位物业矛盾中的利益相关方，从而有效推进矛盾的解决。这一机制的创新运用，不仅提升了居民参与公共事务的能力，还为解决复杂的物业矛盾提供了新的路径。

7.2.3.2　社区民主课堂与协商制度化

为了将现代民主秩序深刻地融入 N 社区居民的日常生活实践中，社会组织积极倡导并在社区内推行了一系列协商民主活动。这些活动以弘扬公共精神为其核心宗旨，致力于构建一种全新的社区民主教育平台——社区民主课堂。

在这一背景下，社会组织对社区民主课堂赋予了深远的意义，将其定位为公共道德教育的重要平台。为此，社会组织精心选取了一系列具有代表性的社区公共事务个案，并以此为切入点，激发社区居民对公共事务的关注。通过开展一系列的辩论活动，社区民主课堂实现了对 N 社区居民的民主意识的持续培养。

在活动的前期准备阶段，社会组织通过深入细致的社区调研，成功地总结出了 N 社区中亟待解决的一系列焦点问题。这些问题主要围绕着社区物业设施的维护和经费使用等方面，由于存在较大的争议，问题长期得不到妥善解决。针对这一情况，社会组织在活动的中期阶段，邀请了来自高校的学者、资深律师、专业心理咨询师、社区党组织书记以及政府工作人员，组成了强大的社区调解团队，并利用线上社交平台和线下公告栏等多种渠道进行了广泛的动员。

在具体实施阶段，社区民主课堂活动在 N 社区内持续展开，活动现场特意选择了社区中心活动广场，并搭建了专门的议事舞台。为了营造富有包容性的讨论氛围，活动现场的座位被设计成了圆形摆放的方式。这样的布局设计不仅便于协商议事的各方进行深入的互动交流，还确保了所有参与者能够平等地发表自己的意见。在每一期活动中，都有超过50 名社区居民参与其中，他们不仅作为观众参与到现场的讨论中，还能够直接发表自己的意见，从而实现了真正意义上的民主参与。

社会组织高度重视社区调解团与居民之间的有效沟通。在每一场公开活动中，都能看到社区党组织书记和街道办事处工作人员的身影。他们不仅凭借深厚的经验，在确保信息准确性的前提下，向 N 社区的居民详细阐释相关政策，还根据社区的实际情况，为居民展现社区所面临的实际困境。与此同时，受邀的律师会依据现行的法律法规，明确为居民解释每一个解决方案的法律依据，引导居民从法律的角度进行思考，并尽可能地为其提供合理的解决建议。这样的专业介入有助于居民从情绪化的反应中回归到理性的思考轨道。心理咨询师在这一过程中起到了不可或缺的作用。他们主要负责倾听居民的真实想法，并为他们提供有针对性的心理疏导，帮助他们更好地处理各种社区挑战。

值得一提的是，社区民主课堂并不回避任何可能的敏感话题，它以其公开、透明和包容的特点，在 N 社区内形成了显著的示范效应。尽管在某些议题上，社区居民并未在活动现场达成共识，但通过这样的活动，居民对协商民主的整个流程有了更深入的了解，更为坚定地树立起了协商民主的价值观。

> 业委会决定用维修基金来翻新小区的外观，但这件事在住户群里引起了不小的轰动。为了解决这个问题，我们决定在大家都能参与的民主课堂上公开讨论，什么问题都不回避，让大家的疑虑得到解答。（访谈记录：YZ20220711）

社区民主课堂的设立不仅旨在促进 N 社区的协商议事，更重要的是对居民进行现代民主权利的教育。例如，它致力于协助居民理解如何通过民主投票方式来充分行使其权利。然而，在社区民主课堂的实际操作中，受到时间约束的影响，居民在表达自己的意见时可能会受到情绪的干扰。即便针对特定议题展开了深入讨论并进行了现场投票，但由于到场人数的限制，投票结果可能也无法完全反映社区广大居民的真实意向。此外，随着互联网的普及，网络社群的影响力日益凸显，容易造成某一观点或意见在社群内迅速放大，从而影响居民的判断。

为了确保协商议事活动的公正性，社会组织与居委会联合决定引入一个"跑票"环节。在每次现场协商结束后，将委托第三方专业机构对整个社区的居民进行更为广泛的投票，以确保每一个议题都能获得全体居民的广泛参与。

社区民主课堂的设立，为 N 社区的居民提供了一个实践协商民主的实际平台，进而增强了他们的公共精神。将社区内有争议的议题，在公开场合进行面对面的讨论，并邀请政府工作人员与居民进行直接对话，社会组织有效地扩大了协商民主的参与范围，使其不再仅仅是局限于少数活跃居民的活动。而后期的"跑票"环节更是加强了这种广泛参与，使每一个居民都有机会对社区事务发声，从而真正地推动了社区民主的深化。N 社区的这种创新模式，以活动为载体，持续展现其示范效应，有力地推进了社区现代民主的实践，也为其他普通商品房社区提供了宝贵的经验。

7.3　高合作意愿和强专业能力作用下的赋能授权

7.3.1　共赢式的城市社区治理行动

在 N 社区中，得益于政府高度的合作意愿与社会组织强大的专业能力，政府和社会组织共同构建了共赢的治理行动。这种治理行动基于一种赋能授权的策略，首先聚焦社区内部的难点问题，运用协商民主的方法，打造出一系列具有示范意义的议题。在这个过程中，政府和社会组织不仅为居民提供了参与协商民主的机会，更重要的是，二者还通过各种手段，辅助居民提升了运用协商民主工具的能力。

随后，通过社区民主课堂这一平台，政府和社会组织进一步推广了协商民主教育，使协商民主的相关流程在社区居民中得到了广泛认知，从而有助于将现代民主的理念更加深入地嵌入 N 社区的日常治理中，形成一种稳固的社区民主秩序。

7.3.1.1　渐进授权的协商空间

协商民主，作为现代民主实践的一种重要形式，在提升社区居民个体授权层面展示了其独特的价值。通过协商民主，居民得以更加深刻地认识到自己的优势，从而在心理层面获得了实质性的赋权。在普通商品房社区中实施协商民主，不仅仅是政治参与的一种方式，更是一种增强居民自我效能感、提升社区参与意识，以及推动社区治理现代化的重要策略。协商民主为居民提供了一个直接参与社区治理的平台，使他们能够将个人意见直接转化为社区实践，从而在实践中提升自己的参与能力。

在协商民主的实践中，居民获得了积极参与社区事务的机会，这不仅满足了他们的自尊需求，还提供了一个将个人意见有效表达出来的渠道，对于缓解居民可能面临的社会压力，增强他们对社区治理的认同感具有积极作用。

以 N 社区为例，其公共空间的治理常常涉及敏感的利益分歧问题。这些利益分歧对社区的治理政策制定、过程推进以及项目实施等方面都产生了深刻影响。协商民主在这种情境下不仅提供了一种合法性基础，确保社区决策过程的公正性，而且通过促使多元利益相关者之间进行对话，为达成社区规划的普遍共识提供了可能。

N 社区的协商民主平台是由居委会、业委会、物业公司和社会组织等多方共同构建的。这种多元主体的参与，为实现协商民主提供了坚实的组织保障。通过定期召开联席会议等形式，各方利益相关者能够在开放的氛围中协商解决方案，为社区面临的问题找到切实可行的解决办法，进一步推进社区治理现代化进程。

在街道的有力支持下，社会组织在 N 社区展开了一系列富有创新性的协商民主活动，得益于其专业性，这些活动在居民参与方面取得了显著的成效。随着协商民主活动的初步成功，街道进一步拓宽了协商民主的实施范围，要求辖区内所有社区积极参与到社区协商民主的品牌建设中，并发起了涉及整个街道的协商民主项目竞赛，以便将 N 社区的成功经验推广至更广泛的区域。

在 N 社区的治理实践中，协商空间经历了从初步尝试到逐步拓展的过程，社区的协商民主机制也得到了逐步完善。在此期间，街道发挥了关键的指导作用，对社区民主课堂等一系列活动的效果进行了细致的评估。当这些活动取得明显成效时，街道便将 N 社区的成功模式进一步推广至整个街道，从而促进整个区域协商民主机制的完善。

在推进协商民主活动的过程中，街道展现了较高水平的耐心，尤其是对活动过程中可能出现的"意外后果"持开放的态度。由于协商民主活动本质上的复杂性，其运作过程中难免会遇到曲折，有时甚至可能引发社区内部已有的矛盾。

街道在面对这些挑战时，基于对 N 社区协商民主活动总体成效的充分认识，选择了采取一种包容的策略，而非简单地终止活动。这一做法体现了政府在推动社区治理现代化进程中所持有的成熟态度，彰显了政府对社区自治重要性的深刻理解。

这种注重结果导向、强调过程监督和效果评估的治理策略，不仅增强了 N 社区协商民主活动的适应性，确保了其在复杂多变的社区环境中能够持续有效地运行，而且为其他社区推广协商民主提供了宝贵的经验。

> 说实在的，开展协商民主活动其实挺冒风险的。有时候，我们把问题摊开了说，那些平时看不见的小问题可能就会突然爆发出来。（访谈记录：LRM20220713）

在微观层面的权益博弈尤为激烈的普通商品房社区环境中，街道对于协商空间的授权构成了 N 社区的协商民主活动得以顺利展开的关键前提。在这一过程中，居委会扮演了极为重要的角色，在推动协商民主实践中发挥了不可或缺的沟通作用。

居委会凭借其贴近居民的独特优势，成功搭建了一个有效的沟通平台，将社会组织、居民以及其他社区利益相关者紧密联系在一起。在其积极协调下，社会组织得以在 N 社区的民主课堂中开展一系列有深度的讨论活动，将原本可能激发争议的敏感议题置于公开透明的平台上，以民主协商的方式寻求解决方案。

通过这一系列活动的开展，居委会有效地促进了社区内各主要利益相关者——包括居委会自身、业委会、物业公司等——之间的相互沟通，实现了各方利益的有效平衡，形成了一种协同合作的良好局面。在"三驾马车"共同推动下，N 社区的协商民主活动不仅成为解决社区内部矛盾的重要渠道，而且成为增强社区凝聚力的有效工具，为构建和谐、民主、现代的社区治理体系奠定了坚实的基础。

7.3.1.2 枢纽型组织的支持作用

在 N 社区的治理实践中，街道所引入的社会组织不仅是一个参与者，还扮演着至关重要的枢纽型角色，为社区的发展注入了新的活力。社会组织凭借其专业能力，自进驻社区之初便展现出一种积极主动的工作态度，与社区内的其他社会组织建立了紧密的合作关系，共同为推动协商民主活动的深入开展做出了贡献。

社会组织在参与社区治理的过程中，特别重视对社区居民以及社区社会组织的赋能，充分发挥其在社区治理网络中的协调作用。通过其独特的工作策略，社会组织助力于提升社区居民的参与意识，扩大他们在社区事务中的影响力，从而为社区治理的公共参与奠定坚实的基础。

在具体的工作实践中，社会组织不仅仅关注社区内部的事务，更注重在更广阔的社区治理网络中寻找合作伙伴，构建起一套有效的社区协作机制。通过建立起来的这一网络，社区内的资源得以更加有效地整合，社区居民的需求能够得到更加迅速的响应，从而极大地提升了社区治理的效率。

> 仅仅依靠物业公司和居委会是不够的，大家都得参与进来，一起打造一个更好的生活环境。（访谈记录：WJN20220719）

在 N 社区治理结构的层面上，业委会在动员社区居民参与公共事务方面扮演着至关重要的角色。业委会作为社区居民自我管理的一个代表性实体，极大地提升了居民在社区公共事务中的参与度，并且增强了他们对社区发展方向的共同把控能力。然而，虽然业委会在促进居民参与社区治理方面起到了积极作用，社区居民对其运作效果的满意度却存在一定的疑虑，主要表现在对其财务管理制度不够规范，以及公共资产安全保障机制的担忧。

在此背景下，社会组织作为一种枢纽型组织，发挥了其独特的优势，成功地找到了与 N 社区的居委会和业委会合作的契机，并提出了一种创新性的监督管理机制。具体而言，该机制要求居委会对业委会公共账户资金的运用进行全面的监督。通过实施这种监督，居委会不仅能够更加紧密地关注业委会的日常运作，还能够确保其在资源分配过程中充分遵守社区协商议事的相关规则，从而显著提升了社区居民自治组织的运行管理水平。

在 N 社区的治理实践中，社会组织不仅在推动协商民主活动方面发挥了重要作用，同时还在构建社区行动者网络方面表现出了高超的专业能力。通过系统的引导，社会组织成功地培育了一系列社区社会组织，为社区居民提供了除业委会之外更为广泛的组织化参与渠道。这不仅丰富了社区治理的主体，还为居民参与社区公共事务提供了更多的选择。

特别值得注意的是，社会组织在推动社区行动者网络构建的过程中，采取了一种包容的策略。社会组织成功地将一些原本以维权为主导的积极分子转化为以协商民主为主导的积极分子，引导他们采取从一种非理性的维权行动转变为更加理性的社区参与行动。这种转变不仅有助于缓解社区内部的矛盾，还为社区治理提供了更为积极的动力，推动了社区发展的进程。

7.3.2 问题驱动的社区行动者网络

N 社区在其治理结构和动态中成功构建了一个以问题解决为核心驱动力的社区行动者网络。这一网络的形成得益于街道对外引入的社会组织，该组织扮演着中立的第三方角色，协同居委会、业委会与物业公司共同参与社区治理，进而推动了"三驾马车"间互动关系的理性化。

在这一过程中，社会组织不仅仅是一个协调者的角色，更是一个赋能者，通过其专业能力，为社区各行动主体提供支持，增强了它们参与社区治理的能力。这种赋能式支持的实施，为 N 社区打下了坚实的基础，使其能够在现代民主发展的框架下，更加有效地解决社区问题，促进社区的和谐发展。

通过这种以问题为导向的社区行动者网络，N 社区的治理实践充分体现了民主、协商和共治的理念，为其他普通商品房社区提供了可借鉴的范例。街道在这一过程中的引导，确保了社会组织能够在社区治理中发挥其应有的作用，同时也为社区行动者网络的健康发展创造了良好的外部环境。这种创新性的社区治理模式不仅促进了社区问题的有效解决，还为推动社区治理现代化提供了有力支持。

7.3.2.1 心理授权向行动授权的蜕变

随着协商民主活动在 N 社区的深入推进，居民在心理层面上对于参与社区事务的授权感知逐渐转变为在行为层面上的实际授权行动，在这一变化的过程中，社区逐步构建出以"三驾马车"——居委会、业委会和物业公司为核心的社区行动者网络。这个独特的行动者网络具有双重优势：一方面，它能借助物业公司的资源，有效地动员社区居民参与到社区事务中；另一方面，它依托于政府的行政力量，妥善解决社区内部的物业矛盾。

在社区的微观互动层面，以"三驾马车"为核心的网络体现出更为理性的参与意识。通过协商民主活动，它强化了社区居民的公共精神，推动了居民自治的实现，为构建社区现代民主秩序提供了有力支持。这不仅体现了社区居民在公共事务参与中的主体地位，还显示了协商民主在基层社区治理中的积极作用。

N社区协商民主制度的建构，是在政府和社会组织的周密规划下，依循科学合理的流程展开的。首先，在治理议题的挖掘环节，政府和社会组织采取了多元化的方式，如发放意见征集表、举办居民座谈会、利用微信/微博等社交媒体渠道，广泛收集居民的意见。通过这些渠道，基层党组织和居委会能够深入了解居民的需求，为议题的科学筛选提供了丰富的素材支持。

其次，在治理方案的设计阶段，政府和社会组织在明确了议题的基础上，致力于协商平台的搭建，运用先进的协商技术，确保协商的充分性。在这个基础上，形成了具体的实施方案，并明确了过程监管的主体。

再次，在治理方案的实施环节，政府和社会组织建立了由社区工作者、居民代表和相关专业组织代表组成的工作小组，负责具体事务的实施。对于在实施过程中出现的新的居民意见，政府和社会组织会进行专题协商，并在必要时召开居民议事会，以确保居民的意见得到充分的尊重。同时，政府和社会组织还注重居民自组织的培育，为居民参与社区治理提供了必要的组织化渠道。

最后，在过程监管环节，政府和社会组织依托监管主体，从项目进度、质量、预算、风险等多个维度进行全面的线上和线下监管，引入督导主体，为项目实施提供了专业的支持性督导服务。

在整个流程的最后阶段，即反馈评估环节，政府和社会组织通过召集居民代表和利益相关方召开评议会、发放居民满意度调查表等多种方式，全面了解居民对项目实施结果的满意度，及时总结经验教训，并通过各种渠道对成功案例进行宣传报道，进一步增强了居民的心理授权感。

不要嫌宣传这事儿费劲，只有大家都参与，活动才能越办越火。（访谈记录：YZ20220711）

N社区在推进协商民主制度建设的过程中，其焦点协商议题通常涉及物业硬件设施的改进。为确保这一过程的科学性，政府和社会组织发挥引导作用，促使社区居民自主参与协商议题的确定、协商流程的设计、协商执行的实施以及协商过程的监督与评估。经由上述协商民主的深入实践，N社区居民在协商民主的实践能力方面实现了显著的飞跃。他们从最初的被动参与状态，逐渐转变成了具有高度主动性的社区行动者，这一转变不仅在心理认知层面得以显现，还在实际行动层面得到了充分体现。

从心理认知层面上看，居民对于参与社区治理的重要性有了更为深刻的认识。他们意识到自己作为社区的成员，不仅有权利享受社区提供的服务，而且有责任参与到社区治理中来，为共同居住的环境做出贡献。从实际行动层面上看，这种认识转化为具体的参与行动。居民不再局限于对社区问题的被动反应，而是积极寻找解决问题的途径，主动参与到协商议题的确定、协商流程的设计、协商执行的实施以及协商过程的监督与评估等一系列活动中。他们通过自己的努力，展现了强烈的社区责任感。

这种从心理到行动的授权蜕变，不仅极大地增强了 N 社区的居民对自身权益的维护能力，提高了他们解决社区问题的能力，还为整个社区治理的现代化建设奠定了坚实的基础。居民的广泛参与确保了协商民主制度在实践中的生命力，为构建更为开放、包容、共享的社区治理体系打下了坚实的基础。同时，居民参与的深入，也为协商民主制度的理论建构和实践创新提供了丰富的实证材料。它证明了协商民主作为一种治理模式，在基层社区层面的有效性，为进一步推广协商民主制度，提升社区治理现代化水平提供了宝贵的经验。

7.3.2.2 组织耦合的公共参与机制

在 N 社区推动"三驾马车"协同模式下行动者网络的构建过程中，组织间的耦合作为一种关键的公共参与机制，对于培养协商民主中的公共精神发挥了不可或缺的作用。由于社区居民背景的多元性，仅仅依靠街道的单一介入很难有效处理微观层面的互动关系，进而实现社区治理的和谐。

为了解决这一问题，扩大协商民主中的公共参与成为一种迫切需要的战略选择。通过将赋能居民的任务逐渐转移给具有专业能力的社会组织，街道能够在更加宏观的层面上对社区协商民主建设进行支持。

社会组织在这一过程中扮演了至关重要的角色。社会组织不仅在社区内打造了一系列示范性的协商民主项目，通过实际行动展示了协商民主的实际效用，还通过引入社区民主课堂等教育培训项目，为居民提供了学习协商民主技术的机会，进而在居民中培养了协商民主的能力。

在这一系列活动的推动下，"三驾马车"之间形成了一种组织耦合的关系。在这种关系下，各个组织既保持了自身的独立性，又能够在协商民主的大框架下相互合作，发挥各自的组织优势，共同推进社区治理的现代化进程。这种组织耦合的公共参与机制，不仅增强了社区内部的协同效应，还为构建一个更为开放、包容和高效的社区治理体系奠定了坚实的基础。

为了在 N 社区内实现组织间的有效耦合，并展示其在推进协商民主进程中的积极作用，社会组织采取了一种策略性的方法，即从社区中存在的最为典型的问题入手，以期创造出具有样板效应的成功案例。具体而言，社会组织通过走访调研的方式，发现了 N 社区某商品房小区中存在的物业纠纷问题尤为突出。该小区的业委会虽然早已成立，但由于其内部成员对于关键问题的意见分歧较大，导致连续两年的改选工作均告失败。为了解决这一问题，居委会及时介入，协助小区居民成立了物业管理委员会，以期通过更为灵活的组织形式推动问题的解决。

回顾历史，该小区业委会在成立初期，曾经发挥了积极的作用，成为居民参与社区公共事务的重要平台。然而，随着时间的推移，该业委会在一次涉及大量资金使用的小区外立面改造项目中，动用了高达数百万元的小区维修基金，这引发了社区居民的强烈质疑。居民普遍认为业委会与物业公司之间可能存在不正当的利益输送关系，对业委会的信任度急剧下降。

社会组织敏锐地意识到，该小区业委会与物业公司之间的矛盾极具代表性，是社区协商民主进程中亟待解决的问题。因此，他们选择将这一问题作为协商议事的切入点，通过组织居民、搭建协商平台、运用协商技术，引导双方通过积极沟通的方式解决存在的问题。通过这一过程，不仅有望实现问题的实质性解决，还能够在整个社区范围内展示协商民主在处理复杂社区问题中的独特优势，从而在更大范围内推广，推动协商民主制度的深入发展。

> 我们觉得大家心里还是为社区好的，只要大家多交流交心，肯定能一起搞定问题。（访谈记录：LRM20220713）

在 N 社区内，社会组织与居委会紧密联动，共同构建了一个协商民主议事的平台，会聚了居民代表、社区警务室代表、街道物管科工作人员、法律顾问及物业管理委员会等多方力量，共同为解决该社区内存在的物业服务矛盾寻找可行的方案。经过多轮深入细致的协商议事，物业管理委员会最终做出了决定，选择更换该小区的物业公司。与此同时，原业委会的成员也达成了一致意见，决定在适当的时机重新选举业委会成员，并结束物业管理委员会的临时托管状态。值得一提的是，在新旧物业公司交接的关键时期，协商议事平台上的成员主动承担起责任，以志愿者的身份确保了物业公司的平稳过渡。

通过在 N 社区内解决了这一标志性的物业服务矛盾问题，社区内的组织耦合关系得到了进一步的巩固。协商民主成为社区治理中广泛认可的一种手段。为了推动社区现代民主秩序的深入发展，社会组织与街道紧密合作，运用社区党建作为纽带，在街道党工委的引导下，符合条件的小区业委会成立了党的工作小组，而那些暂时不符合条件的业委会，则由基层党组织书记担任党建指导员，推动社区业委会与居委会人员的交叉任职，确保了思想认识的高度统一。与此同时，N 社区内的物业公司与基层党组织结对共建"红色物业"，通过将物业服务纳入基层党建的范畴，将党为人民服务的宗旨潜移默化地传递给以市场为导向的物业公司，加强了党群联系，从而为推进社区现代民主秩序的建设打下了坚实的基础。

为了增强组织耦合效应的稳定性，社会组织在"三驾马车"行动者网络构建的过程中，在社区范围内积极推动各类楼群组织和业主兴趣爱好组织的发展。通过这一系列的组织活动，居民之间的信任得到增强，进而促成了一种积极向上的社区文化氛围，为志愿者团队的发展打下了坚实的基础。

在此基础上，社会组织进一步邀请部分业主志愿者参与到社区治理智囊团的活动中，从而弥补了业委会在自治功能上的不足。业委会虽然在社区自治中发挥着重要作用，但其内部成员的能力毕竟有限，需要更多来自社区的力量参与进来。因此，吸纳居民志愿者参与社区治理，有助于提升社区治理的有效性。

在处理社区内部出现的矛盾时，这些来自社区的志愿者能够充当有效的调解者，利用他们的专业知识，为矛盾双方提供中立的调解服务，促进社区内部矛盾的和谐解决。同时，社区治理智囊团的存在也为业委会的人才储备提供了重要支持。通过在智囊团中的实践活动，培养出一批有能力、有热情、愿意为社区服务的人才，为业委会的下一届领导班子提供了人才保障，从而确保了社区社会组织的活力。这种做法不仅增强了 N 社区的自我管理能力，还为探索现代社区治理模式提供了有益的经验。

7.4　本章小结

本章论述了 K 区 N 社区在城市社区治理领域所进行的一系列创新性实践。作为一个典型的普通商品房社区，N 社区构建起了一个相对成熟的治理行动框架。通过对 N 社区存在问题的深入剖析可以发现，与物业矛盾相关的公共议题成为社区治理中最为棘手的问题。在这些公共议题的解决过程中，如何有效地平衡居委会、业委会以及物业公司三方之间的关系，成为治理创新的关键。

N 社区的实践还表明，通过鼓励居民参与，可以更好地识别和解决社区内部的问题，从而提高治理的有效性。居民作为社区的直接利益相关者，对社区的需求和问题有着深刻的理解。他们的参与不仅为社区治理提供了宝贵的洞见，还增强了社区解决问题的能力。因此，N 社区的案例为其他普通商品房社区提供了一个值得学习的范例。其他社区可以借鉴 N 社区的经验，优化自己的治理策略，尤其是在公共参与和居民协作方面。

第八章

城市社区治理行动的跨案例分析

在对比分析了四种不同类型的城市社区案例的基础上，本研究深刻揭示了政府和社会组织作为具备反思能力、理性思维及明确动机的主体在推动城市社区秩序整合中所展现出的复杂互动关系。在追求社区秩序的总体行动策略指引下，二者又表现出在具体实践中的细分行动逻辑的差异性。在这种双重行动逻辑的共同作用下，各类型城市社区的具体案例均能找到相对应的行动模式，而这些不同的行动模式背后均深受合作意愿与专业能力这两个关键影响因素的共同塑造。

在继承前文研究成果的基础上，本章进一步深化了政府与社会组织在社区治理合作中所展示的核心行动、行动逻辑、行动模式，以及关键影响因素等多个维度的内在联系。其中，核心行动不仅是对参与主体行动历程的深刻剖析，还是对其治理能力的直接体现；行动逻辑则深刻反映了参与主体的反思性思维、理性分析和目标导向的行动驱动力。

值得注意的是，在不同类型的城市社区背景下，基于对社区秩序的不同理解，形成了多种不同的行动模式。这些差异化的行动模式虽然在表现形式上有所不同，但在本质上都是在关键影响因素的共同作用下形成的，显示了在复杂多变的社区治理实践中，政府和社会组织合作关系的灵活性。

8.1 城市社区治理中的核心行动

8.1.1 网络管理视角下政府的理性化行动

政府在履行社区治理职责的具体实践过程中，采取了以网络管理为基础的理性行动策略，旨在提升社区治理的效能。城市社区治理不仅是 S 市政府明确设定的重要治理目标，还是其公共政策执行的关键领域。为了确保治理项目在全市范围内得到有效推广，市本级领导层对社区治理项目的执行成果提出了明确的绩效指标要求，强调了结果导向的管理理念。

这些绩效指标不仅成为评价社区治理项目成败的重要依据，还是引导基层政府理性行动、优化管理策略的关键工具。在这一背景下，基层政府在社区治理的具体操作中，将绩效指标作为核心参考依据，运用网络管理的方法，实施科学合理的资源配置，以确保社区治理工作的有序进行。

通过运用网络管理，基层政府能够更有效地整合社区治理中的各种资源，打破传统的官僚体系限制，促进跨部门的合作，从而提升政府治理有效性，实现社区治理目标。这种基于绩效指标的理性行动策略，不仅体现了政府在社区治理中的创新能力，还为深化政府治理体制改革、提升公共服务质量提供了有力支撑。

在网络管理的框架下，基层政府与基层党组织紧密合作，共同在社区层面构建了一套针对社区治理活动的网络管理动员体系。这套体系主要包括两大网络：网格化动员网络和党建网络。

首先，网格化动员网络在社区治理中发挥着关键作用。在这一网络中，社区党组织书记通常担负着推进社区网格化工作的重任，与社区内的片区长、居民小组长以及楼道长建立起紧密的合作关系。在实施网格化治理任务时，社区党组织书记能够迅速将任务自上而下地分解并指派给各个网格员。在社区治理项目中，社会组织在进行治理活动时往往离不开对网格化管理体系的依赖。因此，基层政府通过运用网格化动员网络，能够有效地影响社区治理进程的方向。

其次，党建网络作为另一重要的动员机制，由基层党组织作为领导核心，构建了从社区党总支到小区党总支、楼组党小组，再到党员中心户的多层次网络体系。借助党建联席机制和区域化大党建策略，社区党总支将辖区单位党组织和新兴的社会组织纳入其影响范围。在党建活动中，基层党组织拥有对个人及组织进行精神表彰的荣誉赋予机制，因此在社区治理工作中占据核心地位。

本研究借助对四个具体案例的深入分析与探讨，系统揭示了政府在网络管理领域展现出的理性行动及其在不同社区类型中的差异化表现，充分体现了政府在社区治理中的灵活性。在不同的社区治理背景下，政府不仅展现出其对社区治理重要性的认识，还通过采取一系列有针对性的管理策略，有效地推动了社区治理的深入进行。这些差异化的理性行动反映出政府对社区特定背景的深刻理解，以及在此基础上制定的切实可行的管理策略。

政府的这种行动不仅促进了社区治理结构的优化，提升了社区治理的效能，更重要的是，加强了政府与社区居民之间的互信，为构建和谐、有序的社区环境奠定了坚实的基础。同时，这也体现了政府在网络管理中不断创新的精神，展现了其在适应社会变革方面的高度使命感。

在村改居社区的特殊背景下，政府采取了自主构建的管理行动。然而，在这个过程中，政府面临一个明显的挑战，那就是如何打破传统村庄熟人社会设置的壁垒，真正融入社区并发挥其在治理中的作用。为了解决这个问题，政府精心策划并实施了一系列以文化类治理为主题的活动，试图通过文化的引导，促进社区文化的发展，同时帮助社区逐步构建与城市融合的新秩序。这种做法体现了政府在社区治理中的创新意识，显示了其在处理复杂社区问题时的策略性。

尽管这种自主构建的管理行动并没有完全达到预期的效果，社区的文化底蕴并未因此而得到显著增强，居民的认同感也未能得到根本提升，但政府通过丰富多彩的文化活动成功地引起了居民对治理活动的关注，加深了他们对治理工作的认识。此外，这些文化活动在一定程度上也促进了社区内部交流，有助于构建更加紧密和谐的社区关系网络，为后续更深入细致的治理活动提供了有力的社会基础。

在老街巷社区这一具有浓厚历史文化底蕴的环境中，政府表现出了高度的历史使命感，深刻认识到在社区治理中古城保护的重要性。为此，政府在制定社区管理策略时，秉持了注重历史文化保护的理念，采取了记忆叙事的管理行动。这种管理行动的核心在于通过构建一种既能够引导社区自治，又能够确保不偏离古城保护方向的叙事框架。政府通过挖掘老街巷社区丰富的历史文化资源，构建了一种能够引发共鸣的治理叙事，旨在激发社区居民对古城保护的认识，从而形成一种自下而上的治理动力。

在这种叙事框架的引导下，社区自治主体得以在发挥其主观能动性的过程中，始终保持对古城保护的高度敏感，确保了社区治理活动不仅符合当地文化传统，而且有助于古城的长期保护。这种以记忆叙事为主导的管理行动，不仅有效保护了老街巷的历史文化遗产，还为社区治理提供了一种新的视角，体现了政府在社区治理中的实践智慧，为其他类似社区提供了可借鉴的经验。

在动迁安置社区的特定背景下，政府形成了注重社群互助的管理行动模式。具体而言，政府对于社区内存在的群租房问题予以了足够的重视，并采取了一系列有针对性的措施来解决这些问题。在这个过程中，政府有意识地避免激化社区矛盾，使治理活动能够在相对稳定的环境中进行。通过这种以社群互助为导向的管理行动，政府在一定程度上推动了社区规范化秩序的演进，并为居民创造了一个更为安全的生活环境。这不仅有利于提升居民的生活质量，还为后续的社区发展奠定了坚实的基础。

在动迁安置社区，政府主要展现了社群互助类的管理行动，聚焦于解决群租房和消防等实际问题。通过避免过多介入深层次的社区矛盾，政府推动了社区规范化秩序的演进，为社区居民提供了更为稳定的生活环境。

在普通商品房社区，政府采取了赋能授权的管理策略，通过这种策略，政府在提升社区自我管理能力方面发挥了关键作用。具体而言，政府通过支持社区协商民主治理活动，不仅激活了社区居民的参与意识，还构建了一种以"三驾马车"为核心的协作治理模式。这种模式不仅增强了社区的自我管理能力，还分担了基层治理的压力，为社区的长远发展奠定了坚实的基础。

进一步地，赋能授权类的管理行动深刻体现了政府在社区治理领域中的前瞻性思维。通过将更多的自主权下放给社区层面，政府不仅激发了社区自我治理的活力，而且成功地缓解了由于社区矛盾积累而可能爆发的社会风险。在这一过程中，政府的角色更多地转变为引导者，而非传统的管理者。该策略的实施，是基于对当前社区治理复杂性的深刻认识，以及对提升社区自身解决问题能力的迫切需求的充分理解。政府通过赋能授权，将社区变成了解决问题的主体，而不是问题产生的场所，这不仅增强了社区对内外挑战的适应能力，还为构建和谐稳定的社区治理环境提供了有力支持。

8.1.2 管家视角下社会组织的理性化行动

根据社会组织与社区之间的紧密联系,其展现出的理性行动在本质上可以被视作一种植根于利他主义动机的"管家式"行为。社会组织在与政府协同合作的初级阶段,愿意投入巨大的精力,全身心地投入社区治理的具体任务中,展现出强烈的责任感。在这一过程中,社会组织不仅对治理任务有了更深刻的理解,而且在实际的治理活动中赢得了更高的创新容忍度。

这种基于利他主义动机的管家行为,使社会组织能够更加灵活地开展治理活动,提高了其对社区问题的响应速度。同时,社会组织在治理过程中展现出的创新能力,也为社区治理带来了新的思路,提高了治理活动的有效性。

社会组织在这一过程中积累的宝贵经验,不仅提升了其自身的治理能力,还为社区治理整体水平的提升做出了重要贡献。这种基于利他主义动机的管家行为,体现了社会组织在社区治理中独特的价值,是推动社区治理现代化,实现社区可持续发展的重要力量。

良好的治理表现不仅是社区治理深化发展的基石,还是确保治理行动得以长期稳定运作的关键因素。在这一过程中,社会组织需要通过建立与基层政府间的信任关系,充分发挥其独特的管家效能,从而实现其在社区治理网络中的有效嵌入。这不仅有助于减少集体行动中可能出现的阻碍,还为维护与政府合作中的良性互动奠定了坚实的基础。

在这个复杂的互动过程中,社会组织的行动直接影响到基层政府与其合作的意愿。基层政府在与社会组织合作的过程中,通常会基于社会组织的绩效表现,为其提供相应的自主创新空间。这种绩效导向的授权,旨在激励社会组织更加积极主动地参与社区治理,展现其专业优势。

这种机制也为基层政府提供了一种有效的监管手段,通过对社会组织绩效的持续评估,确保其在合作中的表现符合预期目标,确保公共资源的有效利用。总体而言,维持良好的治理表现,对于促进社区治理的深入发展,构建和谐稳定的社区治理体系具有重要价值。

这四个案例的表现展示了在不同类型的社区环境中,受到利他主义动机驱使的社会组织展现出了多样化的管家行动,彰显了其独特的社区治理能力。受利他主义动机驱使的社会组织在处理社区事务时展现出的高度责任感，使其在社区治理中扮演了重要的角色。它们不仅关注治理有效性，还注重治理过程的公正性，致力于实现社区成员的广泛参与。

在村改居社区的特定背景下，社会组织面临无法以情感治理者身份深度介入社区治理的困境。这种局面主要源于村改居社区独特的社会结构，导致社会组织难以快速建立起基于情感的治理关系。面对这一挑战，社会组织灵活调整策略，通过深入挖掘传统村庄熟人社会中的资源，寻找那些容易切入的治理议题。

在这个过程中，社会组织主动提供一系列贴近民生的便民服务，有效地填补了传统治理体系在服务提供上的空白。此种治理模式虽然在一定程度上是在社会组织难以融入社区治理体系的现实困境下产生的，但其通过努力寻找合适的切入点，最终实现了对社区治理的有力补充。这既体现了社会组织创新性的治理行动，也在一定程度上弥补了社区治理中的效能不足，为社区治理的深入发展奠定了坚实的基础。

在老街巷社区的具体实践中，社会组织以其独到的视角，深刻理解了城市有机更新的多维度特性，积极地以社区营造者的身份，展开了具有深远影响的管家行动。社会组织在老街巷社区中的行动并非仅停留在表面的服务提供层面，而是深入社区文化的根基中，致力于挖掘、整理和重塑居民的集体记忆。

通过各种文化活动，社会组织引导居民回溯社区的历史脉络，讲述社区独有的故事，从而增强居民对自己社区的认同感。在这个过程中，居民的身份认同得到了显著增强，形成了一种积极向上的社区文化氛围。此外，社会组织还巧妙地将古城保护的理念融入居民的日常生活实践中。它们不仅在理念上进行引导，还在实践层面提供支持，帮助居民将古城保护的要求转化为日常行动，形成了一种自下而上的古城保护机制。

通过这种深入细致的管家行动，社会组织不仅推动了老街巷社区内部文化的复兴，还为治理行动的推进奠定了坚实的社会基础。这种策略有效地激发了政府和社会的合作动力，促进了双方在相互尊重的基础上开展深入合作，推动了社区治理的深化，展示了社会组织在老街巷社区治理中不可替代的作用。

在动迁安置社区的具体环境下，社会组织充分发挥了其作为社群组织者的独特作用。它们通过运用一系列成熟的社会工作方法，成功地引导社区居民，构建起了具有活力的社区社会组织群体。这些自组织群体在后续的社区治理过程中，展现出了强大的执行力。

社会组织选择与政府部门紧密协作，形成了一种有效的合作伙伴关系。在这种协作关系中，政府部门提供必要的政策支持，社会组织则发挥其在社区工作中的专业优势，共同推动政策议程的实施。这种协作模式，不仅增强了社区治理的效能，还为社区居民提供了高质量的公共服务。

在普通商品房社区这一特定的社会空间内，社会组织通过自身的实践活动，展示了其作为赋能者的独特角色。社会组织通过精心设计一系列旨在增强公共精神的教育活动，有力地促进了居民群体协商民主意识的培养。这种基于理性教育的介入策略，不仅增强了居民个体的参与意识，还为社区治理的整体效能提升做出了积极贡献。

在社区治理的复杂体系中，社会组织以其独特的第三方机构角色，居于政府、市场与社区居民之间的战略位置，成功地维持了一种中立而公正的态度。这种独立于其他主体的地位，使社会组织能够更加客观地评估各方的需求，从而在协调"三驾马车"之间的关系方面发挥了关键性的作用。

8.1.3 理性视角下的调适性合作行动

在城市社区治理的复杂多元背景下，合作已成为实现共同社区目标的关键机制，其本质在于摒弃了单一主体的单向思维，转向多元主体之间的互动。政府与社会组织作为社区治理中的重要力量，其间的合作行动日益成为促进社区发展的重要途径。

政府与社会组织之间的合作策略多样，二者通过建立双向互动的合作关系，形成了网络化的合作现象，这种现象不仅体现在物质资源的共享，还体现在知识、经验与技术等非物质资源的共享。这种双向合作关系不仅促进了社区治理活动的稳定发展，还为提升社区治理的效能提供了强有力的支持。

在这一过程中，合作不仅是政府和社会组织间的简单互动，还是一种共赢的战略合作关系。这种合作关系突破了传统的思维定势，为城市社区治理带来了新的可能性。通过共同协作，政府与社会组织共同构建了一个包容、开放和互动的社区治理体系，为实现社区的可持续发展奠定了坚实的基础。

政府和社会组织在社区治理中的调适性合作行动不仅为社区治理提

供了更加灵活的空间，同时还开拓了丰富的创新可能性。这种调适性合作行动体现在政府和社会组织对社区治理机制的灵活运用，以及对社区需求的敏感捕捉上。社会组织通过多种方式积极参与社区治理，不仅能够准确识别出社区中的利益相关者，还能深刻理解社区系统内部的关系网络，从而在治理实践中更好地发挥其作用。

除此之外，社会组织还会深入分析社区治理的外部环境，包括政治、经济和文化结构，以确定哪些因素会对社区治理产生重要影响。通过对这些外部因素的深入研究，社会组织能够更加精准地定位自身在社区治理中的角色，找到最为有效的切入点，为社区治理贡献力量。

在社区治理的多元实践领域中，政府作为关键的治理主体，其与社会组织的互动展现出显著的调适性。这种调适性不仅体现在对社区内部复杂情境的深刻理解，还体现在对宏观社会环境变化趋势的准确把握。

政府在与社会组织互动的过程中，不仅仅是单一的管理者，更是合作伙伴。政府深入挖掘社区内部的需求、资源和潜在问题，以便更加精准地制定相关政策。同时，政府还具备开放的宏观视角，能够及时捕捉社区治理外部环境的变化，并根据这些变化调整其治理策略。此外，政府在社区治理中还秉持价值驱动的理念，确保其所有的决策都能够最大限度地促进社区居民福祉的提升。

在城市化率不断提升的背景下，城市社区治理面临诸多挑战。在这种情境下，政府与社会组织之间的合作关系越发显得重要，并成为实现社区治理目标的核心机制。这种合作关系不仅基于资源共享和责任分担的传统逻辑，还深受反思性策略、理性化决策过程和动机驱动目标的影响。反思性策略意味着双方在合作过程中不断评估已有的行动，寻求更加有效的治理路径。理性化决策过程强调的是在合作中充分运用科学方法，确保决策的合理性。动机驱动目标则体现了双方在合作中追求更高层次社会价值的决心。

在这种深度融合的合作关系中，政府与社会组织积极寻求共赢的合作伙伴关系，共同构建起一种更为紧密的社区治理网络。这种合作不仅是基于互补性资源的交换，还是基于对共同目标的追求。政府在这一合作关系中发挥着关键的引导作用，提供必要的政策环境，确保社会组织能够充分发挥其专业优势。社会组织则通过其独特的灵活性，为社区治理提供了丰富多样的解决方案。

在转型期的村改居社区环境下，政府与社会组织之间的合作关系表现出了相对浅层的特点。这种现象的产生，与村改居社区所具有的特殊社会结构特征密切相关。这些社区通常保留着传统农村熟人社会的独特属性，其社区治理结构与城市社区有着显著的差异。

在这样的社区环境中，政府和社会组织作为外来的治理主体，面临如何适应本地社区文化、如何有效介入社区治理等一系列挑战。政府在推进社区治理现代化的过程中，需要调整其治理策略，寻找与本地社区文化相适应的干预方式。社会组织则需要发挥其在社区工作中的专业优势，通过深入社区、了解社区需求和特点，构建起与本地居民的信任关系，从而更有效地参与社区治理。

由于种种历史、文化和社会因素的影响，政府和社会组织在村改居社区的合作中仍然面临许多困难。这种困难不仅体现在合作过程中的试错，还体现在合作结果的不稳定性。如案例中提到的菜园和农场项目，虽然在初期取得了一定的成效，但最终由于受到村民群体排斥的影响，不得不停止，这反映了政府和社会组织在村改居社区治理中的调适程度仍然较浅，合作机制尚需进一步优化。

在具有历史文化底蕴的老街巷社区中，政府与社会组织间的调适表现出相对均衡的特点。这种互动关系是在对古城保护这一共同关注的大背景下，经过反复协商形成的。双方在认识到各自在社区治理中的独特优势后，形成了一种默契的合作状态，并在此基础上共同推进社区治理活动。

政府作为公共权力的代表，发挥着资源配置、政策制定和规划引导等作用，负责构建社区品牌的整体框架。其中既包括对老街巷社区历史文化遗产的保护，也包括对现代城市发展需要的引导。政府通过制定相应的政策，为社区的可持续发展提供制度保障。

社会组织则依托其在社区工作中积累的经验，主要负责细化社区品牌构建的具体内容。它们通过深入社区，了解居民需求和文化特点，开展一系列贴近民生、富有特色的社区活动，为居民提供更加丰富的活动选择，同时也为社区品牌的塑造做出贡献。

这种政府与社会组织之间富有成效的调适，不仅有助于提升老街巷社区的治理有效性，还为传承社区独特的历史文化提供了有力支持，促进了社区的文化繁荣。在这个过程中，双方形成了一种共同发展的良好关系，为其他类型社区提供了宝贵的经验。

　　在动迁安置社区这一特定的治理背景下，政府与社会组织间的互动呈现深度融合的特点，体现了较为成熟的社区治理模式。社会组织凭借其灵活性强、接地气和贴近民生的优势，充分发挥了在社区治理中的独特作用，展现出了卓越的绩效。

　　这种表现不仅深刻影响了政府对社会组织的认知，还在很大程度上加强了政府对社会组织的信任。政府认识到社会组织在解决社区治理中的复杂问题方面的重要作用，并在此基础上，为社会组织提供了更为宽广的自主空间，赋予了更多的资源。

　　这种基于相互信任的深度调适性合作关系，使政府与社会组织能够更为紧密地合作，共同推动了社区治理的有效实施。在这种合作模式下，政府不再是单方面的指导者，而是社会组织的合作伙伴；社会组织也不再是被动接受任务的执行者，而是在社区治理中发挥主导作用的重要力量。

　　这种互信互助的合作关系，不仅极大地增强了社区治理的效果，还为社区居民创造了更加和谐美好的生活环境，促进了社区的稳定和谐。同时，这一创新的社区治理模式也为其他社区提供了宝贵的经验和参考，具有重要的借鉴价值。

　　在普通商品房社区的治理实践中，政府与社会组织之间的调适活动表现出了极高的成熟度，共同构建了一种富有创新性的社区治理模式。社会组织凭借其在组织协调、资源整合及社区动员方面的突出能力，以及其对居民需求的深刻理解，成为推动社区治理创新的关键力量。

　　在协商民主活动中，社会组织不仅充分发挥了自身的优势，还通过建立包容性强、参与度高的平台，有效地引导社区居民参与到社区治理的各个环节中来。这种积极的赋能作用，不仅增强了居民的参与意愿，还促进了社区治理有效性的提升。

　　政府对社会组织在社区治理中展现出的卓越表现给予了高度认可。政府不仅为社会组织提供了充足的资源支持，还为其创新提供了宽容的环境，赋予了更大的自主空间。这种基于互信的深度合作关系，使政府与社会组织在合作中实现了资源的最优配置，达到了紧密高效的协同状态，共同推动了社区治理的创新发展。这一案例不仅提供了一个成功的社区治理模式，还为后续深入探讨政府与社会组织在社区治理中如何实现深度融合提供了宝贵的经验。

8.2 城市社区治理行动中的政府逻辑

8.2.1 网络构建：引入社会组织弥合服务缝隙

在城市社区治理的广泛实践中，网络构建已经成为政府为了克服合作过程中的不确定性而采取的一个重要策略。网络构建不仅仅是一种策略，它更是植根于社区治理日常操作的核心机制。在城市社区治理的复杂体系中，政府在社区治理的决策环节中通常占据着信息优势的地位。这种信息优势源自其所掌握的全面的决策支持信息资源，这些资源涵盖了社区治理的各个方面，为政府提供了一个宽广的视角。政府运用这些信息资源，能够为社会组织提供关键性的建议。这一过程不仅仅是信息的单向传递，更是一种智慧的共享，有助于社会组织更准确地识别社区治理中的关键问题，从而在治理实践中做出更为明智的决策。

从社区治理的结构分析，网络构建在其中发挥着至关重要的桥接作用，它形成了一种政府利用信息资源来引导社会组织活动方向，并试图弥合服务提供中存在缝隙的行动逻辑。在具体的社区治理实践中，社会组织依托其对社区居民需求的精准把握，展现出了强大的社区服务提供能力。其在与社区居民的互动中，不仅能够快速响应其需求，还能够提供符合其期望的切实可行的服务方案。因此，政府在网络构建策略的指引下，将社会组织引入社区治理体系，为其提供一个全面把握社区情况的平台，使其成为联系政府与社区居民的桥梁。

> 社会组织在服务大众这块儿确实比我们内行，人家这是专业领域，有点儿门道的。（访谈记录：ZSN20220601）

在市场经济高速发展的大背景下，各种类型的城市社区都面临一个共同的挑战：如何确保社区治理的有效性，特别是在传统政府职能难以延伸到的领域。事实上，随着城市化的深入，城市社区中存在的服务缺口正逐渐显露。为了增强社区治理的效果，确保更为优质的社区服务，触及各个层次的社区人群成为一个迫切的任务。

政府，作为社区治理的主体，明确了其在构建城市社区治理共同体中的战略意图。其中，引入社会组织积极参与成为一个重要的策略方向。社会组织凭借其贴近民众的天然属性，不仅在心理层面上与社区人群更为接近，还具备迅速响应社区需求的能力。这些优势使社会组织成为弥补政府服务缺口的关键力量。

更进一步，社会组织的高度灵活性、对社区情境的敏锐洞察，以及对个体需求的细致关注，使其能够为社区居民提供更为个性化的服务内容。在政府的引导下，社会组织搭建了一个富有活力的服务网络，旨在为各种不同背景的社区居民提供全面的服务计划。

这种模式不仅有效地弥补了政府治理中的缺口，而且通过将异质的社区成员整合到统一的服务网络中，促进了社区内部的团结。最终，这一策略增强了社区治理的人性化，为构建和谐的城市社区提供了有力的支撑。

在四个不同的案例情境中，政府呈现运用网络构建来弥合社区服务中的缝隙，并致力于提升社区服务质量的行动逻辑。这一行动逻辑的展开，从政府与社会组织合作的目标设定，到社区管理方式的调整，再到基层协商民主发展的演进，呈现一种相互关联的发展脉络。

首先，政府与社会组织合作的目标设定是整个行动逻辑的起点。政府为了实现更为高效的社区治理，设定了与社会组织共同的合作目标，强调双方资源的互补。这一目标的设定反映了政府对于社区服务缝隙的认识。

其次，为了达成上述合作目标，社区管理方式经历了必要的调整。这一过程体现了政府的反思性，即政府不仅在实践中进行监督，还在反思中调整自身的管理策略。政府通过视管理方式为实现合作目标的中介，调整资源配置，确保社区服务的有效性。

最后，管理方式的调整进一步影响了政府对于基层协商民主发展的态度。政府认识到基层协商民主作为一种民主参与的形式，对于增强社区居民的主体性具有重要作用。因此，政府根据社区实际情况，调整对于社区自治主体的授权力度，以促进基层协商民主的健康发展。

在社区治理的目标设定层面，四个案例均体现了对定制化服务和固定安排相结合的独特理解。定制化服务注重针对不同类型社区的具体情况，细化服务内容，通过全面调查，力求达到提升社区治理有效性的目标。与此同时，结合固定安排，不同类型的社区在服务提供上展现出各自的侧重点，从而确保了服务的精准性。

在社区管理方式的调整方面，四个案例均体现出将社区治理与网格化管理相结合的现代治理理念。通过对各类社区进行网格化管理，实现了对社区治理要素的全面整合，增强了社区服务的系统性。特别是在动迁安置社区，基层政府积极构建起社会治理大联动机制，将社区治理纳入更为广阔的社会治理框架中，彰显了社区治理在整体社会治理中的重要地位。

在基层协商民主发展方面，四个案例均展现了在构建居民议事会、恳谈会、协商共治小组等议事组织方面的创新努力，同时建立起了完善的协商成果采纳、落实和反馈机制。在普通商品房社区，政府和社会组织共同努力，构建了健全的社会风险预警体系，注重矛盾化解在基层，推动了非诉纠纷解决机制的创新，整合了多方资源，确保了社区治理的高效。

在网络构建逻辑的作用下，政府通过引入社会组织参与社区治理实现了一系列逻辑演进，包括从政社合作的目标设定到社区管理方式的调整，再到基层协商民主发展的完善。这一逻辑链条不仅勾画出了政府为提供更优质的社区服务而弥合服务缝隙的策略框架，还为深入解析城市社区治理行动的生成、维持以及效能发挥提供了丰富的分析维度。

在社区治理的目标设定阶段，政府明确提出了通过社会组织参与来增强社区治理的预期目标，并在此基础上设计了相应的执行路径。这一阶段的目标设定不仅体现了政府对社区服务需求的准确把握，还反映了其对社会组织能力的充分认识。社区管理方式的调整则是目标设定向实践转化的关键一步。政府通过对社区治理机制的优化，为社会组织的介入创造了有利的条件。这种管理方式的调整既体现了对传统社区治理模式的反思，也展示了政府在推动社区治理现代化进程中的积极作为。基层协商民主的发展则是政府逻辑演进的高级阶段，它通过引入更为开放的治理机制，使社区居民在治理过程中的参与度得到了显著提升。这不仅促进了社区决策的民主化，还为社区治理注入了新的活力。

8.2.2 理性信任：依托绩效管理确定合作深度

城市社区治理作为一种现代治理模式，主要以政府购买社会组织服务项目的形式开展，其核心在于政府与社会组织之间的协同。在这个过程中，双方不仅在实施治理方案的阶段展开深度合作，还在决策过程中形成了一种高度的协同。具体而言，在项目的决策过程中，政府不仅作为资源提供者发挥其核心作用，还通过战略性地运用绩效衡量工具对社会组织的表现进行持续的评价。这种评价不仅包括对社会组织服务质量的评估，还涵盖了对其影响力的全面评价。

政府通过这种方式确立了与社会组织的合作深度，并在此基础上建立起一种理性信任的逻辑。这种信任逻辑不仅建立在对社会组织表现的客观评价之上，还基于对其诚信的深刻认识。通过这种方式，政府能够更为准确地把握社会组织的潜在价值，为其提供更为科学的支持。

政府在城市社区治理中引入第三方评估机构并运用绩效衡量工具，这不仅是政社合作的一种创新实践，还是提升社区服务质量的有效策略。在这一过程中，政府通过构建一套科学严谨的绩效衡量体系，为社会组织提供了明确的行动框架，确保政府购买社会组织服务项目的质量。在此过程中，政府不仅为社会组织制定了一整套清晰可衡量的绩效指标，还引入了第三方评估机构对社会组织的项目绩效进行实时监管。这种监管不仅聚焦于项目目标的实现进度，还关注绩效结果的反馈，为社会组织的未来行动提供科学的决策依据。

值得一提的是，政府在这一过程中的反馈机制并不局限于对社会组织的项目实施进行评价，同时也对负责协调对接政府购买社会组织服务项目的社区居委会的工作进行了评估。这不仅确保了社会组织能够在实际操作中获得社区居委会的充分支持，还为提升社区治理的整体效能提供了有力保障。

政府通过持续的反馈，与社会组织之间建立了一种基于理性认识的信任联结。这种信任联结对于激励社会组织积极参与社区治理，自主实现治理目标具有重要意义。同时，这种以绩效衡量为基础的信任机制，也有效克服了政社合作中可能出现的不确定性，确保了合作双方能够在相互信任的基础上，共同推进社区治理的现代化进程。

> 搞第三方评估不仅给居委会定了个标，对那些社会组织也提了要求。这样一来，大家都有了明确的方向，知道该往哪儿努力了。（访谈记录：HCC20220726）

通过四个具体的案例分析，可以深入探究政府如何通过绩效衡量工具持续反馈，从而构建与社会组织之间的理性信任联结。具体而言，政府的行动逻辑从重点考核社区自治主体培育情况，转向增加社区服务深度的考核，最终强调政府在社区治理中的引领作用。这一过程反映了政府在理性化及动机属性的引导下，塑造了其独特的重心调适方式，将社区自治主体的培育视为深化社区服务的前提条件，并通过增加社区服务深度，强化政府在社区治理中的领导地位。这种领导地位不仅关乎社区治理议程的设定，还在于塑造城市社区整合的发展方向。在这一过程中，政府的引领作用有助于重建城市社区秩序的统一性，实现政社之间渐进式的"双向运动"，从而在提升社区治理质量的同时，增加政府与社会组织合作的深度与广度。

在政府购买社会组织服务项目中，政府把社区服务整体打包、统一购买。政府将社区治理最基础且耗时耗力的定制服务项目打包，通过政府采购平台向符合资质的专业社会组织统一购买，并首次提出采用社会组织派出全职员工，全日制、全过程、全方位参与社区治理的方式。这种方式意味着较大的政府职能转移力度，如果缺乏持续反馈，项目的进程也将面临较大的规制风险。

为了持续反馈以创造信任联结，四个案例中的政府采用了类似的做法来进行绩效衡量。第一，重点考核社区自治主体培育情况。绩效衡量侧重于社区领袖挖掘、社区志愿者招募、社区组织培育等内容。第二，增加社区服务深度考核。绩效衡量的基础类困境人群服务减少服务对象数量要求，增加服务深度考核，服务对象由主要依靠服务机构自行挖掘，改为主要由街道和社区提供。第三，突出政府牵头作用。绩效衡量突出街道、社区的牵头作用，要求社会组织与街道及社区签订服务委托书，内容包括服务期限、人群、方式及服务团队、考核指标、成果交付等具体事项。此外，社会组织细化方案，须经居民代表协商和居委会审定，并报街道备案。街道、社区每年会组织对试点项目的完成进度、服务成效和居民满意度考核，考核结果纳入第三方监管评估。尤其是在村改居社区，政府持续反馈的逻辑不仅体现在政府对社会组织的绩效衡量上，还体现在政府对社区的绩效衡量上。第三方机构不仅需要反馈社会组织的社区治理活动开展情况，还要对社区居委会协调对接作用的发挥进行评价。

在S市政府购买服务的背景下，社区服务的整体购买模式成为政府与社会组织合作的一种重要形式。政府通过将社区治理中最基础且耗时耗力的定制服务项目进行整合打包，借助政府采购平台，向符合资质的社会组织进行统一购买。这一创新的合作模式不仅突破了传统的服务购买方式，还明确提出了社会组织应派出全职员工，以全日制、全过程、全方位的方式参与到社区治理中去，这加大了政府职能转移的力度。

伴随着职能转移的增加，项目的推进也可能面临更大的规制风险。为了有效地缓解这一风险，确保项目的顺利进行，理性信任联结的构建显得尤为关键。通过对四个具体案例的深入分析，可以发现政府在绩效衡量方面采取了类似的做法来实现这一目标。首先，政府重点考核社区自治主体的培育情况，绩效衡量内容主要聚焦于社区领袖的发掘、社区志愿者的招募以及社区组织的培养等方面。其次，政府增加了对社区服务深度的考核，转变服务对象的筛选机制，强调服务的针对性。最后，政府强调了自身在社区治理中的引导作用，要求社会组织与街道及社区建立更为紧密的合作关系，明确服务内容、团队构成、考核指标等关键事项。

值得注意的是，在特定的社区背景下，如村改居社区，政府持续反馈的逻辑不仅体现在对社会组织的绩效衡量上，还体现在对社区居委会协调对接作用的评价上。第三方评估机构的角色也因此变得更为复杂，它们需要同时对社会组织的治理活动和社区居委会的协调能力进行全面评估，以确保社区服务有效性的提升。通过这种多维度的绩效衡量机制，政府与社会组织之间的信任得以加强，合作基础变得更加坚实，为城市社区治理提供了强有力的支撑。

通过这一连贯的理性信任逻辑进程，政府不仅在行动上创造了与社会组织的信任联结，而且在认知上促进了双方对彼此角色的理解。这种基于绩效衡量的持续反馈机制，使信任不再是一种抽象的概念，而是转化为一种可以通过具体结果来验证的实践。在这个过程中，政府和社会组织之间的互动逐渐形成了一种稳定的合作关系，共同推动了社区治理有效性的提升。

8.3　城市社区治理行动中的社会组织逻辑

8.3.1　策略性能动：发挥社会资本优势强化组织认同

在城市社区治理的过程中，社会组织凭借其丰富的社会资本，能够在联结社区自治主体、促进社区自治方面发挥关键作用。社会资本在这里指的是社会组织在长期运作中积累的网络、声誉以及与社区居民的互信关系。这些资源对于社会组织在社区治理中的参与至关重要，能够促使其在社区层面发挥更大的作用。

在此背景下，社会组织的组织认同成为其可持续发展的关键因素。组织认同在这里指的是政府和社区对于社会组织角色和地位的正面评价。当社会组织能够凭借其社会资本在社区治理中取得显著成效时，便能够在社区治理领域形成良好的口碑，从而有助于其业务活动领域的拓展。

为了争取更多的组织认同，社会组织需要充分发挥其社会资本优势。在 S 市的具体实践中，政府购买的社会组织服务项目资金规模巨大，且通常由单一社会组织负责实施。这不仅对社会组织的专业能力提出了更高的要求，而且为社会组织提供了展示其社会资本优势的舞台。在这个过程中，社会组织通过有效运用其社会资本，构筑了其在城市社区治理共同体中的地位，进一步促进了政府和社区对其贡献的正面认识，从而获得了更加稳固的组织认同。这种认同不仅为社会组织未来的发展奠定了坚实基础，还为其在城市社区治理中发挥更大作用创造了有利条件。

探讨社会组织行动逻辑的同时，对其成员形象进行勾勒，对于理解社会组织在社区服务中的功能具有重要意义。政府在选择承接社区治理项目的主体时，倾向于选择社会组织而非企业，其背后的主要原因在于社会组织所拥有的能够创造开放性社交网络的社会资本。

从社会组织工作人员的角度来看，他们通常专注于一线的社区服务工作，与政府工作人员相比，他们更加擅长在社区治理过程中与社区自治主体建立起基于人际交往的信任关系，从而激活社区内部的社会资本。这种信任关系的建立有助于增强社区自治的能力，推动社区治理有效性的提升。

社会组织工作人员与社区之间独特的亲和力，是他们长期在组织环境中工作、学习和交流的结果。他们在组织内部通过知识共享、同辈学习以及参与行业交流等方式，无意识地构建起一个包含广泛社会自治力量的社交网络，同时积累了丰富的社会工作知识。这种历史累积下来的社交网络，使社会组织工作人员在工作中展现出较强的公共精神、同理心和亲和力。

社会组织工作人员在长期从事社区治理工作的过程中，不仅在组织内部，而且在与社区自治主体的互动中，不断巩固自己的社会资本。这使他们在特定的社交圈中形成了独特的个体优势，为社会组织在社区服务中发挥更大作用提供了人力资源支撑。通过这样的过程，社会组织工作人员成为联结政府与社区居民的重要桥梁，对于推动社区治理的现代化具有不可替代的作用。

社会组织工作人员在日常工作中深入一线，与服务对象紧密互动，从而沉浸在一种贴近实际、专业性强的组织氛围之中。在这一过程中，他们接触了大量与自己有着相同公益热情的社会组织，形成了一个开放的社交网络。这不仅丰富了他们的社会经验，而且为他们日后的工作提供了宝贵的资源。社会组织工作人员借助这一社交网络，形成了一种高效创新的工作模式。在这一模式下，信息流通迅速，创新成果层出不穷，极大地提升了工作效率。他们通过自身的努力，成为政府工作人员在社区治理中不可或缺的合作伙伴。

对社会组织工作人员社会资本的深入探析显示，当他们执行社区治理项目时，其独特的社会资本成为他们获取他者认可的重要资产。这种社会资本不仅表现在其广泛的社交网络中，而且体现在其能够高效协调各种资源、创新解决问题的能力上。在社区治理的过程中，社会组织工作人员凭借对社会资本的有效运用，不仅促进了社区服务质量的提升，而且赢得了政府与社区居民对其组织成员身份的尊重。这种认同进一步扩大了社会组织在社区治理中的影响力，形成了一种良性循环。

在四个具体的案例分析中，可以观察到社会组织在发挥其策略性、能动性方面体现出了连贯的行动逻辑。这一逻辑体现在社会组织如何借助社会资本来增强其组织认同，具体包括从解读治理战略到策略性地运用社会资本，再到借助社会资本实现治理目标的过程。

首先，解读社区治理战略是社会组织能动性发挥的起点。社会组织凭借其反思性，能够深刻洞察社区治理的政策导向，从而为组织的行动策略提供准确的指引。这种反思性不仅增强了社会组织对外部环境的敏感性，还塑造了其独特的理性行动，为后续的策略实施奠定了基础。其次，社会组织在运用社会资本时，体现出"抓大放小"的策略智慧。通过对关键资源的精准把握，社会组织能够在确保资源利用效果最大化的同时，避免资源的浪费。这种运用社会资本的策略不仅提高了组织效能，还为组织在复杂的社会环境中谋求发展创造了有利条件。最后，在社区治理的进程中，社会组织通过运用其社会资本实现治理目标，进一步巩固了其在社区治理中的影响力。这不仅彰显了社会组织工作人员的独特优势，还为组织赢得了更为广泛的社会支持。

通过透视策略性能动的逻辑进程，不仅能更深入地理解社会组织如何通过策略性行动在城市社区治理行动中发挥独特优势，而且能更全面地解释社会组织的理性行动何以产生、何以维系以及如何实现治理目标等一系列问题。这为后续深入研究城市社区治理行动的内在机制提供了宝贵的视角。

8.3.2 定制化服务：凭借专业能力拓展创新空间

在接受社区治理项目委托后，社会组织积极按照项目的方案设计提供个性化的服务，从而在与政府的合作中创造出独特的创新空间。通过这种定制化服务的提供，社会组织有效地减少了在与政府合作中可能出现的目标不明确的问题，确保了合作双方在目标上的高度一致性。这种一致性的建立，不仅有助于增强项目执行的效果，还为社会组织和政府之间建立长期的合作关系奠定了坚实的基础。在这个过程中，社会组织通过对项目需求的深刻理解，展现了其在社区治理领域的专业优势和独特价值。这不仅增强了政府对社会组织能力的认可，还为社会组织在未来更广泛的社区治理活动中扮演更加重要的角色创造了条件。

对四个案例中社会组织工作人员行为的细致分析能够揭示社会组织工作人员提供定制化服务逻辑的两个核心维度：观念维度和行动维度。在观念维度上，社会组织工作人员进入社区后，迅速适应并融入了社区的文化，形成了一种富有同理心的工作风格。这种风格不仅有助于他们更好地理解社区的实际需求，还为其在社区治理活动中建立信任奠定了坚实的基础。在行动维度上，面对社区治理中复杂多变的问题，社会组织工作人员利用其丰富的社会资本，动员社区内的自治力量，实施了一系列贴近社区居民心理需求的治理活动。这些活动旨在解决社区居民的实际问题，提升社区治理的有效性，同时也体现了社会组织在行动中对定制化服务逻辑的坚持。

在社区治理活动中，社会组织工作人员的角色是多维度的，他们不仅参与解决常规的治理问题，还积极介入一些深层次的社区矛盾。这些深层次的问题往往涉及社区居民的根本利益，解决起来需要极大的智慧。在这个过程中，社区冲突调解成为一项至关重要的工作，它要求社会组织工作人员具备较强的沟通协调能力、深刻的社区文化理解能力以及高度的责任心。

社会组织工作人员通过对社区矛盾深入细致的分析，能够准确把握问题的核心，进而实施具有针对性的定制化服务。这种服务不仅体现了社会组织工作人员对社区实际情况的深刻理解，而且展示了他们在处理复杂社区问题时的专业能力。为了精准地解决这些深层次的矛盾，社会组织通常会运用个案辅导和小组工作的方法，提供量身定制的解决方案。这种方法的运用，既体现了社会组织对个体差异的重视，也彰显了其在社区治理中的人本关怀。

面对社区服务社会化项目不断增长的复杂性，社会组织工作人员在定制化服务逻辑的引导下，通过自身的微观工作实践，展示了他们卓越的专业素质。社会组织工作人员，尤其是那些居于枢纽地位的人员，他们通常拥有较高的学历，如硕士学位，这为他们在实际操作中高质量地完成治理任务奠定了坚实的知识基础。这些高学历的社会组织工作人员，因其深厚的理论知识，能够更为精准地把握社区服务项目的特点，从而为社区提供更为专业化的服务。

随着社区服务项目的多样化，社会组织工作人员的工作实践也在不断地拓展。在实践积累的推动下，他们在行动策略上呈现更高的灵活性，能够根据不同情境，灵活调整自己的工作策略，展现出较强的适应性。这种基于经验增长逻辑的工作实践，不仅丰富了社会组织工作人员自身的职业经验，提升了他们的专业技能，而且为社区治理工作提供了富有创新性的解决方案，有力地推动了社区服务的治理模式创新。

四个具体的案例生动呈现了社会组织如何运用定制化服务的逻辑，充分发挥其专业能力，并在此过程中创造出独特的创新空间。这一过程可被概括为从低调行事的观念出发，逐步过渡到高效协同的意识，并最终建立起信任联结的逻辑链条。

首先，低调行事的观念在很大程度上受到社会组织内在的反思性的影响。这种反思性不仅使社会组织具有独特的行为洞察力，使其能够更加敏锐地观察社区中的各种复杂情况，而且有助于社会组织在行动策略上保持谨慎，从而更好地融入社区环境，赢得社区居民的信任。其次，高效协同的意识对于强化政府在实际治理活动中对社会组织的支持至关重要。通过强调团队协作，社会组织不仅能够更有效地整合各方资源，提升服务质量，还能够在与政府的合作中展现出其独特的价值，从而进一步增强政府对其的信任。最后，建立信任联结在城市社区治理的进程中起到了关键性的作用。信任联结的建立不仅有助于保持社会组织工作方式的灵活性，使其能够更为迅速地响应社区治理中的各种挑战，还能够在社区成员中树立起社会组织的良好形象，为其在社区治理中获得更多成就奠定了坚实的社会基础。

值得注意的是，低调行事的观念不仅体现了社会组织在实际行动中的谨慎态度，还反映了其对于在社区治理中树立良好形象的深刻认识。这种观念促使社会组织在与政府及社区成员互动时展现出更加贴近民生、注重实际效果的服务态度，为其后续的高效协同创造了良好的社会基础。高效协同的意识使会组织能够更好地整合内外资源，形成强大的协作网络，从而在社区治理中发挥更为关键的作用。信任联结不仅为社会组织提供了更为稳固的社会支持网络，而且增强了其在面对社会挑战时的自适应能力，使其能够更加灵活地调整服务策略，从而在复杂多变的社会环境中持续进步。通过对社会组织这一具备理性思维的行动者的深入剖析，不仅能够更加清晰地认识到其在城市社区治理中的独特作用，还能够从中汲取宝贵的经验，为未来促进政府与社会组织之间更加紧密的合作提供实践参考。

8.4　城市社区治理的行动模式

正如先前所讨论的，在城市社区治理的背景下，政府的合作意愿与社会组织的专业能力成为影响整个治理过程的核心因素。这两个维度相互作用，共同塑造了城市社区治理的多种可能行动模式。为了更加系统地分析这一现象，本研究构建了一个详尽的城市社区治理的行动模式类型，如图 8-1 所示，这一类型基于合作意愿和专业能力两个维度的高低程度进行划分，形成了四个不同的象限。

这四个象限分别为：自我构建式行动模式、记忆叙事式行动模式、

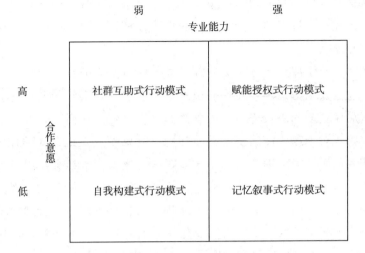

图 8 – 1　城市社区治理的行动模式类型

资料来源：笔者自制。

社群互助式行动模式以及赋能授权式行动模式。在这一分类框架下，不同城市社区治理的行动模式根据其特点被划分到相应的象限中，从而为深入理解实践提供了一个清晰的分析工具。

对于专业能力这一维度，广泛的学术研究（Gazley，2008）表明，社会组织的专业能力是其有效参与城市社区治理，并在合作中发挥积极作用的重要前提。因此，本研究认为较强的专业能力是正面的合作行动要素，它有助于扩大社会组织在治理中的影响力。

合作意愿这一维度则更为复杂。Lowndes 和 Skelcher（1998）的研究指出，这是一种中性的行动要素，其水平高低主要反映了政府在网络管理理念上的差异。这也意味着，政府的合作意愿并不直接决定合作的效果，而是通过影响政府与社会组织之间互动的深度，间接影响了城市社区治理的效果。

总体而言，通过对政府的合作意愿和社会组织的专业能力这两个核心因素的系统分类，不仅能够更加准确地识别城市社区治理中的不同行动模式，还能够根据不同社区的具体情况，选择最为合适的治理策略，从而更有效地推进城市社区的可持续发展。

8.4.1　行动模式与城市社区类型的对应关系

在城市社区的多元化背景下，不同类型的社区展现出了各自的特征。

这些特征又与特定的行动模式相互呼应，形成了一种内在的逻辑关系。行动模式在这一过程中起到了纽带的作用，将社区的实际情况与治理策略紧密相连。

例如，对于那些社会资本丰富、居民参与度高的城市社区，赋能授权式行动模式更为适用。在这一模式下，政府和社会组织共同努力，赋予社区居民更多的决策权力，激发他们的主体性，从而实现社区治理的自我完善。对于那些面临复杂社会问题、需要专业知识介入的社区，则可能需要依赖社群互助式行动模式。在这一模式下，社会组织发挥其专业优势，为社区提供定制化的服务，帮助社区解决实际问题，提升其自我治理的能力。此外，记忆叙事式行动模式和自我构建式行动模式也在特定类型的城市社区中发挥着重要作用。前者侧重于弘扬社区的历史文化，后者则强调社区居民在治理过程中的创造性作用。

城市社区治理行动模式与城市社区类型之间存在复杂的对应关系。为了深入挖掘这一对应关系，必须在较长的时间周期内，对不同类型的城市社区中政府的合作意愿与社会组织的专业能力这两大关键影响因素进行持续观察。前文已对政府的合作意愿与社会组织的专业能力进行了初步探讨，并指出合作意愿主要受政府影响，而专业能力则主要由社会组织来运用。在探讨对应关系的过程中，本研究将遵循从自我构建式行动模式到赋能授权式行动模式的逻辑顺序。这一顺序反映了城市社区治理中政府合作意愿逐渐增强、社会组织专业能力不断提升的发展过程。需要注意的是，社区治理并不是总能够获得政府较高的合作意愿。在政府合作意愿较低的情况下，如果社会组织的专业能力得到持续提升，将形成记忆叙事式行动模式。这种模式并不意味着政府在社区治理中的参与不积极，相反，它更多地体现为政府通过构建共同的治理愿景，引导城市社区治理行动走向深入。

随着政府合作意愿的进一步提升，城市社区治理行动可能发展为社群互助式行动模式或赋能授权式行动模式。在这个过程中，城市社区的具体类型起着决定性的作用，它是影响四种行动模式差异化的根本原因。不同类型的城市社区因其独特的社会结构、文化背景和资源配置，对政府合作意愿和社会组织专业能力的需求和响应也存在差异，从而形成了各自对应的治理行动模式。

总体而言，通过深入研究行动模式与城市社区类型之间的对应关系，不仅能够更加精准地把握城市社区治理的发展趋势，还能够为推动政府和社会组织之间更为紧密的合作关系提供理论支持和实践指南。

8.4.1.1　村改居社区：自我构建式行动模式

Z区A社区，作为一个典型的村改居社区，展现了城乡交融的复杂社会景象。在这个社区中，原村民与外来务工人员共同构成了其独特的居民结构。这种多元的居民组成，使A社区的社会结构呈现丰富的层次。在Z区A社区这一处于城乡转型期的社区背景下，笔者观察到社区秩序维护的多维性。这不仅依赖于传统的管理手段，还涉及了深层次情感共鸣的构建问题。

A社区居民的传统身份和由城市社区新赋予的身份标签之间的不完全吻合，造成了一种矛盾的状态，这在一定程度上阻碍了社区秩序的重构。居民虽然生活方式逐渐城市化，但他们的身份认知显示出一种根深蒂固的状态。在这种背景下，现代城市社区治理行动在融入A社区熟人网络方面面临较大的挑战。这种治理行动在实践中更多地表现为一种自我构建式的便民服务，并在间接层面上影响着社区居民对现代社区治理观念的转变。然而，这种转变仍未能与居民内心认知实现深层次的融合，从而在深刻变革社区秩序方面仍有较大的潜力。

Sørensen（2006）在其学术研究中深刻指出，在强调居民主体性的社区治理结构中，传统基于科层制的等级整合机制并不适用。这种治理结构强调的是行为主体的自治能力，而不是传统的上下级指令传递系统。在网络治理的语境下，政府所扮演的角色需要更加细腻，这要求政府必须依靠更为微妙的治理形式，与社会组织共同分享治理权力，形成合作共赢的局面。

在后续的研究中，Sørensen和Torfing（2009）进一步完善了这一理论框架，深化了对政府在网络治理中角色的认识。他们认为，政府的合作意愿在网络治理中主要体现为两种形式。首先，政府需要制定一系列影响网络发展的政策、法律框架和工作流程，以引导网络参与者的行为，确保其在既定的框架内开展活动，从而保持网络治理的秩序。其次，政府应当制定并传达一种网络管理的共同愿景，并通过激发网络参与者的主观能动性，引导他们共同努力实现这一愿景，从而达到共治的效果。

在自我构建式行动模式的治理框架下，政府发挥了关键的导向作用，通过一系列政策与法律框架为社会组织的决策和行动提供了明确的目标、原则、法规、措施、预算和工具（Ostrom，1996）。政府制定的这些政策和法律框架，构建了一种结构性的规则体系，在政府合作意愿较低的情境下，仍然能够将政社合作的多元行动紧密联系起来。在这种模式下，即使社会组织的专业能力相对较弱，也能通过这些规则体系的引导，实现社区服务的多元化。此外，政府在这一行动模式中还明确规定了社区治理的工作流程，即社会组织在进行专项治理行动时应遵循的具体步骤。这些工作流程不仅关注项目的绩效，还构建和弘扬了社区独特的品牌特色，如乡土文化传承。

自我构建式行动模式在村改居社区的适用性中表现出一种微妙的平衡，其核心机制在于如何解决熟人网络对治理行动的排斥现象。根据Stoker（2018）的治理观点，有效的治理应建立在"行动者的自治网络"基础上，然而在实际情况中，村改居社区的治理却面临达到这一理想状态的重重难关。

具体而言，在 A 社区的治理结构中，治理网络往往处于一种边缘化的状态，这种边缘化表现为治理行动与社区居民之间存在一定的隔阂，导致治理网络难以发挥其应有的作用。这种现象与 Young（2000）在其研究中提出的观点相吻合，即治理网络的边缘化状态与其缺乏与政府有效链接的平台有关。

在这种背景下，政府和社会组织的角色便显得尤为重要。它们是否能够成功地融入社区居民内部，将在很大程度上决定治理网络能否在 A社区发挥应有的作用。然而，现实中的挑战在于，社会组织由于其本身的能力限制，很难深入社区居民的核心圈层中去，而政府虽然在治理愿景的构建上有着独到之处，但其影响力往往停留在表层，难以触及社区治理的深层结构。

在自我构建式行动模式的治理架构下，社区公共服务的交付成为治理行动的重要组成部分。政府和社会组织共同参与到这一过程中，形成了一种相对封闭的系统性行动模式（Daly，2003）。这种模式注重治理成果的实际输出，并强调其可衡量性（Vargo and Lusch，2004），旨在通过有效的资源配置，实现社区治理的具体目标。

这种自我构建式行动模式并非没有问题。由于其封闭性的特点，政府和社会组织在构建和实施治理策略时，往往更多地基于自身的理解，而忽略了社区居民的真实需求。这导致政府和社会组织构建的乡土文化治理品牌在一定程度上与村民的实际感知出现了脱节。

这种脱节不仅体现在服务内容上，还体现在治理目标上。社区居民作为服务的直接接受者，他们对于服务的满意度直接影响到治理有效性的最终实现。如果政府和社会组织不能有效地捕捉到居民的真实需求，不能与他们建立起有效的沟通机制，那么治理行动就很难取得预期的效果。

8.4.1.2 老街巷社区：记忆叙事式行动模式

P区W社区作为一处典型的老街巷社区，展示了多元化的居民结构，主要包括本地居民与外来务工人员。对于这样一个拥有深厚历史底蕴的社区来说，其社区秩序不仅是日常生活的有序进行，还是一种植根于居民心中、基于身份认同的记忆叙事。

W社区的大多数居民虽为外来务工人员，但他们同社区中少数的本地居民一样，坚定地认为自己是这个城市不可分割的一部分，已经深深地融入了城市化的生活节奏中。他们展现出了明显的城市居民特征，主动适应现代城市化的发展步伐。尽管他们居住在S市热闹的古城，每天与络绎不绝的游客擦肩而过，但他们自身的居住环境与商业区的繁华商业氛围形成了鲜明的对比，这种反差会对他们的自我认同感产生影响。

相比以宏大叙事为主导的古城保护政策，基于集体记忆构建的记忆叙事对于W社区的居民来说，具有更强的吸引力。这种记忆叙事的核心在于培养居民的身份自信，让他们感到自己依然是这座现代化城市不可或缺的一部分，尽管生活条件可能并不优越，但他们的历史贡献是被社会认可的。通过这种方式，W社区的社区秩序得以在居民内心深处扎根，形成一种能够持续传承下去的社区文化。

在记忆叙事式行动模式中，政府在社区治理的进程中展现出了较为克制的态度，其核心关注点并非在于通过大刀阔斧的治理行动来对社区进行深刻的改造，而是更倾向于担当制定协作战略的角色，致力于建立政府与社区行动者之间的紧密联系，激发社区内部的积极行动力量。政府在这一治理模式中并不追求通过短期内的大规模行动来实现社区的快速转型，而是通过深入理解社区的历史文化背景，从而在尊重社区传统的基础上，逐步引导社区内的积极因素，促使其自发地参与到社区治理中来。

为了应对城市化进程中老街巷社区居民可能产生的被边缘化的焦虑

感，政府采取了多种策略，努力在古城保护和民生保障之间寻求一种平衡，以促进社区居民的心理健康。政府首先加深了对老街巷社区特有历史文化的认识，深刻理解这些元素对于社区居民身份认同的重要性。通过对古城区域内历史建筑的保护，政府不仅保存了这些有形文化遗产，而且努力弘扬了社区居民共享的无形集体记忆，为他们提供了一个认同的文化空间。其次，政府通过加强社区基础设施建设，增强了社区居民对现代城市生活的融入感。这不仅体现在对老街巷社区居民住宅区内道路、照明、排水等基础设施的改善，还体现在提高社区居民获取教育、医疗、文化等公共服务的可及性上。最后，政府还通过建立社区参与机制，鼓励社区居民积极参与社区治理，发挥他们在社区发展中的主体作用。这不仅增强了社区居民的自主权，还为他们提供了一个表达意见的平台，有助于缓解因城市化进程带来的焦虑感。

总体来说，政府正如 Carlisle 和 Gruby（2019）所强调的那样，通过建立一个协同合作的行动系统，不断优化治理策略，力图在传统与现代、保护与发展、边缘与中心之间找到一个动态的平衡点，以维护社区的稳定，提升社区居民的幸福感。

记忆叙事式行动模式作为一种创新的社区治理策略，其核心竞争力在于其对老街巷社区居民日常生活实践的深度理解。这种治理模式不是脱离实际的，而是深植于社区居民的日常生活之中，充分考虑到了居民的生活习惯、文化认同和情感需求。为了达到这一目标，记忆叙事式行动模式有针对性地设计了一系列治理行动，这些行动旨在最大限度地减少对居民传统生活方式的干扰，并努力在居民的认同感和社区治理之间找到一个平衡点。这不仅体现了政府对老街巷社区独特文化的尊重，还体现了政府在社区治理中人性化的一面。

记忆叙事式行动模式强调通过强化居民对本土文化的认同，增强居民在社区发展中的主体性。这种强调基于共同文化的社区认同建构，不仅有助于增强居民对社区的归属感，还为社区内部凝聚力的增强提供了强有力的支撑。通过这种方式，记忆叙事式行动模式为社区治理工作的有效开展提供了新的可能性。它突破了传统治理模式的局限性，为老街巷社区居民提供了一个既能够保留自身文化特色，又能够适应现代社会发展需求的治理平台，为社区可持续发展注入了新的活力。

记忆叙事式行动模式与自我构建式行动模式的区别在于它们对社会

组织专业能力的不同依赖程度。在记忆叙事式行动模式下，政府充分认识到了社会组织强大的专业能力，并因此提供了一系列支持的配套措施，以增强其在社区治理中的作用。同时，政府对社会组织在治理活动中可能出现的风险表现出了较高的容忍度，体现了对社会组织能力的信任。

值得注意的是，老街巷社区居民的焦虑型集体心态要求未来在更长时间的尺度上观察社区治理的行动效果。进一步地，未来也需要深入探讨如何在古城保护的宏观框架下，采取切实有效的措施确保民生保障的加强，同时满足居民对于社区发展的心理预期。这种对社会组织专业能力的充分尊重，以及对居民心态的细致入微的考量，共同构成了记忆叙事式行动模式的独特之处。它不仅关注社区治理的实际效果，还注重治理过程中各方参与主体的心理变化，致力于在社区治理的实践中寻找一种既能提升社区居民生活质量，又能增强他们对社区发展和治理的认同感的平衡点。

8.4.1.3 动迁安置社区：社群互助式行动模式

C区F社区作为一种典型的动迁安置社区，其居民构成主要包括获得多套动迁安置房的原村民与外来务工人员。这一社区的特点在于，其社区秩序的维护展现了一种基于社群互助的独特治理模式，充分反映了居民群体在社会变迁中的自我调整能力。

在F社区中，原村民通过参与城市化进程，逐渐转变为新兴的富裕人群，他们不仅在物质生活上实现了显著的改善，还在社会地位上获得了提升。他们将拥有的多套房产视为重要的资产，并通过将其出租，将房屋租赁活动转化为一种重要的经济增值渠道。这种经济活动不仅为他们带来了经济收益，还在一定程度上推动了社区经济的繁荣。

外来务工人员作为社区的另一重要组成部分，他们将F社区作为在城市中生活的重要空间，对社区的发展同样具有重要影响。在这种情境下，社群互助的自组织管理模式应运而生，成为一种既能够满足原村民经济利益追求，又能够维护外来务工人员居住权益的有效治理机制。

在动迁安置社区中倡导的有序自组织活动主要聚焦于对房租经济的规范。这种基于社群互助的行动模式的核心在于，通过建立一系列非正式沟通机制，降低由于房屋出租活动中存在的不规范问题而可能引发的各类潜在风险。其目的是在确保动迁安置农民利益的同时，也能为外来务工人员提供一个和谐安定的居住环境。此模式不仅在内部强调了社区居民之间相互支持的重要性，而且在外部也寻求与周边环境的良好互动，努力构建一种能够平衡各方面利益诉求的治理框架。这种治理框架强调社区社会组织能力的提升，倡导居民通过自我管理来解决社区内部的问题，同时也充分考虑到了与外部环境的互动。

在社群互助式行动模式中，社会组织发挥着关键的作用，它们介入社区公共服务的设计阶段，积极参与到社区公共服务的提供中去。这种参与不仅体现了社会组织对于社区发展的关注，还表现出其在社区治理中不可或缺的作用。然而，面对复杂多变的社区环境，特别是在出租屋规范管理这一专业议题上，社会组织往往因为专业能力不足而面临一系列风险。在这种背景下，社会组织主要选择跟随政府的引导，依赖政府提供的支持，从而确保其在社区治理中的行动能够顺利进行，有效避免可能出现的治理风险。

政府则将与社会组织的合作视为一种渐进的策略，通过这种合作关系来实现对异质化社区的有效整合。正如 Teets（2013）所强调的那样，政府与社会组织的合作关系是一种双赢的关系，不仅有助于提升社区治理的效能，还为政府在复杂社区环境中实现治理目标提供了有力的支持。通过在合作中发挥积极作用，政府能够帮助社会组织更好地应对社区治理中的各种挑战，从而确保社区活动的顺利组织。

自我构建式行动模式与社群互助式行动模式在社区治理的实践中，共同展现了社会组织在专业能力方面的局限性。这两种行动模式虽然在专业能力方面存在相似之处，但在政府合作意愿的程度上表现出明显的差异，这种差异主要由社区类型决定。村改居社区和动迁安置社区虽同为城市化过程中形成的特殊社区类型，但其居住人群的特点存在显著差异。动迁安置群体由于长期接触城市生活方式，其人际关系的城市性程度较高，这使他们具备更为强烈的自主性（沈亚平、王麓涵，2021）。因此，在动迁安置社区中，社群互助式行动模式成为一种重要的治理机制。

社群互助式行动模式是一种自下而上的治理过程，它依托于社区成员之间的自愿协议（Schmitter，1974）。在这种模式下，政府的角色并不是单一的服务提供者，而是社区居民和社会组织参与治理的促进者。政府在这一过程中不仅关注社会组织在社区公共服务提供中的具体实践，还重视社会组织在社区公共服务规划中的参与。

通过这种方式，社群互助式行动模式有效满足了动迁安置群体自我表达的需求,构建了一种既能够充分发挥社会组织作用,又能够保证社区治理有效性的治理框架。这种框架不仅有助于提升社区治理的整体水平,还为实现社区内部成员之间的和谐共处提供了有力支持,展现了其在现代社区治理中的重要价值。

在现代城市社区治理的多元化背景下,社区治理结构的异质化现象越发明显,这对社区的治理模式提出了更高的要求。在这一背景下,社群互助式行动模式更加关注城市性较强的动迁安置群体,强调在自愿协议的基础上,通过社群的自组织,实现社区治理的有效性。这种模式强调社区成员之间的相互支持,通过建构紧密的社区网络,增强社区内部的凝聚力,从而提升社区治理的整体效能(Reddel and Woolcock,2004)。

8.4.1.4 普通商品房社区:赋能授权式行动模式

K区N社区作为一种典型的普通商品房社区,其人口结构主要由城市中的白领居民组成。在这个社区中,维护社区秩序的机制主要是协商民主,这种机制强调居民在社区治理中的主体地位。在N社区的日常互动中,居民展现出较强的规则意识,这种自律的行为习惯实际上激发了居民维护自己权利的行动冲动,促使他们积极参与到社区社会组织的建设中来,在民主参与的过程中充分表达自己的价值观念。

协商民主秩序的核心在于通过社区居民的理性参与,实现社区内部的和谐。在这个过程中,居民不仅通过协商民主的方式维护自己的身份认同,同时还通过自我管理的方式维护社区的整体秩序。虽然协商民主过程中的程序可能烦琐并且耗时,但居民愿意忍受这些不便,积极参与到社区的公共事务中来。因为他们认识到,虽然参与协商民主可能需要付出一定的时间成本,但这种付出相较于放弃自己的话语权所带来的长远代价来说,是值得的。通过社区内居民的积极参与,N社区成功地构建了一种既体现民主精神,又强调个体责任的治理模式,为实现社区居民福祉的提升提供了有力保障。

社群互助式行动模式与赋能授权式行动模式均属于S市的城市社区治理领域中备受关注的行动策略,它们共同强调了政府在社区治理过程中发挥重要作用,并体现出政府较高的合作意愿。然而,这两种行动模式的建立基础存在显著差异。

社群互助式行动模式通常构建在社会组织专业能力较弱的情境下。在这种模式下,政府虽然愿意与社会组织合作,却主要扮演引导者的角色。社会组织往往依赖于政府的指导，其在社区治理中的作用更多体现在动员社区居民参与上。相较之下，赋能授权式行动模式则是建立在社会组织拥有较强专业能力的基础上。在这一模式下，政府不仅有合作意愿，还愿意将更多的权力下放给社会组织，赋予其更大的自主性。社会组织在赋能授权式行动模式中不再仅仅是政府的"助手"，而是社区治理的重要推动者。

赋能授权式行动模式强调通过运用社会组织的专业能力，提升社区治理的效能。此外，随着社会组织专业能力的提升，政府愿意给予其更多的信任，为其在社区治理中发挥创新作用提供充分空间（Ashworth et al.，2009）。这不仅有助于提升社区治理的质量，还为实现社区的可持续发展提供了强大动力。

社区治理网络作为一个互动密集的体系，呈现高度的动态性。它涵盖了多个层次，包括居民、社会组织、企业和政府等各种内外部利益相关者，这些主体间的关系不断演变，彼此影响（Hollick，1993）。在这一多维度的网络体系中，治理系统的设计面临极大的挑战，尤其是如何协调各方利益，确保社区治理的公正性。

社会组织作为社区治理网络中不可或缺的一环，其专业能力的强弱直接关系到其在社区治理中的作用发挥。社会组织的强专业能力意味着其在理解社区问题上具备较高的专业水平，能够更有效地进行资源整合。同时，它也有助于扩大社会组织在治理行动中的影响力，使其成为政府不可或缺的合作伙伴，而非被动的执行者。具备强专业能力的社会组织能够更加精准地识别社区治理中的风险因素，为政府提供科学合理的决策支持，有助于降低政策执行过程中的不确定性。此外，社会组织还可以发挥其在社区基层的优势，通过多种渠道动员居民参与社区治理，增强社区居民的归属感，进一步减少社区治理的潜在风险。总体而言，社会组织的强专业能力不仅为社区治理行动打开了通道，移除了障碍，而且对于提升社区治理的整体效能具有重要的意义。通过提升社会组织的专业能力，强化其在社区治理网络中的作用，有助于构建更为高效的社区治理体系。

在普通商品房社区中，居民往往展现出较为突出的城市性特征，并伴随着强烈的自我管理倾向。社区居民对于社区治理的参与抱有积极的态度，并愿意为之付出精力。赋能授权式行动模式在这种社区中得以充分发挥，因为这一模式不仅要求社会组织具备较强的专业能力，而且需要政府有强烈的合作意愿。在这种模式下，社会组织能够在发挥其主观能动性的同时，吸引政府的积极参与，形成一种双向赋权的局面。这种模式在动迁安置社区中较为罕见，因为动迁安置社区的居民结构与普通商品房社区有着显著的差异。

记忆叙事式行动模式与赋能授权式行动模式的共同之处在于，它们都要求社会组织具有较强的专业能力。然而，在赋能授权式行动模式中，政府的高合作意愿是一个关键的因素。尤其是在普通商品房社区中，由于居民普遍具有现代民主意识，政府的高度参与不仅能够得到社区居民的积极响应，而且能够有效地促进社区治理共同体的形成，实现资源的高效配置。相较之下，在老街巷社区中实行的记忆叙事式行动模式虽然同样依赖于社会组织的强专业能力，但其核心在于通过叙事和记忆的力量来唤醒社区共同体意识，强调对历史的保护，可能不如赋能授权式行动模式那样直接强调政府的参与。

赋能授权式行动模式中，社会组织的强专业能力和政府的高合作意愿共同塑造了一种高度协作的治理关系。社会组织凭借其在特定领域的专业知识，赢得了政府的信任，这使政府愿意赋予社会组织更广阔的创新空间。依据管家理论的视角，政府将社会组织视作一种负责任的管理者，相信其能够妥善处理共同的治理任务，维护公共利益（Bromley and Meyer，2017）。这种信任建立在对社会组织专业能力的认可之上，形成了一种互惠的合作关系。在这种模式下，政府与社会组织之间的信任关系具有极强的韧性。即便在社会创新项目中遭遇挫折，政府也不会轻易撤销对社会组织的授权，而是更倾向于提供必要的帮助，鼓励社会组织总结经验，继续发挥其创新能力。这种做法不仅激发了社会组织的积极性，还为公共治理带来了更多的可能性。

8.4.2 行动模式的类型说明

通过对四个典型城市社区案例的深入分析，本研究揭示了城市社区治理领域中存在的四种主要行动模式：自我构建式行动模式、记忆叙事式行动模式、社群互助式行动模式以及赋能授权式行动模式。这些行动模式反映了社区治理的复杂性，也凸显了不同类型的城市社区在追求治理有效性时展现出的独特路径。

在自我构建式行动模式的框架下，社区的治理活动主要依赖于政府和社会组织共同推动的社区便民服务项目。这种模式强调通过提高服务的可及性来降低社区治理的排斥性。记忆叙事式行动模式注重发掘社区丰富的历史文化资源，通过叙事的构建，增强社区居民对于地方的认同感。社群互助式行动模式则着重于激发社区居民间的合作精神，推动基于互助的社区参与。赋能授权式行动模式展现了一种政府与社会组织深度合作的治理格局，强调通过政府的授权，可以实现政府、社会组织和社区居民三者间的共赢发展。

这些行动模式的形成与城市社区的具体特征密切相关。不同类型的城市社区展现出不同程度的城市性，这决定了其在治理实践中倾向于采取的行动模式。同时，这些行动模式的实践也塑造了社区内部独特的秩序结构，形成了明确的社区类型和行动模式之间的对应关系。为了深入理解这些行动模式的内涵，以及它们如何影响城市社区的治理实践，本研究接下来将对这四种政社合作行动模式进行详细的类型阐释，以期为城市社区治理提供更为丰富的理论视角。

8.4.2.1 自我构建式行动模式：低合作意愿与弱专业能力

自我构建式行动模式构建于一种以制度为导向的治理体系之上，其核心在于政府通过提供一整套完善的制度供给，为社区治理活动指明了总体的框架。在这个框架下，社会组织发挥着极为关键的角色，它们需要在政府设定的制度范围内进行自我规划，并探索出一条既符合制度要求又能有效达成治理目标的路径。

这一行动模式多见于村改居社区这类城市性较弱、社会结构异质化特征较为明显的区域。在这些社区中，治理风险通常更加突出，社区的异质性使治理活动面临更为复杂的挑战。因此，自我构建式行动模式的采用，实际上是对这种特殊社区治理环境的一种回应。

在自我构建式行动模式中，政府通常表现出较低的合作意愿，这不是因为政府对社区治理缺乏关注，而是其出于对降低治理风险的考虑。通过放权给社会组织，政府期望能够更加灵活地应对社区中的各种问题。然而，值得注意的是，在村改居社区中，社会组织往往缺乏面对乡土社会特有问题的治理经验，其专业能力相对较弱。这种弱专业能力的背后，既有历史的原因，也与社区自身的特殊性质有关。因此，在自我构建式行动模式中，如何提升社会组织的专业能力，使其更好地适应社区治理，成为一个亟待解决的问题。

自我构建式行动模式植根于具有明显城乡交错特点的社区，其中，城市性较弱的村改居社区成为这一模式的代表。这类社区通常面临达成治理共识的巨大挑战，其根本原因在于社区内部存在深刻的城乡二元结构。村改居社区呈现一种"非城非村"的特征，既有传统农村的影子，又充斥着城市化的痕迹。在这种背景下，村集体经济作为一种独特的治理资源，发挥着重要作用。通过建立村股份公司，原村民得以共享集体经济带来的收益，形成了一种新型的经济共同体。然而，这种经济共同体的形成，并没有直接转化为治理共识。

大量外来务工人员的涌入，在一定程度上促进了当地房租经济的发展，但也带来了社区治安的不稳定因素。外来务工人员通常对本地社区的认同感较弱，对参与社区公共事务的意识也不强，这加剧了社区内部的异质性。此外，村改居社区中社区社会组织的发展相当缓慢，成为制约社区自治发展的另一个重要因素。原村民往往年龄较大，文化程度不高，缺乏参与社区公共事务的必要基础。这种状况在一定程度上阻碍了社区治理能力的提升。

政府在村改居社区治理中表现出的低合作意愿，其深层次的动因可归结为降低治理风险的迫切需求。在现代治理框架下，政府作为公共事务的主要负责方，其在社区治理中的表现直接影响到地方政府官员的政绩考核。特别是在"一票否决规则"这一严格考核机制的影响下，任何在社区治理中出现的风险事件都可能导致辖区领导官员受到责任追究。因此，面对复杂多变的村改居社区治理环境，政府往往采取一种谨慎保守的态度，降低涉及社区深层次议题的治理合作意愿，以规避潜在的治理风险。政府更倾向于通过提供文体娱乐活动和日常便民服务等相对安全、风险较低的方式，来满足社区居民的基本需求，而对于那些深层次的治理问题，则往往持一种回避的态度。由此造成的后果是，虽然表面上社区治理的各项工作似乎在有序进行，居民的便民服务需求得到了满足，但实际上深层次的社区治理问题并未得到有效解决，社区治理的长效性仍然面临严峻挑战（管兵，2022；吴莹，2017）。因此，如何平衡政府对风险平衡的需求和对社区深层次问题解决的追求，成为实现村改居社区有效治理的关键所在。

A 社区经历征地拆迁后，庞大的拆迁补偿款转瞬间催生了一群经济条件显著改善的原村民，这不仅对原有的社区社会结构产生了深刻影响，还对邻里关系的传统纽带提出了严峻挑战，使这些关系潜藏着冲突的可能性。部分不再从事农业生产的原村民，选择接受富民培训，转身加入了物业公司，从事保洁、保安等基础服务工作，其经济来源发生了转变。与此同时，涌入 A 社区的外来务工人员，他们作为社区内的无村籍群体，带着一技之长，渴望在 S 市找到属于自己的立足之地。他们认识到，唯有将工作场所作为人际关系拓展的出发点，不断巩固人际网络，才能在竞争激烈的城市环境中获得支持。因此，他们之间逐渐形成了一种较为紧密的工作互惠关系网络。他们大多选择居住在城中村，这一特殊的居住环境使他们的人际关系网络与原村民有着较强的群体分隔。

可以说，A 社区的群体结构本身就是一个异质性较强的人际关系网络的缩影。然而，由于缺乏应对这一复杂人际网络所需的乡土社会治理专业能力，社会组织在 A 社区的村改居进程中只能进行临时性的治理活动介入，所推动的文化活动往往难以渗透到社区人际关系的核心层面，始终停留在社区治理的边缘（刘红等，2018）。这种局限性不仅凸显了社会组织在乡土社会治理领域的专业能力不足，还反映出 A 社区在转型过程中所面临的社区治理难题。

总体而言，自我构建式行动模式在村改居社区的应用虽然在一定程度上推动了社区治理活动，但在解决社区深层次治理问题方面显得力不从心。如蓝宇蕴、董磊明和郭俊霞（2017）所指出的，在这种行动模式下，社区治理活动往往局限于表层问题的处理，难以解决根植于社区内部的深层次矛盾。

缺乏对社区熟人社会网络合作的有效利用，是这一行动模式在实践中遇到的主要困境之一。由于社区内部缺乏有效的力量凝聚机制，治理行动很难形成合力，从而影响到行动的执行成效。张亚鹏和张建明（2016）对此进行了深刻的分析，他们认为，治理有效性的提升需要依赖区域内资源的整合，而自我构建式行动模式下的社区治理活动往往难以实现这一点，因此其治理有效性相对较低。

受限于行动框架的局限性，自我构建式行动模式往往使社区治理活动悬浮在社区核心议题之外，而难以深入其中。社会组织在这一模式下的治理活动主要集中在不涉及复杂利益冲突的领域，导致其在处理深层次治理问题时显得缺乏足够的力度，治理成效不够显著。这种局面不仅限制了社区治理的深入发展，还暴露出自我构建式行动模式在应对复杂社区治理问题时的局限性。

8.4.2.2　记忆叙事式行动模式：低合作意愿与强专业能力

记忆叙事式行动模式作为一种独特的社区治理模式，其核心在于政府与社会组织能够形成一种基于共同愿景的协作关系，从而共同推动社区治理策略的优化。在这一模式下，政府与社会组织之间的关系不再是单向的指导，而是转变为一种双向沟通的合作伙伴关系。这种变化为社会组织在社区治理活动中赢得了更为宽广的自主空间，使其能够更为有效地参与到社区治理中。

记忆叙事式行动模式通常适用于老街巷这样的内城社区环境。在这些社区中，古城保护工作多头管理的格局常常使政府在实际操作中难以形成统一的治理策略，从而导致政府的合作意愿相对较低。然而，正是在这种背景下，社会组织通过运用社会工作的方法，逐渐积累了强大的专业能力，成为推动老街巷社区治理不可或缺的力量。何依和邓巍（2014）在其研究中对这一现象进行了深入探讨，他们认为社会组织在参与历史街区的治理中，不仅在传承社区的历史文化资源方面发挥了重要作用，同时还在增强社区居民的凝聚力方面做出了积极贡献。

记忆叙事式行动模式深植于政府对社会组织的有力支持之中，这种模式在老街巷社区治理中发挥着重要的作用。根据李彦伯和诸大建（2014）的研究，老街巷社区的治理需要更为注重历史文化的传承，突出地方独特性，同时致力于改善居住环境，以保持城市的历史连续性。

在这一背景下，政府与社会组织共同参与老街巷社区的治理活动，政府通常会将社区治理视作提升城市形象、推动城市精细化管理的关键工具。肖竞和曹珂（2017）在他们的研究中指出，政府在与社会组织建立合作伙伴关系的过程中，会明确社区治理需要重点保护的城市文脉，并依托社会组织的专业能力，通过社区治理活动塑造城市品牌。

社会组织不是单方面执行项目任务，而是在与城市管理、安全监管、交通警察、文化旅游等多个政府职能部门的互动中，共同发掘社区的文化价值。依托其强大的专业能力，社会组织运用品牌化的思维方式，将社区的历史文脉转化为社区发展的优势资源，进一步构建起社区公共服务品牌，为社区居民提供更为优质的体验。

通过这样的合作，社会组织不仅在实际的社区治理活动中发挥了重要作用，还在与政府的合作中建立起了坚实的信任联系，为未来更加深入的社区治理活动奠定了坚实的基础。这种基于记忆叙事的行动模式，不仅体现了社区治理的人文关怀，还展示了政府和社会组织合作共治的巨大潜力。

W 社区地处 S 市著名的古城，商业区繁荣，为古城注入了独特的经济活力。W 社区的部分居民由外来务工的个体经营户构成，他们作为小型商业主，依赖商业活动维生。这些居民通过自己的努力，形成了一种自我增值经济资本的劳动方式，展现出典型的草根创业精神。此外，W 社区的地理位置优越，位于繁华的内城区域，吸引了大量外来务工人员在此居住。对于社区中的本地居民而言，他们因拥有 S 市户籍，享受到了完备的社会福利。除了 W 社区中的住宅，他们在 S 市还拥有其他房产的使用权，这一切条件共同构成了他们稳定的生活基础。这使本地居民在日常生活中不需要过分依赖体力劳动来维持生计，从而拥有了较多的空余时间。在这种环境下，他们得以更多地参与社区活动，或是投入个人兴趣中，过上了经济相对宽裕的生活。

在这一独特的社区治理结构框架之下，社区秩序的构建并非对过往记忆的简单叙述，而是一种将居民身份自豪感与持续性历史文化管理相结合的复杂社会现象。这种社区治理的方式超越了单一的现代管理模式，它深刻地体现了一种根植于地方文化认同的自我管理机制。在这种治理结构中，社区秩序的建立不仅仅依靠外在的规章制度，更重要的是依赖社区内部居民对于自身文化的深刻理解。居民不仅是被动接受管理的对象，还是社区文化传承的主动参与者。他们通过对地方文化的传承，共同构建出一种独具特色的社区秩序。

这种以地方文化传承为基础的自我管理机制，不仅增强了社区居民对社区的归属感，还为社区的长远发展奠定了坚实的文化基础。通过这种方式，社区居民能够在日常生活中自觉地维护社区秩序，进而形成一种积极向上的社区治理局面。这不仅是对传统社区治理模式的一种有益补充，还是对现代社区治理理念的一种创新。

在 W 社区，社会组织扮演着极其关键的角色，其价值倡导属性得到了充分的展现。社会组织天生具有处理组织程度较低、结构较为松散的老街巷社区自我管理需求的潜质。社会组织通过各种社区参与的活动，为这些社群提供了自我表达的平台。

老街巷社区的居民构成呈现高度的多元化，这在一定程度上反映了城市化进程中社会结构的变动。在这一过程中，原本基于地理邻近性构建的相对紧密的邻里关系正面临前所未有的挑战。社会竞争的加剧使这些关系变得更加敏感，社区居民之间的互动成为一个迫切需要解决的问题。与此同时，随着社区参与式营造运动的兴起，老街巷社区的居民找到了新的表达自己意愿的平台。这些平台不仅为社区居民提供了一个分享经验的空间，还是一个塑造社区共同体意识的重要场域。通过参与社区花园建设，社区居民可以在实践中构建自己的社区身份认同，增强对社区的荣誉感。

在当前的社区治理背景中，记忆叙事展现出其深厚的意义。这一治理策略不仅娴熟地满足了老街巷社群对于自主性的深层次需求，还在其实施过程中，融入了一种极富温情的治理哲学。这为社群成员营造了一个能够自由释放情感、寻找自我认同的宽阔场域。记忆叙事的这种治理策略恰当地融合了对历史的尊重，以及对现代公共参与需求的回应。在此基础上，它成功地保留了社区那些独特的文化魅力，为社区注入了一股与时俱进的活力。同时，它也正面回应了现代社会对于社区参与的渴望。

进一步观察，这种以记忆叙事为核心的社区治理策略，实质上呈现了一种融合传统与现代、结合情感与理性的创新治理模式。它不仅彰显了对传统文化的深度尊重，同时还为现代治理理论注入了新的思考。在此模式下，社区不再是一个仅仅依赖外部力量管理的对象，而是转化为一个充满生命力、能够自我调节和自我发展的有机体。这种富有创新性的社区治理新范式，为当前社区治理的学术研究提供了宝贵的借鉴。

8.4.2.3　社群互助式行动模式：高合作意愿与弱专业能力

社群互助式行动模式在当今社区治理的领域中，体现出了其独特的价值。在该模式下，政府不再局限于宏观层面的规划，而是深入社区治理的具体过程中，与社会组织携手，共同参与从社区规划到活动执行的各个环节，形成了紧密的合作关系。这一治理模式特别适用于动迁安置社区的复杂环境，它强调通过政府和社会组织的协作，加强社区内部的互助，从而解决社区治理中的各种难题。

在动迁安置社区中，由于外来务工人员的人口比例较高，传统的社区纽带面临严重的瓦解。同时，动迁安置带来的一系列历史遗留问题，也给社区治理带来了极大的挑战。在这种情境下，社群互助式行动模式的实施，体现出政府对社区治理重视程度的提升，强调通过社群合作来共同解决问题，增强社区的内部凝聚力。此外，该治理模式下的社区问题处理，往往涉及广泛的利益面，因此，如何确保处理过程的公平，成为解决问题的关键。政府的高合作意愿，要求社会组织发挥其独特的协调功能，将居民纳入社区治理的过程中，通过加强居民之间的互动，将问题的解决落实到基层，从而有效降低社区治理的不确定性。

动迁安置社区作为城市发展中产生的特殊社区形态，其治理结构呈现独特的复杂性。这种社区通常表现出较为顽固的治理特点，需要综合运用多种策略进行有效管理。

一方面，动迁安置社区人口构成复杂，居民来源多样，文化背景存在差异，这在一定程度上增加了社区治理的难度。同时，因为在社区开发阶段遗留下的诸多问题，如公共设施缺失、环境卫生状况较差以及服务管理不到位等，这些因素极易引发居民之间的矛盾，对社区的和谐稳定构成威胁（陈光普，2020）。

另一方面，动迁安置社区在治理体系方面往往表现出不足，缺乏科学合理的发展规划，社区内部自我调节的能力相对薄弱。在这种背景下，社区治理的问题涉及的范围较广，各方利益关系错综复杂，治理过程中容易产生不公平的情况。因此，构建一个具有多中心特点的互助社群，成为确保动迁安置社区治理过程公平、公开、公正的重要条件（陈明，2018）。

从治理结构的角度来看，动迁安置社区往往处于城市边缘地带，居民构成复杂，涵盖了原村民、外来务工人员等多种群体。这种多元化的居民构成，导致社区内部利益的多元化，使社区治理面临巨大的难题。同时，由于动迁安置的特殊背景，社区内部存在大量的历史遗留问题，这些问题的解决需要综合运用法律、经济、社会等多种手段。

在社会结构上，动迁安置社区的社会结构呈现自身的特点。由于社区居民之间的利益关系复杂，传统的基于血缘、地缘的治理形式难以适应新的社会结构。因此，需要创新治理内容，更加注重发挥社会组织在联结政府、社区和居民之间的桥梁作用，通过提供个性化的服务，满足居民多元化的需求，促进社区和谐稳定。

在面对动迁安置社区所特有的复杂性时，政府展现了高度的合作意愿，主动投身于社区治理的复杂过程之中，成为引导社群参与、推动社区事务规划的核心力量。这种积极主动的治理态度，不仅是对现代治理理念的积极响应，还体现了政府在社区建设中不可或缺的作用。

政府的这种合作姿态，通过构建一个开放包容的社区治理平台，促进了社群成员之间的相互理解，为达成共识奠定了坚实基础。在这个过程中，政府不仅仅是一个管理者，更是一个协调者，通过提供必要的资源，引导社群成员积极参与到社区事务中来，共同探讨社区面临的问题。通过这种积极主动的合作态度，政府在动迁安置社区治理中发挥了关键作用，为构建和谐社区做出了重要贡献（宋辉，2019）。

在推动社区规范化秩序构建的过程中，政府发挥了重要的联动作用，通过与社会组织和社群的紧密合作，迅速落实政策的关键任务。这种工作模式形成了一种层级清晰、职责明确的治理格局，即由街道进行督办，相关科室进行协办，社区进行联办，确保了社区治理活动的有序开展（叶敏，2020）。

社会组织作为社区治理中不可或缺的一环，其通过提供专业化的服务，以耐心且周到的引导，助力居民以社群化的形态更加积极地参与到城市生活中去。这种引导不仅仅停留在表面的动员层面，更深入提升居民参与效能的实质性层面（叶云、李兰馨，2019）。社会组织运用问卷调研、街头漫步、个案辅导等多元化的方法，为社区治理中的各类复杂难题提供了科学的智力支持。这种支持不仅体现在问题诊断上，还体现在重塑社区共识的过程中（曾丽敏、刘春湘，2021）。

在动迁安置社区的特殊背景下，由于其治理问题往往牵涉到广泛的利益关系（李烨、刘祖云，2019），社会组织的作用变得尤为重要。通过构建多元的社群结构，社会组织使更多群体得到了充分的关注，不仅增进了居民对社区治理过程的了解，还增强了他们对治理公平性的感知（李学，2008）。这不仅有助于提升社区治理的有效性，还对构建和谐稳定的社区环境具有深远意义。

8.4.2.4　赋能授权式行动模式：高合作意愿与强专业能力

赋能授权式行动模式代表着一种先进的社区治理策略，它强调政府与社会组织共同参与，携手帮助社区居民提升自我管理的能力，共同推动社区治理的有效进行。在这种模式下，社会组织不再是简单的执行者，而是通过采用专业化的策略，成为政府的"管家"，与政府建立起稳固的合作关系。这种密切的合作关系使双方能够协同工作，共同赋能社区居民，引导他们通过协商民主的方式，实现理性的行事方式（陈鹏，2018）。

赋能授权式行动模式主要应用于普通商品房社区，这类社区通常具有较强的经济基础，居民对于社区治理的期望也相对较高。在这种背景下，社会组织凭借其强大的专业能力，能够大胆尝试一系列创新项目，这些项目不仅有助于提升社区居民的协商民主意识，还能深入挖掘社区治理中的深层次难题。通过这种方式，社会组织不仅能够扩大自身在社区治理中的影响力，还能够真正实现对社区居民的赋能，引导他们积极参与到社区治理中来，共同推动社区的和谐发展。

社会组织在运用其专业化策略时，展现出了其在赋能居民方面的显著优势，同时也赢得了政府层面的积极促进。专业化策略使社会组织能够精准地识别社区内部的各类问题，并通过提供专业的服务，帮助居民提升其解决问题的能力，进而推动社区治理水平的整体提升。

在深入探讨政府在社区治理中所发挥作用的同时，也有必要对政府层级之间的差异给予充分的重视。学术研究揭示了在政策执行层面，不同层级的政府展现出了显著的差异性，这种差异性主要体现在市、区以及街道三个层级政府对于社区治理的关注焦点上（董敬畏，2017）。具体而言，当上级政府对某一治理议程投入更大的关注力度时，这种关注将通过政府体系向下传递，进而驱动下一层级的政府增加治理投入，更为积极地介入社区治理的具体实践中（曹现强、张霞飞，2019）。

以 S 市为例，地方高层政府对协商民主活动的高度重视，实际上促成了普通商品房社区在民主议事方面的快速发展，使社区居民在参与治理决策中拥有了更大的影响力。这不仅提升了居民的治理参与度，还在一定程度上强化了社区内部的民主氛围，推动了社区治理有效性的整体提升。

为了实现更为高效的社区治理，S 市各层级政府之间建立起一种互相协作的机制。这种机制的建立旨在统一各个层级政府的治理目标，通过有效的沟通，消除政策执行过程中可能出现的矛盾，确保各项政策措施能够顺利实施。在这一过程中，上层政府通常扮演着指导的角色，负责制定统一的政策方向，同时提供必要的资源；而下层政府则更加贴近居民，承担着具体政策执行的职责。通过上下层政府之间的协作，可以更加充分地发挥各自优势，提高社区治理的整体效能。同时，为了确保协同机制的有效运作，S 市还建立起了一套完善的评估机制，对各个层级政府在社区治理中的表现进行客观评价，根据其贡献给予相应的奖励，激发各个层级政府参与社区治理的主动性。

在深刻探讨上层政府对于基层政府在社区治理中作用的影响时，需要认识到上层政府的授权在基层政府展现出高度合作意愿中起到了至关重要的作用。这种合作意愿不仅体现在基层政府愿意积极协调社区资源，推动协商民主活动的积极性上，还在于基层政府在社区治理的整体规划中扮演的角色上。

根据张振和杨建科（2017）的研究，基层政府能够在上层政府的支持下，整合辖区内的各类资源，进行城市管理、人口管理、社会管理等一系列综合性的社会管理工作。同时，基层政府还负责建立城乡综合网格化服务管理体系，这不仅提高了社区治理的效率，还使社区居民能够更便捷地享受到各类公共服务。原珂（2017）进一步指出，在社区治理过程中，劳动就业、社会保障、民政、教育文化等与居民生活密切相关的公共服务领域，都需要基层政府与社区居民、各类单位共同参与，通过合作共治，实现资源的优化配置。这种做法不仅提升了社区治理的效能，还提高了居民对于社区治理的参与度。总体来说，基层政府在上层政府的授权下，展现出了高度的合作意愿，为社区居民在协商民主活动中的参与提供了有力的支持，也为提升社区治理水平做出了重要贡献。

在 N 社区的治理中，社会组织凭借其强大的专业能力，成为推动社区创新的重要力量。这种强大的专业能力不仅赋予了社会组织较高的行动容错度，还使其能够无畏挑战，勇于从事各类创新项目。据管兵（2022）所述，社会组织在社区治理活动中发挥了独特的作用，将复杂繁重的治理任务分发给社区自治主体，依靠社区自治主体的力量，共同构建了一个富有生机的社区治理生态系统。这一生态系统既充分体现了社会组织的引导作用，也彰显了社区自治主体的积极性。

李培志（2019）的研究进一步证实了社会组织在社区治理中的积极作用。通过长期的实践探索，社会组织成功创建了一个能够使社区居民有序参与社区治理的协商民主平台。这一平台不仅为社区居民提供了表达意见的机会，还为他们之间的互动搭建了桥梁。结果是，社区的公共性得到了增强，社区居民的满意度显著提升。总之，社会组织凭借其强专业能力在社区治理中发挥了不可替代的作用，既推动了社区自治主体的发展，又为社区居民提供了参与社区治理的平台，极大地促进了社区的进步。

在对 N 社区进行深入研究的过程中，一个不容忽视的重要特点是该社区的主体居民主要是城市中的白领群体。这部分人群普遍拥有较高的受教育水平，因而他们在社区事务中表现出了强烈的自我管理意愿。唐杰和王红扬（2018）的研究指出，面对这样一个主体群体为白领的普通商品房社区，采用赋能居民的方式进行治理，将极大地提升社区运转的整体效能。这也意味着，社区居民不再是被动的服务接受者，而是变成了积极参与社区治理的主体，他们的高度参与不仅增强了社区治理的效果，也增强了社区凝聚力。

政府和社会组织在这一过程中发挥了关键的引导作用。二者基于共赢的合作关系，不仅促进了各自目标的实现，还为社区现代民主秩序的重建提供了有力的支撑。这种合作关系不仅体现在资源共享上，还体现在双方对于推动社区治理现代化的共同承诺上。可持续性是赋能授权式行动模式的又一显著特点。在这一模式下，社区治理不再依赖于外部力量的单向输入，而是形成了一种自上而下与自下而上相结合、内外资源共同作用的动态平衡态势。这种治理态势不仅保证了社区治理活动的长期稳定，还为社区居民提供了一个持续参与的平台，从而真正实现了社区治理的可持续发展。

8.5　城市社区治理行动的关键影响因素

8.5.1　合作意愿与专业能力的共享来源

合作意愿与专业能力的共享来源是一个复杂多维的社会现象，涉及个体、组织以及社会各个层面的相互作用。首先，从个体层面来看，合作意愿通常来源于个体对共同目标的认同，以及对合作过程中潜在利益的预期。专业能力则是个体在长期的实践中积累的，它不仅取决于个体的努力，还受到培训机会等外部条件的影响。从组织层面来看，合作意愿往往是组织价值观的体现，而专业能力则是组织在长期运作过程中形成的一种核心竞争力。组织为了实现其设定的目标，需要吸引具有强烈合作意愿和高度专业能力的个体，同时还需要创造一个有利于这二者发展的内部环境。在社会层面上，合作意愿和专业能力的共享来源于社会制度的设计。政府和相关机构通过制定相关政策，为个体和组织合作提供激励机制，同时也为专业能力的培养提供平台。此外，文化氛围也对个体和组织的合作意愿和专业能力的共享产生重要影响。

在深入研究四个案例中的城市社区治理模式时，可以发现，治理行动实际上构建了一种多主体协作的复杂安排。在这一框架下，政府和社会组织不再是相互孤立的实体，而是基于集体决策机制，共同努力实现共享的治理目标。这种协作性的治理模式突破了传统的治理边界，强调了不同主体之间协同创新的重要性。

对这些城市社区治理实践的深入分析揭示了合作意愿与专业能力作为两个关键影响因素，在治理行动中发挥着举足轻重的作用。合作意愿体现了不同主体之间共同参与决策过程的积极态度，而专业能力则提供了必要的知识，确保治理行动的有效实施。

从实践的角度来看，四个城市社区治理案例表明，合作意愿和专业能力的共享对于实现有效治理具有重要的价值。这种共享不仅增强了各主体间的互信，还促进了知识的交流，为治理创新提供了丰富的土壤。通过这种共享过程，合作意愿与专业能力形成了一种良性的互动关系，共同推动了城市社区治理行动的可持续性。

通过对四个独特而具有代表性的案例进行详尽的分析，可以发现政府的合作意愿并非凭空产生，而是基于对社区治理结构的多维度认识。这种认识的形成并非一个简单的过程，而是涉及细致的认知活动，受到政策导向、治理传统、文化背景、社会态势以及社区内部变动等多重因素的综合影响。这种认知过程不仅需要对社区内外部环境有深刻的了解，还需要对治理行动可能带来的后果有准确的预判。从这四个案例中可以看出，政府的合作意愿常常是在权衡利弊后做出的决策，旨在通过与社会组织的协作，共同推动社区治理目标的实现。

要使这种协作关系得以持续发展，单纯依靠政府的合作意愿是不够的。社会组织的专业能力同样起到了决定性作用。在四个案例中可以观察到社会组织通过展示其在解决社区问题、提升公共服务水平等方面的专业能力，成功地赢得了政府的信任，并促使其愿意参与到共同治理的行动中。

与合作意愿的变动性相对应，社会组织所具备的专业能力往往展现出一种稳定的特质。然而，这并不意味着其专业能力是一成不变的；相反，它显示出一种适应性，有能力根据社区治理的不同结构进行必要的调整。通过对其专业能力的持续调整，社会组织能够更好地适应不同类型的社区环境，并在政府与社会组织之间形成一种积极的合作氛围。此外，社会组织的专业能力还在促进双方彼此理解的过程中发挥了关键作用，有助于打开沟通的大门，使治理的过程更加开放。在这种开放性的推动下，治理活动的执行效率得到了显著提升，社区治理的整体绩效也随之增强。这不仅有助于实现社区治理的具体目标，还有助于提升居民对社区治理有效性的满意度，从而促进社区和谐稳定。

在城市社区治理的行动框架中，合作意愿与专业能力之间的动态关系起源于它们的共享来源，其中包括社区治理过程中可能出现的各种风险和潜在的收益。通过对四个具体案例的深入研究能够看到，这些共享来源在很大程度上决定了政府和社会组织是否能够在社区治理中建立起一种富有成效的合作关系。

社区治理风险和收益实际上是一种相辅相成的关系。在政府与社会组织的合作行动中，对治理风险的较低感知有助于增强双方的调适能力，从而使政府和社会组织能够通过共识将各自的利益汇聚在一起，增强合作的互惠性。社区治理的收益不仅包括各种有形的活动、服务和文化成果，还包括无形的社会资本和社区凝聚力等方面的价值（Meier，1980）。当政府和社会组织感知到潜在的治理收益较高时，将有利于增强双方的合作意愿（Cooper et al.，2008）。

在社区治理的具体实践中，高风险往往伴随着高收益的机会。因此，在这种情况下，那些能够为治理活动带来稳定收益，并且在治理风险上具有一定容忍度的社会组织更有可能获得政府的支持。政府和社会组织作为社区治理的主要行动者，在其互动过程中的行为往往具有强烈的理性特征，依赖于双方在交流中共同分析问题的能力（Motion，2005）。当双方认同的价值观在社区治理过程中得到广泛共享时，社区治理的整体收益将会最大化。

在城市社区治理的复杂过程中，政府与社会组织之间的对话起着至关重要的作用。通过一种持续的意义构建过程，双方对于社区治理中可能面临的风险与期待收益的认知趋于一致。这种认知的趋同并非自发生成，而是需要在长期的协商中逐步巩固。

在共识的认知基础上，政府对于社会组织的行动会形成一种更为积极的态度，认识到社会组织在社区治理中的重要角色，视其为值得信赖的合作伙伴。这种信任的建立有助于缩小甚至消除政府和社会组织在治理目标上的差异，促使双方在实现社区治理目标上形成一种更为紧密的合作关系。在政府和社会组织的合作中，为了更好地管理治理风险，提升治理活动的整体效益，双方共同制定了一套切实可行的合作规则。这些规则旨在优化资源配置，明确权责分工，确保信息的畅通，从而为双方的有效合作提供坚实的制度保障。政府在这一过程中充分发挥其在人力、财力、物力等关键资源方面的优势，通过对这些资源的合理调配，为社会组织的参与创造良好的环境，进而推动政府与社会组织之间的深度合作，实现共赢的治理局面。

在城市社区类型多样化的背景下，通过对四个具体案例的深入剖析，可以观察到合作意愿与专业能力的共享来源在各类社区中对治理行动产生了显著的影响，进一步影响了治理的效果。

在村改居社区中，政府与社会组织对于如何融入社区的熟人社会仍处于探索阶段，对于共建合作关系的认识尚不充分。由此形成的治理行动框架显得较为脆弱。在这种情境下，合作意愿与专业能力的共享资源受限，影响了双方合作的深度与广度。相较之下，在老街巷社区与动迁安置社区，社区居民对政府与社会组织的接纳度更高，为其提供了参与特定社区议题的机会。社会组织借助其专业能力，致力于将古城保护与公共参与结合。这种行动虽然取得了一定的成效，但合作意愿与专业能力的共享资源在这两个社区中分布不均，治理行动框架的稳定性相对较差。在普通商品房社区中，政府采取了更为积极的策略，推动社区、社会组织和社会工作的深度融合。通过与社会组织共享社区行政资源，政府有效地构建了一套完整的工作体系，涵盖了从社区组织发现居民需求到统筹设计服务项目，再到支持社会组织承接和引导专业社会工作团队参与的全过程。在这个社区中，合作意愿与专业能力的共享资源相对丰富，治理行动框架也表现出较高的稳定性。

总体而言，城市社区治理行动受到多重因素的影响，其中合作意愿与专业能力的共享来源起着决定性的作用。为了建立一个稳定有效的合作框架，政府与社会组织需要在认识上达成共识，在资源上实现共享，形成对社区治理风险与收益的一致认识，从而推动城市社区治理走向系统化。

在当代城市社区治理的复杂多维背景下，整个治理行动体现出了对多种因素的敏感性。其中，政府合作意愿的形成与社会组织专业能力的建立占据了核心地位，对治理的成效产生了深远的影响。合作意愿并非孤立存在，它与参与者的认知、价值观、期望及过往经验紧密相关。政府和社会组织在共同推动社区治理进程中，必须在认识层面达成共识，以确保双方目标的一致性。这种认识上的共识为合作奠定了坚实的基础，有助于消除误解，增强信任，从而为有效合作打下坚实基础。在资源共享方面，合作双方需要打破传统的壁垒，通过开放性的态度，实现人力、物力、财力等关键资源的有效整合。资源的共享不仅能够提升治理有效性，还能增强社区治理行动的适应性，使其更加贴近社区的实际需求。此外，对社区治理风险与收益的认识也是影响合作关系稳定性的关键因素。政府和社会组织需要形成对治理风险和潜在收益的共同认识，明确双方在治理过程中的责任与义务，确保在面临挑战和机遇时能够做出明智而审慎的选择。通过这些策略，政府和社会组织能够共同构建一个有效的合作框架，推动城市社区治理向更加深入的方向发展。在这个过程中，双方将共同经历挑战，不断优化合作策略，最终实现社区治理的共赢局面。

8.5.2 合作意愿的偶然性

合作意愿的形成在很大程度上是一种多元的过程，其内在的偶然性不容忽视。这种偶然性主要体现在合作意愿的产生、变化和消退的过程中，受到多种外部环境因素和内在主体特性的影响。

从外部环境因素来看，政治、经济、社会等宏观环境的变化均可能对合作主体的意愿产生影响。例如，政策导向的变更会改变政府和社会组织合作的优先级，经济波动会影响到合作所需资源的可用性，社会文化的变迁会改变社会对合作价值的认识等。这些外部环境因素的不确定性使合作意愿的形成具有一定的不可预测性。

在内在主体特性方面，不同的个体和组织有着不同的价值观、经验和期望，这些因素在很大程度上会影响到它们合作的意愿。即便是在相同的外部环境下，不同主体因为其内在差异而展现出不同的合作意愿，这种个体差异同样增加了合作意愿的不确定性。

合作意愿的偶然性是一个需要被重视的现象。在实际的合作过程中，为了增强合作的稳定性，有必要对合作意愿的形成机制进行深入研究，从而在合理的范围内对其进行引导。通过对外部环境因素的监测、对内在主体特性的了解，可以在一定程度上降低合作意愿的偶然性，提高合作的可预测性。

在四个详细的案例研究中，可以观察到合作意愿的偶然性及其给城市社区治理活动带来的一系列挑战。合作意愿的偶然性体现在其产生、变化和消退过程中的不可预测性（Ran and Qi，2018），这种不可预测性导致治理行动的不稳定性。

政府作为合作行动的重要主体，其合作意愿受到政治、经济、社会等宏观环境因素的显著影响。当这些外部环境发生变化时，政府的合作意愿可能会发生相应的变化，从而影响治理活动的执行。以 S 市为例，当市政府面临较为棘手的治理局面时，其与社会组织合作的意愿可能会有所降低，这不仅减少了社会组织参与治理活动的机会，还限制了政府和社会组织共享资源的可能性，进而影响了治理有效性。

合作意愿的偶然性在不同个体和组织之间的多样性中得到了充分的体现。个体和组织所持有的价值观、经验和期望的差异，对于合作意愿的变化具有决定性作用，从而增加了合作意愿的不确定性（Groeneveld and Van de Walle，2010）。这种不确定性不仅体现在不同组织间的差异，还表现在同一组织内部不同个体之间的差异。

在某些情况下，个体官员的合作意愿可能与政府整体的意愿发生分歧。例如，在一些社区治理项目中，如果个别政府官员展现出较强的合作意愿，提供更为积极的支持，可能会导致该项目与其他项目在合作意愿水平上的差异。这种差异有时可能会成为推动治理改进的动力，但也可能增加治理过程的管理难度。

合作意愿的偶然性并非全然是负面影响。事实上，这种偶然性可以成为建立深层次信任的基础，促进合作伙伴之间的共识达成（Alford，2002）。当合作伙伴认识到合作意愿的多样性，并在此基础上寻求共同点时，他们可以更加有效地协同工作，实现共同目标。因此，理解合作意愿的偶然性，不仅是实现有效治理的关键，还是推动组织学习的重要途径。

在对四个不同类型社区治理行动的考察中，可以发现合作意愿的偶然性对这些社区中的政府与社会组织之间的合作关系产生了显著影响。这种影响的表现形式各异，取决于社区的具体情况。

在村改居社区中，合作意愿的不稳定性主要体现在社会文化变迁的影响下，社会对合作价值的认识发生变化。这种认识的变化直接影响到政府与社会组织合作的稳定性，导致一些计划中的行动无法顺利进行。在老街巷社区中，政策导向的变更会导致政府与社会组织合作的优先级发生改变，政府的合作意愿更加集中在古城保护等特定领域。这种集中可能会对其他领域的合作产生排挤效应，降低合作的广泛性。在动迁安置社区和普通商品房社区中，政府个体官员的价值观、经验和期望在一定程度上决定了合作意愿的形成。这种个体差异导致不同社区在合作深度和广度上的差异，进而影响到合作的效果。

综上所述，四个案例中的政府与社会组织的合作深度各不相同，受到合作意愿偶然性的影响明显。在村改居社区中合作最为脆弱，老街巷社区略强，而在动迁安置社区和普通商品房社区中，合作关系相对较为稳固。这种差异反映了合作意愿偶然性在不同社区治理行动中的差异性影响，强调了在推进政府与社会组织合作时，需要充分考虑合作意愿的多变性。

8.5.3 专业能力的理性运用

在城市社区治理行动中，社会组织扮演着重要角色，其专业能力的理性运用对于提升治理有效性、满足居民需求以及促进社区可持续发展具有决定性影响。社会组织的专业能力涵盖了一系列领域，包括但不限于社会工作、社区规划、资源整合与管理、公共关系和政策倡导等。其理性运用不仅体现在将这些能力转化为实际行动的过程中，还体现在如何将这些能力与社区的实际需求相结合，发挥最大效益的能力上。

首先，理性运用专业能力要求社会组织对社区的特点、需求和问题有深刻的认识和了解。这不仅需要其在理论上有坚实的基础，而且需要在实践中积累丰富的经验。通过对社区实际情况的精准分析，社会组织能够将其专业能力与社区需求紧密结合，形成针对性强、效果明显的治理策略。

其次，理性运用专业能力还要求社会组织能够在资源有限的情况下，优化资源配置，发挥其在社区治理中的引导作用。这不仅要求社会组织能够在内部形成高效的组织结构，还要求其能够与政府、企业以及其他社会力量形成良好的合作关系，共同推进社区治理工作。

最后，社会组织在运用其专业能力进行城市社区治理时，还需要注重结果的评估，不断调整治理策略。通过建立科学合理的评估体系，及时收集治理过程中的数据，分析评估治理有效性，社会组织不仅能够为社区提供更加精准有效的服务，还能够不断提升自身的专业能力，形成良性循环。

在治理行动的多维空间中，专业能力的理性运用显得尤为关键，它不仅是社区治理顺利推进的前提条件，还是构建高效治理体系的核心要素。专业能力在社区治理中的应用，涉及多个层面，包括知识运用、技能发挥、资源整合等多个方面，其对合作的影响是多维度的。

专业能力的运用在于其能够对合作关系产生积极影响，加强各方对治理过程的信任。然而，这并不意味着专业能力的运用可以毫无节制，盲目地运用专业能力反而可能引发治理过程中的误解，阻碍合作的深入发展。因此，如何在治理行动中理性运用专业能力，成为一个需要深入探讨的问题。

按照 Shaw（2003）的观点，理性运用专业能力的最终目的是在政府与社会组织之间形成稳固的信任联结。这种信任联结的建立，不是一蹴而就的过程，而是需要双方在一系列的合作行动中逐渐累积的。在这个过程中，政府与社会组织通过共同参与治理行动，利用各自的专业能力，取得一系列的积极成果，从而逐渐建立起彼此间的信任。

为了实现这一目标，政府与社会组织需要采取渐进式的方法，从小的、具有明显成效的合作项目入手，逐步积累信任，最终形成稳定的合作关系。在这个过程中，双方都需要充分发挥各自的优势，理性运用专业能力，确保治理行动的有效性。通过对社区实际情况的精准分析，社会组织能够将其专业能力与社区需求紧密结合，形成针对性强、效果明显的治理策略。这不仅加强了政府对社会组织的信任，还为双方的未来合作打下了坚实的基础。同时，社会组织也能借此机会与政府、企业以及其他社会力量形成良好的合作关系，共同推进社区治理工作。

然而，在实际的治理过程中，当结果评估机制的设计存在模糊性时，可能会导致治理策略的调整受阻，进而影响整体治理有效性。如 Alexander 和 Nank（2009）所指出的，盲目地运用专业能力，未经深思熟虑地将其应用于复杂多变的社区治理环境中，有可能会对创新形成阻碍，甚至引发不可预测的负面效应。在这种背景下，专业能力的运用需谨慎，并伴随着对其可能产生的后果的充分考量。

鉴于社区治理的复杂性，社会组织在运用专业能力时也在进行细致的成本－收益分析，确保专业能力的使用不仅在理论上是合理的，而且在实际操作中也是切实可行的。当专业能力的使用成本远大于其可能带来的治理收益，或者专业能力的运用存在极大风险时，社会组织会重新审视其使用专业能力的策略。同时，社会组织还通过培训培养组织成员对社区治理环境的深刻理解，增强他们在复杂治理环境中运用专业能力的智慧，促进专业能力与社区实际需求的更好结合。

通过四个典型案例的细致分析，可以观察到社会组织在不同类型的社区中尝试着将其专业能力理性地运用于社区治理之中。然而，需要指出的是，在社区类型的多元分化背景下，社会组织能够在内部建构出的运行机制展现出差异性。

在村改居社区这一特定的社区环境中，社会组织尽管努力将其专业能力应用到治理行动中，但其专业能力主要集中在文化品牌建设方面，这往往使其行动与居民日常生活存在一定程度的脱节，导致其治理有效性并不尽如人意。对于老街巷社区而言，社会组织巧妙运用其专业能力，围绕历史遗迹保护进行参与式营造。其在这一过程中所展现出的专业性，为社区治理提供了有力的支持。而在动迁安置社区，社会组织则将其专业能力更多地应用于辅助政府实施治理议程，显示出其在实践中的灵活性。例如，当政府工作重心转向出租房规范化管理问题时，社会组织及时调整治理方向，运用其专业能力协助政府构建动态外来务工人员数据库和二房东数据库，为出租房规范化管理奠定了坚实基础。在普通商品房社区中，社会组织展现出对治理创新的深刻理解，积极运用其专业能力开展社区协商民主活动，为社区居民提供了更加直接的参与渠道，提高了社区治理的透明度。

值得注意的是，过分强调以专业能力为核心的治理模式并非没有风险。理想主义倾向可能会导致对专业能力的过度依赖，忽视社区治理的多元性。特别是在资源有限、成本敏感的社区环境中，如果强大的专业能力运用所需成本远远超过其带来的潜在收益，那么这种治理模式就可能变得不切实际，甚至会产生适得其反的效果。在这种情境下，社会组织需要展现出高度的自我认知能力，恰当评估其专业能力的运用时机。这并非意味着完全放弃专业能力的运用，而是强调在治理实践中寻求一种平衡，即在确保治理有效性的同时，也要充分考虑成本与效益的匹配性。社会组织应当根据社区的实际情况，灵活调整其专业能力的运用策略，既要发挥其在专业领域的优势，又要充分利用社区内其他资源和力量，通过协作形成合力，共同推动社区治理工作的深入开展。

8.6　本章小结

本章在对城市社区治理进行深入探讨的基础上，进一步提炼并阐述了其关键维度，包括核心行动、行动逻辑、行动模式以及关键影响因素。通过对四种不同类型社区的实践案例进行细致的剖析，本研究揭示了合作意愿与专业能力作为城市社区治理过程中一组核心行动要素的重要性。这两个要素在推动社区治理进程中起着至关重要的作用，是理解和实施有效社区治理策略的关键。

城市社区治理行动在社区秩序的逻辑指导下，针对四种类型的社区，形成了与其特性相匹配的具体行动模式。在解决社区问题的过程中，这些行动模式展现了各自的独特优势和适应性。本研究进一步指出，不同的行动模式背后深受合作意愿与专业能力这一对关键影响因素的塑造。这种塑造表现在治理行动的策略选择、实施效果以及最终的有效性评估上。

通过对城市社区治理行动的细致分析，本章旨在构建一个更加清晰和全面的理论框架，该框架旨在揭示社区治理的复杂性，包括治理结构的设计、政策实施的有效性以及居民参与的程度和质量。此外，该框架还考虑了社区特有的社会文化背景、经济条件以及居民需求的多样性，这些因素在城市社区治理过程中扮演着至关重要的角色。本章通过实证研究方法，结合对具体案例的分析，进一步丰富了这一理论框架。这些案例分析不仅提供了对理论概念的实践验证，还揭示了社区治理在不同环境下的特殊挑战和机遇。综上所述，本章的研究为理解和推进城市社区治理提供了一种动态的视角，旨在促进更有效的社区治理。

第九章

结论与讨论

9.1 主要结论

在这项研究中，探讨了政府与社会组织合作这一共同体构建策略在中国城市社区治理实践中的广泛应用。通过深入分析行动者的日常生活经验，本研究初步勾勒了城市社区治理共同体的行动逻辑、行动模式及其关键影响因素，视其为一种具有反思性的互动过程。政府与社会组织合作这一共同体构建策略之所以被广泛采用，原因在于它能够适应城市社区日益增长的多样性，提升治理行动的适应性。社会组织的参与不仅极大地助力政府部门的工作更加紧密地贴合基层的实际需求，还激发社区居民的主观能动性，最大化地实现社会动员。更为重要的是，在政府与社会组织合作过程中，城市社区的秩序得到了理性化的整合。此外，本研究还根据政府的合作意愿和社会组织的专业能力，区分了四种不同的城市社区治理行动模式。作为一种独特的共同体构建方式，政府与社会组织的合作在中国城市社区治理体系的实践中扮演着重要角色。

具体而言，本研究综合运用了网络管理理论、行动理论和管家理论的相关知识，对S市的城市社区治理行动进行了深刻分析，力图为中国城市社区治理提供丰富的理论总结。为了更加准确地理解城市社区治理的实际情况，本研究采用了质性研究方法，对S市四个城市社区进行了为期一年的田野调查。在此过程中，运用了访谈法、参与式观察法和文本分析法等多种研究方法进行数据收集。通过对实践经验和理论知识的反复对照，本研究构建了一个系统的理论分析框架，对城市社区治理行动进行了详细描摹，并对其所产生的理论关照进行了深入探讨，为中国城市社区治理的研究和实践提供了科学依据。

9.1.1　城市社区治理的行动逻辑是秩序整合

作为中国在城市社区治理创新方面领先的城市之一，S 市的城市社区治理行动对于国内其他城市具有重要的借鉴意义。在 S 市的城市社区治理行动中，特别强调了通过政府购买社会组织服务来激活公共参与，形成了一种政府与社会组织紧密合作的行动策略。这种行动策略有效整合了各种社会资源，产生了城市社区治理的协同效应。在 S 市的城市社区治理领域中，行动逻辑的核心在于实现社区秩序的整合。这种整合不仅体现在对社区内部功能的协调上，还包括对外部环境的响应。通过这种整合，城市社区治理能够在维持内部稳定性的同时，有效地应对外部变化，促进社区整体的发展。

在城市社区秩序的整合过程中，S 市的案例凸显了治理主体间紧密互嵌的特征，这一观点借鉴了 Anderson 和 Weitz（1989）提出的"互嵌性"概念。这种互嵌性使政府、社会组织、企业及居民等不同治理主体之间建立了稳固的合作关系，从而共同参与到治理行动中，形成了一种协同共治的模式。这不仅增强了治理行动的效能，而且提升了居民的满意度，进而推动了治理行动的创新。

S 市在城市社区治理实践中所展现的行动表明，将城市社区秩序的整合作为行动的核心逻辑，是在应对当代城市社区治理多样性的过程中，孕育出的一种创新策略。这种方法要求将政府、社会组织、企业及居民等多方主体融入治理过程，形成一种多元共治的模式（杨爱平、余雁鸿，2012）。政府在这一过程中扮演着关键的角色，既是方向的引导者，也是协调者，通过政策支持和服务购买等手段，激活社会力量，加强社区参与。同时，社区居民的主动参与变得至关重要，它不仅提升了社区自我管理的能力，还增强了治理的效果（王星，2012）。在这一行动逻辑推动下，信息共享和沟通机制成为沟通各方、确保协作顺畅的关键环节，而灵活创新的解决方案则针对社区的具体需求，提供了定制化的应对策略。

这种整合社区秩序的行动逻辑，源自对城市社区多样化的深刻理解。城市社区作为一个充满活力且不断演变的生态系统，面临人口流动、空间管理和环境可持续发展等诸多挑战。通过整合不同治理主体的智慧，不仅可以有效应对这些挑战，还能够推动社区治理模式的创新。在这个过程中，城市社区秩序的整合不仅是对现有治理结构的改进，还是向着更加包容的社区治理未来迈进的重要一步。

城市社区治理作为一种在城市化进程中应对社区多样性挑战的治理范式，其核心任务在于协调城市社区内部的差异，以实现社区内部的和谐。随着城市化的加速，社区内部的人口构成、文化背景、经济状况等方面呈现显著的差异。这种差异虽然为城市社区带来了活力，但同时也带来了一系列的社会挑战，如社会融合。因此，有效的城市社区治理有必要关注如何在多样性中寻求统一，确保社区的和谐。

根据 Valverde（2011）的研究，城市社区治理不仅是一种物理空间的管理，还是一种社会关系的整合。在具体实践中，这要求政府不仅关注物质层面的治理，如基础设施建设、公共服务提供等，还重视社区成员之间的精神交流。城市社区治理应促进不同社会背景的居民之间的相互理解，通过丰富的社区活动、有效的沟通机制以及包容性的政策设计，鼓励社区内部的社会凝聚，增强社区成员的归属感。

因此，城市社区治理的行动逻辑不在于单纯的技术或管理手段的应用，而在于如何综合运用政治、社会、文化和经济等多方面的资源和策略，以实现社区内部多样元素的和谐共存。秩序整合作为城市社区治理行动的核心逻辑，其根本目标在于构建一套既符合城市发展规律，又能满足居民需求的治理体系。这一议题早已成为国家治理现代化研究领域的重要组成部分，其研究重心集中在政府如何有效激活社区力量，以加速基层治理体系和治理能力现代化的进程。在这一过程中，政府不仅作为引导者，还扮演着秩序构建者的角色，通过引入社会组织作为合作伙伴，实现对居民需求的精准响应。这种行动逻辑体现了一种"自上而下"与"自下而上"相结合的治理思维，旨在通过顶层设计与基层创新的相互促进，实现城市社区治理行动的优化。

在秩序整合的行动逻辑指引下，S市的城市社区治理行动正逐渐转变其焦点，从过去依赖外部帮助转而更多地从社区内部寻找解决问题的途径。这种转变源于对社区内在功能的深刻认识。社区不仅是一个地理空间的集合，还是一个充满活力的社会有机体，其中，社区居民的知识、技能、经验和社交网络构成了解决社区问题的重要资源。此外，在社区内部寻找解决问题的途径更能反映居民的实际需求，产生更加精准的解决方案，激发居民的参与意识。

实现这一转变的关键在于支持社区居民的创新性。首先，需要加强社区居民的能力培养，鼓励居民积极参与到社区事务的决策和执行过程中。这包括建立有效的参与机制，如社区会议、民意调查、志愿者团体等，以及提供必要的知识和技能培训，以增强居民的自我管理和问题解决能力。其次，政府和社会组织应发挥促进作用，提供必要的支持和指导，同时尊重社区居民的自主性。这种支持既包括财政、技术等物质资源，也包括政策、法律等制度性资源。

在深入探讨城市社区秩序整合逻辑的过程中，重点不仅在于应对社区多样性带来的挑战，还在于如何将这些挑战转化为机遇，从而使城市社区更加充满活力。中国传统文化中的"和而不同"和"以和为贵"理念提供了宝贵的指导思想。这些理念强调在保持差异性的同时追求整体的和谐。在城市社区治理行动中，这意味着要在尊重每种类型社区的独特性基础上，寻找共同的行动路径。

在 S 市的城市社区中，多样性尤其突出。在村改居社区，原村民尚未对自己的城市身份形成深刻认同（Tang，2015），这种身份的模糊性不仅使社区治理行动的进程滞后，还降低了原村民参与社区治理行动的积极性。在老街巷社区，在进行社区更新和改造时，可能会出现历史遗迹保护与新兴发展需求之间的冲突（Bruku，2015），这要求治理行动采取有效措施保护历史遗迹，维护社区文化特色，并尽可能减少对社区居民的负面影响。对于动迁安置社区而言，居民生活习惯的转变是一个迫切需要解决的治理议题（Liu and Xu，2018）。治理行动的核心在于如何帮助社区居民适应不同的生活节奏、社区互动方式和城市文化。在普通商品房社区中，居民的财产权益保护是一个核心问题。这涉及房屋质量保证、物业管理、社区设施维护等多个方面（Blakely and Snyder，1997）。因此，确保这些问题得到妥善处理，并保护居民的财产权益，是普通商品房社区治理行动中的一个重要挑战。

面对不同类型的城市社区，虽然秩序整合的具体方式表现出多样性，但其行动路径体现了一些共通的特征。无论城市社区的具体类型如何，S市在其治理实践中都强调了社区成员的参与。这种方法的核心在于认识到有效的社区治理需要更好地反映居民的需求，从而提高治理的有效性。

在不同类型的城市社区治理行动中，政府的作用是不可或缺的。政府不仅提供必要的政策和资源支持，还发挥着引导和协调的作用，确保社区治理沿着有益于社区发展的方向前进，同时促进公共服务和资源的优化配置。此外，社会组织在 S 市的城市社区治理行动中扮演了重要角色。通过整合社会组织的智慧，S 市的城市社区治理行动能够在应对复杂的社区问题时展现出更大的灵活性。这些共性特征之所以显得尤为重要，是因为它们反映了一种更加现代和高效的城市社区治理理念：社区成员不再是被动的服务接受者，而是治理过程的主动参与者；政府转变为协调者和促进者，而非唯一的决策者；多元合作则确保了资源和智慧的最大化利用。这种综合行动路径能够更好地应对社区类型多样化，促进社区发展。

在当代多元化的城市社区环境中，激发居民积极参与社区治理行动被广泛认为是实现城市社区秩序整合的关键策略。这种策略的提出，深刻体现了社区治理中对居民主体性的重视，并为构建和谐、有序的城市社区治理共同体开辟了新的行动路径。在社区治理的众多学术研究中，诸如共同生产（Ostrom，1996）、合作供给（Brudney and England，1983）以及合作治理（Cheng，2019）等理论的提出，进一步为居民在社区治理行动中发挥更加积极的作用提供了理论基础。值得关注的是合作治理理论的提出，该理论强调政府与社会组织之间的协同合作。在这一理论中，社会组织被视为具备主观能动性的行动者，它们在社区公共服务的规划、设计、实施、管理、交付、监管和评估等环节中能够主动配合政府，共同参与治理行动。以 S 市为例，在秩序整合逻辑的指导下，城市社区治理探索出合作治理的行动路径，从而更加有效地应对社区的多样化挑战。

9.1.2　城市社区治理的行动模式以非正式契约为核心

在 S 市的城市社区治理行动中，非正式契约关系扮演了一个至关重要的角色。具体来说，这种行动模式强调的不是严格的、书面化的契约条款，而是基于相互信任和理解的非正式合作关系。这样的关系通常发生在政府、社会组织、基层党组织及居民之间。在这种行动模式下，行动者之间的交流和协作不完全依赖于正式的合同或明确的规章制度，而是依赖于彼此之间的非正式沟通、个人关系和共同的目标。非正式契约在城市社区治理行动中的应用还意味着治理过程更加人性化，能够更好地考虑到社区居民的实际需求和情感。这种以人为本的治理方式有助于提高社区居民对治理过程的满意度，进而增强社区治理的整体效果。

在 S 市的城市社区治理行动中，非正式契约关系在政府与社会组织之间的合作中发挥了关键作用，极大地影响了双方的协同行动。这种非正式契约是网络管理理论中的一个重要概念，它强调通过建立基于互信的人际关系来降低合作的交易成本，从而提升合作效率。具体来说，这种非正式契约在政府工作人员和社会组织工作人员的日常互动中体现得尤为明显。通过相互理解，双方能够建立起稳固的关系网络。这种网络不仅有助于在合作中达成共识，还能减少由信息不对称引发的摩擦。在这种基于人际关系的非正式契约网络中，沟通变得更加畅通，使处理复杂的社区问题时能够更加灵活和有效。

尽管正式契约在确定城市社区治理行动的框架方面发挥着重要作用，但其固有的局限性在复杂多变的社区治理领域中也日益显现。正式契约通常只能涵盖有限的治理事项，而难以适应社区治理中频繁出现的突发事件。因此，在保持合作稳定性的同时，提升治理行动的灵活性成为一个重要的考量因素。在这种情况下，非正式契约关系的作用变得尤为重要，因为它允许行动者在一个更加灵活的框架内进行合作，从而更好地应对社区治理的不确定性。这种在正式契约与非正式契约之间找到平衡的能力，是提升城市社区治理有效性的关键。

在城市社区治理的背景下，以非正式契约为核心的行动模式是一个结合了行动理论和网络管理理论的复合性治理策略。行动理论强调行动者（如政府、社会组织、企业和个人）的理性化决策过程，认为他们的认知、动机和目标是分析其行为的关键。这与网络管理理论中的观点相呼应，后者认为政府可以通过有效构建和管理网络资源来更灵活地解决公共问题。在这种理论框架下，政府的治理行为不是单向的指令或规定的制定，而是通过引导行动者的理性化决策过程，从而提升整体的治理有效性。具体来说，政府在实践中通过运用各种方法、程序和技术来影响行动者的决策，以此来取得更加有效的治理结果（Lodge and Wegrich，2016）。

面对城市社区治理的复杂性，单一的政府行动往往不足以应对所有的公共问题，因此政府更倾向于与第三方参与者（如社会组织、企业和个人）合作，共同提供公共服务。这种行动模式不仅显示了政府在资源配置和服务提供方面的灵活性，还反映了其在促进社区公共服务创新方面的积极努力（Salamon and Toepler，2015）。同时，行动主义方法作为一种分析框架，突出了行动者在治理过程中的主体性，认为他们凭借主观能动性，能够通过协作引发治理的创新性变革。这一观点揭示了政府和社会组织在社区治理行动中不仅是环境的适应者，还是能够主动塑造治理环境的关键参与者（Rhodes，2017）。

然而，正如 Bevir（2011）所指出的，现有制度可能会出现一定程度的滞后性，无法完全适应复杂多变的社区治理需求。为了弥补这种滞后性，并进一步推动治理有效性的提升，政府在网络管理活动中进行了不断调整，特别是在基层政府层面。例如，在 S 市，一些基层政府通过与社会组织之间建立起基于默契的非正式契约关系，给予社会组织更多的独立决策权，允许它们在社区治理行动中扮演更加积极的角色。这种赋权不仅增强了社会组织的责任感，还促进了治理行动的创新。同时，社会组织的工作人员也表现出更高的主动性，积极对接政府的治理需求，确保合作的有效进行。

随着社会组织在社区治理中的角色日益增强，这种非正式契约关系不仅基于功能性的合作需求，而且越来越多地融入了公共价值观的元素。这意味着，政府和社会组织之间的合作不再仅仅是为了实现具体的治理目标，而是在更广泛的层面上，基于共同的价值观和社会目标来共同努力。这种基于公共价值观的非正式契约关系使政府与社会组织之间能够更加紧密地协作。双方在明确了共享的价值观后，能够更好地协调资源、分享信息，并合作解决复杂的社区问题。

从价值理性的角度来看（Weber，2009），社会组织在追求治理有效性的同时，也在积极践行与其价值观相符的行动。在网络管理的背景下，政府显示出自我反思性的能力，通过反思和调整其行动来应对挑战。Reay 和 Hinings（2009）指出，在这种反思性的影响下，社会组织在与政府的合作中也会主动调整自身行动，以适应政府的期望。Wachhaus（2014）的研究支持了这一观点，指出社会组织在治理行动中能够反映社区居民的需求，并将政策议程纳入考虑，从而提升治理的有效性。

在综合考量 S 市的城市社区治理的行动模式时，显然非正式契约的运用作为行动模式的核心，为理解当代城市社区所面临的复杂问题提供了新的视角。这种基于信任和相互理解的非正式契约模式，不仅凸显了政府与社会组织之间协作的灵活性，而且突破了传统行政契约的限制，更加注重治理过程中的人性化。正是这种人性化，使非正式契约成为应对多元化需求的有效工具，特别是在面对社区级别的具体挑战时。

此外，非正式契约的应用不仅是治理有效性的问题，还是治理公共价值实现的问题。通过非正式契约，政府和社会组织能够更加紧密地合作，共同构建以社区为中心的公共服务。这种行动模式的形成，实际上是对现有治理框架的补充和完善，体现了在复杂治理环境中寻找最佳行动路径的尝试。因此，非正式契约在城市社区治理中的应用，不仅是一种策略的选择，还是对"以人为本"治理理念的具体实践。

9.1.3 城市社区治理行动的关键影响因素是合作意愿与专业能力

在城市社区治理的框架中，合作意愿与专业能力被视为影响治理行动的两个关键因素。合作意愿，指的是政府与社会组织之间建立有效合作关系的心理倾向，它直接决定了双方是否能够在追求共同治理目标的过程中建立互信和资源共享的关系。这种心理状态在政府购买社会组织服务项目的情境中显得至关重要，因为政府的合作意愿不仅影响治理策略的选择，还决定了治理行动的有效性。与此同时，专业能力则关乎社会组织在城市社区治理中所展现的专业知识和技能，包括提供专业化服务和满足社区居民的具体需求。专业能力的强弱直接决定了社会组织在识别和处理社区问题时的能力，从而影响着整体治理水平的提升。合作意愿和专业能力共同构成了城市社区治理行动成功的关键，它们决定了政府与社会组织能否有效合作，并实现社区治理的最优结果。

在 S 市的城市社区治理行动中，观察到一种独特且富有成效的合作关系——基于结盟式管家关系的政府与社会组织协作。这种合作关系背后的核心驱动力是政府的积极合作意愿和社会组织的卓越专业能力。具体而言，政府表现出强烈的意愿将社会组织纳入社区治理体系中，这表明了一种开放和包容的治理态度。同时，社会组织凭借在特定领域的专业知识成为政府在社区治理领域不可或缺的合作伙伴。在这种结盟式管家关系中，社会组织不再仅仅是被动的服务提供者，而是成为政府的"管家"，积极协助政府将治理理念融入日常的网络管理活动中。

政府与社会组织之间的这种结盟式管家关系，体现了一种创新的社区治理机制。在这种机制下，政府倾向于依赖社会组织的自我监管能力（Kim and Mauborgne，2003），而不是仅仅依赖传统的绩效激励体系。这种做法减少了绩效激励可能带来的负面效应，同时激发了社会组织内在的动力。这种动力使社会组织更加主动地参与到社区治理中，发挥其在专业服务和满足社区需求方面的优势。

根据管家理论，人际互动是结盟式管家关系的基石（Brinkerhoff and Brinkerhoff，2002）。在这种关系中，人际层面的互动不仅是合作意愿和专业能力的体现，还是促进和维护这两个因素的重要途径。首先，人际互动作为合作意愿的显化，体现了政府和社会组织之间的信任和相互理解。当政府工作人员和社会组织工作人员之间存在频繁且积极的交流时，政府更容易建立起积极的合作意愿（Farid and Song，2020）。这种意愿不仅基于对对方能力的认识，而且基于对彼此目标和价值观的共鸣（Osborne and McLaughlin，2004）。通过人际互动，政府能够更直观地了解社会组织的实际需求，从而更有效地协调资源（Stinchcombe，1985）。其次，专业能力的表现和提升也与人际互动紧密相关。社会组织通过与政府的交流，能够更好地理解政策方向，从而调整其服务。同时，政府通过与社会组织的互动，可以更准确地评估社会组织的专业能力。例如，政府可以通过与社会组织的交流，识别到社会组织在特定领域的专长，然后将其纳入相应的社区治理项目。

此外，人际互动还有助于维护长期的合作关系。在结盟式管家关系中，持续的沟通能够加深彼此的理解，减少误解，从而为合作铺平道路。这种持续的交流不仅限于工作层面的沟通，还包括对彼此文化和工作方式的理解和尊重。在具体实践中，政府与社会组织之间的人际互动通常通过定期会议、联合工作组和非正式交流等形式进行。这些互动机制不仅促进了信息的共享和问题的及时解决，还有助于双方在合作中达成共识，共同推进社区治理项目。

在中国特定的社会文化背景下，政府的合作意愿对社会组织的行动起着至关重要的助力作用。政府的合作意愿不仅体现在对社会组织的积极支持上，使其能够更好地服务社区居民，而且在社会组织遭遇困难时，政府会积极介入，保障社区治理行动的顺畅进行。如 Song 和 Yin（2019）的研究指出，政府的合作意愿还深刻影响着社会组织对社区居民需求的识别精度。通过政府的指导与协调，社会组织可以更准确地了解社区居民的实际需求，设计出更为贴切的服务方案，从而更有效地履行其在社区治理中的职责。

社会组织在城市社区治理行动中发挥的作用，在很大程度上取决于其所拥有的专业能力。如 Zhu、Zhao 和 Tao（2021）的研究所述，专业能力作为组织发展的立身之本，对于合作的可持续性具有决定性影响。具备专业能力的社会组织能够更为准确地分析社区问题，制定有效的治理方案。缺乏专业能力的社会组织难以准确识别社区居民的真实需求，在设计和执行治理方案时可能会遇到困难。这会降低其在社区治理中的有效性，导致其与政府及其他社会力量的合作关系受损，进而影响社区治理的整体成效。

在 S 市的城市社区治理中，合作意愿与专业能力是理解治理行动的两个关键因素。它们不仅为分析政府与社会组织之间的结盟式管家关系提供了理论基础，而且强调了治理共同体发展的动态性。基于共同的目标和互补的能力，行动者通过合作，共同构建一个治理的共享空间，形成一个紧密联系的治理共同体。在这个共同体中，政府通常扮演着主导的角色，而社会组织则利用其专业知识的优势，参与治理行动，为社区自治主体提供具体的服务和支持。

城市社区治理共同体的形成和发展是一个动态的过程，它涉及政府和社会组织在不断变化的环境中的合作。随着社区需求的不断演变，政府和社会组织作为城市社区治理的两个主要参与者，需要不断调整它们的合作意愿和专业能力。这种调整不仅是对外部环境变化的反应，也是对内部治理目标和方法的持续优化。有效的城市社区治理行动需要政府和社会组织之间持续地沟通，确保双方在共同体的构建中保持协同。在这个过程中，政府和社会组织可以通过共享信息、资源和专业知识，以及通过共同设计和实施治理项目来加强合作。通过这种动态的合作关系，政府和社会组织不仅能够更好地适应社区治理的挑战，还能够协同激发社区自治主体的主观能动性。这意味着社区居民和其他利益相关者也被纳入治理过程，使治理行动更具参与性。

9.2 研究贡献

9.2.1 理论观点创新

在中国特定的社会背景下，本研究通过对 S 市四个不同城市社区治理案例的比较分析，旨在为城市社区治理提供理论支持。为了实现这一目标，本研究回顾了三大理论基础，即网络管理理论、行动理论和管家理论，试图从不同的维度深入剖析城市社区治理的复杂性。

首先，本研究采用了网络管理理论，该理论提供了一个理解多主体合作治理的框架。这一理论的核心在于，通过分析网络结构可以揭示集体行动的内在逻辑。在城市社区治理网络中，不同的行动者，包括核心行动者和次级核心行动者，分别承担着不同的治理责任。核心行动者通常负责关键治理任务，而次级核心行动者则在各自的责任范围内分工协作。通过这种方式，本研究将政府作为核心行动者，将社会组织作为次级核心行动者，试图探究不同类型的社区治理网络中行动者之间的关系模式，以及这些模式对治理有效性的影响。

其次，本研究转向行动理论，该理论强调了行动者在社区治理过程中的主体性。与网络管理理论不同，行动理论认为行动者并不完全受制于外部结构，而是有能力通过自身努力重塑所处的社会环境。在这一视角下，政府和社会组织被看作具有高度能动性的行动者，它们在互动过程中不断寻求最优的合作模式，以实现共同的治理目标。这种观点强调了行动者在社区治理中的主动性。

最后，本研究引入了管家理论，为理解政府与社会组织之间的合作关系提供了新的视角。这一理论认为，行动者的决策不仅受到利己动机的驱动，还受到利他动机的影响。因此，在合作过程中，建立和维护行动者间的信任关系成为获得成功的关键。这一点对于理解和促进有效的社区治理行动尤为重要。

综上所述，通过将网络管理理论、行动理论和管家理论结合起来，本研究构建了一个综合性的理论模型，旨在全面分析城市社区治理行动的复杂性。这种多维度的理论视角不仅提供了一个更加本土化的分析工具，而且有助于更好地把握城市社区治理的实践进程，讲好中国故事。

第一，本研究深入探讨了在中国特定社会背景下，城市社区治理中网络管理理论的应用和演变。研究指出，政府在城市社区治理网络中扮演着核心行动者的角色，负责主导和协调重要的治理任务。同时，社会组织作为次级核心行动者，与政府形成了一种异构并行的治理结构。这种结构有效地将治理任务分配给社区自治主体，确保了社区治理过程的高效运转。在 S 市的实例中，社会组织作为非营利的社会实体，在推动社区治理方面发挥了关键的支持作用。随着城市社区空间多样性的增加，社会组织利用其在情感治理方面的独特优势，成功将城市社区居民以有序的方式组织起来。

社会组织通过"将心比心"的人本主义治理方法，将社区秩序内化到居民的日常生活实践中。同时，社会组织与政府紧密协同，有效结合了政府的资源和社会组织的灵活性，提高了社区治理的有效性。这样的治理网络不仅确保了社区内部的秩序，而且有效响应了社区居民的需求，体现了中国城市社区治理的独特性。

第二，本研究通过运用行动理论深入解读 S 市的城市社区治理现象，揭示了行动者的治理思维。行动理论的核心在于认识到行动者，并非仅仅是被动的规则遵循者，而是具有主动性和创造性的决策者。在 S 市的城市社区治理中，通过行动理论的视角，可以观察到，不同行动者在治理过程中不仅依赖于正式的规章制度，还更多地运用非正式的交流和协商机制，进行治理创新。行动者的治理思维不仅体现在治理创新上，还体现在对社区内部多样性的尊重上。通过认识到每个社区成员的独特价值，行动者能够更有效地动员社区资源，增强社区的凝聚力。

城市社区不仅是一个地理空间的概念，还是由个体组成的一个社会实体。从微观角度来看，S 市的城市社区治理行动特别强调了对人际互动的重视。治理行动不仅关注社区居民的物质需求，还注重居民的精神和情感需求。S 市行动者在治理中的思维模式体现了对社区内人际关系多元性的深刻认识。这种思维模式认识到，有效的社区治理不仅仅是对于基础设施的建设和维护，更重要的是理解和应对社区内部人际关系的复杂性。城市社区作为一个充满活力的社会实体，其中包含着各种背景和经历的居民，有着不同的观点、需求和期望。在这种情况下，行动者，包括政府工作人员和社会组织工作人员，通过采用更加灵活和包容的治理策略来应对这种多元性，促进对话和参与，鼓励居民之间互动，从而建立一种基于共识的治理环境。

第三，基于 S 市的城市社区治理行动的案例分析，管家理论中所提出的利他主义动机在政府与社会组织的合作治理领域得到了理论拓展。基于观察到的现象，即在 S 市的城市社区治理中，政府与社会组织之间的合作不仅仅是基于各自的利益最大化，更多的是基于共同的社会福祉目标。本研究提出了新的假设，即在政府与社会组织的合作治理中，利他主义动机起着核心作用。在这种合作模式中，政府通过购买社会组织的服务来实现社区治理目标，同时社会组织在提供服务的过程中，不仅追求自身的发展，还注重如何更好地满足社区居民的需求和提高社区福祉。这种以利他主义为基础的合作关系，促使双方超越传统的契约关系，建立了一种更加紧密的合作模式。

在这种合作模式下，社会组织作为治理项目的实施者，不仅关注项目的成功执行，还把握住了社区居民的真实需求和期望，体现了高度的责任感。在 S 市的城市社区治理实践中，基于利他主义动机的激励因素，特别是公共价值的追求，已经成为推动社会组织高效工作的重要驱动力。利他主义动机的存在使社会组织在进行社区治理时，能够更加贴近社区居民的实际需求，从而制定出更为有效的治理策略。这种以公共价值为导向的工作方式扩大了社会组织在社区中的影响力，同时也提高了治理活动的参与度。因此，这种基于利他主义的工作动机，在提升社区治理有效性方面，发挥了至关重要的作用，增进了社区的整体福祉。

9.2.2 分析框架创新

本研究旨在通过一个综合性的分析框架来深入探讨政府与社会组织在城市社区治理中的角色定位，该框架融合了网络管理理论、行动理论、管家理论等多个研究流派。在这个框架下，政府和社会组织的互动关系被重新理解。政府在这一框架中被视为网络的核心行动者，其作用不是直接介入社区治理的具体事务，而是通过调整和优化其与社会组织的合作策略来影响社会组织的行动。这种策略调整有助于间接地推动公共议程的实施。而社会组织则作为网络的次级核心行动者，展现了其对政府合作意愿的积极响应和专业能力的不断提升。社会组织致力于在社区治理行动中发挥自己的独特优势，从而更有效地服务社区居民。

此外，这一分析框架还强调了反思性、理性化和动机等行动要素在政府和社会组织的合作中的重要性。这些要素确保合作双方在实施过程中保持对治理目标的清晰认识，从而更加高效地推动社区治理行动。因此，本研究的分析框架在理论上的贡献主要体现在为政府和社会组织之间的合作行动提供了新的视角，重新定义了它们在城市社区治理中的角色和关系，同时强调了合作意愿和专业能力两个关键维度在这一过程中的重要性。这种综合性的分析不仅为理解政府与社会组织在城市社区治理中的互动提供了理论支持，而且为实现更有效的社区治理提供了实践指导。

第一，本研究的分析框架强调行动者的能动性。将"合作意愿"与"专业能力"作为解释城市社区治理行动的关键变量，有利于深入理解政府与社会组织如何通过自主和积极的行动来推动城市社区治理，这一框架不仅关注行动者在社区治理中的具体实践，而且试图解释背后的深层逻辑。通过分析合作意愿和专业能力如何在治理过程中发挥作用，研究揭示了如何优化资源配置和提高治理的有效性。例如，政府可能更愿意与那些展现出强专业能力的社会组织合作，而社会组织则通过提升专业能力来满足政府的合作期望，进而更有效地服务于社区居民。这种双向互动有助于实现更加高效的社区治理，从而提升社区福祉。

这个研究框架所探讨的核心在于理解"合作意愿"与"专业能力"这两个关键影响因素如何相互作用，并共同影响行动者在城市社区治理中的策略选择，试图揭示这两个因素如何共同塑造社区治理的过程和有效性。例如，高合作意愿的政府可能更加积极地促进社会组织提升自身的专业能力，以更好地展开合作。同时，社会组织强大的专业能力也可能增强与政府合作的效果，从而提高政府的合作意愿。这种相互作用最终影响行动者在社区治理中的策略选择，如社区问题处理的优先级。通过理解这种相互作用，可以更深入地洞察城市社区治理的多维性。

第二，本研究采用了一种整合性分析框架，能够更加深入地理解政府和社会组织在城市社区治理中的角色及其之间的关系。在理解结盟式管家关系这一概念时，本研究所采用的整合性分析框架显得格外关键。结盟式管家关系是指政府和社会组织之间的一种特殊合作关系，其中双方通过共享资源、知识和专长，共同参与社区治理。通过同时考虑政府的合作意愿和社会组织的专业能力，可以揭示这两个因素如何相互影响，共同塑造结盟式管家关系。例如，一个有高度合作意愿的政府会更积极地支持社会组织的专业发展，而专业能力强的社会组织则能更有效地响应政府的治理策略。

本研究所采用的整合性分析框架对于识别结盟式管家关系中可能出现的挑战和机遇也具有重要价值。一方面，这种框架有助于揭示合作中的潜在问题，如需求错位。例如，尽管政府具备较高的合作意愿，但因为社会组织所具备的专业能力与治理场景不匹配，双方可能在优先事项、治理方法或资源使用上有所分歧。这些差异可能导致效率降低，从而影响治理有效性。另一方面，整合性分析框架也能揭示合作中的机遇，如协同效应。例如，社会组织的专业能力能够帮助政府更有效地设计和实施社区项目，而具备高合作意愿的政府所提供的支持又能够帮助社会组织的治理行动更为顺畅。

第三，本研究的分析框架基于行动者的反思性、理性化以及动机要素的思维特征，使框架能够更精准地捕捉政府与社会组织在社区治理行动中的动机、决策过程及其对策略的影响。

首先，反思性特征指的是行动者对自己的行为及其结果的持续思考和评估。在社区治理中，这意味着政府和社会组织不断地审视和调整它们的策略，以适应复杂多变的社区环境。例如，社会组织可能会反思其治理项目的有效性，从而调整方法来更好地满足社区居民的需求。其次，理性化特征强调的是行动者在决策过程中的逻辑和系统性思维。这种特征使政府和社会组织能够在社区治理中采用更加科学的方法，确保它们的行动基于充分的信息和合理的推理。例如，政府在制定社区治理政策时，会基于项目成效的数据分析来制定相应的策略。最后，动机要素是指驱动行动者参与社区治理活动的内在和外在因素。这包括政府和社会组织参与社区治理的目标、价值观和期望。例如，一个以提升社区福祉为目标的社会组织可能会更积极地与政府合作，以实现共同的社区发展目标。

通过融合反思性、理性化和动机要素这些思维特征，本研究的分析框架为理解和解释政府与社会组织在社区治理中的合作过程提供了一个与日常生活紧密相连的实用视角。这种视角既避免了仅仅停留在制度层面的抽象分析，也避免了完全依赖于人际关系的灵活实践。一方面，本研究的分析框架承认制度的重要性，但同时强调制度是如何在日常实践中被行动者理解、适应甚至重塑的；另一方面，该分析框架也避免了完全依赖于人情的治理实践。虽然人际关系在治理行动中具有重要意义，但过度依赖人际因素可能导致治理行动缺乏一致性。本研究所提出的分析框架为社区治理提供了一种平衡的视角，既重视制度的指导作用，又强调人际关系的重要性，为城市社区治理提供了更有效的实践指引。

9.2.3 类型创新

本研究受到 Sørensen（2006）的网络管理类型划分启发，结合中国的村改居、老街巷、动迁安置和普通商品房等四种不同类型的城市社区，旨在将政府与社会组织之间的合作治理行动模式与这些社区类型进行对应，在中国特定语境下，探索不同类型城市社区中的治理行动模式，并为理解和应对各种社区治理挑战提供更有针对性的解决方案。

　　经过严密的理论分析，本研究在中国城市社区治理领域揭示了四种独特的治理行动模式。这些模式分别对应于不同类型的城市社区，包括村改居社区、老街巷社区、动迁安置社区和普通商品房社区。具体而言，第一种是自我构建式行动模式。这种模式强调社区居民的主体性，核心理念是社区居民能够自主管理和解决自己的问题，从而解决社区内的问题和挑战。第二种是记忆叙事式行动模式。这种模式强调社区的文化认同，鼓励社区居民利用社区的历史和文化资源来解决社区内的问题和挑战。第三种是社群互助式行动模式。这种模式强调社区成员之间的互助合作，核心理念是社区成员可以通过相互协作来实现共同的目标。第四种是赋能授权式行动模式。这种模式强调赋予社区居民更多自主决策的能力，核心理念是社区居民是治理的主体，应参与制定社区规划、预算分配和项目决策，以更好地满足社区的需求。

　　本研究的类型创新在于为中国城市社区治理提供了一种本土化的方法。通过考虑到中国特有的城市社区环境，如村改居、老街巷、动迁安置和普通商品房等社区，本研究提出了一套适应这些不同社区特点的行动模式。例如，针对历史悠久的老街巷社区，本研究提倡采用记忆叙事式行动模式，依凭社区的文化资源来增强居民的参与意识。这种类型创新不仅考虑了社区的物理和文化特征，还重视居民的意见和需求。通过这种方式，社区居民能够在治理过程中发挥更大的作用。

　　综上所述，本研究通过创新类型划分，为中国城市社区治理领域带来了新的实践方法。这些方法不仅更加符合中国城市社区的实际情况，还能更好地满足居民的需求，促进社区的和谐发展。此外，这种类型划分也有助于政府和社会组织之间更有效地合作，为解决城市社区面临的各种挑战提供了新的解决方案。

9.3　政策建议

9.3.1　建立党建引领城市社区治理行动的价值共识

　　在中国的城市社区治理行动中，党建引领的价值主要体现在培育和弘扬社会主义核心价值观，达成广泛的公共性价值共识，以及在此基础上引导行动者共同构建城市社区治理共同体。建立价值共识是构建城市社区治理共同体至关重要的一环，它作为治理行动的基础，引导了社区治理的方向。价值共识的达成有助于增强行动者之间的凝聚力，减少可能出现的分歧，促进资源的集中，从而提高治理的有效性。在价值共识的基础上，行动者能够更加明确自身在社区治理中的位置，更加积极地参与到社区的各项活动中。

以 S 市为例，城市社区治理行动的演变深受价值共识的影响，在村改居社区的案例中表现得尤为明显。在这个由传统村庄转变为现代城市的社区中，原村民因担心失去村庄福利而不愿意将户籍和党籍由村庄迁移到城市社区，这种犹豫在很大程度上阻碍了党组织在城市社区中的建立和发展。在中国的城市社区治理体系中，党组织通常发挥着核心的引领作用，负责建立价值共识，推动社区治理行动。当原村民拒绝迁移户籍和党籍时，党组织的领导结构在城市社区中无法得到有效的建立和运作，从而影响了整个社区治理行动的有效性。

原村民尚未达成对于公共性的价值共识，这种缺失使他们对于参与社区治理行动的积极性低下。他们倾向于在熟悉的小圈子内活动，对外部变化和新的社区管理模式持保守态度。这种情况不仅限制了社区治理行动的有效性，而且阻碍了社区居民之间信任的建立，进而影响了社区的整体发展。党组织在促进社区居民之间的交流和推广社会主义核心价值观等方面发挥着关键作用。在缺乏强有力的党组织支撑的情况下，社区内部容易出现价值观念的分散和治理目标的不一致。

S 市的普通商品房社区则在党建引领下，展现了如何通过建立价值共识来顺畅推动治理行动的典型例子。在普通商品房社区中，党组织扮演着至关重要的角色，通过培育和催化社会主流价值，如友爱与诚信，构建了一个健康的治理环境。这种环境不仅仅是基于理性的规范体系，更是一种深植于居民心中的价值观和生活方式。在这样的环境中，居民不仅理解并接受这些价值观，而且在日常生活中积极地践行这些价值观。

具体而言，在普通商品房社区的民主协商过程中，居民通过各级党组织的积极指导，学习并实践了协商民主的规则，建立起公共性的价值共识，这对于社区治理行动具有深远的影响。党委、党总支、党支部等不同层级的党组织在这一过程中不仅提供了协商民主的平台，还确保了协商过程的正当性和有效性。通过组织各种会议、研讨会和讲座，党组织帮助居民了解和掌握协商民主的基本原则和操作方法，使居民能够在社区治理中发挥更加积极的作用。在党组织的引导下，居民参与到社区治理中，共同分担治理的责任。居民在协商中表达自己的意见和建议，参与决策过程，共同解决社区中的问题。这样的参与使社区治理更加贴近居民的实际需求，提高了治理有效性的同时，也增强了居民对社区治理的认同感和归属感。

由此可见，建立党建引领城市社区治理行动的价值共识对于提高城市社区的治理有效性至关重要。为了未来社区治理的更好发展，有必要进一步强化党建引领在城市社区中的作用。首先，加强党建引领的关键在于提升党组织在社区中的影响力。这意味着需要提高党组织成员的专业能力，让他们能够更有效地与社区居民沟通，更好地理解居民的需求。其次，要充分发挥党建引领在增强居民参与意识方面的作用。这包括通过组织各类教育培训、讨论会等活动，提高居民对社区治理的认识。最后，强化党建引领与社区发展规划的结合。党组织应主动参与到社区发展规划的制定过程中，确保社区治理和发展规划既符合政府的总体方向，又贴合社区居民的实际需求。通过这种方式，可以确保社区发展既有序又高效，同时也能更好地体现社会主义核心价值观在社区治理中的应用。

9.3.2　构建城市社区治理行动的日常惯例

在城市社区治理中，公共性的价值共识包括公平、透明、参与和责任等。日常惯例为价值共识的实现提供了一个实际的操作框架，将这些价值共识转化为具体的行动和结果。持续的日常惯例有助于形成稳定和可预测的治理环境。在这样的环境中，行动者能够清楚地了解他们的权利和责任，以及如何参与社区治理。当行动者习惯于在一个开放、公平的环境中进行交流和决策时，他们更有可能相互信任并共同努力解决社区问题。

为了构建城市社区治理行动的日常惯例，需要建立以居民参与为基础的治理模式。这种模式不仅强调居民在治理中的直接参与，而且注重将治理行动与社区居民的实际需求紧密结合。这意味着治理策略和决策过程必须反映出居民的意愿和需求，确保社区发展规划与居民的生活实际相符合。在这个过程中，居民个体层面的自我管理起着至关重要的作用。通过激发居民的主动性和创造性，可以促进更加具有针对性的社区问题解决方案的产生。

在对S市老街巷社区的研究案例中，社区治理行动的成功之处在于其对居民集体记忆的尊重和挖掘。通过采用口述史的方法，政府委托社会组织执行的社区营造活动打开了居民集体记忆的"黑箱"，探索了居民与社区间深厚的情感联系和历史渊源，激发社区居民对文化身份的深度思考。通过回顾和分享过往的生活经历，居民在认同感的驱动下，变得更加积极地参与社区营造活动。社区居民的参与不仅限于对社区物理空间的改造，还涵盖了对社区文化和精神面貌的重塑。居民在参与过程中，不仅是社区物理环境的重建者，同时还成为社区文化遗产的传承者，使老街巷不仅在物质层面上恢复了往日的活力，还在精神层面上重拾了其历史和文化的丰富性。

而在S市动迁安置社区的研究案例中，规范管理房屋出租和建立租客数据库的问题一直是治理难点，主要原因在于社区居民对此种举措缺乏足够的了解和信任，不愿配合。为了解决这个问题，社区自治联盟的组建是一个突破性的尝试，其核心在于充分尊重社区居民现有的认知模式，以此作为推动社区治理行动的基础，通过构建日常惯例的方法，提升社区居民的参与度。

具体而言，由于动迁安置社区居民对于房屋出租有着强烈需求，居民对于房屋出租的规则、租金标准以及租客选择等方面有着较多的关注。为此，社区自治联盟首先组织了一系列居民讨论会，旨在收集居民对于房屋出租的看法和需求。在这些讨论会上，居民表达了对租金价格波动的担忧，以及对租客行为规范的期待。基于这些反馈，社区自治联盟与基层政府协作，发起了社区房屋出租信息平台，为房东和租客提供了一个可靠的信息交流渠道。通过这个平台，居民可以更方便地展示房屋租赁信息，降低了出租房屋的成本。同时，平台还提供了对房屋出租市场的监管，确保交易的透明和公平。通过这种方式，社区居民开始主动参与到房屋出租的规范管理中，逐渐形成了一种积极配合的氛围。这不仅解决了长期以来的房屋出租管理问题，还提高了社区治理的居民满意度。

由此可见，在构建城市社区治理行动的日常惯例时，对社区居民的历史记忆和认知模式的尊重是不可或缺的。社区居民的历史记忆和认知模式深深根植于他们的日常生活中，影响着他们对社区变化的适应方式和参与程度。在历史记忆方面,社区居民对其过往生活环境的情感联系,构成了他们身份认同的重要部分。对这些情感联系的尊重有助于在变化中维持社区治理行动的连续性和稳定性。例如,在城市社区营造项目中,考虑到居民的历史记忆,可以通过保留一些历史文化活动,帮助居民在新旧环境之间建立联系,减轻改变带来的不适感。在认知模式方面,认知模式指的是居民对于他们在社区治理中的角色的看法,其影响着居民对社区问题的理解和对治理策略的反应。如果治理策略没有考虑到居民的认知模式,即使是出于好意的治理行动也可能遭遇误解。例如,推行房屋出租的规范管理时,如果居民不理解其与自身的相关性,可能不会积极地参与。

综上所述,日常惯例的构建有助于将抽象的公共性价值共识具体化,使其成为社区生活的一部分。例如,通过定期的社区活动、会议和讨论,居民可以更加直观地理解和体验到诸如公平、责任、团结和互助等公共价值,进而共同参与到社区规则的制定与维护过程中,将公共性的价值共识内化,成为自己行动的指南。

9.3.3 完善城市社区治理行动的有效性评价机制

城市社区治理行动的有效性在很大程度上取决于将价值共识转化为日常实践的能力,以及明确可见的成效衡量。在实践中,治理行动常因缺乏这种转化和明确的成效衡量而难以持续。因此,建立城市社区治理行动的有效性评价机制显得尤为重要。有效性评价机制应该包括具体、量化的指标。这些指标不仅涉及治理行动的直接成果,如社区服务质量的提升、基础设施的改善、环境状况的变化等,还应包括对居民生活质量的间接影响。例如,居民对社区满意度的提升、社区凝聚力的增强以及居民参与度的提高等都是重要的评价内容。

在 S 市处于治理创新的情况下,有效性评价机制变得尤为重要。创新的不确定性意味着每一个创新举措都需要通过客观评估得到反馈并加以改进。有效性评价机制不仅有助于优化资源配置,还能确保政府的支出能够实现预期的社会目标。为了进行城市社区治理创新,S 市的政府购买社会组织服务项目通常涉及大量资金投入,有时单个项目的成本甚至达到数百万元。尽管这些项目在社区氛围营造方面取得了一定的成效,但在创新举措越发复杂的背景下,仅仅依靠对社区氛围的主观感受来评价项目成效，无法确保资金被用于最有效的项目。

以 S 市村改居社区的治理项目为例，在项目执行期间，社会组织策划了一系列文化活动，旨在弘扬传统农耕文化，增强社区居民之间的凝聚力。这些活动在增强社区活力方面可能起到了一定作用，但因为缺少对其实际效果——如居民活动参与度、居民社区认同感等方面的系统评估，文化活动难以证明其持续性价值。虽然这些活动在初期展现出创新的潜力，但由于缺少有效的评价体系，这些活动最终未能持续下去。缺少有效的评价体系也意味着难以获得活动的改进建议，策划活动的社会组织很难从失败中识别问题、总结经验，从而提升专业能力。因此，尽管投入了大量资金，村改居社区的治理项目最终因为无法证明其成效而被放弃。

普通商品房社区的案例则展示了当城市社区治理行动具备有效性评价机制时，城市社区治理何以持续改进和创新。在普通商品房社区实施的治理项目中，社会组织不仅在每一场大型活动的前期和后期进行了详尽的测评，而且与第三方机构紧密合作，运用数据分析来总结治理经验，并据此策划出更为精确的治理方案。这种基于数据的方法使项目的效果可以被量化和评估，从而为政府提供了明确的证据，证明该项目值得进一步投资。

当面临治理创新的局面时，这种以数据为基础的有效性评价机制显得尤为重要。由于政府能够清晰地看到投资带来的具体效益，其更有可能在项目执行期结束后继续与这些社会组织合作。此外，通过对项目效果的持续监测和评估，社会组织可以识别出需要改进的领域，并根据实际情况调整治理策略。这样的过程不仅增强了项目的整体效果，还有助于政府和社会组织理解哪些做法最为有效，从而在未来的项目中加以复制和推广。

值得注意的是，有效性指标的设立需要深入考虑项目的具体目标。例如，如果目标是改善公共服务、增强社区凝聚力或提高居民的生活质量，那么相应的指标应该能够具体并且客观地反映出项目在这些方面的成效。这样的量化指标不仅能够提供明确的成效评价，还能够帮助决策者更全面地理解项目的社会影响。进一步地，有效性评价不应仅仅局限于项目结束时的成果，而应当是一个全过程的评价体系。这意味着从项目规划开始，到实施过程中，再到项目结束后，需要进行持续的监测和评估。这种全过程的评估方式可以确保项目始终沿着既定目标前进，同时也为项目管理提供实时反馈，有助于及时调整和优化策略。

综上所述，有效性评价机制在城市社区治理行动中发挥着不可或缺的作用。首先，这种评价机制对于政府而言至关重要，因为它可以确保有限的资源得到高效利用。在治理创新的背景下，政府需要确保每一笔投资都能带来最大的社会效益，而有效性评价机制提供了一种量化和评估这些投资效果的手段。通过这种方式，政府能够更加明智地分配资源，确保资金流向那些能够产生最大社会效益的项目。其次，对于参与社区治理的社会组织来说，有效性评价机制同样重要。它不仅帮助社会组织量化和展示它们的工作成效，还促使它们不断改进和提升自己的治理技术。在反馈的指导下，社会组织可以更好地理解它们的工作在哪些方面是有效的，以及哪些方面需要改进。这种持续的学习和改进过程是创新的基础，它鼓励社会组织探索新的治理策略，从而推动治理模式的持续创新。最后，有效性评价机制也有助于政府与社会组织之间建立更为紧密的合作关系。当社会组织能够通过明确的数据和结果展示其项目的效果时，政府更有可能继续与社会组织合作开展治理行动。这种基于证据的决策过程不仅提高了资源分配的透明度，而且增加了公众对社区治理项目的信任和支持。因此，有效性评价机制是联结政府、社会组织和社区居民的桥梁。它不仅确保了资源的有效利用，还促进了治理技术的改进和创新，加强了各方之间的合作与信任，从而共同推动社区的可持续发展。

9.4　研究局限、展望与进一步讨论

9.4.1　研究局限

第一，本研究致力于深入探讨城市社区治理行动的多维性，为此特别选取了 S 市作为主要的研究案例。原因在于 S 市在城市社区治理方面展示了一系列具有前瞻性和创新性的实践，这些实践不仅具有典型性，而且对理解和推进当前城市社区治理具有重要的参考价值。首先，S 市在政府与社会组织合作方面的探索，是对现代城市社区治理行动路径的一种创新。这种合作策略不仅反映了政府在城市社区治理中角色的转变，

而且显示了社会组织在促进社区发展中的重要性。其次，S市在处理城市化进程中出现的各种社区问题，如居民参与、社区服务优化以及社区环境改善等方面所展现的成效，为城市社区治理提供了具体且成功的案例。最后，S市的案例在一定程度上代表了现代城市社区所面临的普遍挑战，如社区类型的多元化以及居民需求的多样化等。因此，通过深入分析S市的城市社区治理实践，可以得出具有普遍意义的见解，这对于理解当前城市社区治理中的复杂问题具有重要意义。

S市作为中国的发达城市之一，在城市社区治理方面具有一定的示范作用，能为其他城市提供有益的经验，也有利于同全球其他城市的治理实践进行跨国比较。然而，也需要明确认识到，S市政府部门所采取的特有治理策略，在购买社会组织服务方面提供了强有力的财政支持，这一点在学术研究中不容忽视。此种策略的核心在于为不同类型的城市社区量身定制政府与社会组织的合作治理项目。这些项目不仅涵盖了城市社区治理的各个层面，还针对各个城市社区的特殊需求提供了专门的解决方案。因此，这种强有力的财政支持和定制化的合作治理方法成为推动S市治理行动的关键动力，为城市社区治理的创新提供了一个模范范例。在此背景下，S市的每一个城市社区治理项目都有可观的资金支持，且通常由单一社会组织全权负责执行。因此，在分析S市的城市社区治理行动时，必须充分考虑其情境的特殊性，尤其关注财政投入因素与定制化服务因素的影响，从而更为准确地理解与运用其城市社区治理经验。

自2000年以来，S市积极推动了一系列城市社区治理创新举措。通过强有力的财政保障，S市政府不断完善城市社区治理顶层设计，探索出一套基于社区多样性特征进行定制化治理的行动路径。在这种独特的行动路径中，充足的财政供给提供了必要的资源保障。财政支持使治理项目得以顺利实施，无论是在基础设施建设、公共服务提供还是社区活动组织上。这种经济基础是解决城市社区治理中深层次问题的前提条件，特别是在需要大规模投资和长期维护的项目中。随着财政支持的增加，政府和社会组织能够更有效地开展各项治理活动。这包括但不限于聘请更有经验的管理人员、采用更先进的技术手段以及开展更为广泛的社区参与和沟通活动。因此，充足的财政支持直接提升了城市社区治理的整体能力。

总的来说，依赖于雄厚财政保障的城市社区治理行动在面对经济波动与地区差异时，其可持续性可能会受到影响。政府的财政收入通常受到经济状况的影响，依赖财政支持的项目或政策可能因资金不足而难以长期维持。与此同时，不同地区之间在财政资源上存在差异。因此，一些财政较为充裕的地区能够支持某些政策或项目，而资源较少的地区则无法采用相同的行动路径。在不同的地区，除了财政资源的差异外，还存在文化、社会、经济等方面的差异。这些差异会影响行动路径的适应性，使在一个地区行之有效的路径在另一个地区不一定适用。因此，在借鉴 S 市的城市社区治理经验时，必须充分考虑地区财政资源禀赋的实际情况，以确保治理行动的实效性，防范可能存在的风险。在实践中，还应根据不同地区的实际情况，灵活调整行动路径，鼓励创新和自我发展，使项目或政策在财政支持减少时也可以独立运行。

第二，本研究深入探究了 S 市政府在城市社区治理领域购买社会组织服务项目的实践。此类项目自 2000 年起进入试点阶段，并逐步扩展其影响力和覆盖范围。然而，在笔者对这些案例进行细致入微的分析过程中，一个不容忽视的现象逐渐浮现：部分项目已经宣告终结。这一发现指向了一个关键问题，即在进行后续访谈环节时，如何准确捕捉和理解这些已终止项目的历史和影响。在引导受访者回溯他们所经历的城市社区治理行动时，笔者不得不面对一个挑战：时间的流逝对记忆的影响。随着时间的推移，受访者对于过往事件的记忆可能会逐渐模糊，甚至受到个人认知框架的影响，从而在叙述中产生偏差。这种记忆的侵蚀和个人认知的影响可能导致信息的不完整或偏颇，给研究的准确性带来挑战。因此，在分析和解读受访者的叙述时，本研究采取了三角确证的方法论，努力剥离主观认知可能带来的事实扭曲，以期最大限度地还原事件的真实情况。通过对不同受访者的叙述进行交叉验证，并结合项目的文档记录和其他客观数据，本研究旨在构建一个更为全面和客观的城市社区治理项目历史图景，从而为理解这些项目的成效与局限提供更为坚实的基础。

在正式进行访谈之前，本研究已经系统地收集并分析了一系列丰富的二手数据资源。这些资源包括政策文件、媒体报道、档案资料、第三方评估报告、学术论文与研究专著、合同文本以及社区公约等，均与研究选定的四个社区紧密相关。这些材料的收集和分析旨在从多个角度全面理解四个社区中的治理行动，包括它们的行动逻辑演变、行动模式的形成以及关键影响因素的作用。然而，需要指出的是，尽管二手数据为揭示社区行动的创建、发展和转变过程提供了宝贵的视角，但在反映社区治理的深层次动态方面，这些数据仍然存在一定的局限。因此，为了获得更深入的理解，本研究结合了二手数据分析和一手的访谈与观察数据，以期构建一个更为立体的研究视角。

在本研究中，笔者采用了一对一访谈的方法。访谈对象包括政府工作人员、社区工作者、社会组织工作人员、社区居民、社区物业公司员工、社区周边的个体经营者、外来务工人员及社区周边的房地产中介等多种角色，他们都与所选社区有直接的联系，并在不同程度上受到了社区治理行动的影响。在进行访谈时，本研究遵循了空间性原则，即在四个社区的不同地理空间内进行广泛的访谈，以全面把握社区的当前状况，深入了解存在的问题及其成因，并揭示治理行动的动态特性。

在借鉴本研究的结论时，需要审慎处理受访者的回忆偏差问题，不能简单地应用于具有不同背景的其他社区。尽管回忆偏差在一定程度上反映了个体对社区治理行动的主观体验，但同时也可能导致对实际事件的不完全描述。随着社会经济的发展和社区人口结构的变化，社区面临的问题和需求会发生显著变化，过去有效的治理策略在新的社区环境中可能不再适用。随着技术的进步和居民需求的变化，原先的社区服务方式需要更新，以更好地适应当前的需求。随着相关政策和法规的不断更新，社区治理的法律环境会发生变化，从而影响治理策略的有效性。例如，新的隐私保护法规可能改变社区信息管理的方式。社区成员的参与意识和方式会随时间而变化，影响治理模式的选择和效果。例如，随着社交媒体的普及，居民可能更倾向于通过数字化平台参与社区治理，这要求治理行动进行相应的调整。新技术的引入也会改变社区治理的方法和工具。例如，大数据和人工智能的应用可能为社区治理提供更高效的数据分析和决策支持，但同时也带来新的挑战，如数据安全和隐私保护。因此，在将研究结论应用于当前或未来的社区治理实践时，必须考虑到这些时间因素带来的影响。研究所基于的历史数据和受访者回忆需要与当前的社区治理环境和趋势相结合，以确保治理策略的适应性和有效性。

第三，本研究在探讨城市社区治理行动的类型时，通过引入合作意愿与专业能力这两个关键维度，为理解城市社区治理行动提供了一个创新性的类型框架。然而，合作意愿和专业能力这两个维度本身具有显著的动态特性，这一点在应用研究结论时需要予以充分考虑。政府的合作意愿会随时间、环境和社区内外部情况的变化而改变。例如，新的社区需求可能会激发更强的合作意愿。社会组织的专业能力也不是静态的，可以通过培训、经验积累和技术进步来增强。随着时间的推移，社会组织可能会发展出更有效的解决问题的专业能力。政策环境的变动会影响合作意愿和专业能力的展现，新的政策可能促进或限制某些合作形式，或对社会组织的能力提出新的要求。社会文化的变化，如价值观的演进和社区居民行为模式的变化，也会影响合作意愿和专业能力的表现。

　　本研究在深入探究这两个维度的动态变化规律及其对治理行动类型的影响机制方面存在一定的局限。未来的研究应当进一步深入探讨合作意愿和专业能力如何随时间和环境变化，以及这些变化如何影响城市社区治理行动的类型和效果。这不仅需要理论上的拓展，还需要通过实证研究来验证和细化理论模型。例如，可以通过追踪研究、案例分析或混合方法研究来观察这些动态变化及其对治理行动的实际影响。

　　因此，在应用本研究的类型框架之前，需要进一步对类型框架进行完善与验证。由于田野实践的时间框架受限，本研究难以充分观察到政策环境、社会文化、经济发展和组织结构等因素对治理行动类型的影响。以政策环境为例，短期观察可能无法捕捉到政策环境的逐步演变如何影响治理行动的类型更迭。例如，政策重心的转变会在更广阔的时间尺度上影响治理类型的形成和演变。这需要采用长期跟踪研究、历史分析以及跨时段的比较研究等方法，以确保能够全面捕捉并理解这些长期因素的影响。通过这种深入的分析，可以为构建更为动态的治理行动类型理论框架奠定坚实的基础。

　　第四，本研究识别并探讨了村改居社区、老街巷社区、动迁安置社区以及普通商品房社区等不同类型的城市社区。然而，对于别墅社区，由于田野调查的可访性限制，研究在深入了解这一特定类型社区方面表现出了局限性。别墅社区往往具有更高的隐私和安全要求，这导致外部研究人员难以进入社区进行实地观察和访谈。相较于其他类型社区，别墅社区的居民对隐私更加敏感，这也导致他们对参与研究的意愿较低，从而限制了收集一手数据的可能性。

　　别墅社区由于其独特的物理布局、居民构成、经济状态等因素，展现出了独特的社区动态。别墅社区通常拥有更多的公共资源，如游泳池、健身房、绿地等。这些资源的分配和维护需要更复杂的管理策略。同时，由于居民经济状况较好，对社区设施和服务的标准和质量有更高的期望。因此，别墅社区通常采用更为专业和高标准的物业管理服务。这种管理模式包括更高级别的安全服务、定制化的维护服务和更为严格的社区规则。物业管理团队与居民之间的互动和沟通方式也更为正式和系统化。由于物理空间的宽敞和私密性，邻里间的互动不如密集型社区频繁。考虑到居民的生活方式和兴趣有所不同，社区活动更注重质量而非数量，且更多围绕特定兴趣或需求组织。此外，别墅社区的决策更加依赖于居民的直接参与和投票，尤其在关乎社区重大变更或投资项目时。这要求更为透明和有效的沟通渠道。这些特殊性不仅影响社区内部的运作和居民生活，而且对社区治理策略提出独特的要求。在缺乏深入实地调查的情况下，这些细节可能难以被完全捕捉和理解。

在深入进行田野调研的过程中，笔者意识到，别墅社区的居民对外来研究者有更高的隐私要求，这限制了研究人员与居民进行深入对话的机会，所收集的数据无法全面反映居民的真实观点和生活状态。由于物理访问的限制，研究人员难以直接观察社区内部的互动模式和社会活动，如邻里间的日常互动、社区集会等，这限制了对社区日常生活的深入理解。别墅社区的物业管理往往较为封闭和专业化，研究人员无法深入了解其具体的运作和管理细节，如维护、安保、居民服务等。别墅社区中的决策过程涉及复杂的居民参与和反馈机制。由于调查限制，这些过程也无法被充分揭示和理解。此外，别墅社区形成了独特的社区文化和价值观，但这些软性因素在缺乏深入实地调查的情况下难以捕捉。

因此，在应用本研究的结论时，不能忽视别墅社区在城市社区治理中的重要性，这对于构建更加全面的城市社区治理共同体尤为关键。未来的研究需要探索更多样化的方法来克服研究局限，如利用公开数据、社交媒体分析、远程访谈等方式，增加对别墅社区的了解。同时，也可以考虑与社区内部的居民或管理者建立合作关系，以便更深入地了解这类社区的治理动态。通过理解不同类型城市社区的特点和需求，可以促进社会和谐，提升城市社区治理行动的有效性。

9.4.2　研究展望

第一，未来的研究应该超越单一城市的个案研究，扩展到不同地理空间，以便更全面地理解城市社区治理行动的多样性和普遍性。这也意味着，未来的研究不仅要讲述具体的案例故事，还要对新的情况和数据保持敏感。特别关注在财政资源相对缺乏的城市环境中，社区治理是如何开展的，即在资源有限的条件下，社区如何进行有效治理，以及在此过程中面临的挑战和机遇。

通过对多个不同城市的案例进行细致比较，揭示这些案例间的内在联系，从而理解城市社区治理行动的整体规律。这种方法将有助于深化现有的理论观点，特别是通过探讨在特定场域条件下可能发生的行动差异，以及这些差异如何影响城市社区治理的结果，揭示城市社区治理过程中的因果关系，为提升治理行动有效性提供理论支持和实践指导。

面临治理创新的不确定性的挑战，S市政府展现出了一种审慎的策略转变。自2020年起，S市在城市社区治理方面的行动发生了明显的调整。政府不再购买新的大规模社会组织服务项目，同时也慎重地决定不续约那些缺乏成效的社会组织服务项目。这一策略的转变，不仅是政府反思性的一种体现，而且有利于将资源投入创新最有成效的领域。然而，真正的创新在于政府对社区工作者角色的重新定位。通过加强培训，S市政府着力将这些社区工作者塑造成为城市社区治理的核心力量，旨在通过精简而高效的人力资源配置，在有限的财政框架内实现城市社区治理的目标。

在未来的研究中，S市在财政投入收紧背景下社区治理策略的变迁成为一个引人注目的话题。研究者应采取比较研究的方法，深入探讨不同城市在财政投入收紧背景下社区治理策略之间的差异。这样的研究不仅能够揭示出在财政投入收紧条件下，城市政府如何提升社区治理的有效性，还能够丰富现有的学术讨论，将经验教训转化为普遍性的理论知识。

第二，未来在城市社区治理行动的研究中，从方法学的角度出发，过程追踪研究与民族志方法的融合将开辟一条新的探索道路。采用过程追踪研究的方式，研究者可以在时间的维度上深入追溯社区治理的变化，捕捉每一个关键时刻。同时，民族志方法的应用，将使研究者身临其境，深入社区的日常生活，以一种深度参与的方式，真实记录社区成员的互动和感受。这种结合跨时记录与深度参与的方法，能够为研究者提供丰富而真实的一手资料，揭示城市社区治理行动中的微妙动态。

相较于传统的访谈方法，民族志方法使研究者能够从社区成员的视角出发，真实地理解和解释社区治理的内在逻辑和机制。通过长期的田野观察，研究者不仅能够深入社区治理的每一个环节，还能够实时记录那些在社区生活中自然流露的细节和情感，这些都是传统访谈难以触及的。在田野日记中，每一页的记录都成为了解社区内在机制的关键线索。这些记录，无论是对话的片段，还是行动的描绘，都累积成为研究社区治理深层次结构的宝贵资料，为城市社区治理行动研究提供了一种更为深刻的视角。

采用过程追踪研究与民族志方法相融合的方法，研究者得以在很大程度上规避受访者回忆引发的偏差，从而提高研究结果的精确度。在此基础上，未来的研究应致力于同步追踪和深入分析文本数据，尤其是收集部分关键受访者的口述史，这将成为重要的数据来源。口述史作为一种珍贵的第一手资料，不仅反映了受访者对特定事件的个人观点，还提供了研究的独特视角。在收集到这些口述史资料后，通过系统的整理和文本分析等方法对其进行深度挖掘，有助于揭示治理行动背后的内在机制，为优化相关政策提供理论支持。进一步地，通过对口述史资料的深入分析，研究者还能挖掘出社区居民在治理行动中的实际需求，这为提升社区治理有效性提供了重要的参考。

第三，在未来的城市社区治理行动研究中，组态分析的应用将开辟新的视野。通过运用 QCA（质性比较分析）这一超越传统定量与定性研究范式的方法，研究者将能够全面地捕捉和理解城市社区治理行动的多维度演变。这种方法的独特之处在于它能够揭示不同案例之间的复杂关系，从而允许研究者绘制出一个立体的城市社区治理图景。在中国这样一个社会文化背景多样、社区形态各异的大背景下，QCA 方法将特别有效，因为它能够考虑到不同社区间的独特性和共同性，揭示出影响治理有效性的关键变量和模式。

为了实现这一目标，研究者需要深入不同的社区，开展细致的实地考察和数据收集。在多个社区中进行观察和分析，能够帮助研究者理解各种治理策略的实际效果和影响因素。通过对比不同社区的治理行动和结果，研究者可以识别出影响治理有效性的关键因素，如社区成员的参与度、资源分配的公平性以及政策的适应性等。这些因素的综合分析，将有助于构建一个更加全面的城市社区治理行动理论模型，不仅为中国的城市治理提供实践指导，还为世界城市社区治理研究提供有价值的参考。

在探究城市社区治理行动的类型动态演化过程中，组态分析法显得尤为关键。该方法有助于深入理解不同行动要素如何在各种类型的社区治理中发挥作用。首先，合作意愿和专业能力作为两个核心要素，其表现形式和程度在不同类型的城市社区中有着明显差异。政府的合作意愿通常是社区治理行动的主导因素，而社会组织的专业能力则极大程度地影响到社区治理的行动效果。在进行组态分析时，研究者需要细致考量这两个要素在不同类型社区中的具体表现和相互作用。

例如，在一些城市社区中，政府可能展现出更高的合作意愿，积极推动社会组织的参与，这通常发生在政府希望通过社会组织的力量来补充自身在社区服务方面的不足。在这种情形下，社会组织的专业能力成为提升社区治理有效性的关键。相反，在其他社区，社会组织可能已经具备较强的专业能力，能够有效地参与社区治理，但这种能力的发挥往往依赖于政府的支持和认可。在这种情况下，政府的合作意愿将直接影响社会组织在社区治理中的作用和效率。

因此，为了全面揭示城市社区治理行动的动态演化过程，研究者应深入分析不同类型社区中政府的合作意愿与社会组织的专业能力如何相互影响，以及这种相互作用如何塑造社区治理的特征和成效。通过这样的分析，研究者能够更准确地理解不同类型的城市社区在面临各种社会挑战时的治理策略。

在探讨城市社区治理的行动模式时，自我构建式行动模式、记忆叙事式行动模式、社群互助式行动模式和赋能授权式行动模式分别代表了不同类型社区的治理特征。自我构建式行动模式通常见于那些合作意愿和专业能力均处于较低水平的社区，这里的社区主体主要依赖自身的资源和能力来推进治理工作。随着合作意愿和专业能力的逐渐提升，社区可能会进入记忆叙事式或社群互助式的行动模式。在记忆叙事式行动模式中，即使政府的合作意愿不高，社会组织也能够通过提升自身的专业能力来推动治理工作，政府则通过构建共同的治理愿景来引导合作方向。社群互助式行动模式则标志着政府合作意愿的提升，社会组织在这一模式下能够借助外部资源进行自我赋能，进而有效推进治理工作。此时，政府与社会组织之间的互动更为积极，共同为社区发展贡献力量。最终，当合作意愿与专业能力均达到较高水平时，社区将进入赋能授权式行动模式。在这一模式下，政府与社会组织之间形成紧密的合作关系，共同推动社区治理工作的有效进行。在这个过程中，城市社区的具体类型成为影响不同治理行动模式差异化的根本原因。

因此，在进行组态分析时，研究者需深入探究各种社区类型背后的秩序结构，从而更全面地揭示合作意愿与专业能力之间的对应关系。这不仅有助于完善现有的城市社区治理行动类型框架，还能为实际的政策制定提供更为精准的指导。通过对不同社区类型进行深入的比较，可以揭示出哪些因素在促进或阻碍社区治理行动过程中发挥着重要作用，从而为构建更加有效的社区治理行动模式提供理论和实践的支持。

第四，在未来的研究规划中，对别墅社区的考察显得尤为重要。别墅社区在其社区治理上展现出与众不同的特点。这种社区类型通常具有更为封闭和私密的空间特性，使其与其他类型的社区存在显著差异。因此，为了全面理解别墅社区的治理特性，研究需要采取综合性的方法来揭示其独特的治理策略和行动历程。

为了深入研究别墅社区的治理行动，首先，需要通过关键中间人的引荐实现对这些通常较为封闭的社区的有效接入。关键中间人在建立社会网络中扮演着至关重要的角色，他们的引荐不仅为研究者打开了进入这些社区的大门，还为后续研究的深入奠定了基础。其次，研究者需要转变自己在社区中的角色，从一个"不被信任的外来者"转变为一个"值得信任的内部成员"。这一角色的转变是通过真诚的交流、长期的参与式观察和对社区文化的深入理解来实现的，这不仅有助于建立与社区成员间的信任关系，还是获取真实、可靠研究数据的关键。最后，通过一对一访谈的方式来获取关键信息。这种访谈方式能够深入挖掘个体的观点、感受和经历，揭示别墅社区治理的内在逻辑。为了确保访谈的质量，研究者需要提前做好充分的准备，包括制定详尽的访谈提纲、了解受访者的背景信息，以及设定清晰的访谈目标，从而确保每一次访谈都能够有效地促进对别墅社区治理行动的理解和分析。

在研究别墅社区治理共同体的构建方式时，Wirth（1938）的城市性概念提供了重要的见解。这一概念突出了城市生活方式对居民人际关系的深远影响，即在节奏加快的城市生活中，居民更倾向于形成疏远的人际关系。笔者在 S 市的实地调研过程中，虽然没有直接进入别墅社区进行参与式观察，但通过与别墅社区居民的日常交流，仍能间接观察到别墅社区居民人际关系网络的城市性特征。

在 S 市的实践中，秩序整合被证明是促进城市社区治理共同体形成的关键逻辑。补充别墅社区的案例研究将开辟一条独特的途径，用以深入探讨城市社区治理行动如何在两个层面上实现社区秩序的整合：一方面提供社区公共服务，另一方面满足社区居民情感需求。通过将别墅社区纳入研究范畴，未来的研究可以深入挖掘别墅社区的运作机理和治理挑战，为城市社区治理行动的理论和实践贡献新的洞见。

9.4.3　进一步讨论

城市社区作为社会治理的微观基础，其治理的有效性直接关系到国家基层社会的健康发展。随着中国城市社区类型的日益多样化，传统的治理模式正面临前所未有的挑战（何艳玲，2006）。这种多样化不仅带来了复杂的治理问题，还在解决方案上呈现高度的多维性。因此，唤醒社区内在的治理动力，充分发挥社区自身优势，成为当前城市社区治理的重要任务（彭勃，2015）。

面对这一挑战，政府和社会组织需要构建更加紧密的合作关系。政府在这一合作体系中应发挥引导和协调作用，而社会组织则需要根据社区的具体特点，发挥其在资源整合、服务提供等方面的专业优势。通过这种合作模式，可以有效地整合各方资源，激发社区治理的内在活力。此外，政府和社会组织在合作过程中还应注意保持灵活性，以适应不同社区的独特需求和挑战。

要实现这一目标，就必须深入了解城市社区的具体情况，包括社区居民的需求、社区文化以及社区面临的具体问题。这要求政府和社会组织在制定治理策略时，能够基于对社区实际情况的深刻理解和分析。通过持续的调研、反馈和策略调整，可以确保治理措施既具有针对性又具有灵活性。综合来看，只有通过构建这样一个综合性的治理体系，才能真正促进城市社区的可持续发展，满足日益多样化的社会发展需求。

本研究旨在解答一个核心问题：在多样化的城市社区背景下，如何理解城市社区治理共同体的形成与发展？为了深入探讨这一问题，本研究力求在具体行动的演绎中，剖析城市社区治理中行动的本质现象、演变过程以及驱动原因，全面呈现城市社区治理中行动的实质、形态变化和深层次的影响机制。为了系统解答核心问题，本研究进一步将其细分为三个子问题，每个子问题都专注于城市社区治理行动的一个重要方面。首先探讨城市社区治理行动的逻辑基础——是什么理念、规律和原则在指导这些行动，以及这些逻辑如何塑造行动的成效。其次着眼于城市社区的多样性，分析不同类型社区形成的独特行动模式，探求这些社区类型特征如何定义和影响治理行动的模式。最后深入研究城市社区治理行动的关键影响因素，识别在治理过程中起决定性作用的元素，并分析它们如何影响治理策略的制定。通过对这三个子问题的深度探索，本研究旨在为城市社区治理行动提供坚实的理论基础和实践指导。

在探索城市社区治理共同体构建的行动路径中，政府购买社会组织服务显现为一种高效方法。这种方法不仅促进了社会组织在城市社区治理共同体建设中的广泛参与，还成为推进城市社区治理现代化的关键动力。在大规模政府购买社会组织服务项目的推动下，政府与社会组织之间的互动在城市社区治理共同体构建中显得尤为重要。

首先，从网络管理理论的角度出发，政府在城市社区治理中扮演理性化行动者的角色。通过建立治理网络、整合各方资源及协调多元利益关系，政府推动社会组织成为治理过程的关键参与者，旨在实现社区治理的最大效能。此外，作为管家角色，社会组织以其专业化服务满足社区居民的多样化需求，增强社区的凝聚力。同时，社会组织还在与政府的互动中不断提升自身的服务能力，以扩大在城市社区治理共同体中的影响力。

其次，从行动理论的视角来看，政府与社会组织的互动呈现政府主导、社会组织参与的特点。双方通过灵活的合作策略，实现资源共享和优势互补，共同推动城市社区治理行动的创新。政府在这一过程中主导了行动进程，通过丰富社会组织参与渠道，致力于提供更加贴近居民需求的社区治理服务。

最后，从管家理论的视角出发，社会组织在城市社区治理共同体构建过程中扮演着重要的支持角色。社会组织通过解读公共政策，灵活运用社会资本，为社区治理提供智力支持。此外，社会组织还通过逐步增强自身的专业能力，实现稳健成长，为提供更具创新性的社区治理服务奠定了基础。

S市的城市社区治理行动的独特之处在于，它并非简单地将多元主体的单独行动相加，而是通过党建引领实现更为深入的整合。这种整合体现在激发各主体动力的过程中，实际上是受到党、国家与社会关系的综合影响。具体来说，党的引导原则和政策、国家的治理框架，以及社会的需求和反馈，这三者相互作用，共同塑造了一种动态的治理环境。在这个环境中，党的领导不仅提供了明确的方向和策略，而且通过与社会的深度互动，形成了一种独特的动力激发机制。这种机制不仅引导政府和社会组织的行动，还促进了它们之间的合作，以及与社会各界的交流，从而实现了社区治理行动的整合。

具体而言，基层党组织在社区治理中的作用不仅仅在于政策制定，它更深入地参与到社区的实际运作中，通过党的基层组织和党员的活动，将党的理念和目标转化为具体的行动。这样的过程不仅增强了政府与社会组织的协同性，还使社区居民能够更好地理解和参与到治理中来。因此，这种整合不仅是政策层面的，还是实践层面的，它使社区治理更加贴近民众的需求，更能有效地解决实际问题，从而推动社区的持续发展和进步。

从宏观治理的角度来看，党建活动在城市社区治理中扮演着至关重要的角色，主要体现在为社区治理提供坚实的政治保障和方向指引上。这些活动深入贯彻中国共产党的基本理论、基本路线和基本方略，这意味着它们不仅遵循了党的总体原则，而且在实际操作中，这些原则被具体化，应用于社区治理的各个方面。具体而言，党建活动采取一系列切实有效的措施，如深化"三会一课"制度、积极推进志愿服务活动等，增强了党组织在社区治理中的组织力、凝聚力和战斗力。通过党建活动，社区治理能够更加符合国家的整体发展战略，同时也能更好地回应社区居民的实际需求。在党建活动的推动下，共产党员在社区治理中发挥着先锋模范作用，成为社区发展的引领者。他们的行为和态度不仅提升了自身的政治觉悟，还为社区居民树立了积极向上的榜样。这种模范作用对于激发社区居民参与治理的积极性具有重要影响。党建活动也强调了党员在社区中充当桥梁的重要性。通过建立党群联系的纽带，党建活动强化了党与居民的联系，提高了社区居民对社区治理的满意度，塑造了积极的社区治理氛围。同时，党建活动还着重于培养社区居民的自我管理、自我服务和自我教育能力，这种能力建设使居民能够更加积极地参与到社区治理中，增强了社区的自治能力。因此，党建活动在推动社区治理现代化的过程中发挥着不可替代的重要作用，是实现社区治理创新和发展的关键动力。

在研究 S 市的城市社区治理共同体的形成与发展时，虽然政府与社会组织的互动是一个重要的视角，但这种互动并未简单地构成国家与社会的双主体关系。相反，它实际上是党建引领下的产物。具体而言，党的组织和理念渗透到城市社区治理的各个层面，引导政府和社会组织之间的协作与对话，确保政府和社会组织的行动都能朝着共同的目标迈进。在这个过程中，党组织并非直接参与公共物品的供应或公共事务的处理，而是扮演着一种更加微妙且关键的角色：公共价值的促成者。这意味着党组织通过塑造和传播共同的社会价值观念来影响社区的决策和行动。

从 2010 年开始，S 市采取了一种创新性的方法来推进城市社区治理行动，这种方法是在党建引领下，将政府购买的社会组织服务项目与基层党组织的为民服务项目相结合。这一做法的核心目的是将为人民服务的伟大建党精神融入城市社区治理的实际行动中。通过这种结合，政府不仅能够确保社区治理行动更加贴近居民的需求，还能够借助基层党组织的组织力，有效地提升社区治理行动的有效性。同时，S 市政府还重视加强基层党组织对社会组织的指导作用。这意味着基层党组织不仅是推动社区治理行动的动力源泉，还是社会组织行动的指导者。基层党组织的这种角色强化了社会组织行动的方向性，也促进了社区内部的和谐与进步，体现了党建工作在现代城市社区治理中的核心价值。

S 市政府在推动城市社区治理共同体构建的过程中，采取了一种以基层党组织为核心的新型行动体系。基层党组织在这个体系中扮演着核心领导的角色，确保政治、组织和服务各个方面的引领作用得到充分发挥。在政治引领方面，S 市强调基层党组织需要确保党的基本路线在社区得到贯彻执行，从而为社区治理提供坚强的政治保障。在组织引领方面，S 市通过完善基层党组织领导下的基层群众自治机制，如修订居民自治章程和居民公约，并依托"四议两公开"程序，实现社区重大事项的民主决策，从而增强社区的自我管理能力。在服务引领方面，S 市通过深化基层党组织为民服务项目，并采用项目化管理来增强社区服务的针对性和效果，确保了社区服务活动能够更好地满足居民的具体需求。此外，S 市政府还重视落实社区党委的工作细则，通过建立和完善"两委"联席会议制度和基层党组织定期听取居委会与居务监督委员会工作汇报的制度，加强对社区治理工作的指导。

为了加强党组织在城市社区治理行动中的引领作用，S市着手完善社区党支部在社区治理中的基础设施建设，并实施了一系列系统性措施以扩大党组织的影响力。自2015年起，S市全面推进了基层党组织先锋阵地群的标准化建设工程。这一工程的核心目标是在全市范围内建立一个覆盖全面、功能齐全、便民高效的党群服务体系。通过在各个社区建设党群服务中心，S市成功打造了一批在居民中有较高认知度的社区党建服务品牌，这些品牌不仅提高了党组织的可见度，还为居民提供了便捷高效的服务。

在构建党群服务体系的过程中，S市特别强调社区党总支的核心作用。通过建立"15分钟辐射圈"，社区党总支将党建工作与社区服务紧密结合，有效统筹协调各类社会资源，以最大限度地满足社区居民的多元化服务需求。这种服务模式不仅强化了党组织在社区治理中的引领作用，还提升了社区服务的针对性，因而得到了居民的广泛认可。此外，S市还创新地将物业公司纳入党建工作体系，将其作为党组织与社区居民之间的重要桥梁。通过加强党建工作在物业公司中的作用，S市确保了党组织联系服务群众工作的"最后一公里"畅通无阻，从而为社区居民提供更加贴心的服务。这种创新的党建模式为S市城市社区治理行动的持续优化提供了强有力的保障。

在城市社区治理行动的有效性提升方面，S市政府高度重视党建工作的引领作用，并对基层党组织的功能进行了深度优化。自2020年起，S市采取了一系列措施来加强基层党组织和社区自治主体之间的交叉互动，大力提倡基层党组织班子成员、社区居委会成员以及业委会成员之间的交叉任职策略。这种策略的目的是通过人员交流，打破之前存在的治理壁垒，加强不同组织之间的沟通和协作，以此提升社区治理的有效性。

党组织在中国的城市社区治理行动中扮演着核心的引领角色。在政府和社会组织的合作行动中，党组织不仅提供了政治保障，还确保了社区治理活动的方向得到正确的引导。受限于篇幅，本研究并未对党组织行动背后的具体思维过程进行深入描摹，未来的研究中需要更深入地探讨党组织的行动思维，揭示党组织如何在城市社区治理行动的不同层面和环节中发挥其引领作用。这对于理解中国城市社区治理行动的特点，以及进一步提升治理有效性具有重要意义。

参考文献

曹现强、张霞飞,2019,《刚柔并济:社区冲突视域下地方政府治理的双重逻辑——基于配建"共享小区"冲突的多案例对比研究》,《中国行政管理》第 12 期。

曾丽敏、刘春湘,2021,《非正式制度对社会组织参与城市社区治理的影响》,《北京社会科学》第 11 期。

陈锋、宋佳琳,2021,《技术引入基层与社区治理逻辑的重塑——基于 A 市 12345 政府服务热线的案例分析》,《学习与实践》第 4 期。

陈光普,2020,《城镇拆迁安置社区治理的现实困境及其破解路径——基于上海市金山区的经验分析》,《中州学刊》第 12 期。

陈明,2018,《拆迁安置社区:治理困境与改革路径——基于北京市海淀区 Z 村的调查》,《农村经济》第 4 期。

陈鹏,2018,《社区去行政化:主要模式及其运作逻辑——基于全国的经验观察与分析》,《学习与实践》第 2 期。

陈荣卓、李梦兰,2017,《政社互动视角下城市社区协商实践创新的差异性和趋势性研究——基于 2013 - 2015 年度"中国社区治理十大创新成果"的案例分析》,《中共中央党校学报》第 3 期。

陈书洁,2016,《合作治理中社会组织吸纳专业人才的制度环境与路径分化》,《中国行政管理》第 9 期。

陈伟、黄洪,2017,《长期照护制度中的"绩效同构"与"风险共担":一个"协同治理"的解释框架》,《浙江学刊》第 2 期。

陈伟东,2018,《社区行动者逻辑:破解社区治理难题》,《政治学研究》第 1 期。

陈秀红，2022，《从"治理共同体"到"生活共同体"：党建引领基层治理的社会整合功能实现逻辑》，《北京行政学院学报》第 3 期。

陈毅、张京唐，2021，《探寻社区常规化治理之道：三种运行逻辑的比较——以上海垃圾分类治理为例》，《华中科技大学学报》（社会科学版）第 4 期。

程倩，2004，《论新型社会治理模式建构中的信任关系》，《天津社会科学》第 5 期。

崔光胜、耿静，2015，《公益创投：政府购买社会服务的新载体——以湖北省公益创投实践为例》，《湖北社会科学》第 1 期。

邓集文，2020，《政府嵌入与社会增能：包容性治理实现的双重路径》，《郑州大学学报》（哲学社会科学版）第 6 期。

丁惠平，2019，《居间往返：支持型社会组织的行动机制——以北京市恩派非营利组织发展中心为个案》，《贵州社会科学》第 11 期。

董敬畏，2017，《利益冲突、权力秩序与基层治理——杭州 ZJ 商品房小区的个案》，《城市规划》第 5 期。

方俊、李子森，2018，《政府购买社区居家养老服务的探索——以广州 Y 区为例》，《中共中央党校学报》第 3 期。

方亚琴、申会霞，2019，《社区社会组织在社区治理中的作用》，《城市问题》第 3 期。

方长春，2021，《党政关联与双重"经纪人"：城市基层治理中的居委会》，《人文杂志》第 11 期。

费孝通，2002，《居民自治：中国城市社区建设的新目标》，《江海学刊》第 3 期。

高红，2014，《城市基层合作治理视域下的社区公共性重构》，《南京社会科学》第 6 期。

高进、石婧玮，2022，《基层行政飞地属地管理的空间治理——基于 22 个案例的扎根分析》，《公共管理学报》第 3 期。

高勇，2014，《参与行为与政府信任的关系模式研究》，《社会学研究》第 5 期。

顾昕，2019，《走向互动式治理：国家治理体系创新中国家 – 市场 – 社会关系的变革》，《学术月刊》第 1 期。

管兵，2022，《城市化的行政、福利、治理维度：控制权视角下的政策过程分析》，《学海》第 5 期。

郭伟和，2010，《街道公共体制改革和国家意志的柔性控制——对黄宗智"国家和社会的第三领域"理论的扩展》，《开放时代》第 2 期。

韩冬、许玉镇，2016，《城市社区治理中权力互动的困境分析》，《贵州社会科学》第 6 期。

韩冬雪、李浩，2017，《"政社合作"推动现代社区建设——以哈尔滨市社区治理与服务创新为例》，《行政论坛》第 2 期。

韩克庆、王燊成，2017，《社会组织发展中的非正式关系网络研究：以上海 A 助业服务所为例》，《人文杂志》第 10 期。

韩雪峰，2013，《构建政社合作共治机制——广东省公务员轮流派驻社区服务制度探析》，《中国行政管理》第 5 期。

何艳玲，2006，《从"科层式供给"到"合作化供给"——街区公共服务供给机制的个案分析》，《武汉大学学报》（哲学社会科学版）第 5 期。

何依、邓巍，2014，《从管理走向治理——论城市历史街区保护与更新的政府职能》，《城市规划学刊》第 6 期。

胡国栋、罗章保，2021，《中国本土网络组织治理的信任耦合与默契机制——微观权力的视角》，《经济管理》第 10 期。

胡晓燕、曹海军，2018，《社区治理体系和治理能力现代化的思考——基于国家基层政权建设的微观视角》，《经济问题》第 1 期。

黄六招，2021，《组织学习与双向赋能：推进社区治理现代化的有效路径——基于一个易地搬迁社区的案例研究》，《探索》第 6 期。

黄晓春、周黎安，2017，《政府治理机制转型与社会组织发展》，《中国社会科学》第 11 期。

黄宗智，2019，《重新思考"第三领域"：中国古今国家与社会的二元合一》，《开放时代》第 3 期。

纪莺莺，2017，《从"双向嵌入"到"双向赋权"：以 N 市社区社会组织为例——兼论当代中国国家与社会关系的重构》，《浙江学刊》第 1 期。

姜杰、周萍婉，2004，《论城市治理中的公众参与》，《政治学研究》第 3 期。

姜晓萍，2014，《国家治理现代化进程中的社会治理体制创新》，《中国行政管理》第 2 期。

姜秀敏、李月，2022，《"非正式权威"塑造：社会组织嵌入社区治理的三重路径——对山东省 Q 市 F 组织开展社区服务的个案分析》，《北京行政学院学报》第 2 期。

金红磊，2005，《政府职能的让渡与拓展——基于公共物品的提供》，《经济体制改革》第 4 期。

敬乂嘉、崔杨杨，2015，《代理还是管家：非营利组织与基层政府的合作关系》，《中国社会组织研究》第 1 期。

句华，2017，《社会组织在政府购买服务中的角色：政社关系视角》，《行政论坛》第 2 期。

康晓光、韩恒，2008，《分类控制：当前中国大陆国家与社会关系研究》，《开放时代》第 2 期。

蓝宇蕴、董磊明、郭俊霞，2017，《乡村社会变迁与治理：非农集体经济及其"社会性"建构》，《中国社会科学》第 8 期。

李春根、罗家为，2020，《从总体性支配到社会化整合：新中国 70 年基层治理现代化的演进逻辑——国家与社会关系的分析视角》，《华中师范大学学报》（人文社会科学版）第 3 期。

李和中、廖澍华，2017，《行政主导的"村改居"社区治理困境及其化解——基于深圳市宝安区 S 街道的个案分析》，《社会主义研究》第 2 期。

李林子，2022，《社会组织参与城市社区治理的制度嵌入性分析——基于社会工作机构的跨案例研究》，《城市发展研究》第 6 期。

李宁宁、苗国，2011，《社会支持理论视野下的社会管理创新：从刚性管理向柔性支持范式的转变》，《江海学刊》第 6 期。

李培林、张翼，2008，《中国中产阶级的规模、认同和社会态度》，《社会》第 2 期。

李培志，2019，《引导与自觉：城市社区社会组织参与社区治理的路径分析》，《中州学刊》第 6 期。

李倩，2022，《政府绩效评估何以催生基层繁文缛节负担？——基于多层级治理视角》，《中国行政管理》第 7 期。

李强、赵丽鹏，2018，《社区整体地位分化与社会主要矛盾》，《江苏行政学院学报》第 1 期。

李侨明、石柏林，2022，《支配与转换：新制度主义视角下购买方与社工机构的互动关系个案研究》，《华东理工大学学报》（社会科学版）第 1 期。

李琼，2018，《特大城市社会稳定风险识别与治理——基于上海市 Z "城中村"动迁事件的调查分析》，《同济大学学报》（社会科学版）第 6 期。

李文静、时立荣，2016，《"社会自主联动"："三社联动"社区治理机制的完善路径》，《探索》第 3 期。

李文祥、韦兵，2022，《社会组织参与社区居家养老服务的嵌入模式及其优化——基于 G 市的比较研究》，《社会科学战线》第 6 期。

李学，2008，《公平观念与城市化过渡社区中居民的利益博弈——以 A 市 PN 社区为例的实证分析》，《公共管理学报》第 4 期。

李岩、范永忠，2017，《大院社区治理：社区演变模式与治理类型学——基于北京市三类大院社区的比较案例研究》，《北京行政学院学报》第 3 期。

李彦伯、诸大建，2014，《城市历史街区发展中的"回应性决策主体"模型——以上海市田子坊为例》，《城市规划》第 6 期。

李艳芳，2004，《公众参与环境保护的法律制度建设——以非政府组织（NGO）为中心》，《浙江社会科学》第 2 期。

李烨、刘祖云，2019，《纪律、契约与礼俗：论过渡型社区三元治理规则——基于江苏省 J 市拆迁安置社区的田野调查》，《中国农村观察》第 4 期。

李泽才，2004，《一个基层社区的隐性权力网络与社会结构》，《南京社会科学》第 1 期。

李振邦，1995，《浅谈社区服务社会化的途径》，《学术交流》第 1 期。

林磊，2018，《在地内生性：社会组织自主性的微观生产机制——以福建省 Q 市 A 社工组织为例》，《中国行政管理》第 7 期。

刘安，2014，《网格化社会管理及其非预期后果——以 N 市 Q 区为例》，《江苏社会科学》第 3 期。

刘红、张洪雨、王娟，2018，《多中心治理理论视角下的村改居社区治理研究》，《理论与改革》第 5 期。

刘建军、马梦岑，2022，《"政治速度"与中国城市治理的街道体制》，

《经济社会体制比较》第 5 期。

刘琼莲，2021，《"共生共在"的社会治理共同体建设：理论探索与实践推进》，《天津社会科学》第 4 期。

刘伟、翁俊芳，2021，《半嵌入性互动治理的形成逻辑与主要类型——以 H 街道四个社区的业委会与物业管理运作为例》，《理论与改革》第 1 期。

刘洋，2016，《枢纽型社会组织的生成基础与发展路径——基于社会学的视角》，《学习与实践》第 12 期。

刘永泽、向德平，2022，《论新时代党建引领社区治理的社会基础——基于"社区第一书记"模式研究》，《学习与实践》第 2 期。

刘志辉，2015，《政府与社会组织关系：从非对称性共生到对称性互惠共生》，《湖北社会科学》第 9 期。

刘志鹏、康静、果佳，2022，《社会组织：民众政策遵从的催化剂——以宁夏云雾山自然保护区为例》，《公共管理学报》第 2 期。

柳娟、田志龙、程鹏璠、赵辉，2017，《中国情境下企业深度社区参与的社区动员、合作模式与绩效研究》，《管理学报》第 6 期。

卢爱国、曾凡丽，2009，《社区公共事务的分类与治理机制》，《城市问题》第 11 期。

陆春萍，2013，《社区治理中的政府再造社会组织》，《内蒙古社会科学》第 3 期。

吕力，2012，《案例研究：目的、过程、呈现与评价》，《科学学与科学技术管理》第 6 期。

吕青，2015，《"村改居"社区秩序如何重建？——基于苏南的调查》，《华东理工大学学报》（社会科学版）第 6 期。

马秀莲、杨团，2017，《政社合作下社区托管服务的规模化和专业化——从罗山市民会馆到华爱社区管理中心》，《理论探讨》第 2 期。

马志强，2013，《中途之家的本土形态与本土逻辑——基于国家与社会关系的分析视角》，《人文杂志》第 1 期。

彭勃，2015，《从行政逻辑到治理逻辑：城市社会治理的"逆行政化"改革》，《社会科学》第 5 期。

彭少峰，2017，《依附式合作：政府与社会组织关系转型的新特征》，《社会主义研究》第 5 期。

齐久恒、刘国栋，2015，《中国特色公民社会组织自主性发展的智慧觉察——基于"自然之友"的个案分析》，《科技管理研究》第 7 期。

屈群苹，2019，《嵌入式治理：城市基层社会治理压力的组织化解逻辑——基于浙江省 H 市 N 社区的理性审视》，《浙江学刊》第 6 期。

容志、张云翔，2020，《社区微更新中政社共同生产的类型与生成逻辑——基于上海市 Y 社区的实践案例分析》，《探索》第 3 期。

沈亚平、王麓涵，2021，《吸纳抑或替代：社会组织与政府关系的二元分析——基于公共社会支出的视角》，《新疆师范大学学报》（哲学社会科学版）第 1 期。

史明萍、魏程琳，2019，《"中坚居民"：城市社区治理的中坚力量及其制度化》，《城市问题》第 12 期。

宋辉，2019，《新型城镇化推进中城市拆迁安置社区治理体系重构研究》，《中国软科学》第 1 期。

苏曦凌，2020，《政府与社会组织的协同进化：一种不同于公民社会和法团主义的中国叙事》，《湘潭大学学报》（哲学社会科学版）第 2 期。

孙发锋，2019，《依附换资源：我国社会组织的策略性生存方式》，《河南社会科学》第 5 期。

谈小燕，2013，《基于社区精英视角的"村转居"社区治理——以成都瑞泉馨城为例》，《农村经济》第 11 期。

谭爽，2019，《草根 NGO 如何成为政策企业家？——垃圾治理场域中的历时观察》，《公共管理学报》第 2 期。

唐杰、王红扬，2018，《"项目指导型"社区治理机制及效应——以南京市景明佳园社区为例》，《城市问题》第 2 期。

唐鸣、李梦兰，2019，《城市社区治理社会化的要素嵌入与整体性建构——基于"第三批全国社区治理和服务创新实验区"的案例分析》，《社会主义研究》第 4 期。

唐文玉，2015，《政府权力与社会组织公共性生长》，《学习与实践》第 5 期。

唐亚林、钱坤，2020，《"找回居民"：专家介入与城市基层治理模式创新的内生动力再造》，《学术月刊》第 1 期。

唐有财、王天夫，2017，《社区认同、骨干动员和组织赋权：社区参与式治理的实现路径》，《中国行政管理》第 2 期。

田北海、王连生，2017，《城乡居民社区参与的障碍因素与实现路径》，《学习与实践》第 12 期。

田凯，2004，《非协调约束与组织运作——一个研究中国慈善组织与政府关系的理论框架》，《中国行政管理》第 5 期。

田毅鹏、康雯嘉，2021，《街道改革背景下社会组织与街居嵌合治理研究——以"商业从属型"社会组织 Z 中心为例》，《学术研究》第 4 期。

汪大海、柳亦博，2014，《社会冲突的消解与释放：基于冲突治理结构的分析》，《华东经济管理》第 10 期。

汪华，2015，《合作何以可能：专业社会服务组织与基层社区行政力量的关系建构》，《社会科学》第 3 期。

汪锦军，2016，《嵌入与自治：社会治理中的政社关系再平衡》，《中国行政管理》第 2 期。

王才章，2016，《政府购买公共服务中政府与社会组织的关系——一个组织社会学的新制度主义视角》，《学术论坛》第 3 期。

王川兰，2018，《行动者、系统与结构：社会组织参与公共服务购买的行动逻辑——基于上海市 S 机构的实证研究》，《社会科学》第 3 期。

王德福，2019，《社区行政化与街居治理共同体》，《行政论坛》第 6 期。

王栋，2022，《支持型社会组织参与社区治理：嵌入、融合与贯通》，《学术界》第 5 期。

王海侠、孟庆国，2015，《社会组织参与城中村社区治理的过程与机制研究——以北京皮村"工友之家"为例》，《城市发展研究》第 11 期。

王木森、唐鸣，2018，《社区治理现代化：时代取向、实践脉向与未来走向——十八大以来社区治理"政策－实践"图景分析》，《江淮论坛》第 5 期。

王琴，2012，《网络治理的权力基础》，《南开管理评论》第 3 期。

王诗宗、宋程成，2013，《独立抑或自主：中国社会组织特征问题重思》，《中国社会科学》第 5 期。

王世强，2022，《强化赋权式介入：社会工作参与社会救助的实践进路》，《学习与实践》第 2 期。

王啸宇、于海利，2020，《行动者网络视域下养老服务多元协同供给结构研究》，《学习与实践》第 5 期。

王谢平、郝宇青，2021，《双重角色的社区居委会何以调处多元主体参与社区治理——政治技术视角的分析》，《社会科学》第 8 期。

王星，2012，《"居站分离"实践与城市基层社会管理创新》，《学海》第 3 期。

王杨，2018，《社会组织在社区治理中的合法化路径与策略——基于北京市一个草根社会组织的个案研究》，《中州学刊》第 12 期。

卫小将，2018，《社会工作创新社会治理路径研究》，《中国特色社会主义研究》第 6 期。

魏娜、陈俊杰，2020，《政府购买服务视角下的政社关系再审视——基于 A 市"市级社会建设专项资金"（2013－2016）的实证研究》，《北京行政学院学报》第 2 期。

吴素雄、郑卫荣、杨华，2012，《社区社会组织的培育主体选择：基于公共服务供给二次分工中居委会的局限性视角》，《管理世界》第 6 期。

吴晓林，2018，《城中之城：超大社区的空间生产与治理风险》，《中国行政管理》第 9 期。

吴莹，2017，《空间变革下的治理策略——"村改居"社区基层治理转型研究》，《社会学研究》第 6 期。

吴月，2015，《社会服务内卷化及其发生逻辑：一项经验研究》，《江汉论坛》第 6 期。

向静林，2018，《结构分化：当代中国社区治理中的社会组织》，《浙江社会科学》第 7 期。

肖竞、曹珂，2017，《矛盾共轭：历史街区内生平衡的保护思路与方法》，《城市发展研究》第 3 期。

徐家良、季曦，2022，《社会组织自主性与政府形塑——基于行业协会商会改革的政社关系阐释》，《学习与实践》第 4 期。

徐家良、张圣，2020，《中国疫情防控多主体关系的动态诠释》，《上海交通大学学报》（哲学社会科学版）第 5 期。

徐林、吴咨桦，2015，《社区建设中的"国家－社会"互动：互补与镶嵌——基于行动者的视角》，《浙江社会科学》第 4 期。

徐选国、侯利文、徐永祥，2017，《社会理性与新社会服务体系建构》，《中州学刊》第 1 期。

徐珣，2018，《社会组织嵌入社区治理的协商联动机制研究——以杭州市

上城区社区"金点子"行动为契机的观察》,《公共管理学报》第
1期。

徐宇珊,2008,《非对称性依赖:中国基金会与政府关系研究》,《公共管
理学报》第1期。

许宝君、陈伟东,2017,《居民自治内卷化的根源》,《城市问题》第6期。

许文文,2017,《集成平台与创新引擎:政府与社会组织协作治理的实
践》,《江淮论坛》第4期。

许源,2016,《购买场域中的组织特征及其制度逻辑:政府购买服务供给
市场研究》,《学习与实践》第1期。

许源源、涂文,2019,《政府与社会组织间信任关系的多重功能》,《学术
研究》第7期。

闫树涛,2020,《结构、行动与制度:城市社区中的社会组织有效协同治
理》,《河北学刊》第6期。

闫臻,2018,《城市社区组织化治理:自上而下的科层制嵌入与横向联系
的扁平化合作》,《人文杂志》第5期。

杨爱平、余雁鸿,2012,《选择性应付:社区居委会行动逻辑的组织分
析——以G市L社区为例》,《社会学研究》第4期。

杨宝、肖鹿俊,2021,《技术治理与制度匹配:社会工作本土化路径"双
向趋同"现象研究》,《学习与实践》第10期。

杨慧、杨烨煜,2017,《政府购买机制中社工机构与其他社会治理主体的
关系变迁——以深圳为例》,《国家行政学院学报》第5期。

杨菁、陈雨,2020,《拆迁安置社区权力、资本与行动的空间生产逻辑——
基于成都市N社区的个案研究》,《中国行政管理》第11期。

杨琳、陈旭清,2022,《社会组织撬活社区社会资本的行动模式研究——
基于C市社区总体营造典型案例的类型学分析》,《学习与实践》第
5期。

杨书胜,2015,《政府购买服务内卷化倾向及成因分析》,《理论与改革》
第3期。

杨团,2001,《社区公共服务设施托管的新模式——以罗山市民会馆为
例》,《社会学研究》第3期。

杨威威、郭圣莉,2020,《政府主导社区治理的结构性矛盾及其生成机
制——基于A市加装电梯政策变迁及其后果的研究》,《学习与实

践》第 8 期。

叶继红、杨鹏程，2019，《利益分化、差异共融与城中村治理》，《理论与改革》第 4 期。

叶敏，2020，《城乡混合的双重管理：农民安置社区的治理之道——基于沪郊嘉定区的经验探讨》，《华东理工大学学报》（社会科学版）第 5 期。

叶士华、孙涛，2021，《信与否？服务外包中街头官僚的信任产生机制研究——基于 Z 市的混合研究设计分析》，《中国行政管理》第 12 期。

叶托，2019，《资源依赖、关系合同与组织能力——政府购买公共服务中的社会组织发展研究》，《行政论坛》第 6 期。

叶云、李兰馨，2019，《"公益创投"在混合社区中重构公共秩序的逻辑——以苏南地区 A 社区为例》，《中南民族大学学报》（人文社会科学版）第 2 期。

郁建兴、沈永东，2017，《调适性合作：十八大以来中国政府与社会组织关系的策略性变革》，《政治学研究》第 3 期。

袁方成、王泽，2017，《政社合作与基层治理现代化的提升路径——以温州市五马街道"大网格"实验为参照》，《江汉论坛》第 10 期。

原珂，2017，《中国不同类型城市社区内的冲突程度比较研究》，《中国行政管理》第 9 期。

翟桂萍，2008，《社区共治：合作主义视野下的社区治理——以上海浦东新区潍坊社区为例》，《上海行政学院学报》第 2 期。

张邦辉、吴健、李恬漩，2019，《再组织化与社区治理能力现代化——以成都新鸿社区的实践为例》，《中国行政管理》第 12 期。

张春叶、朱宇馨，2022，《社区治理中的"社区全能"与"社会组织全能"倾向》，《学术交流》第 3 期。

张江华，2010，《卡里斯玛、公共性与中国社会——有关"差序格局"的再思考》，《社会》第 5 期。

张楠迪扬，2017，《政府、社区、非政府组织合作的城市社区参与式治理机制研究——基于三个街道案例的比较分析》，《中国人民大学学报》第 6 期。

张琼文、韦克难、陈家建，2015，《项目化运作对社区社会组织发展的影响》，《城市问题》第 11 期。

张圣，2022，《政府连环抉择机制：行政委托第三方评估实践差异现象的一种解释》，《公共行政评论》第 3 期。

张文礼，2013，《合作共强：公共服务领域政府与社会组织关系的中国经验》，《中国行政管理》第 6 期。

张雪霖、王德福，2016，《社区居委会去行政化改革的悖论及其原因探析》，《北京行政学院学报》第 1 期。

张雅勤，2017，《论公共服务供给中"协同惰性"及其超越》，《学海》第 6 期。

张亚鹏、张建明，2016，《转型社区的治理困境与对策探微》，《北京行政学院学报》第 4 期。

张振、杨建科，2017，《城市社区的空间关系异化：生成机理与治理机制——基于空间生产视角的分析》，《学习与实践》第 11 期。

赵过渡、郑慧华、吴立鸿、龚惠琴，2003，《"城中村"社区治理体制研究——以广州市白云区柯子岭村为个案》，《国家行政学院学报》第 3 期。

赵浩华，2021，《利益分析视角下社区治理主体间的冲突及其化解》，《行政论坛》第 4 期。

郑广怀、王梦宇，2020，《一致的偏离：项目目标偏离后的持续执行何以可能》，《河北学刊》第 2 期。

郑佳斯，2019，《策略性回应：社会组织管理中的政府行为及其逻辑》，《学习与实践》第 3 期。

郑永君，2018，《社会组织建设与社区治理创新——厦门市"共同缔造"试点社区案例分析》，《中国行政管理》第 2 期。

周俊，2021，《建构治理剧场：社会治理共同体何以形成——以嘉兴市"三治融合"进集贸市场为例》，《中国行政管理》第 10 期。

周黎安，2014，《行政发包制》，《社会》第 6 期。

周延东，2020，《社区治理的"关系式动员"研究》，《中国特色社会主义研究》第 1 期。

朱光喜，2019，《分化型政社关系、社会企业家行动策略与社会组织发展——以广西 P 市 Y 协会及其孵化机构为例》，《公共管理学报》第 2 期。

朱健刚，2021，《社会实验视域下的社会组织介入社区营造——以一个老城厢社区的活化实践为例》,《河北学刊》第 2 期。

朱媛媛,2019,《关系运作:社会组织参与基层治理的空间实践——以 G
市政府购买服务项目为例》,《江西社会科学》第 7 期。

邹农俭,2016,《构建现代形态的基层社会治理结构——太仓市基层社会
"政社互动"的实践考察及其思考》,《江苏社会科学》第 6 期。

Abrams, Philip. 1988. "Notes on the Difficulty of Studying the State (1977)."
Journal of Historical Sociology 1: 58 – 89.

Ackerman, John. 2004. "Co-governance for Accountability: Beyond 'Exit'
and 'Voice'." *World Development* 32: 447 – 463.

Agranoff, Robert and Michael McGuire. 2001. "American Federalism and
the Search for Models of Management." *Public Administration Review* 61:
671 – 681.

Aldred, Rachel. 2007. "Community Governance or Corporate Governance? Two
Models for Primary Care Provision in England." *Social Theory & Health* 5:
338 – 355.

Alexander, Jennifer and Renée Nank. 2009. "Public-nonprofit Partnership: Reali-
zing the New Public Service." *Administration & Society* 41: 364 – 386.

Alford, John. 2002. "Why Do Public-sector Clients Coproduce? Toward a Con-
tingency Theory." *Administration & Society* 34: 32 – 56.

Aligica, Paul Dragos and Vlad Tarko. 2013. "Co-production, Polycentricity,
and Value Heterogeneity: The Ostroms' Public Choice Institutionalism
Revisited." *American Political Science Review* 107: 726 – 741.

Amirkhanyan, Anna A. 2010. "Monitoring Across Sectors: Examining the
Effect of Nonprofit and For-profit Contractor Ownership on Performance
Monitoring in State and Local Contracts." *Public Administration Review*
70: 742 – 755.

Anderson, Erin and Barton Weitz. 1989. "Determinants of Continuity in Con-
ventional Industrial Channel Dyads." *Marketing Science* 8: 310 – 323.

Anheier, Helmut K. 2014. *Nonprofit Organizations: Theory, Management,
Policy.* London: Routledge.

Ashworth, Rachel, George Boyne, and Rick Delbridge. 2009. "Escape from
the Iron Cage? Organizational Change and Isomorphic Pressures in the

Public Sector. " *Journal of Public Administration Research and Theory* 19: 165 – 187.

Bakker, Karen, Michelle Kooy, Nur Endah Shofiani, and Ernst-Jan Martijn. 2008. "Governance Failure: Rethinking the Institutional Dimensions of Urban Water Supply to Poor Households. " *World Development* 36: 1891 – 1915.

Balassiano, Katia and Susan M. Chandler. 2010. "The Emerging Role of Nonprofit Associations in Advocacy and Public Policy: Trends, Issues, and Prospects. " *Nonprofit and Voluntary Sector Quarterly* 39: 946 – 955.

Bang, Henrik P. 2004. "Culture Governance: Governing Self-reflexive Modernity. " *Public Administration* 82: 157 – 190.

Banyan, Margaret E. 2004. "Wiring Organizations for Community Governance: Characteristics of High Organizational Citizenship. " *Administrative Theory & Praxis* 26: 325 – 344.

Bevir, Mark. 2011. "Governance and Governmentality After Neoliberalism. " *Policy & Politics* 39: 457 – 471.

Birchall, Johnston. 2002. *The New Mutualism in Public Policy*. London: Routledge.

Blakely, Edward J. and Mary Gail Snyder. 1997. *Fortress America: Gated Communities in the United States*. Washington: Brookings Institution Press.

Blanco, Ismael. 2013. "Analysing Urban Governance Networks: Bringing Regime Theory back in. " *Environment and Planning C: Government and Policy* 31: 276 – 291.

Block, Peter. 1993. *Stewardship: Choosing Service over Self-interest*. Oakland: Berrett-Koehler Publishers.

Bovaird, Tony, Sophie Flemig, Elke Loeffler, and Stephen P. Osborne. 2019. "How Far Have We Come with Co-production—And What's Next?" *Public Money & Management* 39: 229 – 232.

Boxenbaum, Eva and Stefan Jonsson. 2017. "Isomorphism, Diffusion and Decoupling: Concept Evolution and Theoretical Challenges. " In *The Sage Handbook of Organizational Institutionalism*, edited by Royston Greenwood, Christine Oliver, Roy Suddaby, and Kerstin Sahlin, pp. 79 –

104. London: Sage.

Brady, Michelle and Randy K. Lippert (eds.). 2016. *Governing Practices: Neoliberalism, Governmentality, and the Ethnographic Imaginary*. Toronto: University of Toronto Press.

Bringle, Robert G. and Julie A. Hatcher. 2002. "Campus-community Partnerships: The Terms of Engagement." *Journal of Social Issues* 58: 503 – 516.

Brinkerhoff, Jennifer M. and Derick W. Brinkerhoff. 2002. "Government-nonprofit Relations in Comparative Perspective: Evolution, Themes and New Directions." *Public Administration and Development: The International Journal of Management Research and Practice* 22: 3 – 18.

Bromley, Patricia and John W. Meyer. 2017. "'They Are All Organizations': The Cultural Roots of Blurring Between the Nonprofit, Business, and Government Sectors." *Administration & Society* 49: 939 – 966.

Brown, Kerry and Neal Ryan. 2003. "Redefining Government-Community Relations Through Service Agreements." *Journal of Contemporary Issues in Business and Government* 9: 21 – 30.

Brown, Trevor L. and Matthew Potoski. 2003. "Contract-management Capacity in Municipal and County Governments." *Public Administration Review* 63: 153 – 164.

Brown, William A. and Joel O. Iverson. 2004. "Exploring Strategy and Board Structure in Nonprofit Organizations." *Nonprofit and Voluntary Sector Quarterly* 33: 377 – 400.

Brudney, Jeffrey L. and Robert E. England. 1983. "Toward a Definition of the Coproduction Concept." *Public Administration Review* 43: 59 – 65.

Bruku, Sandra. 2015. "Community Engagement in Historical Site Protection: Lessons from the Elmina Castle Project in Ghana." *Conservation and Management of Archaeological Sites* 17: 67 – 76.

Bryson, John M., Barbara C. Crosby, and Laura Bloomberg. 2014. "Public Value Governance: Moving Beyond Traditional Public Administration and the New Public Management." *Public Administration Review* 74: 445 – 456.

Burge, Tyler. 1986. "Individualism and Psychology." *The Philosophical Review* 95: 3 – 45.

Bushouse, Brenda K. 2011. "Governance Structures: Using IAD to Understand Variation in Service Delivery for Club Goods with Information Asymmetry." *Policy Studies Journal* 39: 105 – 119.

Campbell, Lindsay K., Erika Svendsen, Michelle Johnson, and Laura Landau. 2022. "Activating Urban Environments as Social Infrastructure Through Civic Stewardship." *Urban Geography* 43: 713 – 734.

Carlisle, Keith and Rebecca L. Gruby. 2019. "Polycentric Systems of Governance: A Theoretical Model for the Commons." *Policy Studies Journal* 47: 927 – 952.

Carnochan, Sarah, Bowen McBeath, Emmeline Chuang, and Michael J. Austin. 2019. "Perspectives of Public and Nonprofit Managers on Communications in Human Services Contracting." *Public Performance & Management Review* 42: 657 – 684.

Chaskin, Robert J. 2001. "Building Community Capacity: A Definitional Framework and Case Studies from a Comprehensive Community Initiative." *Urban Affairs Review* 36: 291 – 323.

Chavesc, Mark, Laura Stephens, and Joseph Galaskiewicz. 2004. "Does Government Funding Suppress Nonprofits' Political Activity?" *American Sociological Review* 69: 292 – 316.

Chen, Chung-An. 2012. "Explaining the Difference of Work Attitudes Between Public and Nonprofit Managers: The Views of Rule Constraints and Motivation Styles." *The American Review of Public Administration* 42: 437 – 460.

Cheng, Yuan. 2019. "Exploring the Role of Nonprofits in Public Service Provision: Moving from Coproduction to Cogovernance." *Public Administration Review* 79: 203 – 214.

Chen, Juan, Karita Kan, and Deborah S. Davis. 2021. "Administrative Reclassification and Neighborhood Governance in Urbanizing China." *Cities* 118: 103386.

Cho, Sungsook and David F. Gillespie. 2006. "A Conceptual Model Exploring the Dynamics of Government-nonprofit Service Delivery." *Nonprofit and Voluntary Sector Quarterly* 35: 493 – 509.

Christensen, Rachel A. and Alnoor Ebrahim. 2006. "How Does Accountability

Affect Mission? The Case of a Nonprofit Serving Immigrants and Refugees. " *Nonprofit Management and Leadership* 17: 195 – 209.

Cohen, Steven. 2008. *The Responsible Contract Manager: Protecting the Public Interest in an Outsourced World.* Washington: Georgetown University Press.

Cooper, Christopher A. , H. Gibbs Knotts, and Kathleen M. Brennan. 2008. "The Importance of Trust in Government for Public Administration: The Case of Zoning. " *Public Administration Review* 68: 459 – 468.

Cornforth, Chris. 2003. *The Governance of Public and Non-profit Organisations.* London: Routledge.

Crotty, Jo and Diane Holt. 2021. "Towards a Typology of Strategic Corporate Social Responsibility Through Camouflage and Courtship Analogies. " *Corporate Social Responsibility and Environmental Management* 28: 980 – 991.

Daly, Mary. 2003. "Governance and Social Policy. " *Journal of Social Policy* 32: 113 – 128.

Davies, Jonathan S. 2002. "The Governance of Urban Regeneration: A Critique of the 'Governing without Government' Thesis. " *Public Administration* 80: 301 – 322.

Davis, James H. , F. David Schoorman, and Lex Donaldson. 1997. "Toward a Stewardship Theory of Management. " *Academy of Management Review* 22: 20 – 47.

Davis, Paul. 1998. "The Burgeoning of Benchmarking in British Local Government: The Value of 'Learning by Looking' in the Public Services. " *Benchmarking for Quality Management & Technology* 5: 260 – 270.

Dawes, Sharon S. 2010. "Stewardship and Usefulness: Policy Principles for Information-based Transparency. " *Government Information Quarterly* 27: 377 – 383.

Delanty, Gerard. 2000. *Citizenship in a Global Age: Society, Culture, Politics.* London: McGraw-Hill Education.

Denhardt, Robert B. 2002. "Trust as Capacity: The Role of Integrity and Responsiveness. " *Public Organization Review* 2: 65 – 76.

Dicke, Lisa A. 2002. "Ensuring Accountability in Human Services Contracting: Can Stewardship Theory Fill the Bill?" *The American Review of Pub-*

lic Administration 32: 455 – 470.

Dietz, Thomas, Elinor Ostrom, and Paul C. Stern. 2003. "The Struggle to Govern the Commons." *Science* 302: 1907 – 1912.

DiMaggio, Paul J. and Walter W. Powell. 1983. "The Iron Cage Revisited: Institutional Isomorphism and Collective Rationality in Organizational Fields." *American Sociological Review* 48: 147 – 160.

Douglas, Scott, Chris Ansell, Charles F. Parker, Eva Sørensen, Paul' T Hart, and Jacob Torfing. 2020. "Understanding Collaboration: Introducing the Collaborative Governance Case Databank." *Policy and Society* 39: 495 – 509.

Dugger, William. 1990. "The New Institutionalism: New But Not Institutionalist." *Journal of Economic Issues* 24: 423 – 431.

Durose, Catherine. 2009. "Front-line Workers and 'Local Knowledge': Neighbourhood Stories in Contemporary UK Local Governance." *Public Administration* 87: 35 – 49.

Edwards, Jeffrey R. 2001. "Multidimensional Constructs in Organizational Behavior Research: An Integrative Analytical Framework." *Organizational Research Methods* 4: 144 – 192.

Elliott, Odus V. 2002. *The Tools of Government: A Guide to the New Governance.* New York: Oxford University Press (US).

Enjolras, Bernard. 2009. "A Governance-structure Approach to Voluntary Organizations." *Nonprofit and Voluntary Sector Quarterly* 38: 761 – 783.

Farid, May and Chengcheng Song. 2020. "Public Trust as a Driver of State-Grassroots NGO Collaboration in China." *Journal of Chinese Political Science* 25: 591 – 613.

Favoreu, Christophe, David Carassus, and Christophe Maurel. 2016. "Strategic Management in the Public Sector: A Rational, Political or Collaborative Approach?" *International Review of Administrative Sciences* 82: 435 – 453.

Feiock, Richard C. 2013. "The Institutional Collective Action Framework." *Policy Studies Journal* 41: 397 – 425.

Foucault, Michel. 1982. "The Subject and Power." *Critical Inquiry* 8: 777 –

795.

Frahm, Kathryn A. and Lawrence L. Martin. 2009. "From Government to Governance: Implications for Social Work Administration." *Administration in Social Work* 33: 407 - 422.

Frey, Bruno S. and Reto Jegen. 2001. "Motivation Crowding Theory." *Journal of Economic Surveys* 15: 589 - 611.

Fulda, Andreas, Yanyan Li, and Qinghua Song. 2012. "New Strategies of Civil Society in China: A Case Study of the Network Governance Approach." *Journal of Contemporary China* 21: 675 - 693.

Fung, Archon. 2015. "Putting the Public back into Governance: The Challenges of Citizen Participation and Its Future." *Public Administration Review* 75: 513 - 522.

Gazley, Beth. 2008. "Beyond the Contract: The Scope and Nature of Informal Government-nonprofit Partnerships." *Public Administration Review* 68: 141 - 154.

Geddes, Mike. 2006. "Partnership and the Limits to Local Governance in England: Institutionalist Analysis and Neoliberalism." *International Journal of Urban and Regional Research* 30: 76 - 97.

Giddens, Anthony. 1984. *The Constitution of Society: Outline of the Theory of Structuration*. Oakland: University of California Press.

Goldman, Samuel and William M. Kahnweiler. 2000. "A Collaborator Profile for Executives of Nonprofit Organizations." *Nonprofit Management and Leadership* 10: 435 - 450.

Goldsmith, Stephen and William D. Eggers. 2005. *Governing by Network: The New Shape of the Public Sector*. Washington: Brookings Institution Press.

Gomes, Catherine. 2016. *Transient Mobility and Middle Class Identity: Media and Migration in Australia and Singapore*. New York: Springer.

Greenwood, Royston, Mia Raynard, Farah Kodeih, Evelyn R. Micelotta, and Michael Lounsbury. 2011. "Institutional Complexity and Organizational Responses." *Academy of Management Annals* 5: 317 - 371.

Groeneveld, Sandra and Steven Van de Walle. 2010. "A Contingency Approach to Representative Bureaucracy: Power, Equal Opportunities and

Diversity. " *International Review of Administrative Sciences* 76: 239 – 258.

Guo, Chao. 2007. "When Government Becomes the Principal Philanthropist: The Effects of Public Funding on Patterns of Nonprofit Governance. " *Public Administration Review* 67: 458 – 473.

Hill, Carolyn J. and Laurence E. Lynn. 2004. "Is Hierarchical Governance in Decline? Evidence from Empirical Research. " *Journal of Public Administration Research and Theory* 15: 173 – 195.

Hollick, Malcolm. 1993. "Self-organizing Systems and Environmental Management. " *Environmental Management* 17: 621 – 628.

Hong, Sounman, Sun Hyoung Kim, and Jieun Son. 2020. "Bounded Rationality, Blame Avoidance, and Political Accountability: How Performance Information Influences Management Quality. " *Public Management Review* 22: 1240 – 1263.

Human, Sherrie E. and Keith G. Provan. 2000. "Legitimacy Building in the Evolution of Small-firm Multilateral Networks: A Comparative Study of Success and Demise. " *Administrative Science Quarterly* 45: 327 – 365.

Hum, Tarry. 2010. "Planning in Neighborhoods with Multiple Publics: Opportunities and Challenges for Community-based Nonprofit Organizations. " *Journal of Planning Education and Research* 29: 461 – 477.

Jensen, Michael C. and William H. Meckling. 1979. "Rights and Production Functions: An Application to Labor-managed Firms and Codetermination. " *Journal of Business* 52: 469 – 506.

Jing, Yijia and Bin Chen. 2012. "Is Competitive Contracting Really Competitive? Exploring Government-nonprofit Collaboration in China. " *International Public Management Journal* 15: 405 – 428.

Jones, Candace, William S. Hesterly, and Stephen P. Borgatti. 1997. "A General Theory of Network Governance: Exchange Conditions and Social Mechanisms. " *Academy of Management Review* 22: 911 – 945.

Kapelus, Paul. 2002. "Mining, Corporate Social Responsibility and the 'Community': The Case of Rio Tinto, Richards Bay Minerals and the Mbonambi. " *Journal of Business Ethics* 39: 275 – 296.

Kauppi, Katri and Erik M. Van Raaij. 2015. "Opportunism and Honest Incom-

petence—Seeking Explanations for Noncompliance in Public Procurement. ”
Journal of Public Administration Research and Theory 25 : 953 – 979.

Kearns, Ade and Ray Forrest. 2000. “Social Cohesion and Multilevel Urban
Governance. ” *Urban Studies* 37 : 995 – 1017.

Kenis, Patrick and Keith G. Provan. 2006. “The Control of Public Networks. ”
International Public Management Journal 9 : 227 – 247.

Kickert, Walter J. M. , Joop F. M. Koppenjan, and Erik-Hans Klijn. 1997.
Managing Complex Networks : Strategies for the Public Sector. London :
Sage.

Kim, Tai-Young, Dongyoub Shin, and Young-Chul Jeong. 2016. “Inside the
‘Hybrid’ Iron Cage : Political Origins of Hybridization. ” *Organization
Science* 27 : 428 – 445.

Kim, W. Chan and Renée Mauborgne. 2003. “Tipping Point Leadership. ” *Harvard Business Review* 81 : 60 – 69.

Klijn, Erik-Hans and J. F. M. Koppenjan. 2000. “ Public Management and
Policy Networks : Foundations of a Network Approach to Governance. ”
Public Management : An International Journal of Research and Theory 2 :
135 – 158.

Koppenjan, Johannes Franciscus Maria and Erik-Hans Klijn. 2004. *Managing
Uncertainties in Networks : A Network Approach to Problem Solving and Decision Making.* London : Psychology Press.

Kozhikode, Rajiv Krishnan. 2016. “Dormancy as a Strategic Response to Detrimental Public Policy. ” *Organization Science* 27 : 189 – 206.

Kramer, Ralph M. and Bart Grossman. 1987. “Contracting for Social Services :
Process Management and Resource Dependencies. ” *Social Service Review*
61 : 32 – 55.

Lang, Richard and Dietmar Roessl. 2011. “Contextualizing the Governance of
Community Co-operatives : Evidence from Austria and Germany. ” *Voluntas : International Journal of Voluntary and Nonprofit Organizations* 22 :
706 – 730.

Leardini, Chiara, Sara Moggi, and Gina Rossi. 2019. “The New Era of
Stakeholder Engagement : Gaining, Maintaining, and Repairing Legitima-

cy in Nonprofit Organizations. " *International Journal of Public Administration* 42: 520 – 532.

Lecy, Jesse D. and David M. Van Slyke. 2013. "Nonprofit Sector Growth and Density: Testing Theories of Government Support. " *Journal of Public Administration Research and Theory* 23: 189 – 214.

Lee, Young-joo and Vicky M. Wilkins. 2011. "More Similarities or More Differences? Comparing Public and Nonprofit Managers' Job Motivations. " *Public Administration Review* 71: 45 – 56.

Li, Ling Hin, Jie Lin, Xin Li, and Fan Wu. 2014. "Redevelopment of Urban Village in China——A Step Towards an Effective Urban Policy? A Case Study of Liede Village in Guangzhou. " *Habitat International* 43: 299 – 308.

Lipsky, Michael and Steven Rathgeb Smith. 1989. "Nonprofit Organizations, Government, and the Welfare State. " *Political Science Quarterly* 104: 625 – 648.

Liu, Lei and Zhihang Xu. 2018. "Collaborative Governance: A Potential Approach to Preventing Violent Demolition in China. " *Cities* 79: 26 – 36.

Li, Youmei. 2008. "Community Governance: The Micro Basis of Civil Society. " *Social Sciences in China* 29: 132 – 141.

Lodge, Martin and Kai Wegrich. 2016. "The Rationality Paradox of Nudge: Rational Tools of Government in a World of Bounded Rationality. " *Law & Policy* 38: 250 – 267.

Lowndes, Vivien and Chris Skelcher. 1998. "The Dynamics of Multi-organizational Partnerships: An Analysis of Changing Modes of Governance. " *Public Administration* 76: 313 – 333.

Lubatkin, Michael, Peter J. Lane, Sven Collin, and Philippe Very. 2007. "An Embeddedness Framing of Governance and Opportunism: Towards a Cross-nationally Accommodating Theory of Agency. " *Journal of Organizational Behavior* 28: 43 – 58.

Marquis, Christopher, Gerald F. Davis, and Mary Ann Glynn. 2013. "Golfing Alone? Corporations, Elites, and Nonprofit Growth in 100 American Communities. " *Organization Science* 24: 39 – 57.

McPherson, Chad Michael and Michael Sauder. 2013. "Logics in Action: Managing Institutional Complexity in a Drug Court. " *Administrative Science Quarterly* 58: 165 – 196.

Meier, Kenneth J. 1980. "Measuring Organizational Power: Resources and Autonomy of Government Agencies. " *Administration & Society* 12: 357 – 375.

Meyer, J. W. 2010. "World Society, Institutional Theories, and the Actor. " *Annual Review of Sociology* 36: 1 – 20.

Meyer, Margaret, Paul Milgrom, and John Roberts. 1992. "Organizational Prospects, Influence Costs, and Ownership Changes. " *Journal of Economics & Management Strategy* 1: 9 – 35.

Milward, H. Brinton and Keith G. Provan. 1998. "Principles for Controlling Agents: The Political Economy of Network Structure. " *Journal of Public Administration Research and Theory* 8: 203 – 222.

Minassians, Henrik P. 2015. "Network Governance and Performance Measures: Challenges in Collaborative Design of Hybridized Environments. " *International Review of Public Administration* 20: 335 – 352.

Morgan, Kimberly J. and Andrea Louise Campbell. 2011. *The Delegated Welfare State: Medicare, Markets, and the Governance of Social Policy.* Oxford: Oxford University Press.

Mosley, Jennifer E. 2012. "Keeping the Lights on: How Government Funding Concerns Drive the Advocacy Agendas of Nonprofit Homeless Service Providers. " *Journal of Public Administration Research and Theory* 22: 841 – 866.

Motion, Judy. 2005. "Participative Public Relations: Power to the People or Legitimacy for Government Discourse?" *Public Relations Review* 31: 505 – 512.

Ni, Na and Xueyong Zhan. 2017. "Embedded Government Control and Nonprofit Revenue Growth. " *Public Administration Review* 77: 730 – 742.

Nygren, Anja. 2016. "Socially Differentiated Urban Flood Governance in Mexico: Ambiguous Negotiations and Fragmented Contestations. " *Journal of Latin American Studies* 48: 335 – 365.

Oliver, Christine. 1991. "Strategic Responses to Institutional Processes. " *Academy of Management Review* 16: 145 – 179.

Osborne, David. 1993. "Reinventing Government." *Public Productivity & Management Review* 16: 349 – 356.

Osborne, Stephen P. and Kate McLaughlin. 2004. "The Cross-cutting Review of the Voluntary Sector: Where Next for Local Government-voluntary Sector Relationships?" *Regional Studies* 38: 571 – 580.

Ostrom, Elinor. 1996. "Crossing the Great Divide: Coproduction, Synergy, and Development." *World Development* 24: 1073 – 1087.

Ostrower, Francie and Melissa M. Stone. 2010. "Moving Governance Research forward: A Contingency-based Framework and Data Application." *Nonprofit and Voluntary Sector Quarterly* 39: 901 – 924.

Pache, Anne-Claire and Filipe Santos. 2013. "Inside the Hybrid Organization: Selective Coupling as a Response to Competing Institutional Logics." *Academy of Management Journal* 56: 972 – 1001.

Pandey, Sanjay K., Sheela Pandey, Rachel Breslin, and Erica Broadus. 2017. "Public Service Motivation Research Program: Key Challenges and Future Prospects." *Chapter* 19: 314 – 332.

Paniagua, Pablo and Veeshan Rayamajhee. 2022. "A Polycentric Approach for Pandemic Governance: Nested Externalities and Co-production Challenges." *Journal of Institutional Economics* 18: 537 – 552.

Park, Sung Min and Jessica Word. 2012. "Driven to Service: Intrinsic and Extrinsic Motivation for Public and Nonprofit Managers." *Public Personnel Management* 41: 705 – 734.

Pfeffer, Jeffrey and Gerald Salancik. 2003. *The External Control of Organizations: A Resource Dependence Perspective*. Redwood City: Stanford University Press.

Pierre, Jon. 1999. "Models of Urban Governance: The Institutional Dimension of Urban Politics." *Urban Affairs Review* 34: 372 – 396.

Polanyi, Karl. 2001. *The Great Transformation: The Political and Economic Origins of Our Time*. Boston: Beacon Press.

Provan, Keith G. and Patrick Kenis. 2008. "Modes of Network Governance: Structure, Management, and Effectiveness." *Journal of Public Administration Research and Theory* 18: 229 – 252.

Ramia, Gaby and Terry Carney. 2003. "New Public Management, the Job Network and Non-profit Strategy. " *Australian Journal of Labour Economics* 6: 253 – 275.

Ran, Bing and Huiting Qi. 2018. "Contingencies of Power Sharing in Collaborative Governance. " *The American Review of Public Administration* 48: 836 – 851.

Reay, Trish and C. Robert Hinings. 2009. "Managing the Rivalry of Competing Institutional Logics. " *Organization Studies* 30: 629 – 652.

Reddel, Tim and Geoff Woolcock. 2004. "From Consultation to Participatory Governance? A Critical Review of Citizen Engagement Strategies in Queensland. " *Australian Journal of Public Administration* 63: 75 – 87.

Rethemeyer, R. Karl. 2005. "Conceptualizing and Measuring Collaborative Networks. " *Public Administration Review* 65: 117 – 121.

Rhodes, Rod A. W. 2017. *Network Governance and the Differentiated Polity: Selected Essays.* Oxford: Oxford University Press.

Ring, Peter Smith and Andrew H. Van de Ven. 1994. "Developmental Processes of Cooperative Interorganizational Relationships. " *Academy of Management Review* 19: 90 – 118.

Rodger, John J. 2000. *From a Welfare State to a Welfare Society: The Changing Context of Social Policy in a Postmodern Era.* London: Red Globe Press.

Rosen, Gillad and Eran Razin. 2009. "The Rise of Gated Communities in Israel: Reflections on Changing Urban Governance in a Neo-liberal Era. " *Urban Studies* 46: 1702 – 1722.

Rose, Nikolas, Pat O'malley, and Mariana Valverde. 2006. "Governmentality. " *Annual Review of Law and Social Science* 2: 83 – 104.

Ross Jr, William T. , Erin Anderson, and Barton Weitz. 1997. "Performance in Principal-agent Dyads: The Causes and Consequences of Perceived Asymmetry of Commitment to the Relationship. " *Management Science* 43: 680 – 704.

Rutland, Ted and Alex Aylett. 2008. "The Work of Policy: Actor Networks, Governmentality, and Local Action on Climate Change in Portland, Oregon. " *Environment and Planning D: Society and Space* 26: 627 – 646.

Sager, Fritz. 2005. "Metropolitan Institutions and Policy Coordination: The Integration of Land Use and Transport Policies in Swiss Urban Areas." *Governance* 18: 227 – 256.

Salamon, Lester M. and Stefan Toepler. 2015. "Government-nonprofit Cooperation: Anomaly or Necessity?" *Voluntas: International Journal of Voluntary and Nonprofit Organizations* 26: 2155 – 2177.

Sappington, David E. M. 1991. "Incentives in Principal-agent Relationships." *Journal of Economic Perspectives* 5: 45 – 66.

Scharpf, Fritz W. 1997. "Economic Integration, Democracy and the Welfare State." *Journal of European Public Policy* 4: 18 – 36.

Schillemans, Thomas. 2013. "Moving Beyond the Clash of Interests: On Stewardship Theory and the Relationships Between Central Government Departments and Public Agencies." *Public Management Review* 15: 541 – 562.

Schmitter, Philippe C. 1974. "Still the Century of Corporatism?" *The Review of Politics* 36: 85 – 131.

Scholz, John T. and Mark Lubell. 1998. "Trust and Taxpaying: Testing the Heuristic Approach to Collective Action." *American Journal of Political Science* 42: 398 – 417.

Scott, W. Richard. 2008. "Lords of the Dance: Professionals as Institutional Agents." *Organization Studies* 29: 219 – 238.

Shaw, Mary M. 2003. "Successful Collaboration Between the Nonprofit and Public Sectors." *Nonprofit Management and Leadership* 14: 107 – 120.

Simon, Herbert A. 1991. "Bounded Rationality and Organizational Learning." *Organization Science* 2: 125 – 134.

Skelcher, Chris and Helen Sullivan. 2008. "Theory-driven Approaches to Analysing Collaborative Performance." *Public Management Review* 10: 751 – 771.

Snavely, Keith and Martin B. Tracy. 2002. "Development of Trust in Rural Nonprofit Collaborations." *Nonprofit and Voluntary Sector Quarterly* 31: 62 – 83.

Song, Chengcheng and Juelin Yin. 2019. "'The Advancing of Management':

Cross-sector Agents and Rationalization of Nonprofits in Eastern China. ” *Nonprofit Management and Leadership* 29: 529 – 548.

Sørensen, Eva and Jacob Torfing. 2018. “Governance on a Bumpy Road from Enfant Terrible to Mature Paradigm. ” *Critical Policy Studies* 12: 350 – 359.

Sørensen, Eva and Jacob Torfing. 2009. “Making Governance Networks Effective and Democratic Through Metagovernance. ” *Public Administration* 87: 234 – 258.

Sørensen, Eva and Jacob Torfing. 2017. “Metagoverning Collaborative Innovation in Governance Networks. ” *The American Review of Public Administration* 47: 826 – 839.

Sørensen, Eva and Jacob Torfing. 2021. “Radical and Disruptive Answers to Downstream Problems in Collaborative Governance?” *Public Management Review* 23: 1590 – 1611.

Sørensen, Eva. 2006. “Metagovernance: The Changing Role of Politicians in Processes of Democratic Governance. ” *The American Review of Public Administration* 36: 98 – 114.

Stinchcombe, Arthur L. 1985. “The Functional Theory of Social Insurance. ” *Politics & Society* 14: 411 – 430.

Stoker, Gerry. 2018. “Governance as Theory: Five Propositions. ” *International Social Science Journal* 68: 15 – 24.

Suárez, David F. 2011. “Collaboration and Professionalization: The Contours of Public Sector Funding for Nonprofit Organizations. ” *Journal of Public Administration Research and Theory* 21: 307 – 326.

Tang, Beibei. 2015. “‘Not Rural but Not Urban’: Community Governance in China's Urban Villages. ” *The China Quarterly* 223: 724 – 744.

Teets, Jessica C. 2013. “Let Many Civil Societies Bloom: The Rise of Consultative Authoritarianism in China. ” *The China Quarterly* 213: 19 – 38.

Torfing, Jacob and Eva Sørensen. 2014. “The European Debate on Governance Networks: Towards a New and Viable Paradigm?” *Policy and Society* 33: 329 – 344.

Triantafillou, Peter. 2004. “Addressing Network Governance Through the Concepts of Governmentality and Normalization. ” *Administrative Theory &*

Praxis 26: 489 – 508.

Valverde, Mariana. 2011. "Seeing Like a City: The Dialectic of Modern and Premodern Ways of Seeing in Urban Governance. " *Law & Society Review* 45: 277 – 312.

Van Puyvelde, Stijn and Peter Raeymaeckers. 2020. "The Governance of Public-nonprofit Service Networks: Four Propositions. " *Nonprofit and Voluntary Sector Quarterly* 49: 931 – 950.

Van Slyke, David M. 2007. "Agents or Stewards: Using Theory to Understand the Government-nonprofit Social Service Contracting Relationship. " *Journal of Public Administration Research and Theory* 17: 157 – 187.

Vargo, Stephen L. and Robert F. Lusch. 2004. "The Four Service Marketing Myths: Remnants of a Goods-based, Manufacturing Model. " *Journal of Service Research* 6: 324 – 335.

Vega, Dora Carias and Rodney J. Keenan. 2016. "Agents or Stewards in Community Forestry Enterprises? Lessons from the Mayan Biosphere Reserve, Guatemala. " *Land Use Policy* 52: 255 – 265.

Wachhaus, Aaron. 2014. "Governance Beyond Government. " *Administration & Society* 46: 573 – 593.

Weber, Max. 2009. *From Max Weber: Essays in Sociology.* London: Routledge.

Weick, Karl E. 1976. "Educational Organizations as Loosely Coupled Systems. " *Administrative Science Quarterly* 21: 1 – 19.

Wirth, Louis. 1938. "Urbanism as a Way of Life. " *American Journal of Sociology* 44: 1 – 24.

Woolford, Andrew and Amelia Curran. 2013. "Community Positions, Neoliberal Dispositions: Managing Nonprofit Social Services Within the Bureaucratic Field. " *Critical Sociology* 39: 45 – 63.

Xu, Feng. 2008. "Gated Communities and Migrant Enclaves: The Conundrum for Building 'Harmonious Community/Shequ'. " *Journal of Contemporary China* 17: 633 – 651.

Yang, Bao, Yufei He, and Wenjin Long. 2016. "Alienation of Civic Engagement in China? Case Studies on Social Governance in Hangzhou. " *Voluntas: International Journal of Voluntary and Nonprofit Organizations* 27:

2150 – 2172.

Yang, Kaifeng. 2016. " Creating Public Value and Institutional Innovations Across Boundaries: An Integrative Process of Participation, Legitimation, and Implementation. " *Public Administration Review* 76: 873 – 885.

Yin, Robert K. 1994. "Discovering the Future of the Case Study: Method in Evaluation Research. " *Evaluation Practice* 15: 283 – 290.

Young, Dennis R. 2000. " Alternative Models of Government-nonprofit Sector Relations: Theoretical and International Perspectives. " *Nonprofit and Voluntary Sector Quarterly* 29: 149 – 172.

Young-Ybarra, Candace and Margarethe Wiersema. 1999. "Strategic Flexibility in Information Technology Alliances: The Influence of Transaction Cost Economics and Social Exchange Theory. " *Organization Science* 10: 439 – 459.

Zhang, Yuanfeng. 2015. "Dependent Interdependence: The Complicated Dance of Government-nonprofit Relations in China. " *Voluntas: International Journal of Voluntary and Nonprofit Organizations* 26: 2395 – 2423.

Zhan, Xueyong and Shui-Yan Tang. 2016. " Understanding the Implications of Government Ties for Nonprofit Operations and Functions. " *Public Administration Review* 76: 589 – 600.

Zhu, Zhaonan, Rong, Zhao, and Chuanjin Tao. 2021. " Chinese NPOs in Service Contracting at the Community Level: Challenges and Strategies. " *Voluntas: International Journal of Voluntary and Nonprofit Organizations* 32: 780 – 794.

后　记

　　在时代洪流的众多变革中，我选择了探索国家与社会关系这一领域的一个重要主题：城市社区治理行动。我的研究之旅始于 2020 年，当时我在导师徐家良教授的指导下开始攻读博士学位，并着手进行城市社区的田野调查，专注于探究社区治理的动人故事。虽然我的思维方式或许显得笨拙，文字表达也可能过于朴素，但我尽力呈现这样一种思想："将日常生活的实践重新置于宏大叙事的核心。"本研究在吸收了制度与组织分析相关研究成果的基础上，努力将城市社区中普通行动者对公共事务治理的见解融入国家与社会关系的研究中。我的研究之旅离不开诸多人的帮助。对于那些在国家与社会关系领域进行开拓性研究的学术前辈，我怀有深深的敬意，他们的研究为我提供了学术指引。徐老师与我进行的多次探讨，使我的研究拓展了深度。社会组织研究的同行们给予的鼓励，是我在调研过程中的精神动力。对于在研究道路上给予我帮助的每一位朋友，我都怀着无比真挚的感激之情。

　　我将中国的 S 市作为一个典型案例，着眼于城市社区治理共同体的形成与发展。在调研过程中，我不断追问自己："个体行动"与"城市社区治理共同体"的理论联系何在？这种追问的必要性源于我的现实观察：中国城市社区治理共同体的构建路径具有多样性，有很多探索空间。

　　在这项研究的初始阶段，我孤身一人在 S 市中心一座高层公寓中居住。正是在这个独特的观察点，透过落地玻璃窗，S 市多样化的居住景观吸引着我的目光。我第一次意识到，与许多其他快速发展的城市一样，S 市的城市社区类型越发多样，似乎越发难以确立统一的城市社区治理共同体标准。

在我居住的公寓对面，一个老街巷社区就是这种多样化的一个生动例子。老街巷社区的出租房门外悬挂着各式各样洗头店晾晒的毛巾，它们随风飘动，与我所在的高层公寓门口的整洁形成了鲜明的对比。这一观察给我留下了深刻的印象。

在查询 S 市档案资料的过程中，我发现，随着城市中心基础设施的不断建设，越来越多的商业街区与产业园区取代了原有的农村，使村民的生活发生了巨大变化。一部分村民被就地安置，而另一部分则迁移到城市郊区统一规划的安置房中。这样的变迁使 S 市形成了四种主要的居住景观：村改居社区、老街巷社区、动迁安置社区、普通商品房社区。这种多样性激发了我浓厚的研究兴趣，促使我通过租住不同社区的房屋，深入探索 S 市的真实生活。

在进行初步了解之后，我决定将自己的生活场景从市中心的高层公寓转移到老街巷社区的出租屋中，以此作为深入研究城市社区生活的起点。选择老街巷社区作为研究起点的原因在于，这里的老年居民大多是土生土长的本地人，他们对日常生活的回忆不仅生动，还为我提示了许多其他方面的重要线索。这些线索有助于我在田野调查中逐步拼凑出 S 市城市社区发展的全貌。

我精心规划了一条资料收集的路径，这条路径从社区的外围逐步深入核心。初始阶段，我从联系房屋中介公司开始，通过对房地产中介、房东、邻居的访谈揭开了调研的序幕。随后，我将视角扩展到周围的小商户、保洁、保安，再逐步深入社区不同层级的行政管理人员和社会组织工作人员，对他们展开更为深入的访谈。此外，我还经常在社区中闲逛，细致观察社区空间的变化轨迹，以及不同人群的生活状态。在这些看似琐碎的资料收集过程中，我逐渐形成关于社区日常生活的立体画面。

在老街巷社区租住了三个月后，我搬至城市郊区的普通商品房社区，该社区位于动迁安置社区和村改居社区的交界地带，这为我提供了深入了解三种不同类型社区的绝佳机会。我以日常生活中最自然的方式融入社区：每天早晨和傍晚，我会在三种类型的社区中闲逛、购买食物、丢垃圾，其间与不期而遇的居民交谈，并针对感兴趣的居民进行家访。这一阶段的资料收集主要围绕居民个体的生活展开。

我并没有忘记自己的研究主题是城市社区治理行动，在资料收集过程中，我发现能够深入反映社区治理情况的有效资料很少，这使我感到些许焦虑。然而，一个偶然的机遇改变了这一局面。一个周日，我前往动迁安置社区的菜市场，想随便逛逛，恰巧遇见动迁安置社区的居民正在就社区议题进行热烈的讨论，参与者包括不同年龄、不同性别的居民。这为我提供了探究社区治理情况的重要途径。此后，我常旁观类似的讨论活动，并在回家后以田野日记的方式记下关键信息。如果没有这一机遇，仅凭在三个社区的滚雪球式调查，我恐怕难以把握社区治理的全貌。从中可以看出，虽然研究目标已经明确，但多类型资料的获得往往像是"无心插柳"。这表明，在资料收集工作中，既需要主动规划，也需要时刻保持对意外机遇的敏感性。

在对 S 市的深入观察中，我发现了一个颇为引人注目的现象：在城市快速发展的过程中，政府通过大规模购买社会组织服务的方式，努力为每个类型的社区提供定制化的治理服务。这一现象激发了我的好奇心：为何 S 市政府会有如此强大的动力与社会组织合作？正是这种好奇心驱使我追踪和解析 S 市的城市社区治理行动的发展历程。尽管书中有详细阐述，但我想在此分享两点。

首先是关于政府与社会组织合作治理的驱动力问题。随着对资料的深入挖掘，我越发认识到，S 市政府与社会组织合作治理在本质上是基于党建引领的"一核多元"状态，而非仅仅基于政府与社会组织互动的双主体状态。S 市的城市社区治理是行动者弘扬伟大建党精神，从而构建社区公共性的过程。这种实践不仅拓展了城市社区治理研究的视角，还为理解国家与社会关系提供了新的视角。

其次是 S 市政府官员展现出的强烈责任感和担当精神。一位退休政府官员曾跟我分享了一则往事：在 S 市设计城市社区治理制度的时候，领导层综合参考了多个城市的方案，但最终决定采取自主创新的路径。他们根据 S 市的实际情况，采取了"试点—推广—全面实行"的策略，这一策略类似于"摸着石头过河"。当我询问他为什么选择这一策略时，他将其概括为领导班子的团结协作和对调查研究的重视。

从对 S 市的观察中，我逐渐领悟到，城市社区治理共同体并非一个固定和标准化的实体；相反，它在不同类型的社区中呈现不同的面貌。事实上，尽管 2016 年 S 市的城市社区治理制度已经建立，但在行动层面上，这种分类治理思维在实际应用中仍有一定的局限性。这种局限性的原因在于，早期的治理模式过于依赖传统和规范化的方法，忽视了社区特定需求的重要性。然而，随着 S 市政府和社会组织之间互动的增强，新的实践机遇逐渐浮现。这种互动不仅为愿意深入实践的个体和组织提供了平台，而且促进了多样性理念的实际应用。这一变化表明，政府和社会组织在城市社区治理中扮演着至关重要的角色。它们不仅作为行动的组织者，确保治理行动的顺利进行，而且运用分类治理思维，鼓励对不同社区的独特需求进行认识和回应。

因此，S 市的案例强调了一个关键的学术观点：在城市社区治理的过程中，政府和社会组织的互动对于激发和维护社区治理的多样性至关重要。这种互动不仅丰富了治理的内容和形式，还促进了更加灵活和适应性强的治理策略的发展，从而更好地满足了不同社区的独特需求。

在本书的写作过程中，我有幸得到了许多师友的帮助和支持，在这里，我要向他们表达最诚挚的谢意。我要深深感谢我的导师徐家良教授。徐家良教授不仅仅在学术上给予我莫大的启发，更在我遇到挑战时给予我鼓励和关怀。他的悉心指导是我能够走到今天的重要原因。同时，我也非常感谢上海交通大学国际与公共事务学院的其他教师们，他们在我的研究期间给予我极大的帮助和指导。此外，我还要感谢我目前任职的重庆大学公共管理学院的领导和同事们。在这里，我不仅找到了一个良好的学术环境，也找到了一个充满友爱的学术共同体。我还要特别感谢所有参与本书写作讨论并提供宝贵反馈意见的朋友，他们的建议使本书的内容更有深度。

最后，文责自负。相较于书籍的出版，我觉得在这一过程中的成长对于我这样的青年学者而言是更重要的，这也将激励我坚持以田野调查为研究的主要方法，继续致力于利用第一手资料，深入挖掘，做出原创性的科研成果。

张煜婕

于重庆市家中

2024 年 1 月

图书在版编目（CIP）数据

城市社区治理行动研究 / 张煜婕著 . -- 北京：社
会科学文献出版社，2024.4
ISBN 978 - 7 - 5228 - 3552 - 5

Ⅰ.①城… Ⅱ.①张… Ⅲ.①城市 - 社区管理 - 研究
- 中国 Ⅳ.①D669.3

中国国家版本馆 CIP 数据核字（2024）第 080053 号

城市社区治理行动研究

著　　者 /	张煜婕
出 版 人 /	冀祥德
责任编辑 /	杨桂凤
文稿编辑 /	张真真
责任印制 /	王京美

出　　版 / 社会科学文献出版社·群学分社（010）59367002
　　　　　　地址：北京市北三环中路甲 29 号院华龙大厦　邮编：100029
　　　　　　网址：www. ssap. com. cn
发　　行 / 社会科学文献出版社（010）59367028
印　　装 / 三河市龙林印务有限公司

规　　格 / 开　本：787mm×1092mm　1/16
　　　　　　印　张：24　字　数：390 千字
版　　次 / 2024 年 4 月第 1 版　2024 年 4 月第 1 次印刷
书　　号 / ISBN 978 - 7 - 5228 - 3552 - 5
定　　价 / 149.00 元

读者服务电话：4008918866